西北民族大学 2018 年规划教材

传媒法规与职业道德：
理论、案例与实践

Media Law and Media Ethics:
Theory, Cases & Practice

张 兢 等编著

中国社会科学出版社

图书在版编目(CIP)数据

传媒法规与职业道德:理论、案例与实践/张兢等编著. —北京:中国社会科学出版社,2020.8(2022.8重印)
ISBN 978-7-5203-6939-8

Ⅰ.①传… Ⅱ.①张… Ⅲ.①传媒法—中国—教材②新闻工作者—职业道德—中国—教材 Ⅳ.①D922.8②G214

中国版本图书馆 CIP 数据核字(2020)第 146815 号

出 版 人	赵剑英
责任编辑	杨 康
责任校对	赵雪姣
责任印制	戴 宽

出　　版	中国社会科学出版社
社　　址	北京鼓楼西大街甲 158 号
邮　　编	100720
网　　址	http://www.csspw.cn
发 行 部	010-84083685
门 市 部	010-84029450
经　　销	新华书店及其他书店

印刷装订	北京明恒达印务有限公司
版　　次	2020 年 8 月第 1 版
印　　次	2022 年 8 月第 2 次印刷

开　　本	710×1000　1/16
印　　张	27
插　　页	2
字　　数	337 千字
定　　价	158.00 元

凡购买中国社会科学出版社图书,如有质量问题请与本社营销中心联系调换
电话:010-84083683
版权所有　侵权必究

目 录

前言 …………………………………………………………（1）

引论 …………………………………………………………（1）
 第一节 制度及其特性 ………………………………（1）
  一 制度定义界说 ………………………………………（2）
  二 正式制度与非正式制度 ……………………………（3）
  三 制度生成的两种视角 ………………………………（4）
  四 内在制度与外在制度 ………………………………（6）
  五 制度是一套体系 ……………………………………（7）
 第二节 传媒制度的内涵及其层级 …………………（8）
  一 传媒制度的定义 ……………………………………（8）
  二 传媒制度的类型 ……………………………………（10）
  三 传媒制度的层级 ……………………………………（12）
 第三节 传媒法规与职业道德 ……………………（13）
  一 伦理和道德的界限 …………………………………（13）
  二 严格义务和善意义务 ………………………………（15）
  三 传媒职业道德与职业伦理 …………………………（17）
  四 传媒职业道德与传媒法规 …………………………（25）

1

第四节　传媒法律关系···(31)
　　一　传媒法律关系构成及特点·····································(31)
　　二　传媒法律关系的主体···(32)
　　三　传媒法律关系的客体···(35)
　　四　传媒法律关系的内容与类型··································(36)

第一章　《宪法》规范···(39)

第一节　《宪法》规范的基本内容·····································(39)
　　一　《宪法》规范：广义与狭义·····································(39)
　　二　党对传媒事业的领导···(43)
　　三　"二为"方针··(44)

第二节　表达自由及其边界··(45)
　　一　表达自由及其特点··(45)
　　二　表达自由的形式··(47)
　　三　表达自由的边界··(49)

第三节　隐性采访的争议···(53)
　　一　隐性采访的传媒实践···(54)
　　二　隐性采访的基本形式···(58)
　　三　隐性采访引发的争议···(67)
　　四　国内外对隐性采访的限定·····································(74)

第二章　媒介审判··(77)

第一节　国内外典型案例评析··(77)
第二节　媒介审判界说···(90)
　　一　国内媒介审判现状··(90)
　　二　媒介审判界说···(92)

三　简要的总结与讨论 …………………………………………(95)

　第三节　传媒与司法的平衡 ………………………………………(98)

第三章　传媒侵权及其抗辩 ……………………………………(105)

　第一节　传媒侵权要义 ……………………………………………(105)

　第二节　传媒侵权行为的构成要件 ………………………………(112)

　　一　传媒侵权行为的构成要件之一：作品已经发表 …………(112)

　　二　传媒侵权行为的构成要件之二：致害行为的
　　　　违法性质 …………………………………………………(114)

　　三　传媒侵权行为的构成要件之三：致害行为具有
　　　　特定指向 …………………………………………………(116)

　　四　传媒侵权行为的构成要件之四：行为人主观上
　　　　有过错 ……………………………………………………(119)

　第三节　传媒侵权及网络侵权现状 ………………………………(121)

　　一　传媒侵权的四次浪潮(1988—2001) …………………(121)

　　二　网络侵权现状 …………………………………………(127)

　第四节　传媒侵权的责任与抗辩 …………………………………(129)

　　一　传媒侵权行为的责任主体 ………………………………(129)

　　二　传媒侵权行为承担责任的方式 …………………………(136)

　　三　传媒侵权的抗辩事由 ……………………………………(139)

第四章　传媒与人格权 …………………………………………(144)

　第一节　传媒与名誉权 ……………………………………………(144)

　　一　名誉权的权利主体 ………………………………………(145)

　　二　侵害名誉权的方式 ………………………………………(148)

　　三　侵害名誉权的排除 ………………………………………(152)

第二节　传媒与隐私权 …… (156)
一　隐私与隐私权 …… (157)
二　侵害隐私权的方式 …… (166)
三　侵害隐私权的排除 …… (171)

第三节　传媒与肖像权 …… (173)
一　肖像与肖像权 …… (173)
二　传媒对公民肖像的合理使用 …… (175)
三　传媒侵犯公民肖像权的方式 …… (177)

第五章　广告信息基本规范 …… (180)

第一节　广告信息管理 …… (180)
一　广告法规概述 …… (181)
二　广告信息管理部门 …… (184)
三　广告主体的行为规范 …… (187)

第二节　虚假广告 …… (190)
一　虚假广告的界定 …… (190)
二　传播虚假广告的法律责任 …… (198)
三　发布虚假广告的连带责任 …… (199)

第三节　广告信息的内容规范 …… (201)
一　广告信息中禁止出现的内容 …… (201)
二　广告涉及行政许可和引证内容的规范 …… (215)
三　广告中不得贬低其他商品或服务 …… (221)
四　专利广告的基本规范 …… (222)
五　传媒的法律责任 …… (224)

第四节　广告发布形式和时长规范 …… (225)
一　广告发布形式 …… (225)

二　广告发布时间和时长 …………………………………（229）

　　三　电视购物短片广告的播出规定 ……………………（230）

　　四　传媒的法律责任 ……………………………………（232）

第五节　涉及特殊群体的广告规范 …………………………（232）

　　一　涉及未成年人的广告规定 …………………………（232）

　　二　涉及残疾人的广告规定 ……………………………（235）

　　三　传媒的法律责任 ……………………………………（236）

第六节　互联网广告规范 ……………………………………（237）

　　一　互联网广告的概念 …………………………………（237）

　　二　互联网广告的范围 …………………………………（238）

　　三　互联网广告的规范 …………………………………（238）

　　四　互联网广告发布者的责任 …………………………（240）

第七节　公益广告规范 ………………………………………（241）

　　一　公益广告的界定 ……………………………………（241）

　　二　公益广告的内容规范 ………………………………（242）

　　三　传媒发布公益广告的义务 …………………………（243）

第六章　特殊商品和服务广告规范 ………………………（245）

第一节　医疗、药品广告规范 ………………………………（245）

　　一　药品广告发布要求 …………………………………（246）

　　二　医疗器械广告发布要求 ……………………………（252）

　　三　医疗广告发布要求 …………………………………（254）

　　四　其他禁止性规定 ……………………………………（256）

　　五　传媒的法律责任 ……………………………………（258）

第二节　食品广告规范 ………………………………………（260）

　　一　食品广告内容发布准则 ……………………………（261）

5

二　保健食品广告的特殊要求 …………………………………… (264)
　　三　传媒的法律责任 ………………………………………………… (268)

第三节　烟酒类广告规范 ……………………………………………… (269)
　　一　烟草广告规范 …………………………………………………… (269)
　　二　酒类广告规范 …………………………………………………… (270)
　　三　传媒的法律责任 ………………………………………………… (277)

第四节　房地产广告规范 ……………………………………………… (277)
　　一　不得发布房地产广告的情况 ………………………………… (278)
　　二　房地产广告内容的禁止性规定 ……………………………… (278)
　　三　房地产广告中必须标明的内容 ……………………………… (280)
　　四　传媒的法律责任 ………………………………………………… (283)

第五节　教育培训、招商广告规范 …………………………………… (283)
　　一　教育、培训广告规范 …………………………………………… (284)
　　二　招商等有投资回报预期的广告规范 ………………………… (286)
　　三　传媒的法律责任 ………………………………………………… (288)

第六节　农牧业商品广告规范 ………………………………………… (289)
　　一　农药、兽药、饲料和饲料添加剂广告规范 ………………… (289)
　　二　种养殖业的商品广告规范 …………………………………… (291)
　　三　传媒的法律责任 ………………………………………………… (292)

第七章　传媒职业道德基本理论 …………………………………… (295)
第一节　中国传统道德学说 …………………………………………… (295)
　　一　仁：传统道德的核心 …………………………………………… (296)
　　二　中庸之道 ………………………………………………………… (299)
　　三　"善之四端" ……………………………………………………… (302)
　　四　民胞物与 ………………………………………………………… (303)

五　致良知 …………………………………………………… (305)

第二节　西方道德学说溯源 ………………………………………… (306)

　　一　亚里士多德：中道学说 ……………………………………… (306)

　　二　康德：绝对命令 ……………………………………………… (307)

　　三　功利主义伦理学 ……………………………………………… (309)

　　四　小结 …………………………………………………………… (312)

第三节　传媒职业道德的基本原则 ………………………………… (313)

　　一　生命原则 ……………………………………………………… (313)

　　二　良善原则 ……………………………………………………… (314)

　　三　求真原则 ……………………………………………………… (315)

　　四　执中原则 ……………………………………………………… (316)

　　五　清正原则 ……………………………………………………… (317)

第八章　传媒职业道德失范：有偿新闻 ……………………………… (319)

第一节　有偿新闻及其表现形态 …………………………………… (319)

　　一　有偿新闻界定 ………………………………………………… (319)

　　二　红包新闻 ……………………………………………………… (321)

　　三　"软文"与"网络水军" ………………………………………… (324)

　　四　新闻敲诈 ……………………………………………………… (329)

　　五　媒体寻租 ……………………………………………………… (333)

第二节　有偿新闻的禁止性规定 …………………………………… (338)

第三节　有偿新闻原因分析 ………………………………………… (342)

　　一　传媒职能错位 ………………………………………………… (342)

　　二　记者生存状况 ………………………………………………… (343)

　　三　传媒职业道德滑坡 …………………………………………… (345)

第九章 传媒职业道德失范:虚假新闻 (348)

第一节 虚假新闻的知识考古 (348)
第二节 虚假新闻的表现形式 (350)
 一 凭空捏造 (351)
 二 添枝加叶 (354)
 三 抄袭篡改 (356)
 四 导演事实 (363)
 五 刻意隐瞒 (364)

第三节 虚假新闻的成因分析与治理路径 (371)
 一 虚假新闻的当下特点 (371)
 二 虚假新闻的成因 (372)
 三 虚假新闻的治理路径 (375)

第十章 传媒道德困境与抉择 (378)

第一节 国内外典型案例评析 (378)
第二节 传媒道德抉择模式 (388)
 一 传媒道德困境 (388)
 二 博克模式 (390)
 三 波特图式及其应用 (391)

第三节 传媒道德抉择中涉及的几个问题 (395)
 一 为什么对记者有救人期待? (395)
 二 对"警示说"的反思 (397)
 三 对新闻专业主义的思考 (399)
 四 报道优先中体现的冷漠心态 (401)
 五 "记者救人"是否属于"制造新闻"? (403)

典型案例及延伸阅读汇总 …………………………………… （406）

参考文献 …………………………………………………… （410）

后记 ………………………………………………………… （414）

前　言

人类已经进入一个全新的传播时代，融媒体、全媒体、智能媒体等已经全面深入社会生活当中。未来媒体是怎样的形态，我们将遭遇怎样的媒介环境，现在还不得而知。可以肯定的是，媒介革命的终极目标是创造一个更加美好的世界，是维护更加和谐的社会秩序，是让公民的人格尊严和合法权益得到充分保护。就此而言，只要人类还有足够的智慧主宰技术和媒介，内在的道德提升和外在的行为约束便不可缺少。这是传媒法规与职业道德教育的意义所在。它与人文素质教育、专业理论教育、专业技能教育一起，构建起新闻传播学人才培养体系的完整框架。其核心在于确立传播活动的行为准则，确立各种传播关系的原则与边界，明确传播权利与传播义务，在传播权利与传播义务之间寻求统一与平衡。以此为基点，追求更为纯粹和高尚的专业精神和职业目标。

当前，信息跨时空传播更加迅速、便捷，人与人之间的交流和交往亦更趋多样、多元，也更加隐蔽。新的媒介环境不仅挑战着传统的传播观念和传播原则，同时也引发了传媒公信力下降、传媒失范问题频发、传媒职业道德整体下滑等问题。如何使传媒法规与职业道德教育更加适应传媒实践的要求，如何回应传媒实践中出现的新问题，如何使课堂教学更好地实现教学目标，是从事这一领域教学的教师需要认真思考和面对的问题。

四年前，在教学过程中我们强烈地意识到，传媒法规与职业道德教材和传统的授课方式越来越显得捉襟见肘。这一方面表现在既有教材存在着诸如内容陈旧、案例陈旧、资料陈旧等方面的问题，比如有些法律条文已经重新修订或者废止，但依然在教材中被引用；有些数据已经发生了极大的改变，但是旧的数据依然被使用。因此，需要在教学内容上进行更新。另一方面，传媒法规与职业道德教学本身就比较枯燥，从概念到概念、从抽象到具体的传统授课方式很难满足学生的需求，教学目标大打折扣。基于这两个方面的考虑，我们重新设计教材架构和内容，大胆尝试案例教学法和启发式教学法，将其运用到课堂教学之中。四年的课堂教学实践取得了出乎预料的良好教学效果。本教材就是四年来课堂教学的实践结晶。

本教材在广泛吸收和借鉴国内外同类教材思想精华和理论框架的基础上，对教材框架进行了重新设计，不求全而求新，不求泛而求精，充分满足实际教学设计，避免因内容过大过泛而使教学目标落空。精心选编国内外传媒生产实践中的代表性案例，力求在时间上与传媒生产实际保持同步。案例教学之外，辅之以延伸阅读、知识链接、思考与讨论等，以问题为导向，以独立思考为着力点，以趣味性为手段，激发学生学习的积极性、主动性。

从内容上而言，本教材分为三部分共十章，一是基础理论和关键概念，这是教材的逻辑起点。二是传媒法规部分，分别对《宪法》[①] 规范、媒介审判、传媒侵权、传媒与人格权、广告信息基本规

[①] 本书所引的法律名称，如果不加特别说明，均为中华人民共和国立法机关制定或者修订、以国家主席令方式公开颁布的法律，因此所引法律名称使用简称。比如《中华人民共和国宪法》称为《宪法》、《中华人民共和国广告法》称为《广告法》等。

范、特殊商品和服务的广告规范进行详细阐述。三是传媒职业道德部分,首先对中外代表性的道德学说和传媒基本原则进行阐述,之后分别对有偿新闻、虚假新闻、传媒道德困境问题进行专题讨论。各章节设置的缘由和内容简述如下。

引论是教材的理论起点。本教材将传媒法规和职业道德问题置于传媒制度框架下进行观照。传媒法规属于外在约束,传媒职业道德属于内在约束,但二者都属于传媒制度的范畴。外在约束有其规约特点,内在约束有其自身特性,在引论中对二者的同与不同,以及二者在功能发挥中的互补作用进行了详细阐述。引论的一个基本观点是,传媒法规和传媒职业道德均有其特定指向和作用方式。传媒行为准则的确立与维护,既不能单靠传媒法规的强制力量,也不能全靠传媒机构和传媒从业者的自我约束,而是要德与法并重,自律与他律同行。

第一章专题讨论了《宪法》之于传媒活动的根本指导作用。本章强调了党的领导、"二为方针"是我国传媒事业发展中的根本原则,这是《宪法》中的核心内容。表达自由问题也是宪法规范中的重要内容,与传媒活动息息相关,本章梳理了我国《宪法》和法律关于言论自由的法律表述,结合法律条文和相关理论,对表达自由的边界、表达自由的相对性、权利与义务的统一性等问题进行了明确阐述。作为言论自由的应有之义,隐性采访在国内外传媒实践中产生了巨大争议。本章结合国内外传媒实践中的典型案例,对隐性采访问题展开案例分析和讨论。

第二章围绕媒介审判展开。采用案例教学和专题讨论的方式,通过对国内外典型案例的分析,围绕媒介审判的表现特征、传媒活动对于司法活动的不当干预以及传媒活动与司法活动的平衡问题展开讨论,延伸了传媒言论自由的问题域。

第三章对传媒侵权问题进行了详细阐述。首先结合典型案例及其分析，对传媒侵权的判定条件进行了分析。其次对我国传媒侵权现状进行了梳理，重点讨论了网络侵权问题。最后对传媒侵权的责任主体、传媒侵权承担责任的方式，以及传媒侵权的抗辩事由，结合典型案例进行了阐述和分析。

第四章围绕传媒活动与公民和法人的人格权问题展开讨论。在传媒活动中，侵犯公民和法人的名誉权、隐私权和肖像权最为普遍，因此本章主要围绕此三种人格权进行介绍。内容分别对相关概念诸如名誉与名誉权、隐私与隐私权、肖像与肖像权等进行界定，然后结合典型案例，对传媒侵犯名誉权、隐私权和肖像权的方式进行梳理和总结，最后对侵害名誉权的排除、侵害隐私权的排除以及传媒合理使用公民肖像的情形进行一一讨论。

第五章主要讲述广告信息基本规范。力图结合《广告法》等最新的法律法规，围绕广告信息管理、虚假广告、广告信息内容、广告发布形式和时长、涉及未成年人和残疾人的广告、互联网广告和公益广告等方面，对相关规定进行具体解读，辅以案例分析广告信息的基本规范，包括对典型案例的全面透析和对具体案例的思考辨析。

第六章主要讲述特殊商品和服务广告规范。涉及与消费者的生命健康、财产安全密切相关的商品和服务，如药品、医疗器械、食品、兽药、农药、房地产、烟酒等商品和服务的广告规范，详细阐释此类商品和服务广告内容的具体规定，解读典型案例，并通过案例给学生以思考的空间，以加深学生对相关规定的理解。

第七章主要讲述传媒职业道德的基本理论和基本原则，为传媒职业道德的专题讨论奠定理论基础。本章对中国传统道德理论要义进行了梳理，对西方代表性的伦理学说进行了阐述。在此基础上，将传媒职业道德的基本原则概括总结为生命原则、良善原则、求真原则、执中原则、清正原则五个方面。本章的基本思路是，传媒职业道德固然受到西方伦理学说的影响，但是中国传统的道德学说对于中国传媒职业道德的形成以及传媒实践产生着难以替代、不可忽略的影响。仅以西方的伦理学说作为传媒职业道德建构和实践分析的依据，有片面武断之嫌。

第八章、第九章对两种典型的传媒职业道德失范现象展开专题讨论。第八章是有偿新闻的专题讨论。有偿新闻是传媒实践的毒瘤，屡禁不止，在网络传播时代表现出新的样态。本章首先以典型案例为先导，对有偿新闻的传统表现形态和网络表现形态进行了全面梳理，对红包新闻、"软文"和"网络水军"、新闻敲诈、媒体寻租等有偿新闻形态进行了深入分析。其次结合我国相关政策和行业规定，对有偿新闻的各项禁止性规定进行了全面梳理。最后对有偿新闻屡禁不止的深层次原因进行了符合传媒实际的分析和讨论。第九章是虚假新闻的专题讨论。虚假新闻"于古有之"，自有传媒业，就有虚假新闻。在新媒体环境下，虚假新闻的全球泛滥引起了全球传媒界的普遍关注。本章首先对虚假新闻的历史表现展开"考古"，其次结合典型案例，对虚假新闻的表现形式以及网络形态进行全面总结，最后围绕虚假新闻的成因与治理路径展开分析与讨论。

第十章是对传媒职业道德部分的总结。本章通过对国内外典型案例的分析，引出了传媒实践活动中一个重大问题：传媒道德困境问题。传媒道德困境指涉传媒从业者和传媒机构在传媒职业道德和社会普遍道德之间难以抉择的两难处境，这种处境牵扯到职业理念、传媒道德素养、传媒失范等诸多问题。本章在对两种代表性的传媒道德抉择模式分析的基础上，对传媒道德困境涉及的问题一一展开讨论。

本教材由张兢进行框架设计、组织编写、最后统稿。具体分工如下：引论、第一章、第七章、第八章、第九章、第十章由张兢（西北民族大学）编写，第五章、第六章由杨东伟（西北民族大学）编写，第二章、第三章由朱杰（四川大学博士研究生）编写，第四章由卢毅刚（西北民族大学）编写。

最后需要说明的是，本教材是在既有传媒法规和传媒职业道德规约的框架下展开的，但是传媒实践是丰富多彩、生动具体的，它往往走在传媒制度安排之前，尤其是在网络传播时代，这一点表现得更为突出。传媒制度的"滞后性"，不可避免地产生解释和分析的局限性。请读者和大方之家批评指正。

引　论

在理论建构过程中，个体因素不可避免地"嵌入"（inside）概念的理解与阐释之中。本书将传媒法规和职业道德纳入传媒制度框架下，认为传媒法规和职业道德是传媒制度的有机构成部分，二者之间既有共同点和区别点，也有功能上的互补。随着传媒制度的演变，传媒法规和传媒职业道德也会随之发生相应的变化。

第一节　制度及其特性

【先导提问】

人为什么会产生愧疚心理？

礼仪是怎样形成的？

为什么车辆的方向盘有些国家设在车的左边，有些国家设在车的右边？

杀人为什么要受到惩罚？

……

以上问题都关涉制度。不过，在大多数的认识里，制度往往被理解为表之于文字的东西，一些并未诉诸文字但却对日常生活产生直接影响的规范或者标准,往往被归之于另外之名。因此,何为制度?制度有何特征?这是需要首先界定的问题。

一 制度定义界说

制度是无所不包的。英语 institution 主要包含三个方面的含义:一是机构、组织;二是习俗、风俗;三是规则创建。但是,想给制度下一个放之四海而皆准的普适性定义显然是困难的。不同时期、不同学派基于不同的理论视角,赋予这一概念众多且相互矛盾的意义。有学者从人的社会化现象着手定义制度,比如凡勃伦认为:"制度实质上就是个人或社会对有关的某些关系或某些作用的一般思想习惯;而生活方式所由以构成的是,在某一时期或社会发展的某一个通行的制度的综合。因此从心理学的方面来说,可以概括地把它说成是一种流行的精神态度或一种流行的生活理论。"[①] 有学者从人类行为选择和交换视角定义制度,比如新制度主义者道格拉斯·C.诺斯把制度定义为:"一个社会的游戏规则,或者更规范地说,他们是一些人为设定的、形塑人们互动关系的约束。制度构成了人们在政治、社会或经济领域里交换的激励。"[②] 马克斯·韦伯从社会学角度,认为"制度应是任何一定圈子里的行为准则"[③],并指出制度应该包含"惯例"和"法律"两部分[④]。罗尔斯从政治学的角度提出,"我们要把制度理解为一种公开的规范体系"[⑤]。马克思关于制度的论述非常广泛,他将制度定义为"现存的制度只不过是个人迄今所

---

① [美]凡勃伦:《有闲阶级论》,蔡受百译,商务印书馆1964年版,第139页。
② [美]道格拉斯·C.诺斯:《制度、制度变迁与经济绩效》,刘守英译,上海三联书店1994年版,第3页。
③ [德]马克斯·韦伯:《经济与社会》上卷,林荣远译,商务印书馆1997年版,第345页。
④ 同上书,第67页。
⑤ [美]罗尔斯:《正义论》,何怀宏等译,中国社会科学出版社1988年版,第50页。

存在的交往的产物"①。T. W. 舒尔茨将制度定义为:"一种行为规则,这些规则涉及社会、政治及经济行为。例如,它们包括管束婚姻与离婚的规则,支配政治权力的配置与使用宪法中所内含的规则,以及确立市场资本主义或政府来分配资源与收入的规则。"②

休·E. S. 克劳福德(Sue E. S. Crawford)和埃里诺·奥斯托姆(Elior Ostrom)在《制度的语法》中将对制度的看法归纳为三种:第一,制度是一种均衡。制度是理性个人理解偏好和选择行为基础上的一种结果,呈现出稳定状态。稳定的行为方式就是制度。第二,制度是一种规范。它认为许多观察到的互动方式是建立在特定的形势下,一组个体对"适宜"和"不适宜"有共同认识基础上的。第三,制度是一种规则。这种观点建立在一种共同理解基础上,如果不遵循这些制度将受到惩处。③

二 正式制度与非正式制度

凡制度都带有惩罚性措施。惩罚有正式的,也有非正式的。判断惩罚是正式的还是非正式的标准是惩罚是否有"第三方"存在。非正式的惩罚主要是通过自我意识中的道德不安(比如愧疚)和受侵害方的自发报复来完成,其间没有"第三方"(无论是民间的还是政府的)的强制性力量存在。正式惩罚则恰恰隐含了这第三方的存在,它主要是通过强制性力量促使人们遵守某种规则。

在《制度经济学:社会秩序与公共政策》一书中,柯武刚、史漫飞一再强调,将制度区分为内在制度与外在制度是从制度起源

---

① 《马克思恩格斯选集》第一卷,人民出版社1972年版,第78页。
② [美] T. W. 舒尔茨:《制度与人的经济价值的不断提高》,载[美]科斯等《财产权利与制度变迁》,胡庄君等译,上海三联书店1994年版,第253页。
③ Sue E. S. Crawford, Elior Ostrom, *A Grammar of Institution*, American Political Science Review, Vol. 89, No. 3, 1995, pp. 582–599.

（产生方式）角度所做的区分，而将制度区分为正式制度和非正式制度，则与制度的惩罚方式相关。外在制度永远是正式制度，对于违反这种制度的惩罚总有"第三方"的强制力量存在，而且借助于政府暴力。外在制度的形成带有浓厚的人为设计色彩。内在制度中，既有正式制度，也有非正式制度。习惯、内化规则、习俗和礼貌等属于非正式制度，对于违反这种制度的惩罚主要依靠自我意识中的道德不安和他人的自发报复，没有第三方的强制力量存在。内在制度中的正式化内在规则，则属于正式制度。在这种制度中，执行制度安排的程序中包含着审理者或仲裁者。当一方不服从交易规则，要请一位仲裁者来解决冲突时，就会出现第三方强制执行的情形。但在这种制度类型中，充当"第三方"的是民间机构，比如行业协会。当政府作为"第三方"出现时，则属于外在制度。内在制度，无论是正式制度还是非正式制度，都遵循自发演变的轨迹。这种区分有助于我们对制度变迁的认识。值得说明的是，诺斯将制度区分为正式规则和非正式规则，凡是政府制定的都称为正式规则，凡是政府没有参与的，都称为非正式规则。[①]

另外，某些正式制度的制定和创立，往往依据一定的传统、习惯和价值观念等非正式制度。随着时间的推移，某些正式制度会慢慢形成某种传统或者价值观念，而进入非正式制度层面。这是就制度变迁角度而言的。

三 制度生成的两种视角

制度可以人为构建，也可以经由自发演化形成。这是关于制度

[①] ［德］柯武刚、史漫飞：《制度经济学：社会秩序与公共政策》，韩朝华译，商务印书馆2000年版，第119页。

生成的两种理论视角。

诺斯认为，制度是由人们所发明、设计和制造出来的。正如其定义所阐明的："制度是人所发明设计的对人们交往的约束。它们由正式的规则、非正式的约束（行为规范、惯例和自我限定的行为准则）和实施机制所构成。"① 在其代表作《制度、制度变迁与经济绩效》中，诺斯更明确地说："制度是人们创造出来的东西。制度演进着，亦为人们所改变。"②

哈耶克则认为，制度是自发自生的，"在各种人际关系中，一系列具有明确目的的制度的生成，是极其复杂但却条理井然的，然而这既不是设计的结果，也不是发明的结果，而是产生于诸多未明确认识到其所作所为会有如此结果的人的各自行动"③。哈耶克尖锐批评那种认为制度可以人为构建的观点是"致命的自负"。

但是，正如以哈耶克为代表的演进理性主义并不决然排斥人为构建在制度变迁中的作用一样，以诺斯为代表的构建理性主义也阐明了自发演变在制度变迁过程中的种种表现。哈耶克指出，社会制度演进论，只是试图告诉人们，"某些制度安排（institutional arrangements）是以什么样的方式引导人们最佳地运用智识，以及如何型构制度，才能使不良之徒的危害减至最小限度"。诺斯则认为，"理解制度以及制度变迁之困境的关键就在于，人们能认识到，他们生活在其中的那些构成行为准则和规则的东西仅仅是在一个长时期中逐渐演进的……尽管这些规则可以即时改变，但个人对规则变化

---

① ［美］D. 诺斯：《制度变迁的理论：概念和原因》，转引自张蕴萍《西方经济学的制度变迁理论述评》，《金融经济》2007年第24期。
② ［美］道格拉斯·C. 诺斯：《制度、制度变迁与经济绩效》，刘守英译，上海三联书店1994年版，第6页。
③ ［英］哈耶克：《致命的自负——社会主义的谬误》，冯克利等译，中国社会科学出版社2000年版，第14页。

的反应却是一个极其复杂和缓慢的适应过程。规则变化要求规范、惯例和非正式准则的演进"①。

四 内在制度与外在制度

在制度结构②中，哪些制度可以人为构建，哪些制度遵循着自发演变的轨迹？对此，柯武刚、史漫飞从制度起源（产生方式）这一视角，将制度区分为内在制度（internal institutions）和外在制度（external institutions）。内在制度，包括习惯（conventions）、内化规则（internalized rules）、习俗和礼貌（customs and good manners）和正式化内在规则（formalised internal rules），是群体内随经验而演化的规则。内在制度服从于渐进的演化过程，这是一个不断"试错"、历经"千百万次微小的反叛"的过程。只有当认可一项经验的人数超过一个临界点后，该经验才会转变为一项内在制度。而外在制度，则是由一个主体设计出来并强加于共同体的规则。对违反外在制度的惩罚永远是正式的，并且往往要借助于暴力。同时，内在制度和外在制度之间存在着明显的灵活转换。政府可以通过编纂规则方式使既有的内在规则正式化，并强制推行，使其成为外在制度；而一些外在制度经由政府强力推行，久而久之，会"内化"为共同体成员的习惯，从而成为内在制度③。内在制度和外在制度不断转换的过程，就是制度变迁的过程。在这一过程中，外在制度必须以内在制度为基础。外在制度的有效性在很大程度上取决于他们是否与内在演变出来的制度互补。如果试图以人为的科学的设计出来的外在制

---

① ［美］道格拉斯·C.诺斯：《制度、制度变迁与经济绩效》，刘守英译，上海三联书店1994年版，第61页。
② 林毅夫对制度结构所下的定义是"一个社会中正式的和不正式的制度安排的总和"。
③ ［德］柯武刚、史漫飞：《制度经济学：社会秩序与公共政策》，韩朝华译，商务印书馆2000年版，第119页。

度来取代一个社会的所有内在制度，就会导致诸如督促和执行成本上升、人们的自发动力萎靡不振、行政失灵等问题。

一般而言，内在制度包含着两大类型，一是社会习俗，二是伦理道德规范。社会习俗就是社会生活中的一般习惯和常规。伦理道德规范既可以表现为一种习俗，也可以表现为明文的规定，但是它与一般社会习俗的区别在于，它带有更为明显的、更为强烈的价值倾向。因此，伦理道德规范是一种更加根深蒂固，更加深入人心的制度形式。它的实施和维持，往往更多地依靠传统权威。传统权威依赖于"人们对古老传统的神圣性以及实施权威的合法地位的牢固信念"，这种权威一般包括老年人权威、族长权威、世袭皇族权威等。权威的永久性是这一权威的重要特征，权威的实施者往往是一种永久性的先赋角色。

五　制度是一套体系

任何制度在服务于其目标时都不是靠单独地得到遵守，而是靠形成的相互支持、相互协调的"规则群"。只有各种规则形成一个从一般规则到具体规则的层级结构，才能在引导人的行为上更好地发挥作用。

一般而言，内在制度（包括习惯和常规、习俗和礼貌、内化规则等）没有明显的层次可言，而外在制度的层级结构表现得比较明显和可见。

外在制度由三个不同层次的规则构成，即顶层的《宪法》、中层的成文法和底层的政府条例。《宪法》规则属于统率性规则（overriding rules），它为低层次规则创建了一个框架。[1]

---

[1] ［德］柯武刚、史漫飞：《制度经济学：社会秩序与公共政策》，韩朝华译，商务印书馆2000年版，第130—131页。

综上所述，我们认为，制度（institution）是特定社会的游戏规则，它会对人们的社会行为产生规范性的影响。制度或是以一种强制性的力量，或是通过一种道德力量，促使人们遵守这一规则，进而在社会上形成某种秩序。制度可以是人为设计并强制予以推行的，也可以在长期演化过程中自发形成。任何制度都包含特定的惩罚性措施，并以相互协调的规则群促进制度目标的完成。

【思考与讨论】

1. 你是否理解以上关于制度特性的界定？你是否同意上述界定和观点？

2. 现在，你是如何理解制度的？请结合日常生活中的制度形态对此加以说明。

第二节 传媒制度的内涵及其层级

人类的社会活动是多种多样的，有经济上的、政治上的、文化上的。人们在不同领域相互交往过程中形成了不同的制度类型。从这个意义上而言，人类社会活动的领域有多少，便有多少类型的制度形态。那么，何谓传媒制度？传媒制度有哪些类型？是否具有明显的层级？

一 传媒制度的定义

关于传媒制度，国内学界有不同的界定。传媒体制问题成为改革开放以后受到高度关注的问题，因此国内学界往往在传媒体制与传媒制度之间不加区分。实际上，传媒制度的范围较之传媒体制更为宽泛。传媒体制更多关乎传媒的运行机制问题。"体制大体上决定着两件东西，一是内部成分（资格）的界定和关于业态结构关系的宏观规定；二是与外部社会交换'物质流''能量流'以及'信息流'的规则。它要解决的问题是：（1）媒介的创办权（即产业准入资格的界定）；（2）不同类别传媒的组合结构方式与竞争规则；（3）传媒在社会运作结构中的基本角色规定；（4）传媒在社会环境中的政治、经济和文化运作的基本规则与底线。"[1] 传媒制度的范围则更为宽泛。陈怀林将传媒制度分为三个层次：传媒的制度环境、传媒的制度安排和传媒的制度规例。传媒的制度环境是同传媒有关的基本的经济、政治、社会及法律规则的集合，它是传媒生存、运作、发展的基础，是有关传媒的宗旨和基本原则。传媒的制度安排指的是传媒组织与运作的目标和准则。传媒的制度规例是体现传媒制度的可操作性的、成文的政策、法规和不成文的传统和惯例[2]。丁和根将传媒制度理解为"一种关于传媒领域的博弈规则，是传媒运行过程中各种规则的集合，它用来规范传媒资源的配置，限制传媒领域中组织与组织、组织与个人及个人之间的相互交往关系"[3]。潘祥辉将传媒制度区分为广义传媒制度和狭义传媒制度。所谓广义传媒制度指的是"嵌入政治、经济、文化等社会结构中的媒介组织及媒介运行的正式与非正式的程序与规则"，一是指媒介组织，二是指媒介运行的规则。狭义的传媒制度则专指"媒介运行的程序与规则"，这种程序与规则又进一步区分为宏观、中观与微观三个层面[4]。按照制度产生的先后和重要性而言，制度一般被区分为两大类型：一是术

---

[1] 喻国明：《中国传媒业发展的关键与"问题单"——兼论传媒体制改革的现实性与迫切性》，《新闻记者》2003 年第 3 期。
[2] 陈怀林：《九十年代中国传媒的制度演变》，《二十一世纪评论》（台北）1999 年第 53 期。
[3] 丁和根：《中国传媒制度绩效研究》，南方日报出版社 2007 年版，第 4 页。
[4] 潘祥辉：《中国媒介制度变迁的演化机制研究——一种历史制度主义的视角》，博士学位论文，浙江大学，2008 年，第 4 页。

原制度，二是派生制度①。本原制度是在人类与环境交往、争取生存与延续的过程中产生的，它满足的是人类生存与延续的需要，主要包括经济制度和家庭生育制度。本原制度是其他制度产生的母体。派生制度是从本原制度中生长、演变和发展起来的社会生活的系统模式，它主要满足的是人类发展和社会秩序的需要。政治制度和文化制度（包括科学制度、教育制度、传媒制度等）是派生制度的主要类型。经济制度、家庭生育制度、政治制度、文化制度等相互影响、相互联系，组成了社会制度系统的完整架构。站在这一角度，我们认为，传媒制度是社会制度系统中派生性的文化制度的重要组成部分，它与经济制度、政治制度等存在着无法切割的联系。传媒制度就是传媒活动中正式的和非正式规则的总和，它不仅规约着传媒活动的可能性，也约束着人们的传播行为。

二　传媒制度的类型

从传媒制度的产生方式和演变轨迹角度，我们将传媒制度区分为内在传媒制度和外在传媒制度两个类型。

内在传媒制度，包括人们在新闻传播过程中自发形成的惯例、习俗和正式化内在规则等，它遵循着自发演变的轨迹。在中国传播史上，诸如"言而无信，不知其可"（《论语》）、"得言不可以不察，数传而白为黑，黑为白"（《吕氏春秋·察传》）等都可视为内在传媒制度。另外，某些规则经由政府（党）长期推行，久而久之，会作为一种惯例"内化"于人们的意识之中，从而转化为一种内在制度。传媒实践中形成的某些惯例、常规，以及经由行业性组织制定的传媒职业道德规范，是传媒内在制度的重要组成部分。

---

① 郑杭生主编：《社会学概论新修》，中国人民大学出版社2003年版，第258页。

外在传媒制度,是由《宪法》、法律、行政法规、行政(部门)规章等明文规定的传媒制度形式。由于功能、创制、稳定程度等方面的种种差异,外在传媒制度主要通过新闻政策和新闻法规的形式表现出来。

虽然新闻政策和新闻法规都是控制新闻传播的行为规范,但是二者存在着明显的差别。主要表现在:(1)功能不同。新闻法律、法规主要调节的是新闻媒介与国家、社会、受众的关系,它主要是对人的行为的规范;而新闻政策则主要调节的是新闻媒体与政党、政府的关系,它除了规范人们的行为之外,还可以规范人们的思想。(2)创制不同。新闻法规作为国家法律的组成部分,由国家创立或认可,具有国家意志的属性,反映全体人民的利益;而新闻政策则主要体现的是执政党的主张,不具有国家意志的属性。(3)稳定程度不同。由于新闻法律具有定型化的特征,所以较之新闻政策具有较大的稳定性。而新闻政策则具有较大的灵活性和阶段性。这种特性主要来自它往往体现的是政党和政府特定阶段对于新闻媒介的态度和策略,政党和政府的更迭,甚至于领导人的更迭都会影响到新闻政策的变化。

从中国的情况来看,外在传媒制度主要有以下表现形式:(1)《宪法》。这是对于传媒行为的根本性规定。(2)法律。即以《宪法》为根据对传媒活动的一般规定。(3)行政法规。这是国家最高行政机关根据《宪法》和法律的规定,对于领导和管理传媒活动的各种规范性文件的总称。(4)部门规章。即由国家新闻出版署(国家版权局)、国家广播电视总局、工业和信息化部等政府部门,根据国家《宪法》和法律制定的规定、办法、实施细则、条例等规范性文件。另外,领导人意志对于传媒制度的形成也会产生重大影响。所以,不同时期领导人的讲话、指示等也构成了中国外在传媒制度的一部分。

三　传媒制度的层级

外在传媒制度永远是正式制度。它具有明显的层级结构。按照不同层次传媒制度的地位与作用，以及各种制度安排的从属关系，我们将外在传媒制度区分为自上而下、密不可分的三个层次，即顶层的根本制度、中层的基本制度和底层的具体制度。

根本制度要解决的是新闻媒体代表着哪些人的利益、为谁服务等根本性问题。这是对于新闻传媒的政治属性和根本性质的规定。根本制度属于一定传媒制度的内层，是传媒制度的核心。

基本制度就是国家管理新闻媒体的规范体系。换言之，基本制度实际上就是如何更好地实现根本制度的一系列规范。基本制度解决的主要问题有：（1）新闻媒体的所有制性质；（2）新闻媒体的创办权；（3）新闻媒体的基本角色规定；（4）国家管理新闻媒体的基本模式；（5）不同新闻媒体的组合方式和竞争规则。

具体制度，即一系列具有明显可操作性的规则、程序、方式等，也就是新闻媒体的微观运行机制。主要包括：采编（报道）制度、经营制度、融资制度、人事制度等。这些制度不仅规约着新闻机构（组织）的新闻传播行为，也规约着新闻从业者（个人）的新闻传播行为。

传媒制度具有相对的稳定性。随着政治、经济、文化等"外环境"的变化，传媒制度也会通过一定的方式发生或大或小的调整、变迁。一般而言，对于外在传媒制度，根本制度稳定性最强，基本制度次之，具体制度可变性最为明显。通常所说的"新闻体制改革""新闻改革"，主要指的就是改革、调整具体制度。当然，具体制度的改革和调整会不同程度地影响基本制度乃至根本制度。新闻制度是社会制度系统中文化制度的重要组成部分，同时又与经济制度、政治制度存在着千丝万缕的联系。

第三节　传媒法规与职业道德

按照传媒制度演进和功能的不同，我们将传媒法规归之于传媒外在制度，将传媒职业道德界定为传媒内在制度。那么，传媒法规与传媒职业道德之间有何共同点？有何区别？在功能上存在着怎样的互补关系？这是本节需要讨论的问题。

一　伦理和道德的界限

【先导提问】

伦理和道德没有界限吗？请先看一组材料：

材料1

羊有跪乳之恩

鸦有反哺之义

马无欺母之心——《增广贤文》

材料2

人之有道也。饱食、暖衣、逸居而无教，则近于禽兽。圣人有忧之，使契为司徒，教以人伦：父子有亲，君臣有义，夫妇有别，长幼有序，朋友有信。——《孟子·滕文公上》

材料3

每天探讨德行以及相关的问题，对于人来说是一种至高之善，没有经受这种考察的人生是没有价值的人生。——苏格拉底

材料4

有两种东西，我们愈时常、愈反复加以思索，它们就愈是给人

心灌注了时时在翻新、有增无减的赞叹和敬畏：头上的星空和内心的道德法则。——康德墓志铭

材料5

"在这种生死抉择的瞬间，只有为了我的女儿我才可能考虑牺牲自我，其他的人，哪怕是我的母亲，在这种情况下我也不会管的。"——汶川地震（2008.5.12）中一位北京大学毕业的小学教师说的话

以上材料关涉"伦理"和"道德"的区别。实际上在许多场合，"伦理"和"道德"经常被人们混用。那么，二者究竟有没有界限呢？

伦，在古汉语中本义为"辈"，引申为"人际关系"；理，本义为"治玉"，引申为"规律和规则"。所谓"伦理"，就是有关人际关系的行为规范。在中国文化中，常有"五伦""天伦"之说，所谓"五伦"指的是五种人际关系，即夫妻关系、父子关系、兄弟关系、君臣关系、朋友关系，前三种关系（即夫妻、父子、兄弟）源于天道自然和血缘，因此被称为"天伦"。每种人际关系都有其应该遵循的行为规范，这就是孟子所谓的"父子有亲，君臣有义，夫妇有别，长幼有序，朋友有信"。然而，中国文化中关于人伦关系所确立的种种行为规范，或者说伦理，是相对于动物而言的，是人类作为"万物灵长"的本质属性，是人之所以为人的底线规则。否则，人类就与动物无异。前引《增广贤文》中的文字，虽然说的是动物界的现象，实际上是以类推的形式言说人事。它隐含的意思是说：动物尚能"跪乳""反哺"，何况人类？因此，伦理是一种自然法则，是有关人类关系（尤其以姻亲关系为重心）的自然法则。或者说，伦理是生命个体区别于动物行为的限定性规则，是动物性本能在作为人后应该剔除或应该加上的部分行为内容。就此而言，伦理

具有横亘古今的普适性。

那么，什么是道德？在中国传统文化中，道，本义为"道路"，引申为"规律和规则"；德，本义为"得"，引申为"品德"或"德行"。"道德"一词可以追溯到老子的《道德经》："道生之，德畜之，物形之，势成之。是以万物莫不尊道而贵德。道之尊，德之贵，夫莫之命而常自然。"荀子在《劝学篇》说："故学至乎礼而止矣，夫是之谓道德至极。"因此，在中国传统文化中，道德是成为一个具有伟大人格或者成为一个高尚的人所应遵守的行为规范。对此，孔子说："德之不修，学之不讲，闻义不能徙，不善不能改，是吾忧也。"（《论语·述而》）孟子将孔子的仁学思想进一步落实为"德之四端"："恻隐之心，仁之端也；羞恶之心，义之端也；辞让之心，礼之端也；是非之心，智之端也。人之有是四端也，犹其有四体也。……凡有四端于我者，知皆扩而充之矣，若火之始然，泉之始达。苟能充之，足以保四海；苟不充之，不足以事父母。"（《孟子·公孙丑上》）"恻隐""羞恶""辞让""是非"仅仅是道德追求的开端，而道德追求是一个永无止境的精神过程，高尚人格的追求更是人类追求的终极目标。因而，《大学》开篇就说："自天子以至于庶人，一是皆以修身为本。"

综上所述，站在中国文化脉络中，我们认为，伦理和道德虽同属内在制度，全凭人的自觉追求和自我监督，但是二者存在着区别。这种区别概括起来就是，伦理是人之所以为人的底线规则，是人区别于动物禽兽的本质属性。道德是人成为一个高尚的伟大的人的高标规则。

二　严格义务和善意义务

在康德的道德世界中，存在着有两类义务：严格义务（或称消极义务）和善意义务（或称积极义务）。

严格义务（消极义务）指的是不谋杀、不失信、不撒谎。消极义务是底线性质的基本义务，人人必须遵守。善意义务（积极义务）指的是一部分人承担的义务，它塑造高尚人格。人性中美好的一面往往因此被激发出来，但常常让许多人可望而不可即。

为了进一步区分严格义务和善意义务，康德从中提炼出了一些日常的道德规则，并且举了四个例子来加以证明。

第一个例子就是"不要骗人"。一个人做生意，童叟无欺，这就是我们一般说的诚信。他的这种行为是值得赞扬的，但还不一定是值得敬重的，因为商业诚信是带来利益的。值得敬重的是什么人呢？他能把"不卖假货"当成一条道德原则来遵守，以至于哪怕他的店子倒闭也不卖假货，那么这个人的行为就值得敬重，是道德行为。

第二个例子就是"不要自杀"。康德认为人不去自杀是人最基本的求生本能。但是有这样一个人，他的生活非常痛苦，甚至是生不如死，在这样的情况下，他仍然不自杀，坚强地活着，那他的行为就是值得敬重的，他的"活"本身就是一种道德行为。

第三个例子就是"发展自己的才能"。一个人生活在世界上应该发展自己的各方面的才能，这不仅仅是为了获得某种利益，而是为了完善自己，将其作为自己的义务，这也是道德行为。

最后一个例子就是"帮助别人"。帮助别人不是为了回报，而是一种义务，这也是一种道德的行为。

这四个例子并不是随便列举的，而是按照一种严格逻辑顺序编排起来的，代表着四种不同的道德境界：（1）做买卖童叟无欺（对他人的消极义务）；（2）不放弃自己的生命（对自己的消极义务）；（3）帮助他人（对他人的积极义务）；（4）增进自己的幸福（对自己的积极义务）。所谓完全（消极）义务就是绝对不要去做的，没条件可讲的；而后面两个是不完全（积极）义务，在某些情况下不去做是可以原谅的。"严格的责任一般是消极的：不谋杀、不失信、不撒谎。善意的责任更积极一些：帮助他人、发展自己的才能、表示感激。严格的责任比善意的责任更具有强制性。"①

康德指出，在这四个例子中，人们很容易看出这些行为要能够具有道德含义必须是"出于义务"，而不仅仅是"合乎义务"。合乎义务的事从普通的道德理性来看是值得嘉奖和鼓励的，因而属于"普通的道德理性的知识"；但从哲学的道德理性来看却还不一定值得高度推崇，还要看它是否真是"出于义务"而做的。有人做好事是出于长远利益的考虑，或是出于自己乐善好施的性格，有人维持生命只是出于本能或爱好，追求幸福只是为了享受，在康德看来这些都不能算作道德的。

三 传媒职业道德与职业伦理

职业道德是道德在职业生活中的具体表现，是道德的派生物。但是，职业道德除了道德中共通的要求之外，还包括基于专业逻辑的特殊道德要求，因此具有较为鲜明的职业特点，有着道德所不能涵盖的内容。下引的《希波拉底誓言》是西方医务工作者必须恪守的职业道德。从其内容不难看到，它既包含普遍的道德内容，同时更加强调了医务工作者的职业道德规范。至今，《希波拉底誓言》依然是医学专业学生在毕业典礼上的宣誓内容。

按照马克斯·韦伯的理解，早期资本主义职业的兴盛与职业观念的世俗化之间存在着深刻的内在联系。世俗化的谋利活动，得到

---

① [德]康德：《法的形而上学原理——权利的科学》，沈叔平译，商务印书馆1991年版，第37页。

了宗教上的肯定，对世俗职业的发展发挥了作用。马克斯·韦伯认识到，在以往的所有信仰天主教为主的诸民族的语言中，都没有任何表示与我们所知的"职业"相似的概念。自从16世纪初马丁·路德宗教改革以后，强调人在世间的责任，体现这一意义的职业就出现了。宗教改革以后，将履行职责义务看成上帝应允的唯一生活方式的看法越来越受到重视。每一种正统的职业在上帝那里都具有完全同等的价值。[①]

【知识链接】

希波拉底誓言

1. 请允许我行医，我要终生奉行人道主义。

2. 向恩师表达尊敬与感谢之意。

3. 在行医过程中严守良心与尊严。

4. 以患者的健康与生命为第一位。

5. 严格为患者保守秘密。

6. 保持医学界的名誉与宝贵的传统。

7. 把同事视为兄弟，不因患者的人种、宗教、国籍和社会地位的不同而区别对待。

8. 从受孕之始，即把人的生命作为至高无上之物来尊重。

9. 无论承受怎样的压力，在运用自己的知识时也不会违背人道主义。

传媒职业道德是随着传媒职业化以后逐渐形成的传媒工作者以及传媒机构应该遵循的一系列行为规范的总和。它是媒体从业者和媒体机构自身，遵循体现普遍性的社会公德（工作观）和体现特殊性的专业标准（专业规范），对其职业行为进行的自我约束和自我管

---

① 龚群：《社会伦理十讲》，中国人民大学出版社2008年版，第160—161页。

理。媒体职业伦理是媒体从业者和媒介机构在媒体职业道德体系中的多个因素发生冲突时的理性抉择原则。

玛格丽特·杜拉斯认为:"没有不涉及道德的新闻写作。所有的记者都是伦理学家。这绝对无可避免。记者就是一个观察世界的人,观察这个世界的运转,每天,站在很近的地方注视着它,把它展现出来,让大家得以再度审视——这世界,这世界里的事件。"[1]

【延伸阅读】

中国新闻工作者职业道德准则

(中华全国新闻工作者协会第九届全国理事会第五次常务理事会二〇一九年十一月七日修订)

中国新闻事业是中国共产党领导的中国特色社会主义事业的重要组成部分。新闻工作者坚持以马克思列宁主义、毛泽东思想、邓小平理论、"三个代表"重要思想、科学发展观、习近平新时代中国特色社会主义思想为指导,增强"四个意识",坚定"四个自信",做到"两个维护",牢记党的新闻舆论工作职责使命,继承和发扬党的新闻舆论工作优良传统,坚持正确政治方向、舆论导向、新闻志向、工作取向,不断增强脚力、眼力、脑力、笔力,积极传播社会主义核心价值观,自觉遵守国家法律法规,恪守新闻职业道德,自觉承担社会责任,做政治坚定、引领时代、业务精湛、作风优良、党和人民信赖的新闻工作者。

第一条 全心全意为人民服务。忠于党、忠于祖国、忠于人民,把体现党的主张与反映人民心声统一起来,把坚持正确舆论导向与通达社情民意统一起来,把坚持正面宣传为主与正确开展舆论监督

---

[1] [法]玛格丽特·杜拉斯:《外面的世界》,袁筱一译,作家出版社2007年版,第18页。

统一起来，发挥党和政府联系人民群众的桥梁纽带作用。

1. 坚持用习近平新时代中国特色社会主义思想武装头脑，深入学习宣传贯彻党的路线方针政策，积极宣传中央重大决策部署，及时传播国内外各领域的信息，满足人民群众日益增长的新闻信息需求，保证人民群众的知情权、参与权、表达权、监督权；

2. 坚持以人民为中心的工作导向，把人民群众作为报道主体、服务对象，多宣传基层群众的先进典型，多挖掘群众身边的具体事例，多反映平凡人物的工作生活，多运用群众的生动语言，丰富人民精神世界，增强人民精神力量，满足人民精神需求，使新闻报道为人民群众喜闻乐见；

3. 保持人民情怀，积极反映人民群众的正确意见和呼声，及时回应人民群众的关切和期待，批评侵害人民利益的现象和行为，畅通人民群众表达意见的渠道，依法维护人民群众的正当权益。

第二条 坚持正确舆论导向。坚持团结稳定鼓劲、正面宣传为主，弘扬主旋律、传播正能量，不断巩固和壮大积极健康向上的主流思想舆论。

1. 以经济建设为中心，服从服务于党和国家工作大局，贯彻新发展理念，为促进经济社会持续健康发展注入强大正能量；

2. 宣传科学理论、传播先进文化、滋养美好心灵、弘扬社会正气，增强社会责任感，严守道德伦理底线，坚决抵制低俗、庸俗、媚俗的内容；

3. 加强和改进舆论监督，着眼解决问题、推动工作，激浊扬清、针砭时弊，发表批评性报道要事实准确、分析客观，坚持科学监督、准确监督、依法监督、建设性监督；

4. 采访报道突发事件坚持导向正确、及时准确、公开透明，全面客观报道事件动态及处置进程，推动事件的妥善处理，维护社会稳定和人心安定。

第三条 坚持新闻真实性原则。把真实作为新闻的生命，努力到一线、到现场采访核实，坚持深入调查研究，报道做到真实、准确、全面、客观。

1. 通过合法途径和方式获取新闻素材，认真核实新闻信息来源，确保新闻要素及情节准确；

2. 根据事实来描述事实，不夸大、不缩小、不歪曲事实，不摆布采访报道对象，禁止虚构或制造新闻，刊播新闻报道要署记者的真名；

3. 摘转其他媒体的报道要把好事实关导向关，不刊播违背科学精神、伦理道德、生活常识的内容；

4. 刊播了失实报道要勇于承担责任，及时更正致歉，消除不良影响；

5. 坚持网上网下"一个标准、一把尺子、一条底线"，统一导向要求、管理要求。

第四条 发扬优良作风。树立正确的世界观、人生观、价值观，加强品德修养，提高综合素质，抵制不良风气，保持一身正气，接受社会监督。

1. 强化学习意识，养成学习习惯，不断增强政治素质，提高业务水平，掌握融合技能，努力成为全媒型、专家型新闻工作者；

2. 坚持走基层、转作风、改文风，练就过硬脚力、眼力、脑力、笔力，拜人民为师，向人民学习，深入了解社情民意，增进与群众的感情；

3. 坚决反对和抵制各种有偿新闻和有偿不闻行为，不利用职业之便谋取不正当利益，不利用新闻报道发泄私愤，不以任何名义索取、接受采访报道对象或利害关系人的财物或其他利益，不向采访报道对象提出工作以外的要求；

4. 严格执行新闻报道与经营活动"两分开"的规定，不以新闻报道形式做任何广告性质的宣传，编辑记者不得从事创收等经营性活动。

第五条 坚持改进创新。遵循新闻传播规律和新兴媒体发展规律，创新理念、内容、体裁、形式、方法、手段、业态等，做到体现时代性、把握规律性、富于创造性。

1. 适应分众化、差异化传播趋势，深入研究不同传播对象的接受习惯和信息需求，主动设置议题，善于因势利导，不断提高传播力、引导力、影响力、公信力；

2. 强化互联网思维，顺应全媒体发展要求，积极探索网络信息生产和传播的特点规律，深刻把握传统媒体和新兴媒体融合发展的趋势，善于运用网络新技术新应用，不断提高网上正面宣传和网络舆论引导水平；

3. 保持思维的敏锐性和开放度，认识新事物、把握新规律，敢于打破思维定式和路径依赖，认真研究传播艺术，采用受众听得懂、易接受的方式，增强新闻报道的亲和力、吸引力、感染力，采写更多有思想、有温度、有品质的精品佳作。

第六条 遵守法律纪律。增强法治观念，遵守宪法和法律法规，遵守党的新闻工作纪律，维护国家利益和安全，保守国家秘密。

1. 严格遵守和正确宣传国家各项政治制度和政策，切实维护国家政治安全、文化安全和社会稳定；

2. 维护采访报道对象的合法权益，尊重采访报道对象的正当要求，不揭个人隐私，不诽谤他人；

3. 保障妇女、儿童、老年人和残疾人的合法权益，注意保护其身心健康；

4. 维护司法尊严，依法做好案件报道，不干预依法进行的司法审判活动，在法庭判决前不做定性、定罪的报道和评论，不渲染凶杀、暴力、色情等；

5. 涉外报道要遵守我国涉外法律、对外政策和我国加入的国际条约；

6. 尊重和保护新闻媒体作品版权，反对抄袭、剽窃，抵制严重歪曲文章原意、断章取义等不当摘转行为；

7. 严格遵守新闻采访规范，除确有必要的特殊拍摄采访外，新闻采访要出示合法有效的新闻记者证。

第七条 对外展示良好形象。努力培养世界眼光和国际视野，讲好中国故事，传播好中国声音，积极搭建中国与世界交流沟通的桥梁，展现真实、立体、全面的中国。

1. 在国际交往中维护祖国尊严和国家利益，维护中国新闻工作者的形象；

2. 生动诠释中国道路、中国理论、中国制度、中国文化，着重讲好中国的故事、中国共产党的故事、中国特色社会主义的故事、中国人民的故事，让世界更好地读懂中国；

3. 积极传播中华民族的优秀文化，增进世界各国人民对中华文化的了解；

4. 尊重各国主权、民族传统、宗教信仰和文化多样性，报道各国经济社会发展变化和优秀民族文化；

5. 加强与各国媒体和国际（区域）新闻组织的交流合作，增进了解、加深友谊，为推动人类命运共同体建设多做工作。

对本《准则》，中国记协会员要结合实际制定相应实施细则，认真组织落实；全国新闻工作者包括新媒体新闻信息传播从业人员要自觉执行；各级地方记协、各类专业记协要积极宣传和推动；欢迎社会

各界监督。（资料来源：《新华每日电讯》2019年12月16日第3版）

记者行为准则宣言

（1954年4月国际新闻记者联合会第二届代表大会通过，1986年6月修订）

本国际宣言，经正式宣布为从事新闻采访、传递、发行与评论者，以及从事事件之描述者的职业行为标准。

一、尊重真理及尊重公众获得真实消息的权利，是新闻记者的首要责任。

二、为履行这一责任，新闻记者要维护两项原则：忠实采集和发表新闻的自由及公正评论与批评的权利。

三、新闻记者仅报道知道来源的事实，不得扣压重要新闻或假造材料。

四、新闻记者只用公开的方法获得新闻、照片和资料。

五、新闻记者发现已发表的新闻有伤害性的讹误，应尽最大努力予以更正。

六、新闻记者对秘密获得的消息来源，应保守职业秘密。

七、新闻记者应警惕正由报刊加剧的各种歧视的危险，对于建立在种族、性别、性取向、语言、宗教、政治或其他观念，以及民族或社会出身等基础上的种族歧视，应尽力避免为之推波助澜。

八、新闻记者视下列行为为严重的职业罪恶：

——抄袭、剽窃；

——中伤、诬蔑、诽谤和缺乏根据的指控；

——因接受贿赂而发表或扣压信息。

九、名副其实的新闻记者应把忠实地遵行以上原则视为自己的责任。在每一个国家的一般法律的范围内，新闻记者在职业问题上只承认同业间的裁决，拒绝政府或其他方面的任何干涉。

四 传媒职业道德与传媒法规

传媒职业道德和传媒法规是解决传媒活动中的价值冲突与利益纠葛，规范传媒活动的两种最重要的手段。前文已经说明，传媒职业道德属于传媒内在制度层面，传媒法规属于传媒外在制度层面。在对二者的联系与区别进行阐述之前，需要对法的基本概念进行简要介绍。

（一）法的含义和基本特征

在中国古典文献中，对于法多有表述。《尔雅》说："法，逼也。逼而使有所限也。"《管子》说："法者，天下之程式也，万事之仪表也。"许慎在《说文解字》中写道："灋，刑也。平之如水。从水，廌所以触不直者去之，从去，会意。"综合以上说法，在古代文献中，"法"至少包含着以下几层含义：一是"法"代表着公平、公正。这一意涵通过"水"得到了充分表达。老子在《道德经》中提出了"上善若水"的著名命题，水之所以能够代表着至高的善，是因为公平、公正、"善利万物"的品格。二是"法"代表着刚正不阿。这一意涵通过一个被名为"廌"的神兽得以表达。廌是传说中的神兽，其形似麒麟，青毛独角，体态刚健，极有灵性。因此古代在断案时用它来辨别罪犯，而廌对于作恶犯法之人有准确的判断力，对于这些人就用它的独角将其顶出。所以在廌的身上体现着一种刚正不阿的精神。三是"法"的基本特征在于"逼"，即强制力。这种强制力借助于国家机器得以实施，从而成为"天下程式""万事仪表"。中国传统的法的含义与现代意义上的法的概念大体接近。

现代意义的法，往往根据其所表现出的特征，将其界定为：法是由国家创制的并由国家强制力保证实施的、普遍适用的行为规范体系。

首先，法是普遍适用的行为规范，即法对特定国家的所有人都是适用的。这种普遍性是指：它既不是任意的行为规范，也不是针对特定人而设立的行为规范，而是在同样的条件下针对任何人反复使用的行为规范。其次，法是由国家创制的行为规范。法是具有立法权的国家机关在其权限范围内按照既定程序加以制定并予以颁布实施的。法具有国家意志的属性，是其他行为规范所不具有的。最后，法是以国家强制力保证实施的行为规范。国家强制力的本质是国家暴力，体现为军队、警察、法庭、监狱等机构。

（二）传媒法规及其层级

国际上对于规范传媒活动的法，通常称之为传媒法（Media Law）、传播法（Communication Law）、大众传播法（Mass Communication Law）、新闻法（Press Law）。所谓传媒法，就是调整传媒活动中各种社会关系，保障传媒活动中社会公共利益和公民、法人的有关合法权益的法律规范的总称。由于传媒活动涉及社会生活的各个方面，所以至今没有一个国家制定过一部囊括传媒活动一切法律关系的单一法律文件，都表现为许多法律规范的集合体。

我国目前虽然还没有制定专门的传媒法或者新闻法，但并不意味着我国就没有传媒法律规范。随着我国社会主义法制建设的深入发展，有关传媒活动的法律规范已经形成了完整的法律体系。不仅我国《宪法》对传媒活动的方向和公民从事传播活动的权利义务有明确的原则性规定，众多的一般法律及其司法解释都有与传媒活动相关的条款，而且国家还制定了一批专门规范传媒活动的行政法规和部门规章，这些内容构成了我国现行传媒法规的基本框架。

根据法的效力等级的不同，我国现行传媒法构成了由《宪法》—法律—行政法规—行政规章的法律的完整体系。

1. 统率性规则：《宪法》。《宪法》是国家的根本大法，是由全国人民代表大会经过特定立法程序制定的，是制定普通法律的法律基础，具有最高的法律权威和效力，属于"统率性规则"。关于"《宪法》规范"，在后续章节中会有专门介绍。

2. 法律：在我国，法律特指由全国人民代表大会及其常务委员会制定、颁布的规范性文件。其效力仅次于《宪法》。法律由国家主席签署主席令公布。法律分为基本法律和基本法律以外的其他法律两种，其地位仅次于《宪法》，高于其他国家机关制定的规范性法律文件，也是制定其他法规的依据。

我国现行法律体系中，有三组最主要的基本法律与传媒活动存在十分密切的关系，即《刑法》及《刑事诉讼法》、《民法》及《民事诉讼法》、《行政法》及其他。最高人民法院在适用《民法》和《刑法》的过程中对具体法律应用问题所做的解释，即司法解释，与法律同样作为判决的依据，有些内容同传媒活动直接相关，也是传播法的不可忽视的法源。

其他由全国人民代表大会及其常务委员会制定和修订的法律，主要调整某一方面的社会关系，许多法律同传媒活动存在着不同程度的关系。比如《国家安全法》《著作权法》《广告法》《未成年人保护法》《妇女权益保障法》等。

3. 行政法规：行政法规是国务院根据《宪法》和法律制定的，由国务院总理签署发布的，领导和管理国家各项行政工作的各类规范性文件的总称。行政法规一般用条例、办法、规则、规定等名称。行政法规的法律效力低于立法机关。

行政法规主要有两种类型：一是管理各类传播媒介的专门行政法规，比如《电影管理条例》《出版管理条例》《广播电视管理条例》《印刷业管理条例》等。二是管理新闻传播活动中某一具体事项的行政法规，比如《国务院关于严厉打击非法出版活动的通知》

《中华人民共和国外国常驻新闻机构和外国记者采访条例》《卫星电视广播地面接收设施管理规定》等。

4. 行政规章：行政规章是指国务院所属部委和具有行政管理职能的直属机构，根据法律和国务院的行政法规、决定、命令，在本部门的权限范围内制定的规定、办法、实施细则、规则等规范性文件，主要涉及报刊管理、广播影视节目管理、互联网管理、禁止淫秽色情内容、贯彻《保密法》规定、贯彻著作权规定等。

除了以上传媒法规之外，地方性法规、自治条例、单行条例，特别行政区法律法规以及我国签署或加入的国际条约，也对传媒活动产生约束作用。

（三）传媒法规与传媒职业道德的关系

传媒法规和传媒职业道德是传媒活动中十分重要的两种行为规范，二者在调节传媒活动、维护社会和谐稳定中起着重要的规范作用。

1. 传媒法规与传媒职业道德的共同点

（1）目的的一致性。作为对人类传播活动进行约束的规范体系，传媒法规和传媒职业道德都是为了维持传播活动的正常秩序，保障其存在与发展，维护公民的合法权益。许纪霖认为："现代社会的整合纽带是由法与道德来维系的，他们背后的价值资源都来自同一个终极存在，倘若这一终极价值日益受到亵渎，社会就不复有共同的终极信仰，所有的法律规范与道德体系都将无所依托，无所凭借。"[1] 传媒法规与传媒职业道德的根本目的就是为人类传播活动的良善与社会公正确立终极标准。

（2）内容的包容性。前文在讨论内在制度和外在制度的关系时已经指出，外在制度的制定以内在制度为依据，尊重历史过程中"约定

---

[1] 许纪霖：《终极关怀与现代化——读托克维尔著作述感》，《读书》1991年第1期。

俗成"的内在制度。同时,当外在制度内化于人们的意识深处之时,则会转化为内在制度。如此不断推演,形成了传媒制度的变迁。传媒法规从其本质而言属于外在传媒制度,传媒职业道德属于内在传媒制度,二者在内容方面构成了你中有我、我中有你的紧密关系。

(3)鲜明的阶级性。传媒法规和传媒职业道德是一种特殊的意识形态,都代表着特定阶级的意志和利益,是为特定阶级服务的工具。

2. 传媒法规与传媒职业道德的区别

(1)规则形成方式不同。传媒法规作为特定国家法律体系的重要组成部分,是由国家立法机关遵循一定的立法程序制定的,体现的是国家意志。传媒职业道德是由传媒事业的行业性组织主持制定的,是传媒行业自治的手段。由于其形成方式与国家意志的紧密程度不同,所以传媒法规直接受到特定国家的根本制度和政权机构更迭的影响,而传媒职业道德受此影响的程度较浅。

(2)目标实现方式不同。传媒法规和传媒职业道德具有制度目标的一致性,但是二者实现制度目标的方式不同。传媒法规从本质上而言属于底线规则,对所有人都适用,其显著特征是禁止性,因此必须依靠国家强制力保证其目标的实现。传媒职业道德则属于高线规则,并非适用于所有人,其显著特征是倡导性,因此更多依靠道德教化和文化教育以唤起人的良知从而实现制度目标。

(3)文本表达风格不同。哈耶克说:"法治的意思就是指政府在一切行动中都受到事前规定并宣布的规则的约束——这种规则使得一个人有可能十分肯定地预见到当局在某一情况中会怎样使用它的强制权力,和根据对此的了解计划他自己的个人事务。"[①] 所谓的

---

① [英]哈耶克:《通往奴役之路》,王明毅等译,中国社会科学出版社1997年版,第73页。

"事前规定并宣布的规则"指的就是国家公布的各种类型的法律文本。法律文本的表达应该具体明确，不能含糊笼统，要让每一个人对行为后果有"十分肯定的预见"。相比而言，传媒职业道德的文本风格则抽象概括，大体上是一些原则性的规定，没有具体明确的罚则。

3. 传媒法规和传媒职业道德功能上的互补

传媒法规和传媒职业道德虽然具有目的的一致性，但是在传媒活动中扮演着不同的角色，发挥着不同的功能。在调节传媒活动过程中，二者在功能上可以实现互相补充。

传媒职业道德对于传媒法规的补充作用主要表现在：传媒法规只涉及人的外部行为，不能调整人们的思想活动。传媒职业道德通过潜移默化的道德教化和文化教育，可以对于人的思想意识领域进行正确引导。因此，对于一些并不构成违法犯罪的有害行为，对于传媒法规无法调节的领域，需要传媒职业道德加以劝阻和谴责。同时，传媒法规一旦确立，较为稳定，它对特定行为的调节是反应性的，较为缓慢。尤其是当社会发生急剧变化的时候，新生事物和新的社会行为不断涌现，传媒法规来不及进行及时调节，而传媒职业道德因其具有较大的灵活性和弹性，可以弥补传媒法规的这一局限。另外，传媒法规主要通过惩罚达到对某种行为的禁止，传媒职业道德除了禁止之外，更表现为发扬和倡导。

传媒法规对于传媒职业道德的补充作用主要表现在两个方面：一方面，传媒法规可以保障传媒道德目标的实现。传媒道德目标的实现主要依靠的是人的道德自律和道德信念，具有很大的弹性，往往使道德目标落空，因此借助于传媒法规的强制力可以确保传媒道德目标的实现。另一方面，传媒法规的实施过程也是传播职业道德的过程，通过传媒法规的惩罚力量，可以彰显寄托在传媒职业道德中的信念和价值。正如布鲁姆所说:"当法律规定权利与义务并以强制性力量相威胁以维护其规定时,法律便变成了一种强有力的传播媒介。每一个执法行动都表达了它对社会的价值观的态度以及它对这些价值观的承诺。"①

第四节 传媒法律关系

传媒法律关系是传媒法律规范所确认和调整的在大众传播活动中,参与者各方所形成的传播权利和传播义务关系②。具体而言,传媒法律关系包括国家(传媒主管机关)、传播媒介(传统媒体和新媒体)、传播者(个人、群体、组织)、受众(自然人、法人)相互之间的权利和义务关系。

一 传媒法律关系构成及特点

传媒法律关系由传媒法律关系主体、客体和内容三大因素构成,见下图:

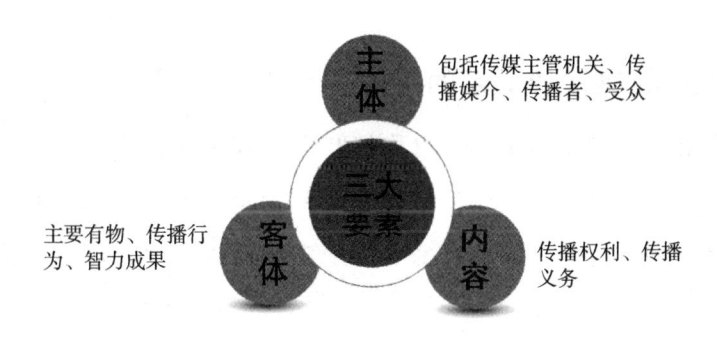

主体:包括传媒主管机关、传播媒介、传播者、受众
客体:主要有物、传播行为、智力成果
内容:传播权利、传播义务

---

① [美]布鲁姆等:《社会学》,张杰等译,四川人民出版社1991年版,第648页。
② 王军:《传媒法规与伦理》,中国传媒大学出版社2010年版,第1页。

传媒法律关系的特点主要表现在四个方面。

一是传媒法律关系是依据传媒法律规范建立的权利和义务关系。传媒法律规范是传媒法律关系的源头。传媒法律关系是现实的、具体的，指向特定的人和事，而传媒法律规范是存在可能性的，没有指向特定的人和事，所以说，传媒法律关系是传媒法律规范的实现。

二是传媒法律关系是法律关系在传媒活动中的体现。法律关系的核心在于调整人们行为过程中形成的权利和义务关系，这种权利义务关系表现在传媒活动中，就形成了传媒法律关系。所以传媒法律关系主体的权利和义务是统一的，一定的权利必须与一定的义务相伴随。

三是传媒法律关系是由国家强制力保障的社会关系。传媒法律关系体现着国家政权和社会集团的共同意志，为了保障这种制度目标的实现，必然要赋予传媒法律关系国家强制的属性。

四是传媒法律关系是一种思想社会关系。所谓思想社会关系，就是法律关系、政治关系、道德关系、阶级关系等，归根结底都取决于社会的经济基础，其形成依赖于人们的意志和意识。因此，传媒法律关系的参加者的意愿对于传媒法律关系的实现具有决定性影响。

二 传媒法律关系的主体

传媒法律关系的主体，也称权利主体或义务主体，就是在传媒活动和大众传播活动中依法享有权利和承担义务的机构、组织和个人。在我国，传媒法律关系的主体主要涉及传媒主管机关、传播媒介、传播者、受众。

（一）传媒主管机关

在我国，国家依法对新闻事业进行管理。各种媒介在行政上都由国家政府机关的有关部门来管理。根据2018年《国务院关于机构设置的通知》（国发〔2018〕6号）①，我国当前的传媒主管机关主要有：

1. 国家新闻出版署（国家版权局），主要管理报社、杂志社及其经营的媒介。

2. 国家广播电视总局，主要管理广播电台、电视台及其经营的媒介。

3. 国家电影局，主要管理电影制片厂及其经营的媒介。

4. 中华人民共和国工业和信息化部，主要管理公用通信网、互联网、专用通信网等。

5. 国务院新闻办公室，主要负责对外宣传和互联网新闻事业发展。

6. 外交部新闻司，主要管理在华外国记者和外国常驻新闻机构事务。

（二）传播媒介

传播媒介一般有两种含义：一是指信息传递的载体、渠道、中介物、工具或者手段，比如报纸、杂志、广播、电视、电影、网络等；二是指从事信息采集、加工制作和传播的机构，即传媒机构，诸如通讯社、报社、杂志社、电视台、网站等。

在传媒法律关系中，新闻媒介是最重要的主体。我国目前的新闻媒体主要有广播电台、电视台、报刊。1998年5月，联合国新闻

---

① 2018年，国务院对国家机构进行改革，改革前后的机构名称有所不同。比如，根据2018年《国务院机构改革方案》，组建"国家广播电视总局"，"国家新闻出版署（国家版权局）"在中央宣传部加挂牌子，由中央宣传部承担相关职责。2018年之前，这两个国家机构名称多有变化。2013年国家机构改革之前，"国家新闻出版总署""国家广播电影电视总局"为两个独立机构。2013年国务院机构改革后，两个机构合并组建"国家新闻出版广电总局"。再比如，根据2018年《国务院机构改革方案》，组建国务院直属机构"国家市场监督管理总局"，不再保留原来的国务院直属机构"国家工商行政管理总局"。本书中涉及的由国务院直属机构下发的各种行政规章制度，其颁布机构名称均以颁布当时的国家机构名称为准，不再一一说明。

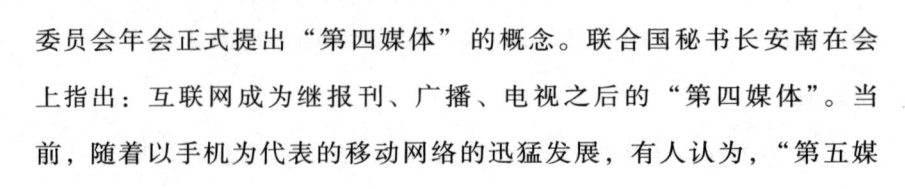

委员会年会正式提出"第四媒体"的概念。联合国秘书长安南在会上指出：互联网成为继报刊、广播、电视之后的"第四媒体"。当前，随着以手机为代表的移动网络的迅猛发展，有人认为，"第五媒体"时代已经到来。

（三）传播者

传播者是指传播行为的发起者，是借助某种工具或者手段，向他人提供信息的个人、群体或者组织。传播者是一个相对而言的概念。根据传播类型的不同，传播者角色会发生变化。在大众传播活动中，传播者的角色相对固定；在人际传播、群体传播活动中，传播者角色会频繁发生互换。在互联网时代，人人都是传播者，人人都是受众。

（四）受众

受众就是信息的接收者。受众是一个集合概念，最直观地体现为信息接收的人群，比如报刊、书籍的读者，广播的听众，电视、电影的观众，网络媒体用户等。

传播学家克劳斯认为，受众按照其规模可以分为三个不同的层次：第一个层次是特定国家或者地区能够接触到传媒信息的总人口，这是最大规模的受众，比如在我国的电视信号覆盖区域内，凡是拥有电视机或者能够观看电视节目的人都是电视传媒的受众。第二个层次是对特定传媒或者特定信息内容保持着定期接触的人，如报纸的定期读者或者电视的稳定受众。第三个层次是不但接触媒介内容而且在态度上表现出对这一信息内容的认同，这就是所谓的有效受众。在有效受众身上体现着实质性的传播效果。[①]

[①] R. Clause, *The Public at Grips with Mass Communication*, International Social Science Journal, 1968, 20 (4), pp. 625 – 643.

三 传媒法律关系的客体

传媒法律关系的客体，是指在传播活动中，传媒法律关系主体权利和义务所指向的对象，包括物、传播行为、非物质财富（智力成果）。

（一）物

物是与传播活动相关的物品、资金、设施设备、物质材料等。物贯穿于传播活动的全过程：信息采集环节需要使用笔记本、话筒、录音设备和器材、摄像设备和器材等，加工制作环节需要使用电脑、后期制作设备等，传播环节需要发射机、信号接收天线、收音机、电视机、电脑等物质载体，出版报刊、书籍需要纸张、油墨、印刷机等。没有物的帮助，传播活动是无法想象的。

（二）传播行为

传播行为是指传播者在传播活动中所实施的各种行为，包括信息采集行为、信息编辑制作行为、信息出版行为、信息发行行为等，传播行为贯穿于传播活动的始终。

传播行为有合法传播行为、违法传播行为、侵权行为三种表现。

合法传播行为就是在法律框架下实施的传播行为。

违法传播行为主要有两类：一是传播活动侵害国家和社会利益以及他人合法权益的行为，包括公法领域的违法行为和私法领域的违法行为（即传媒侵权行为）；二是侵害传播权利的行为，诸如封锁依法应当公开的真实消息，干扰、阻碍、破坏合法出版物的出版，阻碍记者的合法采访活动，对批评人压制和打击报复等。后一种违法行为往往被忽视。

（三）非物质财富

非物质财富是传媒法律关系主体通过智力活动所创造的精神财

富,如科学发明、技术发明、学术著作、文艺作品等。这些精神财富是非物质性的,但是与一定的人身权利密切相连。当它们成为新闻权利和义务指向的对象时,就成为传媒法律关系的一种客体。

四 传媒法律关系的内容与类型

传媒法律关系的内容,是指传媒法律关系主体所享有的传播权利和应承担的传播义务。

(一) 传播权利

传播权利是传媒法律规范所规定的,传播活动参与者所享有的作出一定行为的许可和保障。

从信息获取角度区分,传播权利表现为四个方面:一是积极的权利,即传媒法律关系主体实施某种行为的可能性,比如对负有信息公开义务的政府索取信息的权利。二是消极的权利,即自主地以各种手段采集信息的权利。三是约定的权利,即在征得他人许可的前提下,采集他人所控制的信息的权利。四是要求保护的权利,即权利人的正当权利受到不法侵害时有诉诸法律、要求保护的权利。

根据我国《宪法》(2018年第五次修订)第三十五条、第三十七条、第四十条、第四十七条的规定,传播权利包括以下内容:

1. 采访权:是指传播者为了搜集信息的权利,可以采取实地观察、聆听、谈话、询问、体验、记录、查阅、录音、录像等方式。

2. 报道权:也称为发表权或者传播权,指传播者在法律法规许可的范围内有权将自己获取的新闻、材料和数据,经过编辑制作后利用传播媒介进行公开传播的权利。

3. 批评、建议权:是指任何公民有权通过各种途径对国家机关和国家工作人员工作中存在的失误或者出现的错误提出批评和建议。

4. 优待权：是指传播者出于职业的需要，有权在交通、通信等方面适当享有一定的优待的权利。

5. 人身权：是指与公民人身不可分离而又没有直接经济内容的权利。根据《民法总则》（2017 年 3 月 15 日第十二届全国人民代表大会第五次会议通过）的规定，公民的人身权有两类：一类是人格权，包括生命健康、人身自由、名誉、姓名、肖像、婚姻、隐私等权利；一类是身份权，包括亲属权、监护权、署名权、荣誉权等。

（二）传播义务

传播义务就是传媒法律规范所规定的、传媒法律主体所承担的某种行为的必要性。传播义务由三个部分组成：一是积极作为的义务，如要求负有信息公开义务的国家机关提供必要的信息；二是消极不作为的义务，即义务人抑制某种行为的必要性，如新闻记者有依法不得泄露国家机密、保守职业秘密等义务；三是接受法律制裁的义务，就是义务人一旦侵犯权利人的利益，就有接受国家强制措施的必要性。比如新闻记者在新闻传播活动中侵犯了公民的名誉权、隐私权、肖像权等人身权利，就要依法承担法律责任。

（三）传媒法律关系的类型

传媒法律关系的类型，主要包括传媒机构与传媒主管机关之间的管理与被管理的关系；传媒机构与社会公众之间的服务与被服务的关系；传媒机构与传媒工作人员之间的聘用合同关系。

1. 传媒管理关系：是指传媒主管机关与传媒机构之间的管理与被管理的关系。一方面，传媒主管机关要通过立法来明确传媒机构在国家政治生活中的地位、传媒准入资格、传媒的功能以及传播者的权利和义务，并行使对传媒机构的行政管理职责；另一方面，传媒主管机关作为公共权力机构，要自觉接受社会各界的监督，包括舆论监督。

2. 传媒服务关系：是指传媒与受众之间的信息服务关系，这是一种建立在平等、自愿、公平基础之上的民事关系。

3. 传媒职务关系：是指传媒与其从业人员之间的聘用合同关系，确定各自的权利和义务内容。

除此之外，还有传媒纠纷处理关系（传媒与公民、法人之间因某种传播行为而产生的各种民事纠纷）、传媒协作与竞争关系等。

【思考题】

1. 伦理与道德有无区别？请举例说明。

2. 传媒制度与传媒法规、传媒职业道德的关系是什么？

3. 传媒职业道德与传媒法规有何共同点？有何区别？

4. 根据法律效力等级的不同，我国现行传媒法规体系由哪些部分构成？

5. 什么是传媒法律关系？构成要素有哪些？

6. 何为传播权利？何为传播义务？各自内容是什么？

第一章 《宪法》规范

《宪法》是国家的根本大法，具有最高的法律权威和法律效力。《宪法》规定了国家的根本制度和根本任务，是全国各族人民、一切国家机关和武装力量、各政党和各社会团体、各企业事业组织都必须遵守的根本行动准则。《宪法》是制定普通法律的法律基础，也是传媒法的基本渊源。

1949年后，我国共创立了四部《宪法》，即1954年《宪法》、1975年《宪法》、1978年《宪法》、1982年《宪法》。现行《宪法》制定于1982年，并于1988年、1993年、1999年、2004年、2018年先后做过五次修订。

第一节 《宪法》规范的基本内容

一 《宪法》规范：广义与狭义

从广义而言，现行《宪法》的主要内容，诸如我国的社会制度和政治制度、根本任务、指导思想、基本国策、公民的基本权利和义务等，都指导和制约着传媒活动。传媒活动从内容到方式不得同《宪法》的基本内容和基本精神发生抵触。从狭义上说，《宪法》的部分条款是对传媒活动的直接规范。

【延伸阅读】

我国现行《宪法》对传媒活动的根本规定

第一条　中华人民共和国是工人阶级领导的、以工农联盟为基础的人民民主专政的社会主义国家。

社会主义制度是中华人民共和国的根本制度。中国共产党领导是中国特色社会主义最本质的特征。禁止任何组织或者个人破坏社会主义制度。

第二条　中华人民共和国的一切权力属于人民。

……

第三条　中华人民共和国的国家机构实行民主集中制的原则。

……

第四条　中华人民共和国各民族一律平等。国家保障各少数民族的合法的权利和利益，维护和发展各民族的平等团结互助和谐关系。禁止对任何民族的歧视和压迫，禁止破坏民族团结和制造民族分裂的行为。

……

第五条　中华人民共和国实行依法治国，建设社会主义法治国家。

国家维护社会主义法制的统一和尊严。

一切法律、行政法规和地方性法规都不得同宪法相抵触。

一切国家机关和武装力量、各政党和各社会团体、各企业事业组织都必须遵守宪法和法律。一切违反宪法和法律的行为，必须予以追究。

任何组织或者个人都不得有超越宪法和法律的特权。

第六条　中华人民共和国的社会主义经济制度的基础是生产资料的社会主义公有制，即全民所有制和劳动群众集体所有制。社会主义公有制消灭人剥削人的制度，实行各尽所能、按劳分配的原则。

国家在社会主义初级阶段，坚持公有制为主体、多种所有制经济共同发展的基本经济制度，坚持按劳分配为主体、多种分配方式并存的分配制度。

第十五条　国家实行社会主义市场经济。

……

第二十八条　国家维护社会秩序，镇压叛国和其他危害国家安全的犯罪活动，制裁危害社会治安、破坏社会主义经济和其他犯罪的活动，惩办和改造犯罪分子。

第四十八条　中华人民共和国妇女在政治的、经济的、文化的、社会的和家庭的生活等各方面享有同男子平等的权利。

……

第四十九条　婚姻、家庭、母亲和儿童受国家的保护。

……

第五十条　中华人民共和国保护华侨的正当的权利和利益，保护归侨和侨眷的合法的权利和利益。

第五十一条　中华人民共和国公民在行使自由和权利的时候，不得损害国家的、社会的、集体的利益和其他公民的合法的自由和权利。

第五十二条　中华人民共和国公民有维护国家统一和全国各民族团结的义务。

第五十三条　中华人民共和国公民必须遵守宪法和法律，保守国家秘密，爱护公共财产，遵守劳动纪律，遵守公共秩序，尊重社会公德。

第五十四条　中华人民共和国公民有维护祖国的安全、荣誉和利益的义务，不得有危害祖国的安全、荣誉和利益的行为。

第五十五条　保卫祖国、抵抗侵略是中华人民共和国每一个公民的神圣职责。

依照法律服兵役和参加民兵组织是中华人民共和国公民的光荣义务。

第五十六条　中华人民共和国公民有依照法律纳税的义务。

我国现行《宪法》对传媒活动的直接规范

第二十二条　国家发展为人民服务、为社会主义服务的文学艺术事业、新闻广播电视事业、出版发行事业、图书馆博物馆文化馆和其他文化事业，开展群众性的文化活动。

……

第三十五条　中华人民共和国公民有言论、出版、集会、结社、游行、示威的自由。

第三十八条　中华人民共和国公民的人格尊严不受侵犯。禁止用任何方法对公民进行侮辱、诽谤和诬告陷害。

第三十九条　中华人民共和国公民的住宅不受侵犯。禁止非法搜查或者非法侵入公民的住宅。

第四十条　中华人民共和国公民的通信自由和通信秘密受法律的保护。除因国家安全或者追查刑事犯罪的需要，由公安机关或者检察机关依照法律规定的程序对通信进行检查外，任何组织或者个人不得以任何理由侵犯公民的通信自由和通信秘密。

第四十一条　中华人民共和国公民对于任何国家机关和国家工作人员，有提出批评和建议的权利；对于任何国家机关和国家工作人员的违法失职行为，有向有关国家机关提出申诉、控告或者检举的权利，但是不得捏造或者歪曲事实进行诬告陷害。

……

第四十七条　中华人民共和国公民有进行科学研究、文学艺术创作和其他文化活动的自由。国家对于从事教育、科学、技术、文学、艺术和其他文化事业的公民的有益于人民的创造性工作,给以鼓励和帮助。

二 党对传媒事业的领导

《宪法》序言中说:"中国新民主主义革命的胜利和社会主义事业的成就,是中国共产党领导中国各族人民,在马克思列宁主义、毛泽东思想的指引下,坚持真理,修正错误,战胜许多艰难险阻而取得的。……中国各族人民将继续在中国共产党领导下,在马克思列宁主义、毛泽东思想、邓小平理论、'三个代表'重要思想、科学发展观、习近平新时代中国特色社会主义思想指引下,坚持人民民主专政,坚持社会主义道路,坚持改革开放,不断完善社会主义的各项制度,发展社会主义市场经济,发展社会主义民主,健全社会主义法治,贯彻新发展理念,自力更生,艰苦奋斗,逐步实现工业、农业、国防和科学技术的现代化,推动物质文明、政治文明、精神文明、社会文明、生态文明协调发展,把我国建设成为富强民主文明和谐美丽的社会主义现代化强国,实现中华民族伟大复兴。"《宪法》第一条指出:"社会主义制度是中华人民共和国的根本制度。中国共产党领导是中国特色社会主义最本质的特征。"这就以根本大法的法律权威和法律效力确认了中国共产党在国家生活中的领导地位,当然也包括对于传媒事业、传媒工作的领导。这是历史的必然。

中国共产党对传媒事业的领导表现在实践中,就是"党管媒体"原则。2004年《中共中央关于加强党的执政能力建设的决定》指出:坚持党管媒体的原则,增强引导舆论的本领,掌握舆论工作的主动权。"党管媒体"的主要内容是:党管媒体领导班子的配备,党管各类媒体的舆论导向,党管传媒人才队伍的建设,党管传媒事业的发展等。党从政治、思想、组织上领导和管理传媒事业，使之始终沿着有利于巩固党的执政地位和提高党的执政能力，体现社会主义方向，全心全意为人民服务的轨道运行。

三 "二为"方针

《宪法》第二十二条指出："国家发展为人民服务、为社会主义服务的文学艺术事业、新闻广播电视事业、出版发行事业、图书馆博物馆文化馆和其他文化事业，开展群众性的文化活动。""为人民服务、为社会主义服务"是我国传媒活动的根本指针。只有为人民服务、为社会主义服务的传媒事业才具有合法的地位。违背这个方向的传媒行为和传媒活动是非法的、错误的。"二为"方针为调整传媒活动中最重要的社会关系确立了基本原则。

为人民服务，是对传媒活动主体及其权利的规定。全心全意为人民服务是中国共产党的根本宗旨。习近平同志在十九大报告中指出："人民是历史的创造者，是决定党和国家前途命运的根本力量。必须坚持人民主体地位，坚持立党为公、执政为民，践行全心全意为人民服务的根本宗旨，把党的群众路线贯彻到治国理政全部活动之中，把人民对美好生活的向往作为奋斗目标，依靠人民创造历史伟业。"当"为人民服务"成为新闻法制的法律用语时，便成为传媒事业的义务性规范，与之相对应的人民则成为享有进行传媒活动的各项权利的主体[①]。《宪法》第二条明确指出："中华人民共和国的一切权力属于人民。……人民依照法律规定，通过各种途径和形式，管理国家事务，管理经济和文化事业，管理社会事务。"传媒活动作

[①] 宋小卫：《媒介消费的法律保障——兼论媒体对受众的底限责任》，中国广播电视出版社2004年版，第13—27页。

为一项具有广泛影响力的社会活动，其主体当然是人民。传媒事业只能以广大人民为服务对象。传媒事业为人民服务，就要牢固树立人民群众是历史创造者的观点，要在传媒实践中尊重人民群众在传媒活动中的主体地位，充分反映人民群众的先进思想、光辉业绩、宝贵经验、火热生活和自主创新精神，就要满足人民群众多方面、多层次的信息需求，就要实事求是地反映人民群众的愿望、呼声和要求，就要细心体察人民群众的疾苦，时刻关注人民群众在生产和生活中遇到的实际困难。

为社会主义服务，是对传媒事业的政治性质和传媒活动指导思想的根本性规定。"以法的形式规范新闻事业和新闻传播活动的性质和指导思想，这是我国新闻法有别于世界上其他国家成文新闻法的重要特点。"[①] 传媒事业为社会主义服务，就要坚定不移地宣传中国特色社会主义，就要为巩固和完善社会主义的经济制度和政治制度服务，就要正确引导广大群众认识社会主义建设的艰巨性和复杂性。

第二节 表达自由及其边界

表达自由是公民的一项基本权利，是行使其他权利的前提和保障，在国际上属于基本人权。对传媒工作者而言，表达自由是一个现实而理性的问题。

一 表达自由及其特点

现行《宪法》第三十五条规定："中华人民共和国公民有言论、

---

① 魏永征：《新闻传播法教程》，中国人民大学出版社 2006 年版，第 36 页。

出版、集会、结社、游行、示威的自由。"学术上认为，这六项自由，是公民表达意愿、参加社会生活和国家生活的基本手段和途径，总称表达自由（freedom of expression）。除此之外，《宪法》第四十一条规定的公民对国家机关和国家工作人员批评、建议和申诉、控告、检举的权利，第四十七条规定的公民进行科学研究、文学艺术创作和其他文化活动的自由等，都属于表达自由的范畴。与表达权密切相关的还有《宪法》第四十条规定的公民的通信自由和通信秘密的权利。

表达自由是指公民在法律规定或认定的情况下，使用各种媒介和各种符号表明、显示或公开传递思想、意见、观点、主张、情感或信息、知识等内容而不受他人干涉、约束或惩罚的自主性状态[1]。

表达自由具有以下几个方面的特点：第一，表达自由的权利主体是公民。凡一国之公民，不分性别、年龄、种族、社会地位、知识水平，都可以自由地行使表达权利。表达自由表现出最大的人权。第二，表达自由的途径和方式多样化。凡是能够表明、呈现公民思想、情感、观点、主张的各种媒介形态（传统媒体、新媒体、自媒体等），以及任何符号形态（语言文字、声音和影像、表情和姿态、空间场景等），都可以为公民所用。第三，表达自由是公民自主性的表现和必然要求。自主性意味着公民的思想、情感、观点等表达完全出于自由意志，不被外力所强迫，同时也意味着公民对表达的可能后果具有理性评估。第四，表达自由的边界是法律规定或者认可的。任何法律权利总是与特定的法律义务相伴随。表达自由权利的行使必以其所承担的责任相伴随，这使得表达自由具有一定的边界。这种边界是国家通过合法程序确立的。

---

[1] 甄树青：《论表达自由》，社会科学文献出版社2000年版，第19页。

【知识链接】

《公民权利和政治权利国际公约》[①] 中关于表达自由的表述：

一、人人有保持意见不受干预之权利。

二、人人有表达自由之权利。此种权利包括以语言、文字或出版物、艺术或自己选择的其他方式，不分国界，寻求、接受及传播各种消息及思想之自由。

三、本条第二项所载之权利之行使，附有特别责任及义务，故得予以某种限制，但此种限制以经法律规定，且为下列各项所必要者为限：

A. 尊重他人权利或名誉；

B. 保障国家安全或公共秩序，或公共卫生或风化。

二　表达自由的形式

（一）言论自由

言论自由（freedom of speech），是指公民有发表意见、交流思想、抒发感情、传播信息、传授知识等而不受干涉的自由。言论自由在公民的各项自由权利中居于首要地位。

作为一种表达方式，言论通常有狭义和广义两种理解。狭义的言论就是口头表达，包括谈话、演讲、讲学、口头辩论等形式，利

---

① 《公民权利及政治权利国际公约》是《国际人权公约》的组成部分之一。《国际人权公约》由《经济、社会及文化权利国际公约》（A公约）、《公民权利及政治权利国际公约》（B公约）、《公民权利及政治权利国际公约任择议定书》（B公约议定书）三个公约组成。A公约于1976年1月3日生效，B公约和B公约议定书于1976年3月23日生效。中华人民共和国于1979年开始派观察员出席联合国人权委员会，1982年成为该委员会正式成员国。《公民权利及政治权利国际公约》（B公约）包括序言和六部分正文，共53条，内容涉及迁移自由、法律面前人人平等、无罪推定、良心和宗教自由、意见与表达意见的自由、和平集会、结社自由、参加公共事务和选举，以及居于少数地位的人的权利等问题。本书选择的是该公约关于表达自由部分的表述，即第十九条。

用体外化媒介（比如电视、收音机、电影等）进行谈话、演讲、讲学、口头辩论等，也属于言论表达范围。广义的言论自由相当于所谓的"纯粹言论"（pure speech），即不包括游行、示威等行为方式的表达自由。当今世界对于言论自由的理解趋于广义①。为了不与出版自由相混淆，本书的"言论自由"按其狭义概念加以使用。

（二）出版自由

出版自由（freedom of the press），就是公民通过出版物公开表达和传播意见、思想、感情、信息、知识等的自由。出版物，在过去只指报纸、杂志、图书等印刷品，随着媒介技术的发展，出版物的范围逐渐扩大。根据我国《出版管理条例》规定，出版物包括报纸、期刊、图书、音像制品和电子出版物。

出版自由的行使方式与言论自由的行使方式相比，主要有两个特征：一是公开表达，就是向不特定的多数人进行传播；而言论自由既可以公开表达行使，也可以半公开和不公开行使，如申诉、控告、检举等，通常采取不公开的表达方式。二是固形性，就是将思想、情感、观点等诉诸文字、图画、音像等符号形态，并通过相应物质载体将其印刷、复制、制作成固体形态②。

（三）新闻自由

新闻自由（freedom of the press），言论自由、出版自由的原则贯彻在新闻传播活动中便称为"新闻自由"。

新闻自由是公民进行新闻传播活动的自由，是公民通过新闻传播媒介获取、表达、传播各种信息和意见，参与国家生活和社会生活的一项政治权利。

---

① 李步云主编：《宪法比较研究》，法律出版社1998年版，第494页。
② 甄树青：《论表达自由》，社会科学文献出版社2000年版，第48页。

三 表达自由的边界

《宪法》第五十一条规定:"中华人民共和国公民在行使自由和权利的时候,不得损害国家的、社会的、集体的利益和其他公民的合法的自由和权利。"前引《公民权利及政治权利国际公约》中,也对自由权利的行使进行了限定。因此,自由是有边界的。公民在享有法律赋予的自由和权利的同时,也要接受法律的约束和限制。

为了防止滥用表达自由危害国家和公民权益,各国的传媒法对言论表达、出版自由和新闻自由都进行了一定的限制。这些限制有多有少,执行过程也有宽有严,但是国家安全法、诽谤法和隐私法是大多数国家所共有的内容。

维护国家安全是公民的义务,我国《宪法》第五十四条规定:"中华人民共和国公民有维护祖国的安全、荣誉和利益的义务,不得有危害祖国的安全、荣誉和利益的行为。"第五十二条规定:"中华人民共和国公民有维护国家统一和全国各民族团结的义务。"根据《宪法》规定,我国立法机关制定了若干与维护国家安全有关的法律。涉及传媒活动的主要是煽动罪。煽动(sedition)是一种言论方式,可以通过口述讲演、文字、广播、影视、戏剧、书画等方式表现,是一种特殊的言论方式。我国现行《刑法》确立了六项煽动罪罪名:一是煽动分裂国家罪;二是煽动颠覆国家政权罪;三是煽动实施恐怖活动罪;四是煽动民族仇恨、民族歧视罪;五是煽动暴力抗拒法律实施罪;六是煽动军人逃离部队罪。

诬告陷害罪:诬告陷害罪是捏造事实诬告陷害他人,意图使他人受刑事追究,情节严重的,处三年以下有期徒刑、拘役或者管制;造成严重后果的,处三年以上十年以下有期徒刑。

侮辱罪、诽谤罪：以暴力或者其他方法公然侮辱他人或者捏造事实诽谤他人，情节严重的，处三年以下有期徒刑、拘役、管制或者剥夺政治权利。侮辱罪、诽谤罪，告诉才处理，但是严重危害社会秩序和国家利益的除外。

【典型案例1】

张某某宣扬恐怖主义、极端主义案

【基本案情】2016年年初，张某某通过手机上网下载暴力恐怖视频和图片。2016年2月至2016年10月间，张某某先后将下载的部分暴力恐怖视频和图片上传至QQ空间，供他人浏览。

【裁判结果】法院经依法审理，认定被告人张某某犯宣扬恐怖主义、极端主义罪，判处有期徒刑二年三个月，并处罚金人民币五千元。

【法律链接】

《国家安全法》第二十八条 国家反对一切形式的恐怖主义和极端主义，加强防范和处置恐怖主义的能力建设，依法开展情报、调查、防范、处置以及资金监管等工作，依法取缔恐怖活动组织和严厉惩治暴力恐怖活动。

《反恐怖主义法》第四条第二款 国家反对一切形式的以歪曲宗教教义或者其他方法煽动仇恨、煽动歧视、鼓吹暴力等极端主义，消除恐怖主义的思想基础。

《刑法》第一百二十条之三 以制作、散发宣扬恐怖主义、极端主义的图书、音频视频资料或者其他物品，或者通过讲授、发布信息等方式宣扬恐怖主义、极端主义的，或者煽动实施恐怖活动的，处五年以下有期徒刑、拘役、管制或者剥夺政治权利，并处罚金；情节严重的，处五年以上有期徒刑，并处罚金或者没收财产。

（资料来源：最高人民法院网，2018年4月16日）

第一章 《宪法》规范

【典型案例2】

邱少华诉孙杰、加多宝（中国）饮料有限公司
一般人格权纠纷案

【基本案情】

2013年5月22日，被告孙杰在新浪微博通过用户名为"作业本"的账号发文称："由于邱少云趴在火堆里一动不动最终食客们拒绝为半面熟买单，他们纷纷表示还是赖宁的烤肉较好。"作为新浪微博知名博主，孙杰当时已有603万余个"粉丝"。该文发布后不久就被转发达662次，点赞78次，评论884次。2013年5月23日凌晨，该篇微博博文被删除。

2015年4月，加多宝（中国）饮料有限公司（以下简称加多宝公司）在其举办的"加多宝凉茶2014年再次销量夺金"的"多谢"活动中，通过"加多宝活动"微博发布了近300条"多谢"海报，感谢对象包括新闻媒体、合作伙伴、消费者及部分知名人士。被告孙杰作为新浪微博知名博主也是加多宝公司感谢对象之一。加多宝公司于2015年4月16日以该公司新浪微博账号"加多宝活动"发博文称："多谢@作业本，恭喜你与烧烤齐名。作为凉茶，我们力挺你成为烧烤摊CEO，开店十万罐，说到做到^_^#多谢行动#。"并配了一张与文字内容一致的图片。孙杰用"作业本"账号于2015年4月16日转发并公开回应："多谢你这十万罐，我一定会开烧烤店，只是没定哪天，反正在此留言者，进店就是免费喝！！！"该互动微博在短时间内被大量转发并受到广大网友的批评，在网络上引起了较大反响。

烈士邱少云之弟邱少华以孙杰的前述博文对邱少云烈士进行侮辱、丑化，加多宝公司以违背社会公德的方式贬损烈士形象，用于市场营销的低俗行为，在社会上造成了极其恶劣的影响为由，起诉

51

至北京市大兴区人民法院，请求判令二被告立即停止侵害、消除影响、赔礼道歉，赔偿精神损失费1元。

【裁判结果】

北京市大兴区人民法院一审认为，根据《中华人民共和国侵权责任法》第三条、《最高人民法院关于适用〈中华人民共和国民事诉讼法〉的解释》第六十九条以及《最高人民法院关于确定民事侵权精神损害赔偿责任若干问题的解释》第三条之规定，邱少云烈士生前的人格利益仍受法律保护，邱少华作为邱少云的近亲属，有权提起本案诉讼。孙杰发表的言论将"邱少云烈士在烈火中英勇献身"比作"半边熟的烤肉"，是对邱少云烈士的人格贬损和侮辱，属于故意的侵权行为，且该言论通过公众网络平台快速传播，已经造成了严重的社会影响，伤害了社会公众的民族和历史感情，同时损害了公共利益，也给邱少云烈士的亲属带来了精神伤害。虽然孙杰发表的侵权言论的原始微博文章已经删除且孙杰通过微博予以致歉，但侵权言论通过微博已经被大量转载，在网络上广泛流传，已经造成了严重的社会影响，因此，应在全国性媒体刊物上予以正式公开道歉，消除侵权言论造成的不良社会影响。加多宝公司发表的案涉言论在客观方面系与孙杰的侵权言论相互呼应且传播迅速，产生较大负面影响；主观上，加多宝公司在其策划的商业活动中应尽到审慎的注意义务，加多宝公司应当对孙杰发表的影响较大的不当言论进行审查而未审查，存有过错，因此，亦应承担侵权责任。但是，由于孙杰和加多宝公司已经主动删除原始侵权言论，因此只能通过赔礼道歉、消除影响的方式消除侵权所造成的后果，判决：孙杰、加多宝公司于判决生效后三日内公开发布赔礼道歉公告，公告须连续刊登五日；孙杰、加多宝公司连带赔偿邱少华精神损害抚慰金1元。一审判决后，双方当事人均未上诉。

【典型意义】

本案是恶意诋毁、侮辱民族英雄和革命先烈，侵害其人格利益的典型案件。本案的特点是，先有网络名人恶意侮辱、诋毁民族英雄，再有商业公司借助不法言论恶意炒作获得商业推广效果，两者行为的结合造成了同一损害后果。本案判决在如下方面值得赞同：一是对侵权言论的分析上，结合其语境及侵权言论的传播和舆论反应，认定侵权人的主观恶意和损害后果；二是对多个行为人共同侵权的把握上，注意分析多个言论的关联性及互动性，准确把握多个行为人的主观关联性及损害后果的同一性；三是在责任形态上，认定多个侵权人之间的连带责任；四是在责任方式上，根据侵权人事后删除侵权言论的事实，判决其承担赔礼道歉、消除影响和精神损害抚慰金的责任，责任形式妥当。这一判决，维护了民族英雄和革命先烈的合法权益，对于以侮辱、诋毁民族英雄和革命先烈的人格为手段，恶意商业炒作获得不法利益的侵权行为，具有鲜明的警示意义。

（资料来源：最高人民法院网，2016年10月19日）

第三节 隐性采访的争议

传媒工作者所享有的职业权利有多项，但归根结底是表达权与知情权两项。知情权是由言论出版自由权利引申而来的"潜在"权利。世界上大多数国家的宪法或者法律中并没有出现"知情权"概念，有些国家直接从宪法的言论出版自由推导出公民的知情权。相比之下，我国传媒制度中关于知情权的法源要充分得多。我国《宪法》明文规定一切权力属于人民。关于公民权利，不仅规定了表达自由，而且特别规定了批评权和建议权。这些都为知情权奠定了法律基础。

采访权是知情权在传媒工作中的具体表现。由此便有了"隐性采访"概念的出现与传媒实践。隐性采访，又称"秘密采访"、暗访、秘密录制等。有广义和狭义的区分。广义的隐性采访是指不公开显示记者职业身份的采访。狭义的隐性采访指记者在采访时遭到拒绝或者记者设想采访会受到拒绝，为了获得事实真相，隐瞒身份或者伪装其他社会角色实施的采访。采访的手段包括观察、记录、拍摄、录音等，即所谓"偷拍偷录"。现在，狭义的隐性采访手段被用于揭露负面现象，特别是在违法犯罪现象的采访之中，有些取得了较好的社会效果。本节对隐性采访的国内外实践情况、隐性采访引发的争议以及隐性采访实施的边界等问题展开讨论。

一　隐性采访的传媒实践

一般而言，隐性采访与美国"廉价报刊"的兴起基本同步，可以追溯到130多年前。在隐性采访的传媒实践中，伊丽莎白·简·科克伦（1864—1922）开启了暗访的先河。由于她成功实施了一次大手笔的、充满刺激和危险性的暗访活动，在美国新闻界产生了巨大的反响，因而被人们称为"暗访鼻祖"。

【延伸阅读】

暗访鼻祖：伊丽莎白·科克伦

娜丽·布莱（Nellie Bly），原名伊丽莎白·简·科克伦（Elizabeth Jane Cochran），出生于美国宾夕法尼亚州科克伦的米尔斯（靠近今匹兹堡）。她拥有诸多身份——作家、记者、实业家、工业家和慈善工作者。布莱追随法国小说家儒勒·凡尔纳（Jules Verne）的著作《环游世界八十天》（Around the World in Eighty Days）中主人公斐利亚·福克（Phileas Fogg）的足迹，在72天内完成了一次环球旅行，这是她斑斓的一生中，浓墨重彩写就的其中一笔。

1887年，布莱去了纽约，在约瑟夫·普利策创办的《世界报》里当了记者。她在《世界报》的第一个任务便是写一篇关于布莱克威尔岛疯人院虐待病人的报道。为了增强报道的真实性，她向普利策建议：最好的调查办法，就是她自己装扮成疯子，这样她可以与其他疯子做伴，以掌握第一手材料。普利策同意了。

布莱开始在镜子前模仿"精神错乱的表情"，练习了一个晚上，随后她住进了一家名为"娜丽·莫雷诺"的家庭旅馆。她用在墨西哥学到的几句蹩脚的西班牙语告诉房东：她是古巴一家大财主的继承人，她现在就在这儿等从哈瓦那开来的卡车送她回家。随后她又哭又叫，呼唤着仆人。布莱拒绝上床睡觉，声称她害怕其他房客，觉得他们都"疯了"。对此，她后来写道，那是"我一生中最美好的一个夜晚"。

最后，有人报警了。被带上法庭时，布莱称自己完全不记得那天晚上发生过的事情。几名医生对她进行了检查，均认为布莱患有精神疾病。其中的一名医生说："我觉得没救了。"纽约表维医院（Bellevue Hospital）精神科主任认为，"毫无疑问，她疯了"。

因此，布莱被遣送至布莱克威尔岛，作为一个病人在岛上度过了十日。最后，在最初将她派往该地的《纽约世界报》的律师的帮助下，她成功地离开了精神病院。十天，足以让布莱写出深刻的报道,将该精神病院的种种黑幕及病人的不幸遭遇公之于众。

在布莱被释放了两天以后,后来出版的《疯人院十日》(Ten Days in a Mad-House)一书的第一部分登报发表,文章标题为"在疯人院铁栏的背后"(Behind Asylum Bars)。在这篇文章中,布莱描写了"一无所知的医生"和"勒住病人脖子、暴打、骚扰病人的护工"。在她笔下,病人要经历冰冷的冷水浴,被强制食用腐臭的黄油,甚至遭受残酷的隔离。布莱写道:"除了这些残酷的折磨,还有什么能比这些手段让人疯得更快呢?"

实际上,当布莱踏上布莱克威尔岛的那一刻,她就不再装疯卖傻。但是,她发现这样做于事无补,反而加剧了她的"病情"。她写道:"我的一言一行越是正常,别人就认为我病得越厉害。"

在岛上,她并不孤独。布莱观察到,布莱克威尔岛上有很多女人。她们的精神完全正常,但是因为是外国人,所以其他人不能理解她们。

在谴责布莱克威尔岛的文字中,布莱写道,"他们带走一个精神完全正常、身体健康的女人,让她闭嘴,强制她在一张直背长椅上从早上六点坐到晚上八点。在此期间,她必须一动不动,一句话也不可以说。不让她阅读,不告诉她外面发生了什么。他们给她糟糕的食物和残酷的治疗,想看看多久才能让她精神失常。只要两个月,她的精神就会崩溃,身体就会垮掉。"

布莱的曝光立刻引起了轩然大波,精神病院的医生和管理者为此坐立不安。他们加大了经费投入力度,并大力改造院内的设施配置。一个月内,布莱以大陪审团成员的身份回访了布莱克威尔岛,对该精神病院进行调查。调查发现,布莱之前报道的许多情况已经有所改善或者得到了纠正。在布莱报道之后,该院对病人精神状况的检查也变得更加严格,只有那些重病患者才会被收容至此。

当时，一些记者指责布莱对该收容所的所作所为，称之为"愚蠢的新闻报道"。但是，布莱在披露真相时所展现出来的勇敢和坚毅永远改变了精神病治疗和新闻调查的面貌。①

20 世纪 30 年代是美国传统报界运用暗访手法的全盛时期。中国报界也常用此手法。1922 年 6 月 22 日，法国联合《辛丑条约》中的比利时、西班牙、意大利三国要挟北京政府，索要更多赔款，引发外交悬案"金法郎案"。根据约定，法国部分本来可以用纸币来赔偿，但是法国却要求中国用黄金代替纸币，中国因此要多支付 8000 万元。这次讨论是严禁记者列席的，但是邵飘萍不想错过这样的独家新闻。他雇了一辆小车隐藏在政府门外，等到法国公使的汽车进门时，马上尾随跟进。门卫误以为他是法国公使的随从，未加阻拦。第二天，会议讨论的内幕在《京报》和盘托出，举国震惊。②

20 世纪 60 年代以后，随着电视进入黄金时代，暗访偷拍进入繁盛时期。BBC 的《全景》和 CBS《60 分钟》堪称典范，至今依然流行于各国电视新闻界。BBC 的《全景》是一档英国人所谓的"时事纪录片节目"，创办于 1953 年 11 月 11 日，是全世界同类节目的鼻祖。"秘密拍摄"是《全景》节目常用的一种采访方法。代表作品有《购买奥运会》（2004），披露了伦敦申办 2012 年奥运会黑幕。《60 分钟》是哥伦比亚广播公司（CBS）的王牌节目，创办于 1968 年 9 月 24 日。从 20 世纪 70 年代起，《60 分钟》在加拿大、英国、德国、葡萄牙、澳大利亚、新西兰、智利等国引起模仿。经典案例有《莫尔斯大街上的诊所》（1976）、《今年在穆里塔》（1978）。

1979 年是美国报纸暗访调查的一个转折点。这一年普利策奖

---

① 魏千菡编译：《十日疯人院：娜丽·布莱一生的梦魇》，中国日报网，2017 年 5 月 31 日，参见 https://ent.chinadaily.com.cn/2017-05/31/content_29559212.htm。
② 孟威：《媒介伦理的道德论据》，经济管理出版社 2012 年版，第 117 页。

委员会未向《芝加哥太阳时报》颁奖。这一做法使大多数报社记者开始重新考虑暗访报道的伦理问题。但是美国电视新闻界从20世纪80年代起却开始热衷于使用偷拍机和虚构身份，并成为其看家本领。

在中国新闻界，暗访作为一种采访技术在改革开放后逐渐兴起，主要用于揭露社会弊端和错误行径。其过程与美国大体相似：报界先行，电视后来居上。20世纪90年代中期以来，暗访尤其兴盛于央视的《焦点访谈》和《每周质量报告》等调查性报道之中。围绕着隐性采访，业界和学界展开了深入的讨论，产生了一批研究成果，其中具有代表性的是《暗访与偷拍，记者就在你身边》（2003）[①]、《守望社会——电视暗访的边界线》（2006）[②]。

二 隐性采访的基本形式

隐性采访虽然缺乏明确的法律依据，而且常常因为其"欺诈性"而被人们诟病。但是与此同时，业界、学界和社会各界也意识到，如果完全禁止隐性采访，一些严重侵扰社会公共利益的行为便无法暴露在阳光之下，从而给社会带来不稳定因素。在这样的两难之中，传媒对隐性采访的使用具有了一定的腾挪空间。总结国内外传媒实践，隐性采访一般表现出三种形式：一是诱导式，二是隐瞒式，三是冒充式。

（一）**诱导式**：就是记者主动出击，导演和安排一些事件，以揭露罪恶行径和错误行为，并以准确和完整的报道呈现事实真相。这种隐性采访方式也可以称之为"请君入瓮"。

[①] 徐迅：《暗访与偷拍，记者就在你身边》，中国广播电视出版社2003年版。
[②] 郭镇之、展江主编：《守望社会——电视暗访的边界线》，中国广播电视出版社2006年版。

诱导式隐性采访的实施，要事先进行周密策划和精心布局，有时候要付出巨大的成本。这种方式的争议也最大。美国新闻界采用此方式的典型案例是《芝加哥太阳时报》的"海市蜃楼旅馆"系列报道。这种形式在国内新闻界较为罕见。

【典型案例3】

"海市蜃楼旅馆"系列报道

1977年5月，《芝加哥太阳时报》记者帕梅拉·泽克曼和公民组织"改善政府协会"首席调查员比尔·雷克滕沃德买下了一家旅馆，取名为"海市蜃楼旅馆"。泽克曼是美国有名的女调查记者，1971年至1976年供职于《芝加哥论坛报》，曾两次获得普利策新闻奖。1976年底，泽克曼申请《芝加哥论坛报》买下旅馆，但是《芝加哥论坛报》不同意这种做法，而它的竞争对手《芝加哥太阳时报》答应了泽克曼的要求，于是她转投该报。旅馆1977年9月初开张，当年10月31日关门歇业，总共经营了两个多月时间。

泽克曼的搭档是记者扎伊·史密斯，他与"改善政府协会"调查员杰夫·艾伦在旅馆内担任男招待和管理员。《芝加哥太阳时报》摄影记者吉恩·佩塞克和吉姆·佛罗斯特负责在旅馆洗手间隐秘角落拍摄旅馆内的活动。旅馆内的腐败活动包括市政监察员对小企业主的敲诈勒索和税收欺诈，而这些腐败交易是许多记者从被敲诈的小企业主那里听说的。泽克曼和史密斯同意本州官员在旅馆内设立一个特别审计组，揭露专门在旅馆、酒店和其他现金交易场所进行税收欺诈的会计。"海市蜃楼旅馆"在经营的两个月中，迎来了许多有趣的顾客，包括军火走私者、毒品贩卖者和大量的市政工人，获取了大量的第一手材料和照片。

旅馆关闭后，记者们花了两个月的时间核实细节，撰写报道。1978年1月8日，《芝加哥太阳时报》发表了第一篇调查报道。当晚，在华莱士主持的《60分钟》节目中，一个被称为菲克斯特先生的会计面对全国观众承认了他平时的税收欺诈行为。之后4周内，《芝加哥太阳时报》连续发表了25篇报道。那些激动人心的、戏剧化的报道和照片使芝加哥全市为之震惊。几十个电气和建筑物监察员因索贿而遭到起诉。

起初，"海市蜃楼旅馆"系列报道获得了1979年普利策奖的一般报道奖。但是遭到了报界人士的强烈反对，普利策奖评选委员会决定不向《芝加哥太阳时报》授奖，理由是该系列报道是建立在欺骗手法基础之上的。[①]

（二）隐瞒式：不需要精心策划或发起伤害他人的活动，记者们仅仅作为公众的身份出现，在当事人不知情的情况下，获取事实的真相。这就是我们通常理解的隐瞒或者不暴露身份的隐性采访。

隐瞒式隐性采访是较为普遍的一种采访方式。当今英美新闻界一般要求记者在实施采访活动中，要公开身份，但是有些媒体人却认为不必一律在采访之前表露自己是谁。小尤金·罗伯茨在《罗利新闻观察报》担任记者时，曾报道过一宗谋杀案。他从一家医院的办公室随手拿起一个听诊器，若无其事地走进急诊室，警察正在那里查问一名犯罪嫌疑人。他亲耳听到了犯罪嫌疑人在警察面前的忏悔。多年后，这位美国新闻界具有一定影响力的记者，回顾当年的经历仍然坚信自己有理由这样做。他认为自己并没有向任何人撒谎。

【典型案例4】

《南方周末》富士康卧底调查

2010年5月13日，《南方周末》上发表了由实习生刘志毅、记者

[①] 展江、彭桂兵：《媒体道德与伦理案例教学》，中国传媒大学出版社2014年版，第200—201页。

杨继斌采写的一组报道：《富士康"八连跳"自杀之谜》《破解富士康员工的自杀"魔咒"》《潜伏富士康28天手记》，引起了强烈反响。

这组报道的完成，是记者杨继斌和来自武汉大学的实习生刘志毅里应外合的结果。

2010年4月11日，实习生刘志毅经过7个多小时的排队、一整天的体检、岗前教育，顺利进入富士康，成了一名仓库保管员，共潜伏了28天。在28天里，刘志毅用手机向杨继斌发回35000余字，真实反映了中国部分地方产业工人的悲惨命运。

【延伸阅读】

刘志毅：潜入富士康的"死文艺青年"[1]

联系上刘志毅的那天，正好是他21岁的生日。他在收拾行李，准备继续南下广州实习。对于记者提出的采访要求，他说："我没什么问题，只要客观就好。"

我们不是第一个向他提出采访要求的媒体。在《南方周末》关于富士康事件的调查中，他以打工者的身份潜入富士康内部获得第一手资料，在随后的报道中，他的名字出现在头版头条。报道引起了巨大反响，这个21岁的年轻人也随之名声大噪。

记者（以下简称记）：潜伏在富士康28天，有没有什么在你预料之外的事情？

刘志毅（以下简称刘）：平静，这么平静的生活就是预料之外的。去之前，以为会有什么黑幕之类的，但是实际上，这不是那种原始意义上的黑幕了，我们揭开的，是一张无处不在的"幕"。那种工人的生活状态。不用专门设计一个黑幕去困住他们，那是种无处

---

[1] 吴琪：《刘志毅：潜入富士康的"死文艺青年"》，武汉大学自强新闻网，2010年6月19日，有删减。参见http://news.ziqiang.net.cn/article/11489/。

不在的节奏与力量，让每个人都无从抗拒。他们最大的痛苦是无法改变自己的现状与未来。

记：有人问为什么你报道了那么多东西，自己都体验了28天出来，人家还是跳楼呢？

刘：我觉得这是对新闻的理解不正确，我们的新闻本来就不是公安、检察院，更不是妙手神医。但是很多人对这个有期许，为什么呢？因为那些他们心中的公平正义已经好久不出现了，除了新闻，他们也找不到太多可以寄托的东西。……

记：在那里潜伏28天觉得自己受到的最大的触动是什么？

刘：最让人触动的还是那些干活最努力，但是停下来一想自己的人生似乎又无从改变的人，比如我在报道里提到的王克柱（化名）。

记：能完全体会他们的生活？

刘：不能完全体会。我有很多动作是有意而为之，与他们的生活自然不一样。比如我会去请他们吃饭，但是他们不会。他们能在厂里吃免费的就吃免费的。比如很多时候我要去很多地方观察体验，但是他们上完班就只想睡觉。还有很多，一个记者，与一个工人，显然要做的事还是不一样。

记：这次的自杀报道，很多人都质疑媒体的报道方式，你有什么看法？

刘：媒体必须保持冷静克制，对于死亡的过度再现是没有必要的，应当去挖背后的原因。有一些媒体的做法肯定值得商榷。但是这其中又涉及一个接收、解读媒体信息的能力问题。无论怎样的新闻操作都只能是对社会的断章取义，所以活在新闻中是不对的，不能因为今天看到贪污腐败、明天看到自杀跳楼就认为这个世界太糟糕了，因为新闻媒体从来就不告诉你今天的阳光很灿烂大家心情很好，这不是新闻，但这是生活。

【典型案例5】

暗访海底捞：老鼠爬进食品柜　火锅漏勺掏下水道

《法制晚报·看法新闻》（记者/暗访组）　老鼠在后厨地上乱窜、打扫卫生的簸箕和餐具同池混洗、用顾客使用的火锅漏勺掏下水道……海底捞作为一家在各地拥有百余家直营餐厅的大型跨省餐饮品牌火锅店，《法制晚报·看法新闻》记者在海底捞两家门店暗访近4个月看到的却是如上情形。

暗访海底捞劲松店　后厨老鼠爬进装食品柜子

今年（2017年）5月初，记者通过面试和入职培训后进入海底捞劲松店。入职第一天，记者就在后厨的洗杯间发现了老鼠的踪迹。接下来的几天里，记者陆续在海底捞劲松店后厨的配料房、上菜房、水果房、洗碗间、洗杯间等各处均发现了老鼠的踪迹。有的老鼠会爬进装着食物的柜子里。

在海底捞劲松店暗访近两个月的时间里，海底捞劲松店请除鼠公司清理过一次老鼠，但没过几天，又有老鼠出现。

扫帚簸箕抹布与餐具一同清洗

当洗碗间工作并不是特别繁忙的时候，工作人员会一边打扫卫生，一边洗碗。用来清扫地面、墙壁和下水道的扫帚和簸箕，还会用作清理洗碗机和储物柜。

清扫工作完成后，员工簸箕和抹布会被放入洗碗池内清洗，扫帚会被放在洗碗机传送带上面沥水。

当记者认为此举不妥，向洗碗间工作人员建议不要把工具和餐具混在一起的时候，工作人员这样告诉记者："做好你自己的事情就好。"

洗碗机内部一层油污

海底捞劲松店的洗碗机清洗餐盘采用高温消毒，洗碗机虽然每天都会打开清洗，但是只是清洗表层，内部的油污并没有祛除。"你看那上面沾的油，又清洗不了，能把人给臭死，你趴在里面闻，味儿可大了。"正在清理洗碗机表面的工作人员对记者抱怨道。

记者想更深入地观察洗碗机内部，于2017年6月18日早7点打开了洗碗机的机箱盖，可以看到传送带一侧沾满了油渍，并散发出阵阵腐烂的恶臭。洗碗机内壁上沾满了油渍和腐烂的食物残渣，洗碗机内的蓄水池满是黄色的污水。记者把洗碗机蓄水池里的水排净后发现，蓄水池内壁上沾满的油脂，用手可以刮下厚厚的一层。蓄水池内还可以清晰地看到一些掉落的碗盘，上面早已沾满了油脂。

暗访海底捞太阳宫店　火锅漏勺用作掏下水道垃圾的工具

记者于2017年7月底进入海底捞太阳宫店工作，该店的洗碗流程与海底捞劲松店大体相同，满是油渍的转移箱并不清洗，与洗碗池清洗过的餐盘一起放入洗碗机内。洗碗机传出的餐盘上有清晰的黄色水渍。洗碗机内部大清洗，大概两三个月才会有一次。

临近下班，后堂各组成员开始打扫卫生做收尾工作。后堂下水管道堵塞，配料房的工作人员打开了下水管道的挡板，清理堵塞的垃圾杂物。

他们所使用的清理工具正是供顾客吃火锅使用的漏勺，这些漏勺是从顾客刚食用过的火锅里拿出来的。配料房的工作人员还用漏勺剔除粘在挡板底部的垃圾杂物。后堂过道处人来人往，没有一个员工站出来表示不满，就连后堂经理也只是看了一眼随后转身离开。记者与旁边的员工交谈被告知，这件事没什么好大惊小怪的。

这些漏勺使用完毕后，会被放入装餐具的锅中一起清洗。①

---

① 《历时4个月卧底海底捞：老鼠爬进食品柜火锅漏勺掏下水道》，《法制晚报·看法新闻》2017年8月25日，有删减。

（三）冒充式：就是假冒他人实施采访。邵飘萍不仅熟稔这种采访形式，而且将它写进了自己的著作中。他在《实际应用新闻学》中提到，"化装术乃是记者普通之技能"。在美国报界，人们常常谈论已经停刊的《芝加哥美国报人》夜班新闻主编哈里·罗曼诺夫的故事。他经常为了套取新闻而假扮或者谎称是警察、验尸官、律师甚至州长。罗曼诺夫死于1970年，但是他的诡计不乏传人。

【典型案例6】

"茶水发炎"事件梅开二度

2007年3月19日，中国新闻社刊发新闻：《茶水当作尿液样本送检，医院竟化验出了炎症》。新闻称：中新社浙江分社记者张慧慧联合当地一家电视台的记者，假扮成患者，将事先准备好的龙井茶水当成尿液样本送到医院检测。两天之内，她们跑了杭州10家医院，结果有6家医院在茶水中检测出红细胞和白细胞，并诊断记者患有炎症，5家医院给记者配了消炎药，药费共计1300元左右。浙江电视台钱江频道《新闻007》也同期做了大规模的报道。消息一出，立即引起巨大反响，引发了茶水送检是否事关公共利益的讨论。

2007年4月10日，《人民日报》发表了《"茶水发炎"与媒体责任》的评论文章，认为媒体记者假扮患者、伪造病史的"游戏"，不仅违背了职业道德，也干扰了医学诊断和治疗的严肃性。医生没有任何理由怀疑患者"恶作剧"，而应完全相信患者所陈述的痛苦是切实存在的。[1]

时隔5年，2012年7月29日，央视《焦点访谈》播出"男科门诊的秘密"。记者在石家庄博大男科医院化验时，用绿茶替代了尿液，随后医生称尿液检测出了炎症、霉菌和杂菌，还有一个淋球菌，

---

[1] 白剑锋：《"茶水发炎"与媒体责任》，《人民日报》2007年4月10日。

记者被诊断出重度肾虚、前列腺炎、附睾炎，相关疗程费用为每天546.4元。2012年7月31日，《西安晚报》记者苑广阔写了《茶水"发炎"，医德"患病"》一文。把"茶水发炎"事件推到了高潮。

对两次"茶水发炎"事件，卫生部的意见是一致的。卫生部新闻发言人表示：记者行为有悖职业道德。发言人认为，医疗机构的检验是针对特有指向的检验品来测试，有一些是只通过设备本身进行的检测。如果是设计为尿液进行检验的仪器，而放进去的是茶水，这个仪器并没有首先鉴定是不是尿液的程序，它会直接把样本当成尿液来化验[1]。2012年"茶水发炎"事件后，卫生部新闻办公室表示："这次和2007年那次事件几乎是一模一样。该说的话，2007年都说过了，那次的回应也表明了我们现在的态度"[2]。

【典型案例7】

"全景门"事件

2004年8月，英国广播公司《全景》节目曝出了国际奥委会委员涉嫌买卖2012年夏季奥运会申办选票的丑闻，这被称为"全景门"丑闻。在2005年7月7日举行的国际奥委会第117次全会上，"全景门"丑闻的主角保加利亚籍委员伊万·斯拉夫科夫被开除出国际奥委会。在表决中，只要104名委员中的70名投赞成票，开除斯拉夫科夫的决议就将被通过，而最终82名委员投了赞成票。65岁的斯拉夫科夫在1998年就卷入过盐湖城冬奥会的受贿丑闻，当时受到了国际奥委会的警告。

对于国际奥委会开除他的决定，斯拉夫科夫无话可说。他认为，

---

[1] 李学梅：《卫生部回应"茶水发炎"一事：茶水充尿验出炎症属正常》，《北京日报》2007年4月11日。
[2] 龙在宇：《卫生部：记者绿茶代尿误导公众，不利和谐医患》，《新京报》2012年8月2日。

被开除国际奥委会委员这让人觉得羞耻，但是这是一个正确的裁决。2004年8月，英国广播公司的《全景》栏目播放了一部通过暗访拍摄的节目。片中BBC记者乔装成为伦敦申办2012年夏季奥运会拉选票的商人，通过体育经纪人塔克齐认识了斯拉夫科夫，而斯拉夫科夫对出手阔绰的商人毫无戒备，于是在片中人们清楚地看到他们饶有兴致地谈论如何买通国际奥委会委员，投伦敦的票。节目播出后引起了强烈反响，斯拉夫科夫赶忙把自己描绘成了一个"卧底"的特工，说是想将计就计揪出向国际奥委会行贿的人。但是，国际奥委会显然不承认他的说法，决定暂时终止斯拉夫科夫的国际奥委会委员资格，并禁止他前往希腊观看雅典奥运会。①

三 隐性采访引发的争议

在国际新闻界，很多人对隐性采访乐此不疲，也有很多人大加质疑：一个以揭示真相为志向的职业，却经常使用暗访偷拍这类诈术和花招，这种做法是卑鄙的、侵扰性的、不道德的行为。

自1970年起，美国新闻界就隐性采访的正当性展开争论。争论主要集中在以下几个方面：1. 偷拍机纯粹被用来为报道做噱头么？2. 如果以揭露丑恶行径为目的，以使用诈术和触犯法律为手段，那么这一目的能够证明这些手段有理么？3. 有隐私关切么？4. 正在调查的议题有多大的重要性和普遍性？这些问题是隐性采访需要面对的核心问题。

在传媒实践中，隐性采访无论在法律还是道义上，都存在许多问题。《华盛顿邮报》前执行主编本杰明·布拉德利说："当警察假装成报人，我们会气急败坏。是这么个理。所以我们怎么能假装成

---

① 《国际奥委会清除败类"全景门事件"终有结果》，《南京晨报》2005年7月8日。

我们明明不是的那个东西呢？"对于假扮他人行欺骗之术的做法，新闻界许多人都表示质疑。一位美国从业人员认为："记者面临最棘手的道德难题之一就是为了获取新闻而说假话。"①

与此关联的问题是，记者有没有实施"卧底采访"的权利。有些人将"卧底采访"当成"卧底侦查"，伪装成违法犯罪者如吸毒者、嫖客、"三陪女"、人口贩子之类以摄录所需要的材料。在我国，有关记者采取所谓"卧底式采访"导致涉嫌犯罪或引发涉嫌犯罪的争议发生过多起。比如，有记者参加贩毒活动进行"体验式采访"导致身陷囹圄②，有记者参加盗墓活动制成节目播出后引发记者行为是否构成犯罪的争议③，有记者参加偷自行车团伙活动采写报道被检察官认为触犯了刑法④，等等。

既然隐性采访存在着如此多的问题和弊端，新闻界为何依然乐此不疲呢？NBC 前新闻总监鲁文·佛兰克的观点具有一定代表性。他对《芝加哥论坛报》记者说："除了争夺受众，一切都无所谓了。光谱上的每个人都在为了受众和他人战斗。"这显然是把隐性采访作为提升发行量、收视率或者当成记者"成名"的手段，在记者私利和媒体私利的驱动下，除了刺激受众眼球，其他一切都可以忽略不计。这种观点显然是一种极端功利主义的观点。虽然《60 分钟》的创办人和灵魂人物休伊特和华莱士极力为隐性采访辩护，不遗余力地践行，但他们不认同这种观点。休伊特认为：目的能够并且经常能够证明手段的合理性，"（隐性采访）是微罪与大善的权衡。如果你用'汝不得撒谎'戒律逮住了某个违反'汝不得偷盗'戒律的家

---

① 许加彪：《法治与自律》，山东人民出版社 2005 年版，第 217 页。
② 参见《深圳商报》2001 年 2 月 20 日。
③ 参见《新闻记者》2002 年第 5、6 期。
④ 参见《检察日报》2005 年 3 月 23 日。

伙，那就是一种相当好的让渡。"这种观点得到了罗恩·史密斯的呼应。在《新闻道德评价》一书中，罗恩·史密斯认为，只有当这种隐瞒和伪装比起被报道对象的卑劣来说是十分轻微的时候，当揭露这类卑劣行为对于公众极为重要，而通过正常途径又无法获得有关资料的时候，才可以认为是正当的。①

中国新闻界对隐性采访也充满争议。陈力丹认为："暗访是不应该做的行为。……在中国90%的暗访都是不必要的，大多数记者这么做只是为了获取戏剧性的材料。"这种观点影响很大。同时，也有学者认为主张废止隐性采访似乎不可取、不可行。许多学者认同有限制性地运用电视暗访手段。②

【延伸阅读】

记者暗访揭发官员：正义之举还是"钓鱼执法"③

记者暗访拉下问题官员之举，尽管公众拍手称快，但辩护律师却在庭审中认为是"钓鱼执法"，此说被检察官反击。在学界也争议不一。

◇正方：中国政法大学刑诉法教授陈光中认为，本案中记者暗访不是为了私利，而是揭露社会阴暗面。即使是普通公民，采取这种方式获得对方犯罪的证据，进而举报也是允许的。知名新闻学者展江也认同这一观点。

◆反方：中国人民大学新闻学院教授陈力丹认为："在本案中，记者肯定是有错的，至少是违反了职业伦理道德，因为他在说谎。"新闻学者徐迅也认为："法律并没有赋予记者为了揭露真相而实施违法犯罪的特权。"

---

① ［美］罗恩·史密斯：《新闻道德评价》，李青藜译，新华出版社2001年版，第293页。
② 郭镇之、展江：《守望社会——电视暗访的边界线》，中国广播电视出版社2006年版，第137页。
③ 黄秀丽：《记者暗访揭发官员：正义之举还是"钓鱼执法"》，《南方周末》2010年3月11日。

广州的几名记者，在暗访中与涉嫌假造地质灾害报告的官员产生了钱物交易，后检方亦以暗访为线索与证据，把数名涉案官员送上了刑事法庭。辩护律师却当庭认为，记者的行为属于"钓鱼执法"，不但其证据无效，记者还涉嫌刑事犯罪。这样的观点当庭被公诉检察官反击，公共舆论也多站在记者一边。

但在法学界与新闻学界的诸多学者看来，这并不是简单的非黑即白，对泛滥成灾的记者暗访，需要厘清边界，需要清醒地论证暗访的正当性和合法性问题。

暗访之惑

记者通过暗访拉下了官员。但并没有化解业界的困惑，控方采用记者的暗访资料是否合法？记者暗访的界限在哪里？

2010年3月3日上午，广州市地质调查院原质量审核部部长罗锦华被带进广州番禺法庭。罗锦华被指控向记者出售虚假的《广州市地质灾害报告单》，犯下滥用职权罪。

2009年6月，广东电视台《社会纵横》栏目和《南方都市报》记者接到举报，称番禺大石街冼村私自挖山卖泥。其"地质灾害报告单"被举报是花钱买来的伪造报告单：报告单上虽有国土部门的公章，但没有编号，文件上签有广州市地质调查院预警室主任刘永全的名字。

记者推断，刘永全可能存在非法出售国家公文的嫌疑。这两家媒体的3名记者，遂于同年7月10日假扮成某公司的业务员，准备找刘永全"购买"一份地质灾害报告单。在大门口，记者遇到了该院预警室副主任黄健民。黄带着3名记者与审核部部长罗锦华谈定了价格——2.5万元。

7月13日下午，罗锦华开具了报告，收下2.5万元，并给了黄健民2500元。

7月20日前后，此事被这两家媒体曝光。广州市检察院反贪局介入调查，取走了记者暗访的资料，包括视频和报告单。

"很纠结。"参与暗访的《南方都市报》记者这样表述当时的心情。他认为从新闻伦理来说，媒体的调查是独立的，司法机关的调查应该自己完成，媒体有权利拒绝提供自己通过特殊渠道获取的信息。但是最后他们妥协了。

令他没想到的是，2010年1月，广州市番禺检察院以暗访资料作为唯一的证据，指控罗锦华滥用职权。罗锦华还遭到两笔受贿指控，但与销售虚假地质灾害报告单无关。

法庭上，罗锦华的辩护律师陈启环对受贿的事实不持异议，但对滥用职权罪做了无罪辩护。陈认为，记者暗访涉嫌"钓鱼执法"。"钓鱼执法"即诱惑侦查，并不为刑事诉讼法允许，但在刑事侦查中经常使用。即使是诱惑侦查，也仅限于贩毒、走私等危害公共安全的重大犯罪中使用，而且因诱惑侦查被抓获的被告人会从轻处罚。

"记者获取信息和普通公民一样，并不具备特权。本案如果置换成普通公民，就会犯下行贿罪和非法买卖国家机关公文罪。为何记者这样做就不是犯罪？"所以，以这种手段获取的证据属于刑事诉讼法应排除的非法证据，否则就会陷入一个悖论：检察院都无法行使的诱惑侦查，却可以交由记者行使。"刽子手都不能杀的人，记者能杀吗？"陈认为，罗锦华的行为确实不当，但还没有到科以严厉的刑罚的地步。

公诉方回应称，记者的暗访和"钓鱼执法"有明显不同。首先，记者并未得到检察官的指使，主观上没有引诱罗锦华的故意。其次，记者的暗访偷拍是在履行舆论监督权的职责，是人民群众监督国家机关工作人员这一项宪法权利的具体实施。而且，此案"记者想通过公开采访的方式去调查相当困难，甚至说不可能"。

但陈启环认为，3名记者和罗锦华协商好价格后，"采访报道就已完成了，可以刹车了，并不需要真的花钱买报告单"。他还举出一个细节，罗与记者口头交易时，记者拿出了刘永全签字的报告单，称"你照着这个单子开就行了"。所以记者的行为属于诱骗。

暗访资料到底能否作为指控证据，是否属于《刑事诉讼法》第四十三条应排除的非法证据？中国政法大学教授陈光中认为，在中国，非法证据的排除还没有严格到这种程度。最高人民法院和最高人民检察院分别有一个司法解释，排除的非法证据仅限于"人证"，即采用刑讯逼供、威胁、引诱、欺骗以及其他不正道手段获取的被告人供述、证人证言等，不能作为立案的证据。本案中，视频资料、地质灾害单都是物证，不属于证据排除范围。所以，他认为检察官使用暗防信息作为证据是合法的。

然而，清华大学法学院副教授易延友认为，罗锦华的辩护律师的意见并非没有道理。目前中国的诱惑侦查仅限于贩毒等重大危害公共安全的犯罪，在职务犯罪的查处中，诱惑侦查的使用范围，法律没有规定。司法实践中，检察官也不采用这种方式。如果认可记者暗访证据，确实有出现检察官利用记者引诱他人犯罪、获取证据的可能。

对这一问题，《南方都市报》的一位暗访记者曾有顾虑："当时谈好价格后，我们考虑过向司法部门举报。"这位记者说。但是10年的采访经验告诉他，最经常的遭遇是，举报后司法部门一般不予理睬，甚至会出现监督部门与被批评者串通一气、阻挠发稿的情况。"最后还是觉得证据抓在自己手里有把握。要让对方没法狡辩。"他回忆。

《南方都市报》记者刘中元旁听此案后，心中也生起了数个疑问：记者暗访的界限在哪里？对记者的暗访如何才能既规范又保护？

反思暗访

在矛盾频发的当下中国，暗访式报道更受民意欢迎，但"这是一个危险的方式，很可能会影响媒体对真相追求的职业形象"。实际操作时，仍要"千方百计避免滥用暗访，调查方案要尽量设计得精密，手段不能过于粗放"。

面对上述疑问，新闻界和法律界争议巨大。

"区别在于动机。"中国政法大学刑诉法教授陈光中认为，本案中记者这样做不是为了私利，而是揭露社会阴暗面。即使是普通公民，采取这种方式获得对方犯罪的证据，从而向司法机关举报，也是允许的。

清华大学法学院副教授易延友的意见稍有不同。他认为普通公民这么做肯定是犯罪，但是记者这么做如果不违反职业道德的话，"就能成为阻却违法性的理由，就像刽子手可以杀人一样"。

新闻界的看法比法律界更为复杂。北京外国语大学新闻与法律学者展江认同陈光中的看法，而中国人民大学新闻学教授陈力丹和中央人民广播电台法律顾问徐迅均认为，这可能涉嫌违法犯罪。

"在本案中，记者肯定是有错的，至少是违反了职业伦理道德，因为他说谎。如果谈好价格后刹车，错会小一点。"陈力丹认为。

"法律并没有赋予记者为了揭露真相而实施违法犯罪的特权。"徐迅说，揭露犯罪的目的是制止犯罪，是否可以用制造犯罪的方式来制止犯罪？如果公权力机关这么做，性质就会特别严重，这是"钓鱼执法"令人深恶痛绝的原因，也是"诱惑侦查"在使用范围、程序上控制得非常严的原因。

"暗访是不应该做的行为。"陈力丹说。数年前，陈力丹就曾针对《焦点访谈》大量采用暗访获取信息，提出过异议。他说，90%的暗访在中国都是不必要的，大多数记者这么做只是为了获取戏剧性材料。他说："中国的记者采访经常违法，自己还不知道。"

国际新闻界关于暗访的讨论从没有停止过。徐迅认为，暗访是一个悖论，"真实是新闻的生命，暗访却是用不诚实的行为来获取真实。所以暗访从来不为新闻界鼓励。"《芝加哥太阳时报》曾经买下一家小旅馆，安排记者以老板的身份通过偷拍获得了官员受贿的证据。该报道引起了巨大轰动。然而在普利策奖的评选时，最终未获通过，原因在于评审委员会认为，暗访不是唯一的采访手段，记者"靠勤劳的双脚和结实的皮鞋，也能揭露真相"。

陈力丹的看法被另一些学者人士认为是"道德至上主义"。展江认为此案在伦理问题上并无争议。暗访遭遇伦理困境时，正确的做法是在两种禁止性规则中，选择对社会危害性较小的一种。以此可以推定出暗访的界限在于两条：一是被采访者严重危害公共利益；二是非暗访不能获取信息。

但徐迅认为这样易造成"口子开得太宽"。她分析，在矛盾频发的当下中国，暗访式报道更受民意欢迎，但"这是一个危险的方式，很可能会影响媒体对真相追求的职业形象，甚至像纸包子事件一样发展到极端"。她认为，中国大量的调查报道采用非常规的手段采访，确实是事出有因，情有可原，不过实际操作时，仍要"千方百计避免滥用（暗访），调查方案要尽量设计得精密，手段不能过于粗放"。

四　国内外对隐性采访的限定

1992年，美国职业新闻工作者协会和波音特传媒研究学院起草了一份手册，专门指导记者如何使用偷拍机。手册指出，只有在以下情况下，才能使用偷拍偷录：1. 某信息具有特别的重要性。2. 用于获取该信息的所有其他手段都已穷尽。3. 有关个人及其所属的新闻机构，能凭借其卓越的工作质量及充分的时间投入和资金投入，全面完整地完成报道。4. 通过欺骗手段所获得的信息，其公开披露所能避免的损失大于欺骗行为本身可能带来的损失。5. 有关记者做出有意义的、合作的、审慎的决定，以证明其欺骗的合理性。指导手册还指出，得奖、击败竞争对手、为了省钱而获得报道、别人用我也用，或者因为报道对象不道德所以我才这么做等，都不能成为证明偷拍偷录的充分理由。

我国中央电视台《新闻调查》栏目组也对隐性采访进行了限定："对'偷拍'我们慎之又慎，除非调查危害公共利益的重大隐情而又别无他法，且经制片人同意，否则我们绝不采取任何涉嫌欺骗、侵权的拍摄方式。""秘密调查就是所谓的'暗访''偷拍'。无论如何，秘密调查都是一种欺骗。新闻不是欺骗的通行证，我们不能以目的的正当为由而不择手段。秘密调查不能用作一种常规的方法，也不能仅是为了增添报道的戏剧性而采取的手段。只有同时符合下述四条原则，才能采用秘密调查：第一，有明显的证据表明，我们正在调查的是严重侵犯公众利益的行为；第二，没有其他途径收集材料；第三，暴露我们的身份就难以了解到真实的情况；第四，经制片人同意。"[①]

【思考题】

1. 什么是"二为"方针？请举例说明在传媒实践中如何坚持"二为"方针？

2. 什么是表达自由？表达自由的边界何在？

3. 请列举近年来隐性采访的典型案例，对其表现方式进行总结。

【分组讨论】

隐性采访常常能够使隐蔽的事实真相大白于天下，使一些卑劣

[①] 中央电视台新闻评论部《新闻调查》栏目的工作手册，2002年3月。

行径无法遁身,促进社会的良性发展,同时也满足了公众的知情权。但是又往往会侵犯公民和法人的合法权益。请结合本节的内容和案例,并查阅隐性采访方面的文献和案例,以小组讨论的方式,对隐性采访的边界问题展开讨论,提出小组观点。

第二章 媒介审判

媒介审判是法律界、新闻界聚讼纷纭的热点问题，围绕具体案件往往形成了针锋相对的话语较量，这不仅表现在两个学科之间，而且学科内部也各执己见，争辩不休。那么，究竟什么是媒介审判？知识界在媒介审判问题上的争论焦点何在？如何看待媒介审判？这是本章讨论的主要问题。我们先从国内外影响较大的被列入媒介审判"典型案例"说起。

第一节 国内外典型案例评析

【典型案例1】

一波三折的刘涌案[①]

刘涌，1960年生，沈阳市人。1995年创办民营企业沈阳嘉阳集团，从事服装、餐饮、娱乐、房地产等生意。下属公司26家，员工2500人，资产7亿元。刘涌曾任沈阳市人大代表、致公党沈阳支部副主任委员、沈阳嘉阳集团董事长。刘涌还曾获得当地"优秀民营

---

① 关于本案的详细情况和各方观点，参阅"新浪网"专题网页 http://news.sina.com.cn/z/liuyongsy/。

企业家"、"扶贫先进个人"称号，成为沈阳和平区政协委员。

案情经过

2001年1月19日，沈阳市公安局向新闻界宣布，对以刘涌为首的带有黑社会性质的犯罪集团的抓捕、审讯和调查取证工作已经结束。警方共抓获刘涌犯罪集团涉案成员45名。公安局向新闻界提供的通稿称：自1995年以来，刘涌以沈阳嘉阳集团为依托，采取暴力、威胁等手段聚敛钱财，称霸一方，以商养黑。被该犯罪集团致死致伤的达42人，其中死亡1人，重伤16人。警方查获各种枪支13支，各种藏刀、匕首、枪刺26把，以及一批涉案车辆。此案即将移送检察机关审查起诉。

一审死刑：2002年4月17日，刘涌、宋健飞被辽宁省铁岭市中级人民法院以组织、领导黑社会性质组织罪、故意伤害罪、妨碍公务罪、非法持有枪支罪等多项罪名一审判处死刑。

辽宁省高级人民法院改判死缓：2003年8月15日，辽宁省高级人民法院对轰动全国的刘涌特大黑势力团伙案作出终审判决。犯有组织、领导黑社会性质组织罪、故意伤害罪、故意毁坏财物罪、非法经营罪、行贿罪、非法持有枪支罪、妨碍公务罪等多项罪名，一审被判处死刑的"黑道霸主"刘涌，被改判死刑，缓期两年执行。判决结果一出，质疑声音迭起。《外滩画报》首先发难。

2003年12月18日，最高人民法院提审"刘涌案"。这是1949年以来最高人民法院第一次对一起普通刑事案件进行提审。2003年12月22日，最高人民法院经再审后作出判决：以故意伤害罪，判处刘涌死刑，剥夺政治权利终身；与其所犯其他各罪并罚，决定执行死刑，剥夺政治权利终身。

媒体报道

新闻媒体对于刘涌案连篇累牍的报道和评论，大致可以分为四个阶段。

第一阶段：一审之前。舆情激昂，齐声讨伐。新华网在《沈阳黑社会"老大"落网，一些市级官员牵涉其中》（2001年1月19日）中称："在沈阳大红大紫、风光一时的富商刘涌，竟是血债累累、独霸一方的'黑老大'。"《三联生活周刊》在《沈阳黑老大刘涌何以如此嚣张 干爹干妈后台硬》（2001年3月8日）中点明了刘涌背后的"保护伞"：沈阳市人民检察院原检察长、和平区劳动局副局长、沈阳市中级人民法院副院长。《中国青年报》在《沈阳刘涌黑社会集团探秘——黑帮何以长期逍遥法外？》（2001年10月7日）中说："两米多高的案卷记录了刘涌黑社会性质组织包括刑事犯罪和经济犯罪共47起犯罪事实。……在长达四五年的时间里，靠精心罗织的庞大的关系网，刘涌每次居然都能化险为夷。"

第二阶段：一审之后二审之前。判决结果众望所归，简约报道。

第三阶段：二审之后至最高法提审之前：众皆不平，质疑之声响彻媒体。

《外滩画报》率先发表了署名为李曙明的评论文章《对沈阳黑帮头目刘涌改判死缓的质疑》（2003年8月21日）。这篇文章被新浪网于21日凌晨1：48时置于该网站首页。至当天上午10时，这篇文章的点击量就有100万，跟帖3000条。国内有1000多家媒体转载、摘发或者提到了这篇评论。这在中国新闻史上是绝无仅有的。这篇文章针对辽宁省高级人民法院改判提出了两点质疑：一是刘涌改判的依据何在？二是刘涌和宋建飞谁应该被立即执行？文章认为："辽宁省高级人民法院的判决是一个危险的先例。作为上级审判机关的最高人民法院，作为法律监督机关的监察机关，都有责任站出来，维护法律的尊严。"之后，《中国青年报》《商务周刊》《北京娱乐信报》《中国新闻周刊》《南方周末》等媒体陆续发表文章，质疑辽宁省高级人民法院的判决。在互联网上，有网友甚至发出了"刘涌不死，则正义必亡"的言论。在众多媒体和网友质疑二审改判的同时，也有人认为辽宁省高级人民法院二审改判符合法治精神。北京大学法学院教授、中国刑法学研究会副会长陈兴良在接受记者采访时说，在刘涌案中有刑讯逼供的可能。因此辽宁省高级人民法院的改判是一种比较稳妥的做法，刘涌改判是为了保障人权[1]。此言一出，遭到了《北京娱乐信报》《商务周刊》等媒体的质疑。

第四阶段：最高法院判决之后。2003年12月22日，媒体报道最高法院再审判处刘涌死刑立即执行的判决。网上一片欢呼之声。很多人认为高法再审开了舆论监督个案之先河。与此同时，也有人认为，激情公审才是法治的最大危险，客观理性而非主观暴戾的公民精神，才是建构法治秩序的福音。

简要分析

刘涌案的争议很大，主要表现在辽宁省高级人民法院对刘涌的改判。最终，一起普通刑事案件惊动了最高人民法院并决定提审，改判死刑立即执行。再审改判后，社会上存在两种针锋相对的反应：一种声音认为高法再审是新闻媒体的胜利，是舆论的胜利，是媒体的齐声呐喊纠正了司法的错误。刘涌案是舆论监督的典型个案。另一种声音认为高法再审是舆论杀人，"不杀不足以平民愤"之类的民意左右了法院的判决。刘涌案是媒介审判的典型个案。

除此之外，还有人认为，舆论呼吁只是起了一种催化作用，而真正决定这个案件提审的是最高法院，应该把刘涌案看作法律公正的一种体现。刘涌被处死刑，是三级法院各自援引"以事实为依据，以

---

[1] 万兴亚：《刑法学研究会副会长：刘涌案改判是为了保障人权》，《中国青年报》2003年8月29日。

法律为准绳"的司法原则，在判断证据、听取意见、执政论辩，并且经过合议集体讨论后作出的结果，公众不应该怀疑它的正义性。①

【典型案例2】

掀起2009年舆论风潮的邓玉娇案

2009年5月10日晚，湖北巴东县野三关镇招商办主任邓贵大、副主任黄德智等人酒后到该镇雄风宾馆梦幻城消费。黄德智强迫要求宾馆女服务员邓玉娇陪其洗浴，遭到拒绝。邓贵大、黄德智极为不满，对邓玉娇进行纠缠、辱骂，在服务员罗某等人的劝解下，邓玉娇两次欲离开房间，均被邓贵大拦住并被推坐在身后的单人沙发上。当邓贵大再次逼近邓玉娇时，被推坐在单人沙发上的邓玉娇从随身携带的包内掏出一把水果刀，起身朝邓贵大刺击，致邓贵大左颈、左小臂、右胸、右肩受伤。一直在现场的黄德智上前对邓玉娇进行阻拦，被刺伤右肘关节内侧。邓贵大因伤势严重，经抢救无效死亡；黄德智所受伤情经鉴定为轻伤。邓玉娇当即拨打110报警。次日，警方以涉嫌"故意杀人"对邓玉娇采取强制措施。

5月12日，《长江商报》就邓玉娇事件发出了首篇报道，该报道随即被新浪网转载，一时间高居留言排行榜第一位。

5月18日，巴东警方第二次通报案情，称邓玉娇涉嫌故意杀人。荆楚网一则《女服务员刺死官员涉嫌故意杀人被立案侦查》的消息，迅速点燃各大媒体的关注热情。各种媒体全面报道，各大论坛民意汹涌。5月19—21日，舆论界针对警方执法不公的质疑声急剧增加，同时担忧"权力机关失信于民"的媒体呼声也显著高涨。

5月22日，《广州日报》一篇《邓玉娇明确表示受到性侵犯》的报道，再次引发媒体关注热潮。

---

① 杨亮庆：《刘涌并非死于民愤》，《中国青年报》2003年12月26日。

5月23—24日，"邓玉娇案关键证据离奇被毁"和"邓母解除律师委托"等消息一经披露即被广泛转载，"质疑警方执法不公"乃至对邓玉娇未来判决悲观的声音，也随着扑朔迷离的案情新变化呈持续攀升状态。"巴东警方""失去公信""异地侦查"等成为热门关键词。

5月26—27日，随着26日晚当地警方决定将对邓玉娇的强制措施变更为监视居住，媒体态度开始缓和，针对司法机关的质疑之声也明显衰减。

5月28日上午11时左右，《新京报》女记者孔璞、《南方人物周刊》记者卫毅在野三关镇木龙垭村十组采访邓玉娇的外婆时，遭到当地官员阻挠、殴打。这一突发事件成为当天媒体的关注热点。巴东高度重视媒体报道"记者采访邓玉娇案遭围殴"一事，已在此事发生后第一时间迅速安排州、县宣传部门干部和当地公安派出所民警赶到现场，对事件全面调查核实。

5月30日，媒体延续了对"两记者被打"事件的持续关注，相关文章占当日评报总数近四成。

5月31日，新华社发布消息称，由恩施州公安机关组织侦办的"邓玉娇案"侦查终结，并向检察机关移送审查起诉。侦查结果认定，邓玉娇行为属防卫过当，有自首情节。

6月1日，媒体报道量迅速攀升，对警方前一天"解除强制措施"的决定持"支持与欢迎"态度的报道，与认为"案件存疑仍须关注"的媒体观点基本持平，而且后者矛头大都明确指向"防卫过当"的官方说法。

6月15日，邓玉娇案庭审在即，蓄势待发的各方媒体迅速跟进。

6月16—17日，巴东县人民法院认为，邓玉娇在遭受邓贵大、黄德智"无理纠缠、拉扯推搡、言词侮辱"等不法侵害的情况下，实施的反击行为具有防卫性质，但超过了必要限度，属于防卫过当。被告人邓玉娇故意伤害致人死亡，其行为已构成故意伤害罪。案发后，邓玉娇主动向公安机关投案，如实供述罪行，构成自首。经法医鉴定，邓玉娇为心境障碍（双相），属部分（限定）刑事责任能力。据此，依法判决对邓玉娇免予刑事处罚。至此，整个案件宣告落幕。

简要分析

邓玉娇案是舆情汹涌的2009年上半年最吸引国内舆情的公共事件。从案发到结案，媒体和舆情对此案持续关注。大部分网民的态度高度一致，即认为邓玉娇是正当防卫。

就传统媒体而言，湖北当地和广州、北京、成都等地的报刊、电视台都有介入，并且提供了基本案情，报道基本上遵循客观、平衡的手法，而评论几乎都是倾向于邓玉娇的。就网络而言，一时间，互联网上的信息披露和观点发表势如潮涌，许多网民还以诗歌、文言文、老歌翻唱等文艺表现方式表达对邓玉娇高度同情和对涉事官员的愤怒。

对案件看法的分歧主要集中在法学界。一派是以马克昌、杨支柱、高一飞等法学学者为代表，认为邓玉娇防卫过当甚至有罪；一派以中国政法大学副教授萧瀚为代表，反对上述意见。而法学界泰斗马克昌（1926—2011）事后接受媒体采访时的一番话耐人寻味。出言谨慎的马克昌教授一方面支持法院的判决，认为防卫过当的认定是正确的；另一方面他认为，如果没有民意，邓玉娇"至少"会判缓刑，而他对民意包括对网友的抨击表示理解。[①]

【典型案例3】

首次被称为"报纸审判"的谢帕德案

1954年6月4日，美国俄亥俄州一名著名的外科医生塞缪尔·谢帕德被指控在自己位于克里弗兰郊区海湾镇的家里谋杀有身孕的妻子马里莲。他自称无辜，其妻是外人入室后将他击昏杀害的。尽

---

① 黄庆峰：《刑法泰斗马克昌身陷邓玉娇案漩涡》，《成都商报》2009年7月2日。

管谢帕德努力表明自己的清白，但几乎所有的媒体和舆论都认为他就是杀人凶手。各种各样狂热喧嚣的报道和评论一直持续到审判结束。早在他被捕前，各种报纸就详细报道了从警方那里获得的调查工作的细节，所有这些内容都显示谢帕德是有罪的。报纸还从邻居的口中挖出谢帕德是一个玩弄女人感情的人，以此暗示他的作案动机。一篇社论质问"为什么不把塞缪尔·谢帕德投进监狱"。谢帕德的律师试图要求延期审理，改变审判地点，并且主张所进行的审判是无效的，但都被法院驳回。陪审团也没有被隔离，在新闻报道中频频曝光。终于，在媒体和舆论的"一致鼓动"下，谢帕德被判谋杀罪名成立。在狱中熬过12个年头。

1966年，谢帕德案件被重新审理，他被无罪释放。最高法院把审判前和审判中关于本案的媒体报道形容为"乱哄哄的疯人院"，宣判谢帕德无罪的大法官克拉克代表法庭陈述意见时说道："一个负责任的新闻界常常被看作有效司法管理的助手，特别是在刑事案件领域。……从这个案子，我们看出对于未决案件的不公正和有偏见的新闻报道越来越多了。正当程序要求被告人接受不受外界影响的公正的陪审团的审判。考虑到现代传播媒介的普遍性和从陪审员的头脑中抹去存在偏见的舆论的难度，审判法院应该采取有力措施保障被告人的权利，受理上诉的法院有义务独立地对该案件的情况作出评价。当然，这并不是要禁止新闻界报道在法庭中发生的事情。……法院必须根据法律原则和规则来保障他们的审理程序不受外界干扰而存在偏颇。不管是检察官、被告律师、被告人、证人、法院的工作人员，还是警察都不能破坏这种职能。律师和新闻界在信息方面的合作，会影响刑事审判的公正性，不仅应该受到规制，而且应该受到责备和法庭纪律的处罚。"[①]

[①] 参见来杨《媒介审判与司法公正》，硕士学位论文，清华大学，2009年。

简要分析

"谢帕德案"是美国法律实践中调整媒体与司法的冲突关系过程中一个重要案例。在这之后，美国法律界认为法官有责任保证被告人接受公正审判的权利，不致因为媒体的不利报道受到危害。

【典型案例4】

引发洛杉矶大骚乱的罗德尼·金案

在美国第二大城市洛杉矶，4名白人警察殴打黑人青年罗德尼·金的过程被人偶然摄入录像镜头，4名警察遂因刑事罪遭到加州地方法院起诉。一年后，以白人为主的陪审团判决"被告无罪"。判决一出，当地黑人群情激愤，聚众闹事，烧杀抢劫，引发了一场震惊世界的大暴乱。短短几十小时内，54人"阵亡"，2328人受伤，1000多栋建筑物被焚毁。

罗德尼·金1965年生于洛杉矶市，从小酷爱体育，棒球打得已接近职业选手水准，但学习一塌糊涂，中学没念完就退学当了建筑工人。罗德尼·金有两个与众不同的特点，一是身板儿强壮得像公牛；二是酷嗜烈性杜松子酒。

1989年11月某一天，他拿着一张价值一美元的食品救济券，来到一家美籍韩裔老板开的杂货店买一包口香糖。那位韩裔老板一看是食品救济券，死活就是不卖，两个人为这点小事儿越吵火气越大，最后金勃然大怒，干脆就把这家杂货店给抢了，结果因抢劫罪被判入狱两年。

入狱后，金表现特别好，是监狱里的模范犯人。1990年12月，狱方同意他假释出狱，监外服刑，条件之一是不能饮酒。金出狱后，找了一份建筑工的活儿，重新干起了卖力气的老本行。起初他还能控制自己，但时间一长，架不住酒肉朋友热情相劝，禁酒的假释条件逐渐忘到脑后，他重开酒戒，经常开怀畅饮，一醉方休。

1991年3月2日晚上,金与他的两位黑人哥们儿在一起看了一场棒球比赛的电视转播,他一边看球一边痛饮,总共喝了三大瓶烈性杜松子酒。深夜,酩酊大醉、一身酒气的金东倒西歪,硬撑着驾车送哥们儿回家,在加州210号公路上超速飞驶。已经喝迷糊了的金一点也没觉察到,前方恰好有一辆加州公路巡逻处的警车。警车中的女巡警辛格立刻拉响警笛,驱车紧追。可是,金装作没有听见,借酒装疯,玩命驾车,企图逃脱追捕。按照加州法律,假释罪犯酒后驾车并试图逃脱警察追捕,将被重罚。金当时的时速大约是115英里(185公里),而加州高速公路的限制时速为65英里(104公里)。金酗酒驾车,违法超速,4名白人警察为了制伏这个大力醉汉,将金团团围住,步步紧逼。在口头警告无效之后,4人蜂拥而上,试图将这个醉汉一举擒获。但金面无惧色,静候与4位警官贴身格斗。一番徒手较量,4位警官竖着走过来,横着飞了回去,其中数肚皮已发福的鲍威尔警官跌得最狼狈。

孔恩警长见状大惊,在警告无效后,他启动了高压电警棍,想一举将金打翻在地。照常理,这五万伏电压的高压电警棍打下去,即使是NBA头号壮汉,身高2.20米、体重320磅的湖人队中锋"侠客"奥尼尔恐怕也会立刻被打趴下。可是,大大出乎孔恩警长的意料,金被打倒后,竟然转瞬之间就站了起来。孔恩警长惊呆了,慌忙中再次启动高压电警棍,但金却像刀枪不入的外星人一样,不仅倒地后眨眼工夫就重新站起,而且向鲍威尔警官猛扑过来。

鲍威尔警官见高压电警棍竟然都无法制伏金,不由得又惊又怕,恼羞成怒,他顺手掏出金属警棍,没头没脸地向金的头部和身体凶狠地打来,另外两位警官随后也加入了这场野蛮的殴打,并用警靴猛踢金。在旁边指挥的孔恩警长高喊:"不要打头部,打身体的关节。"根据警方的内部规定，不到万不得已之时，应尽量避免重击嫌犯的头部，以求减少不必要的伤害和可能由此导致的巨额赔偿。可是，参与殴打的几位警官仍然劈头盖脸地瞎打乱踢。

在整个殴打过程中，警官们乱棍齐下，连打带踢，重击已倒在地上的醉汉金，远远超出了适度动武的范围。虽然警官喝令金趴在地上不动，按规矩将双手放在背后，但此时金不仅酩酊大醉，而且也被揍得晕头转向，他拒不服从命令，一直不停地滚动。这样，一直到警察打下第56记警棍之后，金总算清醒过来，告饶说"求求了，别打了"，并趴在地上不再动弹。警官这才停止殴打，上前给金戴上手铐，并立刻叫救护车把他送到医院急救室抢救。

警官们做梦都想不到，抓捕的过程竟然被人用摄像机偷拍了。原来，距现场约30米处有一栋公寓楼，一位名叫霍利得的公司经理住在二楼。3月3日凌晨，此人被直升机的轰鸣和刺耳的警笛吵醒。从窗户中，他看到一帮警察围住了一个黑人，出于好奇，他拿起几天前才购买的一架索尼牌摄像机来到阳台，偷摄了一段时间总共为81秒钟的实况录像。

这段录像既没拍摄到金扭动臀部挑逗辛格警官的画面，也没拍摄到4位警官与金徒手格斗时横着飞了出去的丢人场景，更没拍摄到孔恩警长先后两次启动高压电警棍试图制伏金的镜头。不早不晚，这段实况录像恰好从金向鲍威尔警官猛扑过来开始，到警官给不再动弹的金戴上手铐后结束。短短81秒钟录像，使霍利得一夜之间成为全美国最出名的业余摄像师。

打人事件次日，霍利得给附近的警察分局打了个电话，说自己偶然拍摄到一段警察打人的录像，问警方是否有兴趣看看？谁知道，接电话的警官鬼迷心窍，竟然表示毫无兴趣。霍利得一气之下，便给CNN洛杉矶办事处打了个电话，但却没人接电话。为保证录像画面的新闻时效性，霍利得情急之下，决定主动送货上门，驱车把录像带送到了洛杉矶市的地方电视台 KTLA。正为收视率下跌发愁的 KTLA 电视台如获至宝，当机立断高价买下录像。经总裁拍板，编辑们把长度为 81 秒的原始录像删剪编辑为长度为 68 秒的电视画面，大张旗鼓地在黄金时段反复播放。同时将这一删剪过的录像提供给 ABC、NBC、CBS 三大电视网和 CNN，在两周内反复播放达数百次之多，使金被殴事件成为震撼全球的头号新闻。

1992 年 4 月，地方法院陪审团作出裁决，宣布四位警官无罪。判决一出，当地黑人群情激愤，聚众闹事，烧杀抢劫，引发了一场震惊世界的大暴乱。短短几十小时内，54 人"阵亡"，2328 人受伤，1000 多栋建筑物被焚毁。瞅着那浓烟四起、满目疮痍的景象，令人感觉是置身于刚刚遭受过猛烈空袭的中东古城巴格达。

实际上，当得知无罪判决结果时，绝大多数美国人都深感惊讶、意外和愤慨。在长达一年多的时间里，4 名警察野蛮殴打罗德尼·金的录像画面，经 ABC、NBC、CBS 全美三大电视新闻网和 CNN 反复不断地播映，已经深深地印在了美国人的脑海中。民意测验表明，在看过电视录像的观众中，92% 的人认为白人警察有罪。

暴乱发生后，责怪和谩骂纷纷指向陪审团，陪审员被骂为"纳粹种族分子"。这样，金被殴一案，实际上已演变为一个政治案。联邦政府忧心忡忡，担心再有一次无罪判决，将有可能激起全国规模的黑人暴乱。联邦地区法院从一开始就定下了死活也要把"民愤极大"的白人警察定罪的基调。

经过长达一年时间的审理，1993 年 4 月，联邦地区法院小陪审团作出裁决，4 名警察中的鲍威尔警官和孔恩警长被裁定有罪，另外两名警察无罪开释。判决之后，全国各地风平浪静，联邦政府总算如释重负。

第二章 媒介审判

1994年4月,金在州法院的民事赔偿案中胜诉,获得了总额高达380万美元的伤害赔偿。

1995年1月,联邦第9上诉法院在压力下作出判决,判定联邦地区法院对有罪警察量刑过轻,下令重新量刑,加重刑罚。1996年6月,联邦最高法院以9比0对孔恩诉美国案作出裁决,以警察违法打人与金拒捕有关系为理由,推翻了联邦上诉法院关于对警察加重刑罚的裁定。轰动一时的罗德尼·金案终于降下了帷幕。[①]

简要分析

罗德尼·金案之所以引发洛杉矶大骚乱,主要原因是在地方法院陪审团进行判决之前,CNN和美国三大电视网播放的那段事实不全的录像。CNN总部在录像播出三个星期之后,才知道KTLA提供的录像带删除了至关重要的部分。副总裁特纳遂下令,CNN今后重播这条新闻时,应把被删剪的部分补上。可是,三大电视网和KTLA电视台在新闻节目中,仍然照播删剪过的录像。这样,一个因假释罪犯超速飞车、借酒拒捕引发的警察执法过当的事件,由于新闻媒体的片面报道,演变为白人警察无故殴打手无寸铁、善良无辜的黑人这种震惊全球的践踏人权事件,4位白人警官随即被捕在押。

应该特别指出的是,地方法院陪审团所看到的录像与美国民众在晚间新闻上看到的录像是不一样的。陪审团在法庭审判时看到的录像是来源于高速公路上的摄像头记录,有罗德尼·金在拒捕过程中攻击警察的镜头,而三大电视新闻网播放的电视录像,却把不利于金的镜头和画面全给掐掉了。换言之,新闻媒体用偏离事实真相的"司法新闻"误导民众,在法院作出判决之前,新闻媒体实际上

[①] 卞建林、焦洪昌等:《传媒与司法》,中国人民公安大学出版社2006年版,第279—281页。

已经用被删剪的电视画面，对警察预先作出了有罪推定和有罪判决，致使绝大多数民众在审判前就已认定涉案警察罪大恶极、罪责难逃，为审判后出现的暴乱事件埋下了定时炸弹，最终酿成了一场美国历史上损失最惨重的城市暴乱。由此可见，媒体影响司法在各个国家都有表现，只是程度不同而已。

第二节 媒介审判界说

"媒介审判"是西方舶来品，最早被称为"报纸审判"（trial by newspaper）。作为一个贬义术语，"报纸审判"最早出现在1954年"谢帕德案"的审理过程中。该案被认为是美国司法史上由于媒体不当报道而影响刑事被告不公平受审的著名案例（见【典型案例3】）。这一概念在被引入中国以后，随着媒介的发展，出现了"媒介审判""媒体审判""舆论审判""网络审判"等各种称谓[①]。由于"媒介审判"业已被广大研究者和实务工作者普遍接受，本书统一称为"媒介审判"。

一 国内媒介审判现状

展江通过对被国内研究者列为媒介审判典型案例的时间节点和

[①] 有学者认为，由于"在互联网兴起以后，舆论的传播方式已经发生了根本性的变化，舆论已可以不经过媒体把关人的审查而直接传播。……从而，以职业化的新闻报道方式体现的反映媒体人意志的'媒体审判'和非以职业化的新闻报道形式体现的反映民众意志的'舆论审判'已具有不同的意义。"应该对"媒体审判"和"舆论审判"进行区分（参阅周泽《"媒体审判"、"舆论审判"检讨》，《中国青年政治学院学报》2005年第3期）。但是，也有学者认为，从舆论学和法理学两个角度来看，"媒体审判"和"舆论审判"并无本质差别，没有区分的必要性（王人博、朱健：《"舆论审判"还是"媒体审判"——理念辨析与解决之道》，《阴山学刊》2007年第2期）。

表现出的特征,将国内媒介审判划分为三个阶段[①]。

第一阶段:2001年及以前。

典型案例有夹江打假案、张金柱案、赵湘杰案、蒋艳萍案、张君案、二奶继承案等。

当时,媒介审判的说法刚刚被引入中国内地。除了魏永征教授等少数研究者率先比照这一说法的本原意义分析上述案件外,其他研究者的研究视角集中在对上述案件中媒体的不当"舆论监督"行为的反思。

第二阶段:2002—2006年。

典型案例有钟志斌案、张二江案、尹冬桂案、刘涌案、宝马撞人案、马加爵案、王斌余案、黄静案、尚军案、邱兴华案等。

在"媒介审判"这一说法经"概念推广"并为广大研究者和实务工作者接受后,他们开始对具体的个案展开分析和研究。2002—2006年是对"媒介审判"现象讨论最热烈的阶段,其中又以2003年为最。有人将2003年称为"中国法治年",媒体大规模介入司法审判活动,让这些本来就具有相当新闻价值的重大案件在公众中进一步传播,并引起巨大反响。对此,有人认为舆论监督强化了司法公正,推动了社会进步(如孙志刚案);也有人认为其中不少案件和庭审报道存在"媒介审判"的现象,危害了司法权威(如刘涌案)。在这一阶段的后期,还有一个重要特征:随着互联网的普及使用,网络媒体开始介入对案件和庭审活动的报道和评论,并形成网络舆论。于是,"媒体审判"的内涵得到进一步丰富,包含一部分"网络审判"和"舆论审判"。

---

① 李兵、展江:《"媒体审判"真伪辨》,《中国地质大学学报》(社会科学版)2014年第5期。

第三阶段：2007—2009 年。

典型案例有彭宇案、许霆案。

尽管 2006 年以后仍然有许多引人关注的案件发生，并且媒体的相关报道、评论和网络舆论的倾向性也引起了一定争议，但指责媒体的报道是"媒介审判"的评议却少了。相关的讨论和研究在一定程度上形成了"司法机关应宽容媒体的质疑"和"媒体在报道和评论案件和庭审时要平衡且公允"的共识；同时，研究者也进一步分析公众利用互联网等新兴媒介评议案件时形成的舆论可能对司法审判活动造成的影响。

二　媒介审判界说

关于"媒介审判"，魏永征先生认为，"媒介审判"是指新闻媒体在报道正在审理中的案件时超越法律规定，干预、影响审判独立和公正，侵犯人权的现象。其主要特征是：1. 超越司法程序抢先对案情作出判断，对涉案人员作出定性、定罪、量刑以及胜诉或败诉等结论。2. 报道片面、夸张甚至失实。3. 使用煽情性的语言，力图激起公众对当事人的憎恨或者同情一类的情绪。4. 有时采取炒作的方式，即由诸多媒体联手对案件作单向度的宣传，有意无意地压制了相反的意见。5. "媒介审判"的主要后果是形成一种足以影响法庭独立审判的舆论氛围，从而使审判在不同程度上失去了应有的公正性。[①]"媒介审判"会产生一系列的负面影响，主要表现在：第一，媒介审判不利于贯彻法治原则，会损害司法尊严；第二，媒介审判可能影响司法公正，造成误判、错判；第三，媒介审判不利于人民群众树立正确的法律意识和法治观念；第四，新闻媒

[①] 魏永征：《新闻传播法教程》，中国人民大学出版社 2006 年版，第 134 页。

体有可能要为媒介审判付出代价;第五,媒介审判蕴含着新闻媒介直接同司法审判机关发生冲突的危险。被魏永征先生列入媒介审判的典型案例有:刘涌案、夹江打假案、蒋艳萍案、张君案、尹东桂案等。

徐迅女士认为,我国的确存在媒体审判的情形。媒介审判的主要表现有:对案件作煽情式报道,刻意夸大某些事实;偏听偏信,只为一方当事人提供陈述案件事实和表达法律观点的机会;对采访素材按照既有观点加以取舍,为我所用;断章取义,甚至歪曲被采访者的原意;对审判结果胡乱猜测,影响公众判断;未经审判,报道即为案件定性,给被告人定罪;发表批评性评论缺乏善意,无端指责,乱扣帽子,等等。但是她虽然承认存在媒体审判现象,但是强调这并不意味着"媒体审判"这顶帽子就可以随便戴。如果简单地一概而论,认为只要媒体发表了有关案件的报道和评论就是媒体审判,必将导致对公众知情权和言论自由权的不合理限制。基于此,她认为"媒介审判"是指:新闻媒体在诉讼过程中,为影响司法审判的结果而发表的报道和评论。这一概念包括如下要素:第一,应当是在诉讼过程中的行为。如果尚未进入司法程序,或判决已经作出,进而诉讼(审判)已经结束,则不存在媒体审判问题;第二,媒体主观上有过错,即试图影响司法审判的结果。这种主观过错可以是故意,也可以是过失;第三,媒介审判的载体主要是报道和评论。读者来信、调查报告、照片、漫画及电视影像——即媒体所有的传播方式都有可能表现上述主观过错。她强调说:"对于生效判决的质疑或批评即使尖锐,仍未超出公正、公允的范畴,具有积极的意义,它属于正常的舆论监督。"[1]

---

[1] 徐迅:《质疑生效判决不等于"媒体审判"》,《检察日报》2003年10月8日。

还有一种观点认为，中国内地"媒介审判"的案件绝大多数都是刑事案件，其中又以造成巨大人身伤害或被告人有可能被判处死刑的重大刑事案件居多，这与美国的情形相似。而被指为存在"媒介审判"现象的民事案件和行政案件都存在一个共同特点：在这些案件中存在法律和情理的冲突，因而导致法院对案件事实的认定与媒体和公众对案情的评价存在重大分歧。[1]

以上观点代表了新闻传播法学界在媒介审判问题上的基本认识。然而，有学者对中国存在干扰司法或者威胁司法公正的"媒介审判"的观点表示质疑。周泽从司法实践的角度认为，对于一个具有足够理性的、合格的法官来说，媒体报道的新闻来源是什么，是否属于权威的新闻源；媒体报道是否符合情理和逻辑；媒体报道是客观的报道还是一面之词；舆论是理性的言说还是情绪的宣泄等问题，是完全能够作出准确判断的。审判案件的法官应该是合格的、称职的，这正是司法审判的需要，也是有关国际人权文件所要求的"合格的法庭"的应有之义。然而，我国的司法实践表明，我国司法权力的配置及其运行还存在问题，即法庭的不合格（法官不称职、不合格）、审判不独立，还达不到国际人权文件规定的公正司法的条件，而并不是媒体报道和舆论妨碍了法庭的独立审判。在司法权力的配置及其运行存在问题的情况下，对于一个具体案件，即使没有媒体的报道和舆论关注，也难以保证审判的公正。甚至可以说，没有媒体报道和舆论的关注，审判可能会更不公正。因此，所谓的"媒体审判""舆论审判"干预、影响审判公正根本无从谈起[2]。武汉海事法院副院长李群星认为："在某些情况下，民意监督

---

[1] 展江：《媒体道德与伦理案例教学》，中国传媒大学出版社2014年版，第268页。
[2] 周泽：《舆论评判：正义之秤——兼对"媒体审判"、"舆论审判"之说的反思》，《新闻记者》2004年第9期。

司法反而有利于促进司法机关独立行使职权。目前,我国司法机关独立行使职权的最大障碍不是民意,而是权力干预。"①

三 简要的总结与讨论

在国内,无论是在传媒实践中,还是在学术研究中,围绕媒介审判之所以形成众说纷纭甚至围绕具体案例形成针锋相对的观点,主要是因为在传媒与司法之间存在着一种内在的紧张关系,传媒实践中的不当报道、公民法治观念的培蓄等也是不可忽略的因素。

第一,传媒自由与司法独立均为现代民主法治国家的基石,是民主社会必须珍重的基本价值。二者之间存在内在的紧张关系。

传媒自由作为一项政治权利,其核心就是公民有对国家和社会公共事务表达意见的权利。这项权利通过《宪法》第四十一条关于批评建议权的规定得到了进一步的强化。《宪法》第四十一条规定:"中华人民共和国公民对于任何国家机关和国家工作人员,有提出批评和建议的权利;对于任何国家机关和国家工作人员的违法失职行为,有向有关国家机关提出申诉、控告或者检举的权利,但是不得捏造或者歪曲事实进行诬告陷害。"人民群众公开行使批评权和建议权形成舆论对国家和社会公共事务所发挥的影响和作用,就成为舆论监督。舆论监督就其本意而言是对公共权力的监督,主要是对执政党和国家机关及其工作人员的公职行为的监督。舆论监督主要通过新闻媒介进行。因此,传媒针对司法活动及其工作人员的执法行为进行舆论监督,是《宪法》赋予的一种政治权利,是传媒自由的应有之义。

---

① 《论民意与法意的冲突与平衡——关于网络舆论与法院审判若干问题的法理学思考》,载郭卫华主编、湖北省汉江中级人民法院编《网络舆论与法院审判》,法律出版社2010年版,第9—10页。

司法独立，是国际公认的基本法治原则。在我国，司法独立包括独立审判和独立检察。《宪法》第一百三十一条规定："人民法院依照法律规定独立行使审判权，不受行政机关、社会团体和个人的干涉。"《宪法》第一百三十六条规定："人民检察院依照法律规定独立行使检察权，不受行政机关、社会团体和个人的干涉。"司法机关在法定职权范围内独立进行活动，任何干涉司法机关依法独立行使审判权和检察权的行为，都是违反宪法和法律的。新闻媒介报道司法活动，特别是报道审判案件，必须遵守上述规定。

从本质上而言，司法与传媒所追求的最终价值是统一的，都是为了追求社会公正。但是，司法独立与传媒自由在运行机制上具有一定程度的"对立性"：一方面，司法独立对传媒舆论监督具有天然的排斥性；另一方面，传媒舆论监督对司法独立具有天然的进犯性，这就使得传媒自由与司法独立之间存在着内在的冲突关系[1]。媒介审判产生的主要根源在于司法活动与传媒报道的性质迥异。有论者认为，传媒报道和司法活动性质的差异性主要表现在三个方面：一是媒体和法院对于"事实"的认定不同。传媒事实是媒体通过采访了解到的事实，这种事实缺乏技术上的证实或者证伪；而法院认定的事实必须是经过辩诉双方在证据基础上经过激烈论辩之后由法院认定的"法律事实"。这是导致二者冲突的重要方面。二是传媒的时效性要求与司法的运行规律冲突。司法活动是一项专业性很强的技术性工作，要求对所有的细节一一核实清楚，对于时间的要求并不严格；而对传媒报道而言，在传媒格局日益多元、竞争日益激烈的情况下，要求传媒先将事实细节核实后再报道，实际上是不可能的。三是传媒报道具有倾向性，这与司法活动的中立性形成冲

---

[1] 王军：《新闻工作者与法律》，中国广播电视出版社2001年版，第158—159页。

突。当传媒报道倾向形成强大的社会公意合流时很可能对法院形成巨大压力，这与法院居中裁判、平等对待辩诉双方的要求之间产生冲突。①

第二，传媒的不当报道是媒介审判的判定依据。《宪法》和法律虽然赋予公民和传媒言论自由和舆论监督的权利，但是传媒报道首先应遵循真实、客观、平衡等传媒工作原则，避免失实报道。前引的罗德尼·金案之所以引发洛杉矶大骚乱，最主要的原因在于三大电视网、CNN等电视台在晚间新闻播放的是一个基本事实失实的录像，它不仅不是对事实的全面呈现，而且在这不完全的录像中还删去了有利于警察的部分。这个视频经过长达三周的反复播放，在90%的美国民众中已经形成了白人警察有罪的舆论氛围。因此，当地方法院陪审团根据事实真相作出判决后，便激起了美国民众尤其是黑人的激烈抵抗，最终演变为一场震惊全球的暴乱。另外，传媒对于判决可以质疑和批评，但是应该遵循"善意批评"的原则，对事不对人，批评内容严格限制在判决书的范围之内，不能针对法官的学识、品格，更不能在没有事实根据的情况下进行人身攻击。

第三，公众法治意识和法治观念的培蓄是传媒责任的应有之义。我国历史上缺乏法治传统，民众的法律意识和法治观念原本就很淡薄、脆弱，正需要大众传媒发挥舆论引导功能加以精心培育。对于一些刑事案件，即使被告人的犯罪事实已经清楚，大众传媒也不能因此而一哄而上，煽动民众情绪，营造"老鼠过街人人喊打"的非理性舆论氛围。2001年3月，湖南某公司副总经理蒋艳萍涉嫌经济

---

① 王人博、朱健：《"舆论审判"还是"媒体审判"——理念辨析与解决之道》，《阴山学刊》2007年第2期。

犯罪案件庭审期间，传媒报道纷纷称之为"巨贪"，说是"街头巷尾群情激愤"，"法庭内外千夫所指"，把律师的辩护和她的申辩说成是"狡辩""百般抵赖""巧舌如簧"。这种背离法律以及传媒报道原则的"宣传"形成了无视被告人权利的肃杀气氛，从而将民众的情绪带到不利于法治的歧路上去。相比之下，被称为"世纪审判"的辛普森杀妻案，在陪审团作出辛普森无罪的判决后，美国民众的反应颇具启发意义。在大陪审团进行审判之前，美国媒体花样百出，为了获得独家新闻，不惜重金悬赏知情者，报道达到了铺天盖地、狂轰滥炸的地步。在这样的情况下，为了避免因为媒体过度报道可能影响判决的中立性，宣布解散陪审团，延期开庭，重新选择那些对案件毫不知情的人。这对于我们认识传媒报道与司法公正的关系无疑具有启发意义。另外，传媒对这一案件连篇累牍的报道及其倾向性，对于民众已经产生了一定程度的引导。在判决后媒体进行的一项民意测验中，他们向民众提出了这样的问题："你觉得辛普森受到了公正的审判吗？"民意调查显示，绝大多数的人，不管他是黑人还是白人，不管他觉得辛普森有罪还是无罪，都回答说，是的，我认为他受到了公正的审判。[1]

第三节　传媒与司法的平衡

司法机关作为国家机关，必须接受人民的监督，接受包括传媒在内的社会各方的监督。舆论监督与司法独立都是《宪法》原则，

---

[1] 林达：《历史深处的忧虑：近距离看美国之一》，生活·读书·新知三联书店 1997 年版，第 245 页。

二者具有共同的目标指向性。维护司法独立不是说不要对司法进行舆论监督，但是传媒舆论监督也不意味着传媒可以干预司法活动。因此，需要在二者之间寻求一个合理的平衡。

2003年，国内法学界、新闻界人士就"媒体与司法的冲突与平衡"问题举办研讨会，参加会议的徐迅女士根据已有法律法规和长期从事司法报道中的经验教训，提出了媒体在报道司法审判活动中的十条自律原则。这十条自律原则得到与会者较为广泛的赞同，新闻界人士多认为"较为宽松，操作性强"。法官们则极表欢迎，认为是会议"最重要的成果"之一。

徐迅提出的十条自律原则是：

1. 媒体不是法官。案件判决前，媒体不应作定罪定性的报道。

2. 不应当指责诉讼参与人及当事人正当行使诉讼权利的行为。

3. 对案件报道中涉及的未成年人、妇女、老人和残疾人等的权益予以特别的关切。

4. 对不公开审理的涉及国家秘密、商业秘密、个人隐私案件的案情不详细报道。

5. 不针对法庭审判活动进行暗访。

6. 平衡报道，不做诉讼一方代言人。

7. 评论一般在判决后进行。

8. 判决前发表质疑性、批评性评论应当谨慎限于违反诉讼程序的行为。

9. 批评性评论应当抱有善意，避免针对法官个人的品行和学识。

10. 不在自己的媒体上发表自己涉讼的消息和评论。[①]

在案件审理过程中是否可以对案件进行评论和批评？这是一个

[①] 徐迅：《四大焦点引人注目 十条规则首次亮相》，《检察日报》2003年12月17日。

有争议的问题。魏永征教授认为,在这一问题上,新闻和司法平衡的界限是不确定的、可以变动的。学术界大致提出过一些原则。首先,可以对案件所涉的审理程序和审判纪律问题作评论,避免对实体问题作评论。程序问题,比如超期羁押、剥夺诉权、采取强制措施不符合法定程序、依法应当公开审判的案件实行"暗箱操作"等;纪律问题,比如接受当事人请客送礼、泄露办案秘密等;实体问题,包括定性、定罪,以及证据真伪、刑期、赔偿金额等,原则上不作评论。其次,在一审判决后,如果确实在社会上争议很大,可以对判决作评论,避免在一审判决前作评论。再次,在终审判决以后,由于判决已经生效,舆论的评论和批评已不会发生妨碍公正审判的问题,就不应当再有限制了。[①]

司法公开为传媒舆论监督提供了基本保障,司法独立原则要求传媒在报道时应该把握适度原则,有所为有所不为,不要滑向"媒介审判"的泥淖。如何取得传媒与司法的平衡,是一个值得深入研究和思考的问题。我们认为,传媒报道应把握好以下几个原则。

第一,传媒报道应当按照诉讼程序进行报道,不能超越司法程序,抢先作出有罪或无罪、胜诉或败诉的预测、推断和结论。

第二,在案件审理过程中,应遵循客观报道原则,避免渗入报道者的个人情感或者情绪。这也是传媒工作的基本原则。

第三,遵循公正、平衡的原则,给当事人以同等的话语权。

第四,可以对案件所涉及的审理程序和审判纪律问题进行评论,避免对实体问题进行评论。

第五,一审判决后,可以对判决进行评论。终审判决后可以进行报道和评论。

[①] 魏永征:《新闻传播法教程》,中国人民大学出版社2006年版,第140—141页。

【延伸阅读】

"女张二江"一案媒体一审败诉警示：

贪官也有话语权，媒体应避免符号化歪曲

如果单单为了媒体不再使用"女张二江"这种说法，湖北枣阳市原市长尹冬桂根本没必要提起这场诉讼，因为"女张二江"这个词语在她胜诉后再次在全国全面开花。具有讽刺意义的是，当这场诉讼以媒体的一审败诉告终，媒体对此的报道所用的标题仍然是"'女张二江'打赢名誉侵权官司一审获赔 20 万"。

除了"女张二江"，像"广州马加爵""成都黄勇"之类的借代不时见诸媒体。因为犯了罪，而且与马加爵、黄勇的罪行有某种相似点，于是就像香口胶一样被沾上、被符号化歪曲，这对当事者公平吗？尹冬桂案提供了一个生动的个案。

新闻操作手法也需真实

作为媒体工作者，对于报纸打出这样的标题完全可以理解。且不谈吸引读者眼球的因素，不可否认的是，作为某一类行为的符号，用类比的手法显然比用一长串烦琐的词汇来描述要简洁明了得多。我们可以很严谨地说，"枣阳市原市长据传与某些男性有不正当关系"，但肯定不如"枣阳市原市长是个'女张二江'"来得简单上口；也没有一张报纸会把上面那个标题做成"尹冬桂打赢名誉侵权官司"，否则这条新闻阅读率会几乎为零。

按新闻规律来办事当然是没错的，但最最根本的一条法则是真实。正如襄樊市襄城区人民法院所说："我们不能苛求新闻媒体的用语如法律用语规范，但应当客观真实，尤其涉及对案件的报道，应少用批判性字语。"

吸引眼球不能空穴来风

广州的周晓琳律师曾经当过记者。对于这个案子，周律师说：

"选择什么样的事实来吸引读者眼球,是由一张报纸的品位决定的,无可厚非。但关键是——这些必须是事实,即便没有相关部门的确证,至少也应该有记者的调查,不能是空穴来风。如果是公安机关有一份尹冬桂本人的日记,上面记录事实如何如何,堪比张二江,那么这样报道没问题——但这个案子中没有。"

说是失误也好,授人以柄也好,不管怎么样,这说明媒体在这起案件的报道中的确存在缺陷,而有缺陷就理应受到指出和纠正,不管这个指出来自谁。

"被监督人"也有话语权

问题的关键就在于此:为什么尹冬桂会成为焦点?——因为她已经归入"被监督对象"的范围,而在一般人的思维里,这种人是没有话语权的!"被监督"的人如何还有权利反过来监督媒体?

我们注意到,真正的张二江在公诉人宣读他的情妇充满细节的证言时,他突然向审判长大声提出抗议,请公诉人不要讲涉及个人私生活的内容。审判长予以确认。——即便被剥夺了政治权利的犯人,其隐私权、名誉权等人格权利都仍然是受保护的,这是《宪法》最基本的保障。当时的尹冬桂仅是一名犯罪嫌疑人,法院未判,媒体先判,她显然有理由不满。而作为一名囚犯,她敢于使用自己的话语权,提出对媒体监督方式的质疑,无论在中国的人权史上,还是在媒体的进步史上,都会是重重的一笔。

报道失实　批评难站住脚

不少人评论,法院这种判法会限制媒体对负面现象实施监督的权利。果真会如此?

到每一家媒体所在的地方法院翻翻案子——这几年来,什么时候少过告媒体的案子?媒体又有什么时候会因为官司打输而关门散伙?只能说,这些诉讼提醒中国的媒体:还有很多不完善的地方,媒体的报道方式需要改进。只要报道不失实，监督负面现象的批评报道永远不会站不住脚。

完全可以说，中国的媒体还在蹒跚学步，总会有很多逾权、错位甚至根本错误的时候。报纸不是记者的饭碗，而是社会的公器，作为监督社会的媒体，本身也需要监督。监督来自哪些方面，这是一个进程：首先是自上的，渐渐有了圈内的，然后有了各个阶层的，包括弱势的，而最后终归是一个全社会的监督，包括被监督对象的监督。对于身陷囹圄但可能拿到20万元的尹冬桂，我们不好说她是属于哪个阶层，是弱势的一部分还是"反扑的死老虎"，能够在这个问题上起诉媒体，都是一个对监督空白的可喜填补，对媒体缺陷亟须改进的有力督促。希望尹冬桂的起诉是一个监督媒体的良好开头，而在不久的将来，我们能见到"男尹冬桂"或"湖南尹冬桂""广东尹冬桂"之类的监督媒体的报道。[1]

链　接

2003年9月，湖北枣阳市原市长尹冬桂因受贿获罪，被判有期徒刑5年。在尹冬桂被"双规"直至审判期间，当地一家报纸把尹冬桂比喻为"女张二江"，对她在任职期间的生活作风问题进行了"渲染"。

受贿案一审宣判不久，尹冬桂就委托其丈夫对某报提起了名誉权诉讼。上月底，襄樊市襄城区法院经不公开审理后，判处该报赔偿尹冬桂精神抚慰金20万元。

张二江曾为湖北省天门市原市委书记，因受贿近80万元被判刑，被报道曾与107个女人（包括卖淫女）发生过性关系，被称为

---

[1] 罗颖：《"女张二江"一案媒体一审败诉警示：贪官也有话语权，媒体应避免符号化歪曲》，《羊城晚报》2004年5月8日。

"五毒书记"。

【思考题】

1. 请结合案例，谈谈什么是"媒介审判"？它有何负面影响？

2. 你认为传媒报道司法案件应该注意哪些方面的问题？徐迅女士提出的十条自律规则是什么？

3. 周泽先生对"媒介审判"表示质疑，他的理由是什么？对此你如何看待？

4. 请结合【延伸阅读】材料《"女张二江"一案媒体一审败诉警示：贪官也有话语权，媒体应避免符号化歪曲》，谈谈如何做到传媒与司法的平衡？

第三章　传媒侵权及其抗辩

我国《民法通则》第一百零六条第二款、第三款明文规定："公民、法人由于过错侵害国家的、集体的财产，侵害他人财产、人身的，应当承担民事责任。""没有过错，但法律规定应当承担民事责任的，应当承担民事责任。"可见，侵权行为是一种民事过错行为，是对他人合法权益的侵害，这种侵害会导致他人物质和精神的损失。传媒活动总要与特定的自然人或者法人、非法人组织发生联系，这种联系贯穿于传媒活动的全过程，因此传媒活动就有发生侵害他人人格权的可能性。随着媒介技术的迭代发展，传媒侵权问题也越来越成为社会各界普遍关注的问题。

第一节　传媒侵权要义

传媒侵权行为，是传媒活动中比较常见的一种现象，特指在传媒活动中侵害他人（自然人、法人、非法人组织）人格权的行为。传播侵权行为主要由于传媒内容不当造成的，有一些发生在信息采集过程之中。传媒侵权行为所侵犯的主要是他人的人格权，包括名誉权、隐私权、肖像权、姓名权、荣誉权等。狭义的传媒侵权行为专指侵害名誉权，并将隐私权纳入名誉权加以保护。

在国际媒介法中，毁损他人荣誉和暴露他人隐私，是国际公认的两大不当发表，涉及人格保护的主要是诽谤法和隐私权法。

一般而言，传媒侵权是对他人合法权益的侵犯，一般传媒侵权行为所侵犯的是特定人或者群体的合法权益，对社会和国家不构成危害，因此适用民法调整。但是，当传媒侵权行为的社会危害程度依照法律规定构成犯罪，比如侮辱罪、诽谤罪，则使用《刑法》调整。《刑法》第二百四十六条规定："［侮辱罪、诽谤罪］以暴力或者其他方法公然侮辱他人或者捏造事实诽谤他人，情节严重的，处三年以下有期徒刑、拘役、管制或者剥夺政治权利。""前款罪，告诉的才处理，但是严重危害社会秩序和国家利益的除外。"

诽谤罪和侵害名誉权，前者是起诉到刑庭，依照《刑事诉讼法》审判；后者是起诉到民庭，根据《民事诉讼法》审理。但就构成要件来说，它们有相同之处：一是有关新闻作品已经发表；二是报道的事实虚假；三是损害名誉。诽谤罪与侵害名誉权不同的是，它还有另外两个构成要件：一是直接故意（侵害名誉权可以是故意的，也可以是无意的）；二是情节（也包括后果）严重。

【典型案例1】

我国首例新闻诽谤案：杜融告《民主与法制》杂志社、

沈涯夫、牟春霖名誉侵权案[①]

1983年第1期《民主与法制》在"道德法庭"专栏发表了《二十年"疯女"之谜》一文，署名为该刊记者沈涯夫、牟春霖。这篇

[①] 本案例参见《沈涯夫、牟春霖诽谤案》，《中华人民共和国最高人民法院公报》1988年第2期；《是非直辨——原〈民主与法制〉社记者〈20年疯女之谜〉作者沈涯夫、牟春霖诽谤案事实真相》，《人民司法》1989年第2期。

文章以"仅将调查结果公布于众"的形式，披露了一个"疯女"的遭遇：名为"屠勇"的男子为了达到从武汉调回上海的目的，于1961年唆使其妻子田珍珠装疯；1962年，又采取毒打等手段逼迫田装疯。屠调回上海后，1973年又因私生活露出马脚，怕妻子揭发，第三次将田强行送入上海市精神病防治院，致使田戴着"疯女"的帽子生活了20年。

该文发表后，在读者中产生了极大反响。全国各地的读者纷纷给《民主与法制》杂志社写信，对报道中的男主人公进行谴责，许多人要求给予其法律制裁。《民主与法制》在1983年第2、3、4期作了连续追踪报道。

其后，两名作者又撰写了《"疯女"之谜的悬念……》一文，与这篇文章同时发表在《妇女》杂志1983年第12期。

1985年新年伊始，也就是在报道发表整整两年之后，上海市市长宁区人民法院收到了一份刑事自诉状。自诉人名叫杜融（时年49岁，上海宝山钢铁厂工程师，水上运输部副部长），诉状称，被告人沈涯夫、牟春霖的署名文章《二十年"疯女"之谜》捏造事实，其妻狄振智确实患有精神病，有上海市精神病院有关医师为狄诊断的病历卡和证词可作证，因此装疯之说纯属捏造，等等。

杜融认为，被告人等虽然将自诉人化名为屠勇，将自诉人之妻化名为田珍珠，但是文章发表后，尽人皆知是指自诉人，已陷自诉人于非常狼狈的境地，从而使自诉人的人格名誉遭到不可弥补的极为严重损害，自己成了"过街老鼠，人人喊打"，被告人等显然已构成诽谤罪，应予追究刑事责任。

长宁区法院"根据《刑事诉讼法》第六十一条之规定，通过调查，收集了大量证据"，这些证据证明：狄振智确系精神病患者；杜融从武汉调到上海系通过对调实现，属于正常的工作调动；杜融作风正派，根本不存在生活腐化问题。《二十年"疯女"之谜》文的主要内容纯属捏造，杜融是两被告人诽谤的受害者。

法院审理认为，被告人沈涯夫、牟春霖不顾狄振智有精神病史的事实，违反要否定精神病的诊断结论必须要作司法医学鉴定的规定，拒不接受有关的医生、同事、部分住地群众、当事人单位组织、上级领导机关的忠告和规劝，故意捏造和散布足以损害自诉人人格、破坏自诉人名誉的虚构事实，手段恶劣，情节严重，影响很坏，已构成诽谤罪。

1987年6月29日，长宁区法院根据《刑法》第一百四十五条第一款、第五十一条第一款、第三十一条之规定，作出（1985年度长法刑字第116号）刑事附带民事判决：被告人沈涯夫犯诽谤罪，判处剥夺政治权利一年六个月；被告人牟春霖犯诽谤罪，判处剥夺政治权利一年。被告人沈涯夫赔偿附带民事诉讼原告人杜融经济损失人民币100元，一次付清；被告人牟春霖赔偿附带民事诉讼原告人杜融经济损失人民币50元，一次付清。

一审宣判后，两名被告人向上海市中级人民法院提出上诉。上海市中级人民法院依法组成合议庭，审理认定，狄振智自1961年2月至1974年8月，经精神病院几十次诊断，确系精神病患者；审理认定，《二十年"疯女"之谜》文"揭露"杜融逼迫狄振智装疯，完全违背了客观存在的事实。据此，1988年4月11日，上海市中级人民法院裁定驳回上诉，维持原判。

1988年二审判决之后，二人即向上海市高级人民法院提出申诉。同年，上海市高级人民法院发给二人（88）《沪高刑申字第272号通知书》。通知书说：上海市高级人民法院经审查，认为上海市中级人民法院确认沈涯夫、牟春霖犯诽谤罪，事实清楚，证据确凿，裁定驳回上诉，维持原判，并无不当。

沈涯夫、牟春霖继续向最高人民法院申诉。最高人民法院调卷审查，于 1990 年 4 月 25 日通知：本院认为，本案事实清楚，证据充分，定性准确，量刑适当，程序合法，原判是正确的，应予维持。

【典型案例2】

网络名人秦火火案开审　系打击网络谣言第一典型案例

中新网 4 月 11 日电　备受关注的网络推手"秦火火"（原名秦志晖）涉嫌诽谤罪、寻衅滋事罪一案今日上午 9 时将在北京市朝阳区人民法院开庭审理。据办案民警统计，从 2010 年注册微博开始，秦志晖造谣及传谣共计 3000 余条信息。

3 年内造谣传谣 3000 余条

2013 年 8 月，北京警方通报，警方打掉一个在互联网蓄意制造传播谣言、恶意侵害他人名誉、非法攫取经济利益的网络推手公司——北京尔玛互动营销策划有限公司，抓获秦志晖（网名"秦火火"）、杨秀宇（网名"立二拆四"）及公司其他两名成员。

警方在调查中发现，秦、杨等人先后策划、制造了一系列网络热点事件，吸引粉丝，使自己迅速成为网络名人。如利用"郭美美个人炫富事件"蓄意炒作，编造了一些地方公务员被要求必须向红十字会捐款的谣言，恶意攻击中国的慈善救援制度，并将著名军事专家、资深媒体记者、社会名人和一些普通民众作为攻击对象，恶意造谣抹黑中伤。

警方查明，秦、杨二人曾公开宣称：网络炒作必须要"忽悠"网民，使他们觉得自己是"社会不公"的审判者，只有反社会、反体制，才能宣泄对现实不满情绪。他们公开表示："谣言并非止于智者，而是止于下一个谣言。"他们甚至使用淫秽手段对多位欲出名女孩进行色情包装，"中国第一无底限"暴露车模、"干爹为其砸重金炫富"的模特儿等均是他们"引以为豪"的"杰作"。他们的行为严重败坏社会风气，污染网络环境，造成恶劣影响，有网民称其为"水军首领"，并送其外号"谣翻中国"。

2011年7月23日，甬温线铁路发生"动车追尾"重大交通事故后，秦志晖在自己的微博上发布一条信息，称中国政府花2亿元天价赔偿外籍旅客，短短的两小时后，该微博被转发1.2万多次，而秦的粉丝增加了1500多人。

秦志晖向办案民警供述，他的理念是：必须要煽动网民情绪与情感，才能把那些人一辈子赢得的荣誉、一辈子积累的财富一夜之间摧毁。秦志晖被抓获时，任一家公司社区部的副总监，负责网络推广、宣传。据秦志晖供述，秦已认为自己"初步出名"，许多网民也称其为"谣翻中国"，其微博粉丝上万，粉丝中甚至有个别"大V"。

秦志晖最后使用的一个名号是"江淮秦火火"。据办案民警初步统计，从2010年秦志晖注册微博开始至今，秦造谣及传谣共计3000余条信息。

据办案民警介绍，秦、杨等人组成网络推手团队，伙同少数所谓的"意见领袖"、组织网络"水军"长期在网上炮制虚假新闻、故意歪曲事实，制造事端，混淆是非、颠倒黑白，并以删除帖文替人消灾、联系查询IP地址等方式非法攫取利益，严重扰乱了网络秩序，其行为已涉嫌寻衅滋事罪、非法经营罪。

被指控诽谤罪、寻衅滋事罪两项罪名

检方指控，秦志晖于2012年12月至2013年8月，使用"淮上秦火火""炎黄秦火火""东土秦火火"等微博账户，捏造损害杨澜、张海迪、罗援等人名誉的事实，在网络上散布，引发大量网民转发和负面评论。

2011年8月20日，为自我炒作、引起网络舆论关注、提升知名度，秦志晖使用名为"中国秦火火_f92"的新浪微博账户编造、散布虚假信息攻击原铁道部，引发大量网民转发和负面评论。

检方认为，秦志晖捏造损害他人名誉的事实在网络上散布，造成恶劣社会影响，严重危害社会秩序；编造虚假信息在网络上散布，起哄闹事，造成公共秩序严重混乱。其行为已经触犯了《刑法》，应当以诽谤罪、寻衅滋事罪追究其刑事责任。

2013年9月，最高人民法院和最高人民检察院公布《关于办理利用信息网络实施诽谤等刑事案件的司法解释》（以下简称为《解释》）。《解释》规定，利用信息网络诽谤他人，同一诽谤信息实际被点击、浏览次数达到5000次以上，或者被转发次数达到500次以上的，应当认定为《刑法》第二百四十六条第一款规定的"情节严重"，可构成诽谤罪。

《解释》还规定，利用信息网络实施辱骂、恐吓他人，情节恶劣，破坏社会秩序的犯罪行为；以及编造虚假信息，或者明知是编造的虚假信息，在信息网络上散布，或者组织、指使人员在信息网络上散布，起哄闹事，造成公共秩序严重混乱的，以寻衅滋事罪定罪处罚。

《刑法》规定，犯诽谤罪的，处三年以下有期徒刑、拘役、管制或者剥夺政治权利。关于寻衅滋事罪，中国政法大学教授阮齐林介绍，一般判处5年以下有期徒刑，严重者可能判5年以上有期徒刑。[1]

---

[1] 《网络名人秦火火案今开审　被控诽谤寻衅滋事两宗罪》，中国新闻网，2014年4月11日，参见http://www.chinanews.com/fz/2014/04-11/6051295.shtml。

第二节　传媒侵权行为的构成要件

侵权行为是指对他人合法权益的不法侵害行为。按照《民法》理论，民事侵权行为同时具备四个条件：1. 作品已经发表，损害事实客观存在；2. 致害行为的违法性质；3. 致害行为具有特定指向；4. 行为人主观上有过错。这同样也适用于传媒侵权行为的判定。

一　传媒侵权行为的构成要件之一：作品已经发表

传媒作品是否发表，是区别损害事实是否存在的关键，也是构成传媒侵权的第一个要件。作品没有发表，不会产生任何社会影响，这种损害事实就不能被确认。即使有损害事实的发生，比如加害人不是通过发表作品对受害人的合法权益加以侵害，而是通过贴大字报，在加害人、受害人的朋友、熟人之间通过语言散布贬损性的内容，则属于另外性质的侵权行为，而不能被认定为传媒侵权行为。

含有侵权内容的作品一旦发表，就构成了对他人民事权利的侵害，它在刊播后会产生一些直接后果。主要表现在：侵权作品发表后，会引发社会公众对受害人的贬损性议论以及周围人对受害人疏远、排斥、蔑视或者引发家庭不和、友朋误解等。侵权作品发表后，会导致受害人精神痛苦，常常表现为悲伤、忧郁、怨恨、消沉、压抑、绝望等。侵权作品发表后，还可能造成受害人的财产损失。

【典型案例3】

章子怡诉外媒诽谤案获全胜　被诉媒体发道歉声明

中国青年网 2013 年 12 月 17 日消息，去年章子怡被曝不实传闻后，章委托律师团队发起跨国诉讼。历时 19 个月，这起跨国明星诽谤案件终有结论，被控网站刊登严正道歉声明。此前有媒体称该官司已庭下和解，章子怡方对此严正辟谣。

早前，某媒体捏造事实诽谤章子怡，遭到章子怡方面的起诉。近期传出此案达成和解，章子怡方面发布腾讯微博否认该传闻，并称为了维护清白，决不妥协。据 *The Hollywood Reporter* 报道，章子怡方面称，这个丑闻令其形象重创，委托律师在洛杉矶控告"博讯新闻网"的美国母公司 China Free Press（CFP）及报道记者孟维参诽谤、侵犯隐私、刻意干预可预期经济获益。

博讯网就此发布严正道歉声明如下：

博讯道歉声明全文

博讯新闻自 2012 年 5 月起，陆续刊登了一系列对于章子怡的负面及失实报道，其中包括"陪睡高管以换取金钱及礼物"等等，这些与章子怡有关的假消息从来不应该被刊登。博讯新闻郑重向章子怡道歉，博讯新闻已经将这些文章及其相关评论从网页上悉数撤下，并对由此对章子怡一方所造成的伤害表示深深的歉意。

有关章子怡的博讯新闻报道乃基于匿名来源向博讯新闻所提供的资料，而该匿名来源并没有证明支持其报称的资料。博讯新闻在刊登该报道前并未联络章子怡，让她能够对报道中不实内容作出回应。博讯新闻现在承认其报道没有根据及不当，以及承认章子怡从未被相关部门调查。另外，博讯新闻坚决否定有些报道指博讯新闻不应该修改或撤回有关文章的观点，也坚决否定这些文章对章子怡任何指控的准确性。

博讯新闻认同及尊重章子怡在国际电影业上的杰出成就，以及她对公益及慈善方面作出的贡献。博讯新闻衷心就其对章子怡的声誉及事业造成的损害致歉。

道歉声明将于 2013 年 12 月 17 日起在博讯网刊登。

对于 2013 年 12 月 16 日某媒体谣传《章子怡诽谤官司悄悄和解，律师指绝对有部分内容正确》的文章：博讯新闻称这些相关文章提到的指控内容是毫无根据的，博讯新闻坚决否定有关报道。章子怡方面也于当日作出澄清，原文如下：

"此事我们早就有了明确的态度，也绝不会妥协。所谓'双方已悄悄和解'，所谓'某律师'说的话都是不实报道。我方将于 12 月 17 日发布美国联邦法庭的最终判决。任何媒体及个人，胡编乱造以讹传讹，我方必追究其法律责任。在这样一个浑浊的媒体环境里面，清白是需要时间和力量去证明的，我们也一直在这样做。"

随后谣传媒体及个人主动删除相关假消息。①

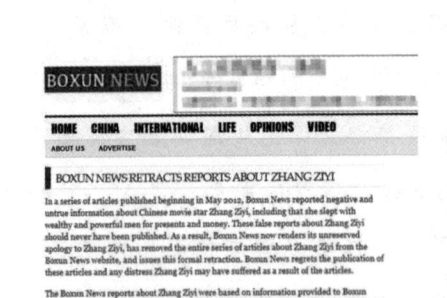

二 传媒侵权行为的构成要件之二：致害行为的违法性质

违法性就是指行为人从事了法律所禁止的行为。衡量是否违法

---

① 《章子怡诉外媒诽谤案获全胜　被诉媒体发道歉声明》，新闻内容图片均来自中国青年网，2013 年 12 月 18 日，参见 http://wenhua.youth.cn/xwjj/201312/t20131218_4398998.htm。

的标准，是看行为人的行为是否违反了法律的强制性和禁止性规范。有过错的违法行为有些是法律直接规定的，也有些则是法律没有明确规定的，但通过推导，可以得出违法的结论。某些严重违反社会公德的行为，也符合违法性的要求。

区分正当的传媒行为和非法的传媒行为对于传媒活动而言意义深远。在我国，传媒除了以正面报道为主，宣传真善美，还要批评假丑恶，履行正当的舆论监督权利。在开展舆论监督过程中，作品的公开刊播必然会使被批评者的社会评价降低，使批评者的主观体验消极，或者由此带来财产损失，但是这种正当的舆论监督不具有违法性，不能被视为传媒侵权。

在我国，被明文禁止的传媒行为主要有诽谤、侮辱、宣扬隐私。

【典型案例4】

陈秀琴诉魏锡林、《今晚报》侵害已故女儿名誉权案

原告陈秀琴系天津市解放前已故曲艺演员吉文贞（艺名"荷花女"）之母。吉文贞自幼随父学艺，15岁起在天津登台，有一定名气。1944年19岁时病故。被告魏锡林从1985年开始创作以吉文贞为原型、表现旧社会艺人苦难生活的小说。在创作期间魏锡林曾先后三次采访原告陈秀琴，并给吉文贞的弟弟写信了解吉文贞的生平及从艺情况，索要了吉文贞的照片，但未将写小说之事告诉原告及其家人。

魏锡林写完小说《荷花女》后，投稿于天津《今晚报》。该报于1987年4月至6月在其副刊上连载，每日刊登1篇，共计登载56篇，约11万字。小说在《今晚报》刊登不久，原告陈秀琴及其亲属即以小说内容及插图有损吉文贞名誉为由，先后两次到《今晚报》社要求停止刊登该小说，但均被报社以对读者负责为由予以拒绝。

经查，小说中确实虚构有不利于原告陈秀琴及其已故女儿吉文贞的情节，且使用了吉文贞的真实姓名并将原告称为陈氏。书中描写了吉文贞从17岁到19岁的两年间，先后与三人恋爱，并三次接受对方聘礼；其中一人已婚，吉文贞却愿做其妾。小说还描写了吉文贞先后到当时天津帮会头头、大恶霸袁某和刘某家唱堂会并被袁某和刘某侮辱。小说最后影射吉文贞系患性病打错针致死。同时，小说还描写了原告陈秀琴同意女儿为他人做妾并收受他人聘礼。

原告陈秀琴在小说《荷花女》发表后，精神受到刺激，造成医疗费等实际损失404.58元。原告后以名誉权受到侵害为由提起诉讼。

天津市中级人民法院于1989年6月21日作出如下判决：

1. 被告魏锡林、《今晚报》社分别在《今晚报》上连续三天刊登道歉声明，为吉文贞、原告陈秀琴恢复名誉、消除影响，其道歉声明的内容及版面由法院审定。如拒绝执行，法院即在其他报刊上刊登为吉文贞、原告陈秀琴恢复名誉、消除影响的公告，其费用由拒绝执行的人员负担。

2. 被告魏锡林、《今晚报》社各赔偿原告陈秀琴400元。

3. 被告魏锡林应停止侵害，其所著小说《荷花女》不得再以任何形式付印、出版发行。[①]

三 传媒侵权行为的构成要件之三：致害行为具有特定指向

特定指向的实质就是新闻媒介的错误内容与受害人遭受的损害

---

① 《陈秀琴诉魏锡林、〈今晚报〉社侵害名誉权纠纷案》，《中华人民共和国最高人民法院公报》1990年第2期。

存在着直接的因果关系。

指名道姓就是具有特定指向。有些侵害作品虽未指名道姓,但通过叙述特定人在特定事件和特定环境中的特定身份,描述特定人的相貌、行为、语言特征以及经历、嗜好、代表作等,或者采用各种排他性的标识,足以使受众明确意识到所指为谁,而不会误解为他人,也可确认作品具有特定指向。有的新闻,虽有诋毁性内容,但是它指向的并非特定人,而是某一群体,虽然会产生恶劣的社会影响,但是不能确定为侵权作品。比如2001年重庆一地方媒体刊登了一篇题为"狗比女人好的15条理由"的文章,文章写道:"狗儿不会羡慕别人家的男人有本事,买得起洋房名车,总觉得你没本事","狗儿不会要求和你轮流煮饭洗衣服"等,文章激起女性的公愤,重庆市委宣传部通报批评,该报公开道歉。[①]

报告文学、小说等文学作品的情况复杂一些,大致有以下几种表现:以真实姓名(名称)描写真人真事的文学作品,包括报告文学、传记、回忆录等,不管虚构成分多少,虚构内容是否合理,都有特定指向;虽未写真实姓名,但"事实"就是写特定人的,可以认定为有特定指向;采用真实姓名(名称)、地点而虚构的文学作品;虽然没有指名道姓,但足以使人与特定人相联系;影射,采取谐音、拆字、类比等暗示手法来描写特定人,以达到丑化的目的。

在互联网环境下,利用网络信息侵害他人名誉权等人身权益的案件中,侵权信息往往具有"含沙射影""指桑骂槐"的特征,并不明确指明被侵权人,尤其是在针对公众人物的情况下。如何判断网络信息针对的对象就是原告?如何判断原告因这些信息受到损害?

[①]《狗比女人好的15条"理由"重庆一媒体刊文犯众怒》,中国新闻网,2001年3月22日,参见http://www.chinanews.com/2001-03-22/26/80180.html。

要从信息接收者的角度判断，即"并不要求毁损性陈述指名道姓，只要原告证明在特定情况下，具有特定知识背景的人有理由相信该陈述针对的对象是原告即可"。这种判断标准实质性地把握了损害后果、损害后果与侵权信息之间的因果关系，对于利用网络信息侵害名誉权案件的审理，具有启示意义。

【典型案例5】

范冰冰与毕成功、贵州易赛德文化传媒有限公司侵犯名誉权纠纷案

——"影射"者的责任：从信息接受者的视角判断

2012年5月19日，香港《苹果日报》刊登一篇未经证实的关于内地影星章子怡的负面报道。2012年5月30日毕成功转发并评论其于2012年3月31日发布的微博。主要内容是，前述负面报道是"Miss F"组织实施的。2012年5月30日19时10分，易赛德公司主办的黔讯网新闻板块之"娱乐资讯"刊登了《编剧曝章子怡被黑内幕，主谋范冰冰已无戏可拍》一文，以前述微博内容为基础称："……知名编剧毕成功在其新浪微博上揭秘章子怡被黑内幕，称范冰冰是幕后主谋。……"之后，易赛德公司刊载的文章以及毕成功发表的微博被广泛转发、转载，新浪、搜狐、腾讯、网易等各大门户网站以及国内各知名报刊都进行了相关转载及衍生性报道，致使网络上出现了大量对于范冰冰的侮辱、攻击性言论及评价。范冰冰起诉，请求易赛德公司和毕成功停止侵权、删除微博信息、公开赔礼道歉并赔偿精神抚慰金50万元。毕成功则辩称，"Miss F"指的是在美国电影《致命契约》中饰演"Clary Fray"的美国女演员莉莉·科林斯。

北京市朝阳区法院和第二中级人民法院认为，在一定情况下，毁损性陈述有可能隐含在表面陈述中（即影射）。这时并不要求毁损

性陈述指名道姓，只要原告证明在特定情况下，具有特定知识背景的人有理由相信该陈述针对的对象是原告即可。从毕成功发布微博的时间、背景来看，容易让读者得出"Miss F"涉及章子怡报道一事。从毕成功该微博下的评论、《内幕》一文以及后续大量网友的评论和相关报道来看，多数人认为"Miss F"所指即范冰冰。毕成功虽于2012年6月4日发表微博，称其未指名道姓说谁黑章子怡，但该微博下的大量评论仍显示多数网友认为仍是范冰冰实施的所谓诬陷计划，而毕成功并未就此作出进一步明确的反驳，否认"Miss F"是范冰冰。毕成功提交的证据未能证明"诬陷计划"以及莉莉·科林斯与"诬陷计划"的关系，且毕成功在诉讼前面对大量网友认为"Miss F"就是指范冰冰时，也从未提及"Miss F"是指莉莉·科林斯，故毕成功有关"Miss F"的身份解释明显缺乏证据支持。易赛德公司作为网络服务提供者应对其主办的黔讯网发布的新闻负审查、核实义务，该文系由易赛德公司主动编辑、发布，但事前未经审查、核实，故由此所产生的责任理应由易赛德公司自行承担。综上所述，毕成功和易赛德公司应分别承担赔礼道歉、赔偿精神抚慰金3万元和2万元。[①]

四 传媒侵权行为的构成要件之四：行为人主观上有过错

侵权行为存在的前提是过错的存在。按照我国法制，民事侵权行为的归责原则实行过错责任原则，即主观上有过错则承担责任，主观上没有过错就不承担责任（法律有特别规定的情况除外）。

过错，就是行为人对自己的行为及其后果的一种心理状态。分

[①]《最高法公布8起利用信息网络侵害人身权益典型案例》，人民网，2014年10月9日，参见 http://legal.people.com.cn/n/2014/1009/c42510-25796066.html。

为故意和过失。故意有直接故意和间接故意之分。所谓直接故意，就是认识到必然并且希望。所谓间接故意，就是认识到必然并且放任。就诽谤而言，直接故意的诽谤具有两个特征：一是明知事实虚假并且必然会对特定人的名誉造成侵害（认识到必然）；二是主观上"希望"达到诋毁、中伤他人的目的。直接故意和间接故意的相同之处在于，从认识因素上来看，二者都明确认识到自己的行为会发生危害他人的后果；从意志因素上来看，二者都不排斥危害结果的发生。二者的不同之处在于：第一，从认识因素看，直接故意的行为人是认识到危害结果的必然发生或可能发生，而间接故意的行为人是认识到危害结果的可能发生；第二，从意志因素上看，直接故意是希望即积极追求危害结果的发生，而间接故意是对结果采取听之任之的放任态度。间接故意的诽谤在传媒侵权中较为少见。

过失是指行为人应当预见行为可能产生不良后果，由于疏忽大意没有预见的心理（疏忽大意的过失），或者已经预见但是轻信不会发生或者自信可以避免的心理（过于自信的过失）。衡量行为人是否有过失，以行为人对于自己行为及其后果是否应当注意、能够注意而不注意为依据。在传媒活动中，疏忽大意的过失最为常见，这种情况的发生与传媒工作者的专业素养紧密相关，比如走马观花式的采访报道，对来稿不做严谨的核实，对一些事件想当然、做片面的夸大和推理等。

【课堂练习】请问以下行为属于故意行为还是过失行为？

案例1：张三想杀死李四，想趁着李四值夜班的时候放火烧死他。但是，王五当时也在李四值班的办公室。张三实施了犯罪，对李四的犯罪无疑是直接故意，对王五呢？

案例2：一位老猎手打兔子，不远处有人。结果兔子未打中，却将人打伤。老猎手的行为属于哪种？如果是一位新猎手打兔子，不远处有人。结果兔子未打中，却将人打伤。新猎手的行为又属于哪种？

第三节 传媒侵权及网络侵权现状

新闻侵权纠纷，又称新闻官司，是指以普通公民或者法人单位为原告，以新闻媒体或者新闻记者为被告，以新闻媒体侵犯了公民或者法人的人格权为诉讼理由的官司。其中，以侵犯名誉权的新闻官司数量居多且具有代表性。著名的新闻名誉权纠纷往往成为社会关注的热点，被广泛而长久地议论，诉讼当事人也会因打官司而迅速为人所知。

一 传媒侵权的四次浪潮（1988—2001）

徐迅认为，我国的新闻侵权纠纷经历了四次浪潮：第一次是"小人物"告大报，第二次是名人告小报，第三次是工商法人告传媒，第四次是官方机构及公务人员告媒体。[①]

第一次浪潮出现在1988年。当时，《民法通则》刚刚于1987年1月1日实施，最先用它来维护自身权益的是一些默默无闻的普通公众，而且此类案件以上海最为集中。资料显示，1987—1988年，上海市共受理涉及新闻名誉权纠纷案件27件，报道内容多属道德评价。本章的【典型案例1】就发生在这一时期。这一时期最具代表性的案件是新疆喀什市建筑业管理局工会女干部奚弘诉《人民日报》及记者侵害名誉权案。奚弘状告《人民日报》和曾坤、史林杰侵犯

[①] 徐迅：《中国新闻侵权纠纷的第四次浪潮——一名记者眼中的新闻法治与道德》，中国海关出版社2002年版，第19—40页。

名誉权一案，是因该报刊登的、此二人合写的《喀什市建管局领导软弱无能，奚弘怠工乱告状成特殊公民》一文引起的。此案历时9年，终于在1997年1月2日，经北京市朝阳区人民法院调解结案。调解协议书主要内容如下：1. 自本院调解书送达之日起，《喀什市建管局领导软弱无能，奚弘怠工乱告状成特殊公民》一文，不得以任何形式发表全文和部分。2. 被告《人民日报》社以书面形式向原告奚弘致歉；被告曾坤、史林杰共同以书面形式向原告奚弘道歉。3. 被告《人民日报》社、曾坤、史林杰共同赔偿并补偿原告奚弘精神损失和经济损失人民币20万元。案件受理费30元由被告曾坤、史林杰负担。《人民日报》社"致歉函"的内容有："刊登此文不妥，负审查不严之责"，"谨向奚弘同志表示诚恳歉意，希望奚弘同志谅解，并赔偿和补偿奚弘同志一部分精神损失和经济损失"。曾、史二人合写的"道歉函"中，承认"是有过错的"，并"向奚弘同志表示诚恳的道歉"。奚弘在调解协议书上签了字。

第二次高潮出现在1992年，这是一股以名人为原告的诉讼浪潮，集中在北京市，以著名电影导演陈凯歌、电影《焦裕禄》的编剧方义华、摇滚歌手崔健、老作家杨沫等状告新闻媒体侵犯其名誉权官司为典型。在这次诉讼浪潮中，著名歌唱家李谷一诉记者汤生午及《声屏周报》社名誉侵权案最具有代表性。徐迅认为，这次高潮的出现与报刊市场化探索及"扩版热"紧密相关，为了取悦读者、争夺市场，"炒名人"成为最经济的选择。

【典型案例6】

李谷一诉南阳《声屏周报》社、汤生午
报道文章侵犯名誉权纠纷案

在1991年1月16日的南阳《声屏周报》第一版上，刊登了该报记者汤生午撰写的采访报道文章，引题为"有人说她得了可怕的

病，有人干脆说她已经自杀，舆论莫衷一是"，正题为"著名歌星韦唯接受本报电话采访道出个中原因"，副题为"她得的不是生理上的病，而是各种因素在她心灵上造成了创伤"。该文写道："一个让亿万听众揪心的传言，从去年10月份起，在全国广泛流传。传言的内容既震撼人又带有特殊色彩，那就是——韦唯得了艾滋病。""记者在这沸沸扬扬的舆论热潮中，于上月20日以后，急切地同韦唯进行了几次通话，韦唯在电话那端以平静的口气但却伤心地道出了她从不愿向外多讲的此事起因。"该文紧接着另起一段继续写道："在1990年亚运会期间的一次演出中，十年前以一曲《乡恋》而名噪大陆的某位乐团领导，不知心怀何意，但却明显险恶地抓起话筒，向在座各位愤愤宣告了一个大胆的谣言：'韦唯得艾滋病了。'舆论哗然。"紧接又起一段："在此之前，韦唯在许多事上，已因这位领导莫名其妙的动因而处处受到非难，韦唯的工资被无故停发已一年。作为国家一级演员，韦唯正常的医疗费这位领导却不准报销。文化部给该团三位演员三套住房，其中明确指示要考虑分给韦唯一套。实际结果，不仅韦唯毫不沾边，而且这三套房子上到了该领导个人的户口上。……国外几家电视台通过文化部对韦唯的演出邀请，在各方都通过的情况下，却被这位领导一人无理拒绝。"再起一段："该领导曾对韦唯说，你走吧！离开这里我们关系也许才好相处。但走的方式更见其用意'特殊'，她希望韦唯，一是去国外，二是辞职。如果想调走，那请拿10万元钱来。事实证明这其中也是有诈。当然，还有一条最简单的，就是要韦唯给她写下一个保证，保证今后永远不再登台演唱。如此荒谬的要求竟能发出，可见该领导对韦唯的演唱事业已多么嫉恨。说到此，该领导种种举止的归因，也就昭然若揭了。"该文认为："如上各种因素，给韦唯带来了很大的精神创伤，同时也严重影响了身体健康。""从工作环境到舆论环境，韦唯目前都陷入被人刻意制造出的困境。"《声屏周报》社在将刊登该文的该日报纸发往全国的其他报刊时,还将该文四周标出框线,并注上了"请转载"的字样。

李谷一为此曾同《声屏周报》社交涉未果,并曾召开过新闻发布会驳斥该文。1992年1月23日,李谷一向河南省南阳地区中级人民法院提起诉讼称:该报道涉及我的内容,或歪曲,或为捏造,全部严重失实;同时使用了很多侮辱性语言,恶意诋毁我的人格和名誉;该报还在发往几百家联网报刊的报纸上,将文章四周标出框线,并注有"请转载"字样,肆意扩大侵权范围。要求二被告立即停止侵害,在国内有影响的报刊上向我赔礼道歉,以恢复名誉,消除影响;要求被告支付因诉讼造成的经济损失18000元,精神抚慰金3000元。

《声屏周报》社和汤生午答辩称:这篇文章系消息性的人物专访,且都有消息来源,基本属实,故原告指控我们捏造、歪曲事实,侵害其名誉权的理由不能成立。我们撰写、发表这篇文章,是为了纠正社会上对韦唯的谣传,且稿件经韦唯审查同意后才予以发表,并无恶意。我们在文章中未使用侮辱性语言,不构成对人格的侮辱。原告在诉讼前,利用新闻发布会等形式损害我们的名誉,应当停止侵害。

南阳地区中级人民法院认为:《声屏周报》社发表的由汤生午撰写的《著名歌星韦唯接受本报电话采访道出个中原因》一文,涉及李谷一与韦唯之间的问题,未经全面调查、核实,其基本内容失实,结论性语言不能成立,损害了李谷一的人格和名誉,造成了不良后果,已构成侵害李谷一的名誉权。该院于1992年7月12日判决如下:

一、《声屏周报》社、汤生午立即停止对李谷一名誉权的侵害。

二、《声屏周报》社和汤生午在《声屏周报》第一版显著位置登载向李谷一赔礼道歉的文章，以恢复名誉，消除影响（登载内容须经本院核准）。

三、《声屏周报》社赔偿李谷一经济损失2000元，汤生午赔偿李谷一经济损失500元。

四、《声屏周报》社支付李谷一精神抚慰金400元，汤生午支付李谷一精神抚慰金100元。

上述第二、三、四项，在本判决生效后三十日执行完毕。

宣判后，双方均未上诉。[①]

第三次浪潮发生与1996年到1997年，以工商法人告媒体最为集中。这一阶段以周林频谱仪的发明人周林、505神功元气袋的发明人来辉武等诉新闻媒体侵犯其名誉权官司为典型，这些企业法定代表人请求法庭维护的是产品的声誉和企业的声誉，因此均背水一战。新闻传媒一旦构成侵权，将付出高昂代价。此类案件最先发端于上海，但很快就遍地开花。

【典型案例7】

三株帝国的没落

在中国企业群雄榜上，"三株"是一个绕不过去的名字。1994年8月，当吴炳新、吴思伟父子在山东济南创立三株公司的时候，怎么也不会料到自己会创造出中国保健品行业最辉煌的历史。

从1994年至1996年的短短三年间，三株销售额从1个多亿跃至80亿元；从1993年底30万元的注册资金到1997年底48亿元的公司净资产。三株在全国所有大城市、省会城市和绝大部分地级市注

[①] 《李谷一诉南阳〈声屏周报〉社、汤生午报道文章侵犯名誉权纠纷案》，北京影视传媒律师网，2013年6月13日，有删减。参见 http://yscmlaw.cn/hyzx/content.asp?lb_id=969。

册了600个子公司,在县、乡、镇有2000个办事处,吸纳了15万销售人员。迅速崛起的三株不仅达到了自身发展的顶峰,更创造了中国保健品行业史上的纪录,其年销售额80亿元的业绩至今在业内仍然无人可及。

1996年6月,湖南常德汉寿县退休老人陈伯顺在喝完三株口服液后去世,其家属随后向三株公司提出索赔,财大气粗的三株则拒绝给予任何赔偿,坚决声称是消费者自身问题。遭到拒绝后陈伯顺家属一张状纸将三株公司告上法院。

1998年3月,法院一审宣判三株败诉后,20多家媒体炮轰三株,引发了三株口服液的销售地震,4月份(即审判后的第二个月)的三株口服液销售额就从上年的月销售额2亿元下降至几百万元,15万人的营销大军,被迫削减为不足2万人,生产经营陷入空前灾难之中,总裁吴炳新也被重重击倒。据三株公司介绍,官司给三株造成的直接经济损失达40多亿元,国家税收损失了6亿元。

1999年3月,法院终审判决三株公司获胜,但此时三株帝国已经陷入全面瘫痪状态。三株的200多个子公司停止,绝大多数工作站和办事处全部关闭,全国销售基本停止。

第四次浪潮从1993年到2001年,原告都具有"官方"身份,他们对批评他们的新闻报道或评论作者,对发表批评性作品的新闻机构提起名誉权之诉。第四次浪潮表现出以下几个方面的特征:一是原告身份多样化。原告身份都是官方机构和公务人员,就官方机构而言,有综合治理办公室、公安局、法院;公务人员为原告的,有国有企业的厂长、经理,有税务干部,有政府农工部长、首长秘书、文化局长、卫生局长、县委书记、市长、警察、法官等。二是涉诉媒体及表达方式多样化,广播、电视、报纸、杂志无一缺席,涉诉侵权作品多数为新闻消息,也有评论、读者来信、广播电视专题节目、广播电台热线直播节目，还有大量的是因为转载而涉诉。三是原告敢告会告，诉讼技巧纯熟。法律框架中的许多缝隙被原告们占据了。四是法律关系复杂，诉讼时日长久。这一阶段的典型案件一般都是当事人众多，法律关系复杂，诉讼程序反反复复，诉讼期时日久长。五是诉讼地域全面开花，纠纷方式多样化。第四次浪潮中，没有明显的"中心地"，遍及全国。地方性媒体和国家级媒体均无例外，央视《焦点访谈》也涉诉其中。徐迅认为，第四次浪潮中有一种奇特的现象，就是状告新闻媒体侵害名誉权的官方机构和公务人员中有一个特殊的人群——法院及法官。法院及法官本应处于居中裁判的地位，但是现在，裁判下场踢球了。[1]

二 网络侵权现状

自20世纪90年代以来，互联网以其惊人的速度和影响力渗透到社会生活和个人生活中，网络舆论力量强大，远远超出了寻常。近年来，网页、论坛、网吧、博客、微博、微信、搜索引擎等都可能成为网络侵权工具，侮辱、诽谤的侵权案更是层出不穷，博客、论坛、BBS、网络社区、即时通信等成为侵害人身权益的主要渠道。

2014年10月9日，最高人民法院举行新闻发布会通报《最高人民法院关于审理利用信息网络侵害人身权益民事纠纷案件适用法律若干问题的规定》的有关情况，以及8起利用信息网络侵害人身权益的典型案例[2]。通报的8起指导案例的时间跨度为2003年到2016年，涉及博客侵权、百度贴吧侵权、公众人物博客侵权、网络广告

---

[1] 徐迅：《中国新闻侵权纠纷的第四次浪潮——一名记者眼中的新闻法治与道德》，中国海关出版社2002年版，第22页。

[2] 《最高法公布8起利用信息网络侵害人身权益典型案例》，人民网，2014年10月9日，参见http://legal.people.com.cn/n/2014/1009/c42510-25796066.html。

侵权、微博侵权和门户网站侵权、自创网站侵权、门户网站转载侵权等。2013年8月至2016年6月，北京市第三中级人民法院共审结名誉权纠纷案件116件，全部为二审案件。从案件总体情况来看，主张名誉受损者的胜诉率为68.1%。该院审理的名誉权纠纷案件中，通过网络侵害名誉权案件70件，约占案件总量的60.34%。涉及传统媒体的名誉权纠纷仍占一定比例，约22件，占全部案件量的18.97%，其中主要涉及报纸、杂志、户外广告。① 2002年至今，北京市朝阳区人民法院受理案件中，以网络媒体作为侵权责任主体的案件呈逐年增加趋势，且涨幅不断提升。据不完全统计，2016年1月至11月，仅朝阳区人民法院民一庭受理的网络名誉侵权案件量至少比去年总数增长3倍。②

　　利用网络侵害名誉权案件呈现主体隐蔽性、传播范围广、损害后果不易确定性等特点。网页、论坛、网吧、博客、微博、微信、搜索引擎等都可能成为网络侵权工具，而不断更新的互联网技术与相对滞后的法律规定更加大了网络侵害名誉权纠纷案件的审理难度。

　　网络侵害人身权益的危害主要体现在三个方面：侵犯公民、法人、其他组织的人身权益，而且危害性极大；侵害公民表达自由和监督权等政治权利。网络水军、网络公关公司随意删除公民的正常合法表达，侵害了公民的表达自由，也妨害了公民正常行使监督权；扰乱互联网传播秩序。网络谣言盛行，人肉搜索大行其道，加剧了社会的诚信危机，甚至危害了公共利益，扰乱了正常的互联网传播秩序，给政府和网站管理者的监管带来极大困难。

---

① 《明星被网喷还得"多担待"》，《北京青年报》2016年8月5日。
② 黄洁：《网络名誉侵权案件激增背后》，《法制日报》2016年11月13日第6版。

第四节 传媒侵权的责任与抗辩

根据《侵权责任法》第二条:"侵害民事权益,应当依照本法承担侵权责任。"第四条:"侵权人因同一行为应当承担行政责任或者刑事责任的,不影响依法承担侵权责任。"可见,公民的人身权益受到法律的全面保护,传媒侵权的法律责任包括刑事责任、民事责任和行政责任。本书只讨论民事责任。

一 传媒侵权行为的责任主体

传媒活动是一种群体活动,从传媒信息采集到信息的发布,是多个行为主体共同活动的结果,因此,传媒侵权的责任主体较为复杂。在法律实践过程中,侵权责任人的责任承担实行"告诉乃论,不告不理"的原则,即以当事人的请求承担法律责任。

(一) 消息来源者的责任

消息来源是传媒活动的起点。所谓消息来源就是传媒信息的提供者。1998年最高人民法院《关于审理名誉权案件若干问题的解释》对因提供新闻材料引起的名誉权纠纷认定是否构成侵权,规定要区分两种情况:一是主动提供新闻材料,致使他人名誉受到损害的,应当认定为侵害他人名誉权;二是因被动采访而提供新闻材料,且未经提供者同意公开,新闻单位擅自发表,致使他人名誉受到损害的,对提供者一般不应当认定为侵害名誉权。虽系被动提供新闻材料,但是在发表时得到提供者同意或者默许,致使他人名誉受到损害的,应当认定为侵害名誉权。据此,消息来源可以分为两种:一是主动信息源,二是被动信息源。

所谓主动信息源，就是向自己确知的传媒机构或者记者提供信息并希望传媒予以传播的机构或者个人。由于主动信息源向传媒提供的信息（包括口头反映和文本材料）的目的是意欲发表，理应对信息可能的差错及其后果有注意义务。因此，当主动信息源提供的失实内容对他人的合法权益构成侵害，主动信息源要承担侵权责任。同时，由于记者和传媒机构有对消息来源的真实性进行核实的义务，因此，当侵权行为发生时，记者和传媒机构也要承担侵权责任。

国家机关也是主动信息提供者，往往通过传媒正式发布某些内容。这些内容如因失实而对他人人身权益构成侵害，侵权责任由提供信息的国家机关承担，传媒不承担侵权责任。但是经国家机关修订后的内容，传媒有义务及时发布修订过的信息。

所谓被动信息源，就是被动采访提供信息给记者或者传媒的单位或者个人。由于被动接受采访，不能预见所说信息内容会公开传播，所以对信息可能的差错及其后果不负有注意义务，所以不对差错承担责任。但是，虽被动提供，但发表时同意或者默许，应当承担侵权责任。前述的【典型案例6】"李谷一诉《声屏周报》社名誉侵权案"中，涉诉材料是由韦唯提供的，韦唯是被动信息源，不对报道后果负责。但是后来记者写成新闻稿以后，韦唯亲自审核了稿件，并且同意稿件的发表。在这种情况下，韦唯就具备与新闻单位共同承担责任的条件。只是李谷一没有起诉韦唯，按照"告诉才理，不告不理"的原则，法院没有将韦唯列为被告。

（二）传媒和作者（表达者）

传媒行为是传媒和作者的共同行为，传媒活动需要作者和传媒共同完成。因此，在司法实践中，一般将传媒和作者列为共同责任人。1993年最高人民法院《关于审理名誉权案件若干问题的解答》（以下简称为1993年《解答》）规定："因新闻报道或其他作品发生的名誉权纠纷，应根据原告的起诉确定被告。只诉作者的，列作者为被告；只诉新闻出版单位的，列新闻出版单位为被告；对作者和新闻出版单位都提起诉讼的，将作者和新闻出版单位均列为被告。但作者与新闻出版单位为隶属关系，作品系作者履行职务所形成的，只列单位为被告。"据此，对于传媒和作者侵权责任问题，需要进行一些区分。

首先是作者、表达者。根据文责自负原则，每个人都要对自己的言论负责。在传媒侵权纠纷中，言论的表达形式主要是作品或者文本，即以各种符号形式表达的作品或者文本，包括具有独创性的文字、摄影、摄像、美术、电影、短视频、戏剧、口述等作品形态，还包括不具有独创性的简短信件、即兴谈话、电话录音、网络言论等文本。这些作品或者文本内容对他人合法权益构成侵害，就要承担相应的侵权责任。

其次是作者或者表达者的职务作品一般不承担侵权责任。所谓职务作品，其特征有三：一是本传媒单位所属作者的作品；二是该作品体现了作者的岗位职责；三是由本传媒发表。但是，作者和表达者在自身所属传媒之外的其他传媒发表的作品，不属于职务作品。所谓职务作品一般不承担侵权责任，是有限定条件的，也就是说，只有当原告将传媒和表达者同时列为被告的情况下，由作者或表达者所属传媒对外承担民事责任，作者或表达者不承担侵权责任。如果原告只起诉作者或表达者，则作者或表达者按照"文责自负"原则还是要承担侵权责任的。

最后，传媒对侵权行为承担责任，要区分两种情况：一是预见到作品或文本发表会产生侵害后果，但依然公开传播，除非有充分的抗辩理由，传媒和作者一般都要共同承担责任。二是作品发表时没有预见到作品或文本会产生侵害后果，但是后来发展为有过错。对此，1993年《解答》说得很清楚："编辑出版单位在作品已被认定为侵害他人名誉权或被告知明显属于侵害他人名誉权后，应刊登声明消除影响或者采取补救措施；拒不刊登声明，不采取其他补救措施，或继续刊登、出版侵权作品的，应认定为侵权。"

（三）重述者

重述，是对公开出版的作品或者文本的再次叙述和出版的行为，包括转载、摘编、翻译、改编、表演等行为。常见的重述行为是转载。根据1998年最高人民法院《关于审理名誉权案件若干问题的解释》（以下简称为1998年《解释》）的规定："新闻媒介和出版机构转载作品，当事人以转载者侵害其名誉权向人民法院提起诉讼的，人民法院应当受理。"2000年新闻出版署发布《关于进一步加强报刊摘转稿件管理的通知》规定："报刊摘转新闻报道或纪实作品等稿件应坚持真实性原则，对其摘转内容的真实性负有审核责任。摘转正式出版物的稿件也应核实真伪。稿件失实一经发现，应及时公开更正，并采取有效措施消除影响。"这些规定明确了转载者对于重述行为负有核实责任。

对于重述者因重述行为而造成对他人合法权益的侵犯，一般实行根据原告的起诉确定被告的原则。如果原告将重复者列为被告，法院一般都予以接受。不将重述者列为被告，法院不会追加。如果侵权成立，列为被告的重复者应承担民事责任。2003年11月14日，《华商晨报》发表《持伪证、民告官、骗局被揭穿》一文。同日，北京新浪公司在其经营的网站中转载了上述文章，长达八年之久。2004年，徐杰敖起诉《华商晨报》，法院判决认定《华商晨报》社侵犯了徐杰敖的名誉权并赔偿精神抚慰金2万元。2006年6月9日《华商晨报》社在当日报刊尾版夹缝中刊登了对徐杰敖的致歉声明，但是字数、篇幅过小，不是很显著。徐杰敖以新浪公司未及时更正为由请求其承担侵权责任。北京海淀区法院认为，新浪公司在其网站上转载《华商晨报》的侵权文章并无不妥，但在法院于 2004 年年底认定《华商晨报》的行为构成侵害原告名誉权且 2006 年 6 月 9 日《华商晨报》在报纸刊载致歉声明后，新浪公司仍未更正或删除该信息，应当承担相应的民事责任。法院判定新浪公司赔偿原告经济损失人民币八万元及精神损害抚慰金人民币二万元。①

（四）互联网信息提供者

根据文责自负的原则，网民对其网上言论负有责任，如果发表的言论侵犯了他人的合法权益，作者和转载者要承担侵权责任，这一点是明确的。关于此，《网络安全法》（2016 年 11 月颁布）第十二条第二款规定："任何个人和组织使用网络应当遵守宪法法律，遵守公共秩序，尊重社会公德，不得危害网络安全，不得利用网络从事危害国家安全、荣誉和利益，煽动颠覆国家政权、推翻社会主义制度，煽动分裂国家、破坏国家统一，宣扬恐怖主义、极端主义，宣扬民族仇恨、民族歧视，传播暴力、淫秽色情信息，编造、传播虚假信息扰乱经济秩序和社会秩序，以及侵害他人名誉、隐私、知识产权和其他合法权益等活动。"

对于"互联网服务提供者"的责任问题尚须进一步厘清。

根据《互联网信息服务管理办法》（2000 年 9 月公布，2011 年修订）第十五条规定，"互联网信息服务提供者不得制作、复制、发布、传播"的信息共有九类，包括第八款"侮辱或者诽谤他人，侵害他人合法权益的"信息。第十六条规定："互联网信息服务提供者发现其网站传输的信息明显属于本办法第十五条所列内容之一的，应当立即停止传输，保存有关记录，并向国家有关机关报告。"《侵

---

① 《最高法公布 8 起利用信息网络侵害人身权益典型案例》，人民网，2014 年 10 月 9 日，参见 http://legal.people.com.cn/n/2014/1009/c42510-25796066.html。

权责任法》（2010年7月1日施行）第三十六条规定："网络用户、网络服务提供者利用网络侵害他人民事权益的，应当承担侵权责任。""网络用户利用网络服务实施侵权行为的，被侵权人有权通知网络服务提供者采取删除、屏蔽、断开链接等必要措施。网络服务提供者接到通知后未及时采取必要措施的，对损害的扩大部分与该网络用户承担连带责任。""网络服务提供者知道网络用户利用其网络服务侵害他人民事权益，未采取必要措施的，与该网络用户承担连带责任。"据此，我们可以得出如下结论：第一，互联网服务提供者自己制作、发布的信息内容，如果对他人合法权益构成侵害，必须承担法律责任。第二，网络用户利用网络服务发布侵害他人合法权益的内容，在被侵害人通知网络服务提供者采取删除、屏蔽、断开链接等措施，但是网络服务提供者未采取措施，则应承担连带责任。第三，网络服务提供者明知网络用户利用其网络服务侵害他人合法权益，但是没有采取必要措施，与网络用户共同承担侵权责任。

【典型案例8】

蔡继明与百度公司侵害名誉权、肖像权、姓名权、隐私权纠纷案

原告作为政协委员公开发表假日改革提案后，引起社会舆论关注。网络用户于百度贴吧中开设的"蔡继明贴吧"内，发表了具有侮辱、诽谤性质的文字和图片信息，且蔡继明的个人手机号码、家庭电话等个人信息也被公布。百度公司在"百度贴吧"首页分别规定了使用"百度贴吧"的基本规则和投诉方式及规则。其中规定，任何用户发现贴吧帖子内容涉嫌侮辱或诽谤他人，侵害他人合法权益的或违反贴吧协议的，有权按贴吧投诉规则进行投诉。蔡继明委托梁文燕以电话方式与百度公司就涉案贴吧进行交涉，但百度公司未予处理。梁文燕又申请作"蔡继明贴吧"管理员，未获通过。后

梁文燕发信息给贴吧管理组申请删除该贴吧侵权帖子,但该管理组未予答复。2009年10月13日,蔡继明委托律师向百度公司发送律师函要求该公司履行法定义务、删除侵权言论并关闭蔡继明吧。百度公司在收到该律师函后,删除了"蔡继明吧"中涉嫌侵权的网帖。蔡继明起诉百度公司请求删除侵权信息、关闭蔡继明贴吧、披露发布侵权信息的网络用户的个人信息以及赔偿损失。

北京市海淀区法院一审认为,法律并未课以网络服务商对贴吧内的帖子逐一审查的法律义务,因此,不能因在网络服务商提供的电子公告服务中出现了涉嫌侵犯个人民事权益的事实就当然推定其应当"知道"该侵权事实。百度公司已尽到了法定的事前提示和提供有效投诉渠道的事后监督义务,未违反法定注意义务。百度公司在2009年10月15日收到蔡继明律师函后,立即对侵权信息进行了删除处理,不承担侵权责任。由于百度公司已经删除了侵权信息并采取了屏蔽措施防止新的侵权信息发布,蔡继明继续要求百度公司关闭涉诉贴吧于法无据,且蔡继明因公众关注的"国家假日改革"事件而被动成为公众人物,成为公众关注的焦点,出于舆论监督及言论自由的考虑,应当允许公众通过各种渠道发表不同的声音,只要不对蔡继明本人进行恶意的人身攻击及侮辱即可。而"蔡继明贴吧"只是公众舆论对公众人物和公众事件发表言论的渠道,以"蔡继明"命名贴吧名只是指代舆论关注的焦点,其本身并无侵害其姓名权的故意,对关闭蔡继明吧的请求不予支持。蔡继明要求百度公司通过法院向蔡继明提供涉嫌侵权的网络用户信息的诉讼请求理由正当,一审法院对此予以支持。

北京市第一中级人民法院二审认为,百度公司在收到梁文燕投诉后未及时采取相应措施,直至蔡继明委托发出正式的律师函,才采取删除信息等措施,在梁文燕投诉后和蔡继明发出正式律师函这一时间段怠于履行事后管理义务，致使网络用户侵犯蔡继明的损害后果扩大，应当承担相应侵权责任。根据本案具体情况，百度公司应当赔偿蔡继明精神抚慰金十万元。①

二 传媒侵权行为承担责任的方式

《民法总则》（2017年10月1日施行）第一百七十九条规定：承担民事责任的方式主要有：停止侵害，排除妨碍，消除危险，返还财产，恢复原状，修理、重作、更换，继续履行，赔偿损失，支付违约金，消除影响、恢复名誉，赔礼道歉十一种方式。《侵权责任法》（2010年7月1日施行）第二条规定："侵害民事权益，应当依照本法承担侵权责任。"民事权益包括生命权、健康权、姓名权、名誉权、荣誉权、肖像权、隐私权、婚姻自主权、监护权、所有权、用益物权、担保物权、著作权、专利权、商标专用权、发现权、股权、继承权等人身、财产权益。第十五条规定，承担侵权责任的方式主要有8种，即停止侵害，排除妨碍，消除危险，返还财产，恢复原状，赔偿损失，赔礼道歉，消除影响、恢复名誉。

根据1993年《解答》的规定，进入诉讼程序后，法院责令侵权人承担侵权责任的方式有停止侵害、恢复名誉、消除影响、赔礼道歉、赔偿损失。当尚未进入诉讼程序，传媒等侵权人主动履行侵权责任，对侵权行为进行补救，其方式主要是更正与答辩。

（一）更正与答辩

更正，就是发现信息内容差错之后，及时发表公告，对差错实事求是地纠正，恢复事实的本来面目，消除不实信息内容对受众产

---

① 《最高法公布8起利用信息网络侵害人身权益典型案例》，人民网，2014年10月9日，参见 http://legal.people.com.cn/n/2014/1009/c42510-25796066.html。

第三章 传媒侵权及其抗辩

生的负面影响。更正是传媒机构的行为。

答辩，是信息内容的相对人对于涉及自己的内容提出的公开说明或者异议。答辩是相对人的行为。

更正与答辩，是现代传媒法中的一项重要内容。由于传媒的时效性特点，往往来不及对事实细节进行一一核实，其传播内容难免会有差错。当差错出现，传媒机构在第一时间进行更正与答辩，是在传媒机构和相对人之间因为侵权内容可能发生冲突的一种缓冲，免除诉讼之累，对于各方都是有利的。

（二）精神抚慰

传媒侵权行为给受害人带来的主要是精神损害。精神损害往往具有不可逆性，也就是说，传媒一旦对他人的名誉权等人格权利构成侵害，要想短时间恢复到"原状"，实际上是很困难的，有时候因为受害人的个体特征，这种精神损害会成为长期的心理阴影。精神抚慰就是尽可能地将这种精神损害的程度降低到最小限度，使受害人的精神状况和精神利益尽可能恢复原状。根据相关法律规定，精神抚慰主要有：停止侵害，消除影响、恢复名誉，赔礼道歉。

1. 停止侵害。侵权作品和信息文本不再重复刊播，有侵权内容的报刊、书籍、光盘、数字作品等停止出售。1993 年《解答》中规定："编辑出版单位在作品已被认定为侵害他人名誉权或者被告知明显属于侵害他人名誉权后，应刊登声明消除影响或者采取其他补救措施；拒不刊登声明，不采取其他补救措施，或者继续刊登、出版侵权作品的，应认定为侵权。"

2. 消除影响、恢复名誉。恢复名誉、消除影响可以采用书面或者口头的方式进行，内容须事先经人民法院审查。恢复名誉、消除影响的范围，一般应与侵权所造成不良影响的范围相当。但对于侵害隐私权行为不适用。

3. 赔礼道歉。赔礼道歉一般包含在书面或者口头的更正文本之中，由法院根据侵权造成的不良影响范围确定。1993年《解答》规定，侵权人拒不执行法院已经发生法律效力的判决，不为受害人恢复名誉、消除影响，法院可以强制执行，其方式是采取公告、登报等，将判决内容和有关情况公之于众，费用由被执行人承担。法院还可以按照《民事诉讼法》的相关规定，对拒不履行生效判决的，可以根据情节轻重予以罚款、拘留等。

（三）赔偿损失

在传媒侵权中，精神抚慰方式是主要责任方式，金钱赔偿属于辅助的责任方式。

根据相关法律规定，传媒侵权的赔偿损失分为两部分：一是侵权行为所造成的经济损失的赔偿；二是精神损害的赔偿。

经济损失赔偿，是指赔偿受害人因侵权行为而造成的财产损失。财产损失有两个方面：一是积极损失，即现有物质财富的减少，如财产被侵占、毁坏等，以及精神痛苦而患病就医的医疗费。二是消极损失，就是失去了本应得到的利益。但是，这一部分在计算上存在很大的难度。比如个人在名誉受损时找不到工作、作品难以发表等，企业在名誉受损时产品滞销、合同流产、贷款被拒、股票价格下跌等，这些后果并非名誉受损的单个因素所致，而是有着较为复杂的因素。

精神损害赔偿，即非财产损害赔偿，是对侵权行为所造成的精神损害所做的赔偿。2001年，最高人民法院《关于确定民事侵权精神损害赔偿责任若干问题的解释》（以下简称为2001年《解释》）中对精神损害赔偿进行了详细全面的规定。

第一，主体只能是自然人。

第二，精神损害赔偿只是辅助的责任方式。

第三，确定精神损害赔偿金额的六大要素。

1. 侵权人的过错程度。
2. 侵害的手段、场合、行为方式等具体情节。
3. 侵权行为所造成的后果。
4. 侵权人的获利情况。
5. 侵权人承担责任的经济能力。
6. 受诉法院所在地平均生活水平。

三 传媒侵权的抗辩事由

抗辩事由是指在侵权纠纷中，被告针对原告提出的指控和主张，提出的有关免除或者减轻其民事责任的主张。传媒侵权的抗辩事由就是指传媒或者传媒从业者在传媒侵权纠纷中，针对原告提出的诉讼请求和主张，提出的原告诉讼请求不成立或者不完全成立的事实主张。包括真实、公正评论、特许权、公众人物、受害人同意等。

（一）真实

所谓真实，就是传媒传播的新闻信息或者其他信息内容同实际情况相符合。为了在保护公民合法权益的同时，保护和支持传媒的言论出版自由和舆论监督，我国传媒法对于"真实"的界定较为宽松。1993年《解答》中规定："因新闻报道严重失实，致他人名誉受到损害的，应按照侵害他人名誉权处理。"在此将传媒侵权构成的事实要件限定在"严重失实"上，换言之，即使传媒传播的新闻信息或者其他信息内容给他人造成名誉损害，但是如果其内容仅仅是一般失实或者部分失实，就不能要求传媒机构和传媒从业人员承担侵权责任。

在司法实践中，传媒及传媒从业人员要通过"真实"或者"基本真实"来免除侵权指控，就需要自证清白，也就是要提供有效证据来证实新闻信息或其他内容是"真实"或"基本真实"的,没有证据或者证据不足,就要承担败诉的不利后果。因此,有学者主张,记者在采写稿件的时候,就要有意识地预防和准备侵权纠纷,注意收集和保存证据①。根据《民事诉讼法》的规定,证据有书证、物证、视听资料、证人证言、当事人陈述、鉴定意见、勘验笔录等。记者在采访中收集的被采访对象的谈话记录、录音,有关照片、录像,有关机关的法律文书和其他正式文件,以及有关实物(比如曝光产品的样本),都是可以作为在可能发生的诉讼活动中提交法院的证据。当然,其有效性需要法院认定。

(二) 公正评论

我国法律赋予传媒机构及传媒从业人员批评和评论权。1993年《解答》第八条规定:"因撰写、发表批评文章引起的名誉权纠纷,人民法院应根据不同情况处理:文章反映的内容基本真实,没有侮辱他人人格的内容的,不应认定为侵害他人名誉权。"1998年《解释》中规定:"新闻单位对生产者、经营者、销售者的产品质量或者服务质量进行批评、评论,内容基本属实,没有侮辱内容的,不应当认定为侵害其名誉权;主要内容失实,损害其名誉的,应当认定为侵害名誉权。"

国际新闻界对于"公正评论"有着一些限定条件,主要是:第一,评论的事项与社会公共利益相关;第二,有可靠的事实来源;第三,立场应当公正;第四,没有恶意。根据上述两个司法解释的规定,我国同国际上关于公正评论的原则是接近的。当然,如果评论的基本事实失实,或者评论内容中含有与公共利益无关的诽谤和侮辱成分,就会构成传媒侵权。

---

① 孙旭培:《新闻工作者与新闻纠纷》,《新闻通讯》1991年第6期。

（三）特许权

特许权就是为了公共利益或者保护个人合法权益，可以进行诽谤性陈述而不需要承担法律责任。在传媒活动中，"内参"就属于特许权范畴。所谓"内参"就是传媒机构编印的专门提供给领导机关参阅的非面向公众传播的文书材料。1998年《解释》中对此有明确规定："有关机关和组织编印的仅供领导部门内部参阅的刊物、资料等刊登的来信或者文章，当事人以其内容侵害名誉权向人民法院提起诉讼的，人民法院不予受理。"

但是需要指出的是，"内部刊物"不能等同于"内参"，二者具有根本性质的不同。对此，1998年《解释》也有明确规定："机关、社会团体、学术机构、企事业单位分发本单位、本系统或者其他一定范围内的内部刊物和内部资料，所载内容引起名誉权纠纷的，人民法院应当受理。"

除了"内参"之外，传媒有权报道国家的重要活动，也可以在报道中发表法院判决书、执行书、行政机关的处罚决定书等内容，只要这些报道"客观准确，与国家机关公开的文书和活动的内容一致即可，即使因此有失实之处，也不构成传媒侵权"。1998年《解释》中规定："新闻单位根据国家机关依职权制作的公开的文书和实施的公开的职权行为所作的报道，其报道客观准确的，不应当认定为侵害他人名誉权；其报道失实，或者前述文书和职权行为已公开纠正而拒绝更正报道，致使他人名誉受到损害的，应当认定为侵害他人名誉权。"

（四）公众人物

公众人物，是指为社会公众知晓，具有一定的社会地位和社会影响力的社会成员，包括政府官员和社会各界知名人士。由于公众人物的行为与社会公共利益密切相关，对于公共事务负有特别的责任，他们的经济、政治和社会生活与公共利益有关，他们必须牺牲一些权利以保证权利和义务的平衡，所以他们的人格权便要受到限制。一般而言，参与公共事务的深浅，与社会公众的关注程度成正比。传媒对于公众人物在社会事务中言行的报道，一方面是舆论监督的需要，另一方面是满足公众知情权的需要。因此传媒对于公众人物某些隐私、肖像、名誉的报道和评论，一般不构成传媒侵权。

一般而言，公众人物可以区分为两种类型：自愿型公众人物和非自愿型公众人物。前者是指主观上追求和放任自己成为公众人物并在客观上成为公众人物的社会成员，政府官员、知名学者、体育明星、影视明星、歌星等都属于此类。后者只是因为某些重大公共事件的偶然性卷入而成为社会关注的对象。无论是自愿型还是非自愿型，他们的人格权益会因为公共利益和受众知情权而退缩，或者说是合法权益在公共利益面前的让渡。当传媒因为对他们的报道而被控侵权时，可以以对方为公众人物进行抗辩。

（五）受害人同意

我国《民法通则》第一百三十一条将"受害人的过错"作为一条抗辩事由。"受害人的过错"在传媒侵权诉讼的抗辩事由中，一般表现为"受害人同意"。

受害人同意是指由于受害人事先明确表示自愿承担某种损害结果，行为人在其表示的自愿承担的损害结果的范围内对其实施侵害，无须承担侵权责任。张新宝先生认为，受害人同意作为抗辩事由，需要同时具备四个条件：一是受害人事先明示的意思表示。事先明示的意思表示必须是真实的，没有受到欺诈、胁迫、重大误解等其他因素的干扰。二是行为人主观上具有善意。三是不超过同意的范围和限度。四是受害人的同意是合理合法的，没有违反法律和社会道德。①

【思考题】

1. 请结合具体案例，谈谈你对于传媒侵权行为及其危害性的认识。

2. 传媒侵权行为的构成要件有哪些？

3. 请查阅近两年网络侵权纠纷的典型案例，对网络侵权行为的特征进行分析和总结。

4. 传媒侵权行为承担责任的方式有哪些？如何避免或者减轻侵权纠纷中的民事责任承担？

---

① 张新宝：《名誉权的法律保护》，中国政法大学出版社1997年版，第154—156页。

第四章　传媒与人格权

　　人格权是指民事主体依法享有的维护其人格尊严所必须具备的人身权利。我国《宪法》和法律所确认的自然人的人格尊严、人身自由和生命权、身体权、健康权、姓名权、肖像权、名誉权、荣誉权、隐私权、婚姻自主权等权利，以及法人、非法人组织享有的名称权、名誉权、荣誉权等权利，都属于人格权的范畴。

　　人格权的法律特征主要表现在三个方面：一是人格权具有非财产性，即指人格权不具有财产内容，不直接体现民事主体财产权益。二是人格权与权利主体具有密切关联性，是权利主体独享的，具有不可转让性。三是人格权能够引起财产权利的产生和变更。

第一节　传媒与名誉权

　　名誉，是对特定人（包括自然人和法人）的社会评价。名誉不是人际间评价，也不是自我评价，而是公众对特定人的社会评价，这种评价源于公民和法人长时间社会活动与社会实践所产生的影响。社会评价可以是明示的，也可以是缄默的。社会评价所针对的是公民或者法人的人格尊严，因此，公民和法人便有维护自身人格尊严不受侵犯的权利，这便是名誉权。

名誉权就是公民和法人享有应该受到社会公正评价的权利和要求他人不得非法损害这种公正评价的权利。名誉权具有人格权所共有的特征，即法定性、人身专有性和财产关联性。传媒侵害名誉权就是传媒的信息内容使公民和法人的社会评价受损，为了维护合法权益，公民和法人有权对传媒提起权利主张。

一 名誉权的权利主体

【先导提问】

在我国，以下哪些人是受法律保护的名誉权的权利主体？

1. 小兰在中缅边境出生，父母早亡，身世不明，主要居住在我国境内，是个无国籍之人。经常被人骂为杂种。

2. 清末太监小德张的养孙起诉电视剧《宦官小章子》侵犯死者名誉权。

3. 据称是秦始皇嬴政嫡系后代的嬴姓人状告某期刊侵害了嬴政的名誉权。

4. 某局长被下属乱传贪污，将下属诉至法庭。

传媒侵害名誉权的对象，就是名誉权的权利主体。名誉权的权利主体是特定的自然人和法人。我国《民法总则》第一百一十条规定："自然人享有生命权、身体权、健康权、姓名权、肖像权、名誉权、荣誉权、隐私权、婚姻自主权等权利。""法人、非法人组织享有名称权、名誉权、荣誉权等权利。"

名誉权的权利主体包括：

1. 自然人。每个人从出生起到死亡止，不论性别、年龄、种族、职业、社会经历、社会地位等，都享有平等的人格权和名誉权。不满八周岁的未成年人为无民事行为能力人，由其法定代理人代理实施民事法律行为。八周岁以上的未成年人为限制民事行为能力人，实施民事法律行为由其法定代理人代理或者经其法定代理人同意、追认。十八周岁以上的自然人为成年人。成年人为完全民事行为能力人，可以独立实施民事法律行为。

2. 法人：包括营利法人、非营利法人、特别法人等。法人作为拟制人，依法享有名誉权。

营利法人包括有限责任公司、股份有限公司和其他企业法人等。

非营利法人包括事业单位、社会团体、基金会、社会服务机构等。

特别法人包括机关法人、农村集体经济组织法人、城镇农村的合作经济组织法人、基层群众性自治组织法人。

3. 非法人组织：不具有法人资格，但是能够依法以自己的名义从事民事活动的组织。非法人组织包括个人独资企业、合伙企业、不具有法人资格的专业服务机构等。

4. 死者：死者的名誉权保护到第三代。1993 年《解答》规定："死者名誉受到损害的，其近亲属有权向人民法院起诉。近亲属包括：配偶、父母、子女、兄弟姐妹、祖父母、外祖父母、孙子女、外孙子女。"这一规定是把死者名誉视为死者近亲属的一种合法权益加以保护，同时也包含了时限规定，即死者名誉保护到第三代为止。

【典型案例1】

葛长生诉洪振快名誉权、荣誉权纠纷案

原告葛长生诉称：洪振快发表的《小学课本〈狼牙山五壮士〉有多处不实》一文以及《"狼牙山五壮士"的细节分歧》一文，以历史细节考据、学术研究为幌子，以细节否定英雄，企图达到抹黑"狼牙山五壮士"英雄形象和名誉的目的，请求判令洪振快停止侵权、公开道歉、消除影响。

被告洪振快辩称：案涉文章是学术文章，没有侮辱性的言辞，

关于事实的表述有相应的根据，不是凭空捏造或者歪曲，不构成侮辱和诽谤，不构成名誉权的侵害，不同意葛长生的全部诉讼请求。

法院经审理查明：1941年9月25日，在易县狼牙山发生了著名的狼牙山战斗。在这场战斗中，"狼牙山五壮士"英勇抗敌的基本事实和舍生取义的伟大精神，赢得了全中国人民的高度认同和广泛赞扬。中华人民共和国成立后，五壮士的事迹被编入义务教育教科书，五壮士被人民视为当代中华民族抗击外敌入侵的民族英雄。

2013年9月9日，时任《炎黄春秋》杂志社执行主编的洪振快在财经网发表《小学课本〈狼牙山五壮士〉有多处不实》一文。文中写道：据《南方都市报》2013年8月31日报道，广州越秀警方于8月29日晚间将一位在新浪微博上"污蔑狼牙山五壮士"的网民抓获，以虚构信息、散布谣言为由予以行政拘留7日。所谓"污蔑狼牙山五壮士"的"谣言"原本就有。据媒体报道，该网友实际上是传播了2011年12月14日百度贴吧里一篇名为"狼牙山五壮士真相原来是这样！"的帖子的内容，该帖子说五壮士"5个人中有3个是当场被打死的，后来清理战场把尸体丢下悬崖。另两个当场被活捉，只是后来不知道什么原因又从日本人手上逃了出来"。2013年第11期《炎黄春秋》杂志刊发洪振快撰写的《"狼牙山五壮士"的细节分歧》一文，亦发表于《炎黄春秋》杂志网站。该文分为"在何处跳崖""跳崖是怎么跳的""敌我双方战斗伤亡""'五壮士'是否拔了群众的萝卜"等部分。文章通过援引不同来源、不同内容、不同时期的报刊资料等，对"狼牙山五壮士"事迹中的细节提出质疑。

裁判结果：北京市西城区人民法院于2016年6月27日作出（2015）西民初字第27841号民事判决：一、被告洪振快立即停止侵害葛振林名誉、荣誉的行为；二、本判决生效后三日内，被告洪振快公开发布赔礼道歉公告，向原告葛长生赔礼道歉，消除影响。该公告须连续刊登五日,公告刊登媒体及内容须经本院审核,逾期不执行,本院将在相关媒体上刊登判决书的主要内容,所需费用由被告洪振快承担。一审宣判后,洪振快向北京市第二中级人民法院提起上诉,北京市第二中级人民法院于2016年8月15日作出(2016)京02民终第6272号民事判决:驳回上诉,维持原判。①

二 侵害名誉权的方式

我国现行法律把侵害名誉权的行为区分为诽谤和侮辱两种形式。司法实践中将侵害名誉权区分为三个层次:(1)主观上出于过失的诽谤行为,通称为侵害名誉权行为;(2)主观上出于故意的侮辱和诽谤行为,情节一般的,承担民事责任;(3)主观上出于故意并且情节严重的侮辱和诽谤行为,构成侮辱罪和诽谤罪,承担刑事责任。1993年《解答》中规定:"当事人提起名誉权诉讼后,以同一事实和理由又要求追究被告刑事责任的,应中止民事诉讼,待刑事案件审结后,根据不同情况分别处理:对于犯罪情节轻微,没有给予被告人刑事处罚的,或者刑事自诉已由原告撤回或者被驳回的,应恢复民事诉讼;对于民事诉讼请求已在刑事附带民事诉讼中解决的,应终结民事案件的审理。"

(一)诽谤

诽谤行为是侵害名誉权的典型行为。关于诽谤的定义,英国法学权威佛瑞斯特在其名著《文字诽谤与口头诽谤》一书中,将诽谤定义为:陷某人于憎恨、讪笑、蔑视或使他人对之避开,或对其事务、职业、商业有危险倾向之声明。这种声明,如出以文字印刷或

---

① 《最高法公布8起利用信息网络侵害人身权益典型案例》,人民网,2014年10月9日,参见 http://legal.people.com.cn/n/2014/1009/c42510-25796066.html。

其他永久形式者为文字诽谤；如出于口头或含有意味的手势者为口头诽谤[1]。这一定义广为引用。一般而言，诽谤是指散布虚假事实损害他人名誉的行为。

按照前述传媒侵权的构成要件来衡量诽谤行为，其特点主要有以下几点。

1. 陈述虚假事实。这是诽谤最突出的特点，其方式有语言、文字、图像等。语言、文字陈述的意思是否虚假，比较容易判断。图像，包括动态的视频和静态的照片，所表达的陈述是否虚假需要进行全面评判。判断图像性陈述的真实性，主要不是看图像本身是否真实，而是应当看图像所表达的意思是否真实。如果图像所陈述的意思与实际情况不符，那么这种图像依然是虚假陈述。

2. 有关的虚假事项涉及特定人的社会评价。虚假陈述所指向的是自然人或者法人的社会评价，并使社会公众对于特定人产生负面社会评价。对于自然人而言，主要涉及他的品德、思想、才能、信誉等；对于法人而言，主要涉及法人行为的评价；对于企业法人而言，主要涉及其资产实力、商业信用、生产能力、产品和服务质量等的评价。

3. 严重失实或基本内容失实。传媒界人士根据传媒工作的时效性、手段受限等特点，认为传媒报道不可能做到完全真实，因此主张"微罪不举"。司法解释采纳了这一正确意见，将传媒侵权的界限划在新闻和批评文章严重失实和基本内容失实上，而把局部的、轻微的失实划入法律可以宽容的范围。

【课堂练习】 以下哪些属于诽谤行为？并说明原因。

1. 王记者通过其线人得知当地房管局局长贪污严重，于是公开

---

[1] 陈绚：《虚拟空间的真实侵害——网络诽谤分析》，《国际新闻界》2000年第1期。

报道了事实。经查实，这些"事实"乃线人伪造。

2. 学雷锋日，张编辑收到记者发来的新闻照片，一群少先队员正在认真地打扫卫生，而老师们却在一旁观看。于是加上文字"如此学雷锋"，对老师加以批评。校方指出实情，教师只是暂时休息。

3. 葛小姐正在某酒店就餐。警察正好来扫黄，电视台记者随行采访，将葛小姐摄入镜头，配以"查获卖淫女4名"的解说词，次日，在电视台播出。葛小姐生活大乱。

4. 1989年5月30日四川《家庭与生活报》头版发表题为"大明星偷漏税百万元 毛阿敏只是大巫见小巫"，虽未指名道姓，但影射刘晓庆。经查，刘晓庆确实偷税，但是实际金额为2907元。

5. 刘某患有麻风病，但是不想让人们知道。当地一家报纸得知消息，发表一篇《麻风病人在我市出现》的报道，披露了刘某患病治疗的情况。

（二）侮辱

侮辱行为是指以暴力、语言和文字等方式贬低他人名誉、毁损他人人格的侵权行为。侮辱主要有三种方式：一是暴力方式，比如给人身上泼大粪、当众扒光对方衣服示众、在公共场所强行与异性发生身体接触等。二是语言侮辱，就是用语言辱骂、嘲笑他人。三是书面侮辱，就是通过大小字报、匿名信、文章等文字形式以及广播、电视等书面形式对他人人格进行贬损。传媒侮辱属于第三种方式。

如果说，诽谤的主要特征是虚假陈述，那么侮辱的主要特征是辱骂和丑化。辱骂就是不需要任何事实依据，对他人人格和人格尊严进行整体性贬损。其表现方式主要有二：一是公然以非人的字眼毁辱他人，比如称教授为"叫兽"，称"公知"为"公鸡"，或者用诸如"狗""畜生""王八蛋"等字眼指称他人；二是用社会公认的排斥性用语指称品行并无严重不端的他人，比如"恶棍""流氓""渣子""走狗""无赖"等。丑化就是通过渲染性、夸张性的文字歪曲他人，使特定人在公众印象变得可鄙、可恶。通过影像丑化他人也是一种常见的方式。由于拍摄的角度、用光、后期处理编辑的故意性，摄影录像会使他人形象被丑化。曾有某电视台记者对"算命先生"进行暗访偷拍。节目播后，"算命先生"向法院诉称电视台侵犯了他的肖像权，理由是拍摄的镜头总是从下往上拍，专拍裤头，连裤子的拉链都被拍得一清二楚，"我哪儿丑陋他就照哪儿"。经法院审理，其诉讼请求被驳回。法院之所以驳回，是因为这是电视台正当的批评。但是这种拍摄角度和部位在客观上有丑化他人的效果。

【典型案例2】

朋友圈"吐槽"引发名誉权之争

一名婚礼摄影师在自己的微信朋友圈内发帖，怒指一婚庆司仪"总把自己太当回事……""整场废话连篇""想吐"云云。前不久，自认为受到名誉侵害的司仪将发帖摄影师告上江苏省南京市鼓楼区人民法院，指控摄影师的言论败坏了其声誉，侵犯了其名誉权，请求法院判令被告停止侵权、删除帖文、赔礼道歉，并赔偿原告精神损失5000元。

2016年8月25日，法院对该案作出一审宣判。法院认为，以书面、口头等形式捏造事实公然丑化他人人格，以及用侮辱、诽谤等方式损害他人名誉，造成一定影响的，应当认定为侵害公民名誉权的行为。本案中，被告在微信朋友圈所发的内容可以认定是指向原告的，理由如下：一是明确了对方的身份是婚礼司仪，该点与原告的职业相符；二是指出了对方的姓名字母，该字母与原告姓名的拼音首字母相同；三是藏头诗每句的首字连接起来为"××装逼被

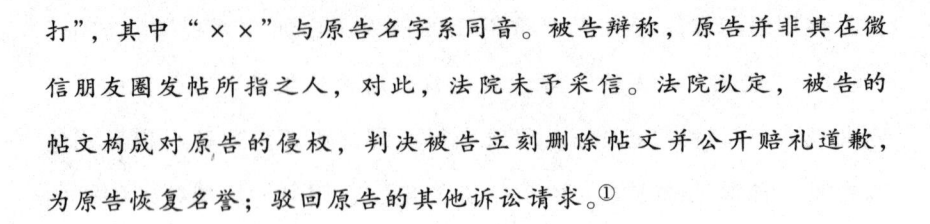

打",其中"××"与原告名字系同音。被告辩称,原告并非其在微信朋友圈发帖所指之人,对此,法院未予采信。法院认定,被告的帖文构成对原告的侵权,判决被告立刻删除帖文并公开赔礼道歉,为原告恢复名誉;驳回原告的其他诉讼请求。①

三 侵害名誉权的排除

国际公认的对于传媒诽谤的抗辩事由有三:一是内容真实,二是公正评论,三是特许权。

(一)内容真实

内容真实是指传媒发表的文章内容是真实的,符合客观实际情况。内容真实,是最有效的排除侵权的抗辩理由。一般而言,传媒内容的真实程度分为四个层级:完全真实、基本真实和基本内容失实、严重失实,基本内容失实和严重失实是构成传媒诽谤的一个要件,因此,只要传媒内容的真实性得到证实,诽谤指控自然落空。关于此,第三章第四节的"传媒侵权的抗辩事由"中已经详细阐释,此不赘述。

【典型案例3】

范志毅状告媒体侵犯名誉权 新闻媒介首次胜诉

今年(2002年)6月14日"世界杯"开赛期间,国内《体坛周报》刊出一篇题为"某国脚涉嫌赌球"的文章,称"有未经核实的消息透露,6月4日中哥之战,某国脚竟然在赛前通过地下赌博集团,买自己的球队输球……"同月16日《东方体育日报》头版刊出《中哥战传闻范志毅涉嫌赌球》报道,该文转载《体坛周

---

① 李自庆:《朋友圈"吐槽"引发名誉权之争》,《人民法院报》2016年9月18日第3版。

报》的文章，对文中涉及的国脚进行排除式的分析后，指明涉嫌球员为范志毅，同时又报道了范本人的否定意见及足协和国家队其他队员的反应，并表明将进一步关注此事。6月17日、19日，该报进行连续报道，先后刊登了有关范志毅父亲的采访报道，及范志毅本人没有赌球的声明。20日，该报又对出自不实消息来源的报道声明道歉。21日，该报以"真相终于大白，范志毅没有涉嫌赌球"为题，为范澄清了事实真相。同年7月，范志毅以《东方体育日报》在6月16日刊登"赌球"一文侵害其名誉权为由，诉至法院。

12月18日，上海市静安区人民法院作出一审判决认定，被告《东方体育日报》的系列报道"旨在连续调查赌球传闻的真实性"，这组报道是连续的、有机的，客观反映了事件的全部情况。就本案而言，不应该将该组报道割裂。即使范志毅认为争议的报道指名道姓有损其名誉，但对媒体在行使舆论监督的过程中，作为公众人物的范志毅，对于可能的轻微损害应当予以忍受。此外，从表面上看，报道涉及范志毅个人的私事，但这一私事与社会公众关注"世界杯"、关心中国足球相联系时，这一私事当属于社会公众利益的一部分，可以成为新闻报道的内容。新闻媒体对社会关注的焦点进行调查，行使报道与舆论监督的权利，以期给社会公众一个明确的说法，并无不当，遂作出一审对诉请不支持的判决。[①]

（二）公正评论

公正评论是指传媒在有可靠事实来源的情况下，针对与社会公共利益有关的事项进行立场公正、没有恶意的评论，即使有些言辞偏激、片面甚至具有诽谤性，也不追究其法律责任。条件是：（1）评论的事

[①] 《范志毅状告媒体侵犯名誉权 新闻媒介首次胜诉》，《解放日报》2002年12月19日。

项与社会公共利益有关；(2) 有可靠的事实来源；(3) 立场应当公正（但不一定客观）；(4) 没有恶意。

使用"公正评论"进行抗辩时，要做到两个区分：一是要把意见和事实区分开来。"公正评论"抗辩仅限于意见的陈述，而不涉及事实的陈述。为了防止侵权发生，在发表评论时，要把所依据的事实交代清楚，把意见和事实分开表述。有的评论没有把事实交代清楚就进行激烈的批评，当侵权纠纷发生时，就无法进行"公正评论抗辩"。二是要将言辞激烈同辱骂、丑化分开。2003 年，《探索与争鸣》发表了《关于方舟子现象的反思与断想》一组文章，其中使用了"江湖骗子""假洋鬼子""无赖相"等言辞。方是民（笔名方舟子）以杂志侵犯其名誉权为由诉至法院。初审法院以这组文章属于正常学术争论为由，驳回方的诉求。二审法院认为，这些文章虽然属于学术争论的范围，但是所使用的言辞已经超过了学术争鸣的范围，而是对人格的侮辱，因此判定侵权成立。

【典型案例 4】

1997 年文坛第一大事

《马桥词典》是中国作家韩少功 1996 年出版的一部小说，小说按照词典的形式，收录了一个虚构的湖南村庄马桥镇的 115 个词条，这些词汇部分也是作者所虚构（如晕街）的。《马桥词典》透视了一个民族生存挣扎的真实情状，挖掘了民族苦难的历史根源，同时展示了中国传统文化的另一面，可以说是为我们提供了认识农村的又一个途径。

1997 年，张颐武和王干两位评论家公开指责该书"模仿""完全照搬"乃至"抄袭"了塞尔维亚作家米洛拉德·帕维奇的名作《哈扎尔辞典》。韩少功之后将张颐武和王干，以及刊登相关文章的数家生活服务类报纸一并诉入公堂。1999 年 3 月 23 日，海南省高级人民法院就有关韩少功长篇小说《马桥词典》的名誉侵权案下达了终审判决书。判决书称:"关于一部作品'完全照搬'另一部作品的判断,已不是单纯的文学批评上的判断,而是对作品有无独创性(或原创性)所作的判断。按照著作权法的原则,'完全照搬'即抄袭、剽窃,该行为是要受到法律和道德的否定评价的。对于一个职业作者尤其是具有一定知名度的作家而言,其职业生命在于独立创作作品,抄袭、剽窃无疑是对职业道德和人格价值的否定,必然会导致社会公众的否定评价。张颐武在《为您服务报》上撰文断言《马桥词典》无论形式和内容都很像,而且是完全照搬《哈扎尔辞典》,肯定《马桥词典》是一部抄袭、剽窃之作,但诉讼期间未能举证证明,因此,张颐武的'评论'缺乏事实根据。"

法院判令众被告刊登道歉声明,并赔偿人民币千余元而结束。

(三) 特许权

特许权是指为了公众利益或保护个人合法权益,可以作诽谤性陈述而不需承担法律责任。新闻媒介的特许权有三项原则:公开、准确;所报道事项应与公益有关;不具有恶意。

1998年《"名誉侵权"的司法解释》规定:"新闻单位根据国家机关依职权制作的公开的文书和实施的公开的职权行为所作的报道,其报道客观准确的,不应当认定为侵害他人名誉权。"客观、准确、全面是这类报道免予侵权责任的前提,否则发生侵权后果,传媒机构或者记者就要承担侵权责任。

【典型案例5】

《四川经济日报》侵害成都恩威集团公司名誉权案

1994年8月下旬,《四川经济日报》社收到了匿名投递的关于"十六个批号的洁尔阴、肤洁灵洗液不符合规定的检验报告",并标明报告系四川省药品检验所于1994年8月3日作出。在该材料受到四川省药品检验所、成都恩威集团公司、四川省卫生厅等多方质疑的情况下，9月8日，《四川经济日报》社在其经营的《四川经济日报》一版"报眼"位置上刊发了由王耘等三名记者撰写的有关洁尔阴洗液《十六个批号均不符合卫生部标准》的报道。成都恩威集团公司对此提出异议。9月21日，《四川经济日报》一版发表题为"充分发挥舆论监督作用"的本报评论员文章，对恩威公司的反应进行批评。

1995年1月9日，成都恩威集团公司以《四川经济日报》社名誉侵权为由向法院提起诉讼。原告请求人民法院依法判令被告立即停止对原告的名誉侵害，判令被告在《四川经济日报》一版重要位置上公开为原告恢复名誉、消除影响，并向原告赔礼道歉，向原告赔偿经济损失人民币500万元。

3月23日，成都市中级人民法院公开开庭审理本案。一审判决认定《四川经济日报》社侵害成都恩威集团公司名誉权成立，判令《四川经济日报》社承担相应民事责任，包括赔偿成都恩威集团公司经济损失500万元。

一审判决后，《四川经济日报》社不服，提起上诉。四川省高级人民法院于1999年初终审判决《四川经济日报》社败诉，维持一审判决。①

第二节　传媒与隐私权

1890年，瓦伦和布兰迪斯在《哈佛法学评论》上发表《论隐私

---

① 《成都恩威集团诉〈四川经济日报〉侵犯名誉侵权案》，参见《人民法院报》1999年1月21日。

权》一文，首次提出了隐私权概念，即"独处的权利"①。这项新的权利在 1903 年被纽约州通过立法方式承认；1905 年，佐治亚州最高法院承认了隐私权为普遍法的权利。1966 年联合国大会通过的《公民权利及政治权利公约》，沿袭了 1948 年《世界人权公约》中关于对个人的私生活、家庭、住宅和通信不得加以非法干涉的规定。此后，对隐私权的保护呈现出一种国际化的趋势。

在我国，对隐私权进行保护的理念在 20 世纪 80 年代开始出现。1982 年颁布的《宪法》中规定："中华人民共和国公民的人格尊严不受侵犯。禁止用任何方法对公民进行侮辱、诽谤和诬告陷害。"虽然没有直接使用隐私权概念，但是作为人格尊严的有机组成部分，公民的隐私权得到了《宪法》保护。2009 年颁布的《侵权责任法》第二条将"隐私权"作为独立的人格权加以保护，2017 年颁布的《民法总则》第一百一十条规定："自然人享有生命权、身体权、健康权、姓名权、肖像权、名誉权、荣誉权、隐私权、婚姻自主权等权利。"隐私权作为一项独立的人格权予以确认。

一 隐私与隐私权

（一）隐私及其分类

在汉语中，隐私的含义通过"隐"和"私"得以表达。所谓"隐"，即隐避、隐藏，引申为不公开之意。所谓"私"，即个人的、秘密的、不公开的。隐私，即指个人的不愿公开的私事或秘密。现代意义上的隐私，是指个人与公共利益和社会公共生活无关的而不

---

① ［美］路易斯·D. 布兰代斯等：《隐私权》，宦盛奎译，北京大学出版社 2014 年版，第 3 页。

愿为他人知悉的私人信息和不愿受他人干扰的私人事项。这个定义包含两个意思：一是隐私是与公共利益和社会公共生活无关的私事。二是隐私是本人不愿为他人知悉或者受他人干扰的私人事项。不愿为他人知悉，即不被打听、不被搜集、不被传播；不愿受他人干扰，即不被侵入、不被窥探、不被摄录等。

关于隐私的具体分类，说法不一。有的根据隐私的外在表现形式，将隐私分为抽象的隐私和具体的隐私；有的根据隐私的性质，将隐私分为合法的隐私和非法的隐私；还有的将隐私分为领域隐私、人身隐私、资料隐私、通信及监察隐私等。魏永征教授将隐私分为私人信息、私人活动、私人空间三类[①]，本书将隐私区分为私人信息、私人活动和私人领域三类。

1. 私人信息，包括个人的姓名、肖像、住址、私人电话、个人的财产状况和银行账户等一切与社会生活无关的私人信息，以及日记、信件、未公开的遗嘱等私人文件，个人健康状况和疾病的记录，社会关系的记录等。一些特殊信息，如未成年时的罪错记录，犯罪受害人（特别是性犯罪）的受害记录等，也属于私人信息之列。网络IP地址、电子邮箱地址、信用卡、电子消费卡、上网卡、上网账号和密码、交易账号和密码等信息，是随着网络发展出现的新的私人信息。

2. 私人活动，是指个人与公共利益无关的一切私人活动，包括个人婚恋状况、子女状况、家庭生活、夫妻生活、社会交往、通信往来等。随着网络的普及，网络活动踪迹、线上交友状况等，也属私人活动。

3. 私人领域，首先是私人场所，住宅是毋庸置疑的私人领域，

---

① 魏永征：《新闻传播法教程》，中国人民大学出版社2006年版，第189—190页。

除此之外，还应包括酒店卧室、医院病房等一定时期内为自然人使用的私人领域。私人领域还包括具有合理的隐私期望的公共场合，比如银行取款柜台、自助取款机、医院哺乳室等。个人身体的隐蔽部位、身体秘密等，也属于私人领域的范畴。

（二）隐私权

隐私权，也称为"宁居权"，是指自然人享有的私人生活安宁与私人信息秘密依法受到保护，不被他人非法侵扰、知悉、收集、利用和公开的一种人格权，而且权利主体对他人在何种程度上可以介入自己的私生活，对自己是否向他人公开隐私以及公开的范围和程度等具有决定权。隐私权还包括权利主体有权要求知情者（包括因职务需要知悉自己隐私的人，如公安司法人员、律师、医生、银行职员等）不透露、不公开、不传播自己的隐私。

隐私权的权利主体只能是自然人。死者隐私也受法律保护。

根据中国国情及国外有关资料，下列行为可归入侵犯隐私权范畴：

1. 未经公民许可，公开其姓名、肖像、住址和电话号码。

2. 非法侵入、搜查他人住宅，或以其他方式破坏他人居住安宁。

3. 非法跟踪他人，监视他人住所，安装窃听设备，私拍他人私生活镜头，窥探他人室内情况。

4. 非法刺探他人财产状况或未经本人允许公布其财产状况。

5. 私拆他人信件，偷看他人日记，刺探他人私人文件内容及将它们公开。

6. 调查、刺探他人社会关系并非法公之于众。

7. 干扰他人夫妻性生活或对其进行调查、公布。

8. 将他人婚外性生活向社会公布。

9. 泄露公民的个人材料或公之于众或扩大公开范围。

10. 收集公民不愿向社会公开的纯属个人的情况。

(三) 网络隐私权

随着互联网和大数据时代的到来，公民网上活动的隐私保护问题呈现出复杂的态势，网络隐私权问题成为关注的热点。

网络隐私权是隐私权在网络中的延伸，是指自然人在网上享有私人生活安宁、私人信息、私人空间和私人活动依法受到保护，不被他人非法侵犯、知悉、搜集、复制、利用和公开的一种人格权；也指禁止在网上泄露某些个人相关的敏感信息，包括事实、图像以及诽谤的意见等。[①]

网络隐私权具有以下几个方面的特征：第一，网络隐私权具有易受侵害的脆弱性，其侵权情况常常难以控制且危害巨大。第二，网络隐私权客体扩大并具有复杂性，呈现国际统一的趋势。第三，网络隐私权具有人格、财产双重属性。第四，网络隐私权的权能得到强化与扩大。

根据顾理平、范海潮的研究，网络隐私问题研究呈现出三个阶段：第一阶段，从2008年到2012年，主要是对个人隐私权、个人信息保护、网络隐私、行业自律等基础性概念展开探讨。第二阶段，从2013年到2015年，主要对大数据时代个人隐私信息的新问题展开探讨，诸如删除权、被遗忘权、隐私悖论、网络安全等。第三阶段，从2016年到2018年，对网络安全、信息安全等问题进行持续性深入探讨。[②]

(四) "删除权"

"删除权"或者"被遗忘权"是隐私权在互联网时代延伸出来的一种新的权利类型。

[①] 殷丽娟：《专家谈履行网上合同及保护网上隐私权》，《检察日报》1999年5月26日。
[②] 顾理平、范海潮：《网络隐私问题十年研究的学术场域——基于CiteSpace可视化科学知识图谱分析（2008—2017）》，《新闻与传播研究》2018年第12期。

最早从法律层面考虑对公民被遗忘权进行保护的是欧盟。1995年，欧盟议会与理事会通过了《关于个人数据处理保护与自由流动指令》，在个人数据保护方面强调了运营商数据侵权强制通知义务即用户终端存储信息统一原则。2012年，欧盟委员会公布了《关于涉及个人数据处理的个人保护以及此类数据自由流动的2012/72、73号草案》（简称《2012年欧盟草案》），提出了数据主体应享有"被遗忘权"。欧盟负责基本权利和公民权利的司法官员维维亚娜·雷丁阐明"被遗忘权"的核心条款是，如果个人不再希望自己的个人数据被数据控制商加工或储存，且数据控制商没有继续占有该数据的合法理由，那么此数据就应该从系统中清除。欧盟将"被遗忘权"定义为"数据主体有权要求数据控制者永久删除有关数据主体的个人数据，有权被互联网所遗忘，除非数据的保留有合法的理由"。

根据欧盟提案，在以下四种条件下，权利主体有权要求信息控制者删除与其有关的所有信息或停止此类信息的进一步传播：（1）此类信息已没有被收集或处理的必要；（2）权利主体通过声明或行动表示不再允许其信息为实现一个或多个具体目的被收集；或被收集的信息存储期已经过期，且法律上已没有处理该信息的必要性；（3）权利主体根据自身情况在任何时候都可以反对其个人信息的收集和处理，除非对该信息的处理对于维护信息主体的基本权利至关重要，或是为了维持公共利益的正常运作所必需的，或属于信息控制者既定的官方权力范围之内，或信息收集者对于该个人信息的处理有着超越个人信息自由的无可抗拒的立场；（4）对于主体个人信息的处理违反个人信息保护的改革方案。①

---

① 吴飞：《名词定义试拟：被遗忘权（Right to Be Forgotten）》，《新闻与传播研究》2014年第7期。

被遗忘权发展到今天，已经被修订成"删除权"，欧盟的《一般数据保护条例》和我国的《网络安全法》先后设立了"删除权"，但是这两者的"删除权"具体在主体、客体、性质、范围和实施等方面都存在着差异。①

【延伸阅读】

欧洲被遗忘权第一案

1998年，西班牙律师冈萨雷斯因未缴纳社会保障税，导致自家房屋被政府拍卖。西班牙劳动和社会事务部在《先锋报》发了一份豆腐块式拍卖公告，全文不过36个字，随后报纸上网。2009年，冈萨雷斯偶然在谷歌搜索自己的名字时，《先锋报》上的那则公告赫然出现在搜索首页。

"什么？房子早拍卖掉了，社保税也补上了，凭啥让一桩十几年前的旧事，严重影响我的律师声誉。"冈萨雷斯向报社抗议，但是报社拒绝删除网页。律师于是要求谷歌立即删除链接。谷歌西班牙分公司回复说，删除链接事宜由位于美国加利福尼亚州的总部处理，他们无权删除。律师以1995年欧盟议会与理事会通过的《关于个人数据处理保护与自由流动指令》为依据，向西班牙个人数据保护局投诉，要求：（1）报社删除相关网页；（2）谷歌不再显示搜索结果或取消链接。

2010年7月，西班牙个人数据保护局作出决定：报社受政府部门委托合法刊登公告，无须删除网页；支持第二项请求。

谷歌不服，向西班牙法院起诉，辩称：搜索引擎没有义务删除在其他网站上合法发布的信息，拒绝删除链接。

西班牙法院认为有必要请求欧洲法院对指令出台指示意见。2014

---

① 周冲：《个人信息保护：中国与欧盟删除权的异同论》，《新闻记者》2017年第8期。

年 5 月 13 日，欧洲法院裁决：谷歌在欧盟营运，被归类为数据控制者，其搜索引擎业务属处理个人数据的活动，受到指令规范。个人数据保护局有权下令谷歌移除第三者发布的个人资料，就算该数据是合法发布，因为指令里的反对权和删除权可延伸为被遗忘权。"如果在搜索引擎上搜索某公民名字，搜索结果中网页包含信息侵犯公民隐私，信息不准确或已失效，该公民可以同搜索引擎经营者交涉删除该链接。"这项判决的结果适用于所有欧盟成员国。

法院认为，根据《欧盟基本权利宪章》，数据当事人享有隐私权和保护个人数据的权利。一般而言，这两项权利都高于搜索引擎营运者的经济利益以及公众透过输入数据当事人名字从搜索引擎得到数据的利益。

不过，被遗忘权并不是绝对的。数据当事人能否行使这项权利，要视个案具体情况而定，并须权衡各项相互竞争的权益，一方是关乎数据当事人，包括数据性质、是否涉及私生活以及敏感程度等；另一方是关乎大众获取数据的权益，这会因当事人是否担任公职而有所变化。欧盟法院指出，一旦认定公众获取数据的权益更为重要，便有理由干预当事人的基本权利。

欧洲法院的裁决，将被遗忘权推上舆论的风口浪尖。"这是保护欧洲民众个人信息的一次显著胜利。"欧盟司法委员维维亚娜·雷丁强硬表态："一个在欧洲拥有数百万活跃用户的网络公司必须遵循欧盟法律，即使这家公司的总部在美国。"她指的是脸书（Facebook），一家拥有十亿用户的网络巨头。

判决两个星期后，谷歌宣布建立投诉机制。欧洲人可以向谷歌提交需要屏蔽的链接，并在表格中解释要求屏蔽的理由。申请者要提交能证明个人身份的数码影印件，比如护照、驾照等。

"在执行这一决定时，我们将对每个人的请求作出判断，将在个人的隐私权和公众的知情权以及信息传播之间作出平衡。"谷歌在声明中说。不到一个月，谷歌收到4.1万条申请。

媒体、学者对判决的长远影响深表担忧。有社论对此提问："一个被发现藏有儿童性虐待照片的性侵者、一个被指责欺诈客户的公司、一个造成医疗事故的外科医生、一个逃税者、一个腐败的官员，他们之间有什么共同之处？他们都希望有关他们过去历史的报道被抹去。"

BBC、《每日邮报》等英国媒体联合起来，质疑谷歌过度履行法院裁决。《卫报》载文称其六篇文章被谷歌屏蔽，其中三篇涉及足球裁判"吹黑哨"。《卫报》对被删除事件进行深入报道，原本"被遗忘"的信息获得了更大的曝光度。谷歌还删除了BBC记者写的一篇美林证券前总裁因公司巨亏被迫下台的文章。

2015年谷歌发言人表示，收到了34万份要求删除搜索结果的申请，对123万个网址进行核查，其中42%被删除。来自法德两国的申请最多。

美国对被遗忘权一直持反对态度。2010年年末，加利福尼亚大学伯克利分校橄榄球队一名运动员的父亲普尔茨将学生报纸《加州人日报》的总编辑拉杰什告上法庭，因为后者拒绝从网上移除关于其子小普尔茨的报道。小普尔茨于2010年去世，4年前，《加州人日报》曾发表过一则小普尔茨在脱衣舞俱乐部醉酒斗殴的新闻。法官最后支持了被告："同情父亲的丧子之痛，但是这并不能使我判决被告败诉。"2015年3月11日晚，四位隐私和技术专家辩论被遗忘权能否在美国推行，民意测验显示，仅有35%的美国人对此支持，而超过56%的人坚决反对。

2015年7月，俄罗斯立法引入被遗忘权，但保护标准非常严格。新法赋予公民屏蔽互联网上涉及自身不实信息的权利。对这一要求搜索引擎可以满足，也可以拒绝。如果被拒绝，公民可向法院起诉。

法律同时规定，公职人员不能要求在网上屏蔽其不动产或收入信息。公民也无权要求隐匿其曾经入狱等信息。

2015年巴西最高法院作出对谷歌有利的判决。传奇女明星舒莎·莫妮格尔提出诉讼，要求谷歌删除有关她与一部20世纪80年代老电影相关的搜寻结果。当时她在戏中饰演一个与12岁少年发生性关系的角色。

2016年巴西最高法院在另一起案件中裁定：被遗忘权不适用于谷歌等搜索引擎，这一判决和欧洲法院的看法正好相反。

2014年10月和2015年12月，一名日本男子分别在谷歌、雅虎搜索引擎中输入其姓名，搜索结果中出现包含其过去犯罪信息的网站链接。男子先后向日本地方法院提起诉讼，要求谷歌和雅虎删除相关链接，法院作出了支持原告的判决，从司法层面承认"被遗忘权"。

2015年6月，另一名日本男子用谷歌检索其姓名和地址，搜索结果中出现了包含其三年前因触犯《反儿童卖淫和色情法》，与未成年少女进行性交易被捕的新闻链接。该男子向日本埼玉县地方法院提起诉讼，以名誉权受到侵犯为由，要求谷歌删除相关搜索结果链接。2016年2月，埼玉县法官判决，援引被遗忘权，要求谷歌履行删除义务。

日本国内舆论大哗，网友对此批评道："网络记录看来是对犯罪分子永久性的惩罚。但是你只要一开始就别走歪路，就没什么好担心的。"还有人进行呼吁："被遗忘权就相当于重写历史，我们必须不惜一切来抵制。如果你不喜欢被公之于众，就别犯罪。"

2017年2月，日本最高法院驳回了四起要求谷歌删除诽谤评论的案件，其中包括用户在谷歌地图上对诊所留下差评，以及埼玉县被遗忘权案。法官认为，除非涉案数据的隐私价值远高于公开数据的重要性，否则不应删除数据。谷歌赢得了来之不易的胜诉。

2016年5月4日,北京市海淀区法院审结了中国第一例涉"被遗忘权"案件。原告要求被告百度公司删除与前任东家相关的搜索关键词和链接,并赔礼道歉,赔偿经济损失。一审法院驳回了任某的全部诉讼请求,二审法院维持原判。

一审法官在判决书中指出:我国现行法中并无法定称谓为"被遗忘权"的权利类型,"被遗忘权"只是在国外有关法律及判例中有所涉及,但其不能成为我国此类权利保护的法律渊源。二审法官强调:虽然我国学术界对被遗忘权的本土化问题进行过探讨,但我国现行法律中并无对"被遗忘权"的法律规定,亦无"被遗忘权"的权利类型。[1]

二 侵害隐私权的方式

由于各国法制不同,侵害隐私权的方式也有不同的划分。20世纪60年代,美国学者普拉索将侵害隐私权行为分为四项。(1)挪用:擅自使用原告的姓名、肖像等谋取利益;(2)侵入:侵入他人的私人领域;(3)不合理地公开披露私事;(4)错误曝光:因公开某事使公众对当事人产生错误认识。[2] 这四项被美国侵权行为法采纳,流传甚广。

由于普拉索将侵犯隐私权问题置于更为广泛的侵犯人格权范畴中加以讨论,本书按照前述关于隐私类型的划分,将传媒侵害隐私权的行为归为三种:一是公布、宣扬私人信息;二是错误曝光私人活动;三是侵入私人领域。由于网络侵害他人隐私权行为日益广泛,且给当事人造成更大的精神损害,本书对此进行专门阐述。

---

[1] 俞飞:《走出欧盟的"被遗忘权"》,《方圆》2018年第8期,有删减。
[2] [美]唐·R.彭伯:《大众传媒法》,张金玺、赵刚译,中国人民大学出版社2005年版,第236—237页。

(一) 公布、宣扬私人信息

公布、宣扬私人信息是传媒侵害隐私权的常见方式。所谓公布、宣扬私人信息,就是未经同意擅自公布私人信息或以书面、口头形式宣扬私人信息的行为。其常见行为有:(1) 收集、储存、使用他人各种私人资料,并予以公布,如身份证号码、家庭地址、电话号码、私人通信、电话记录等;(2) 在报道性犯罪、性侵扰等事件时,擅自公布受害人的姓名、身份、地址以及其他足以使人辨认的特征;(3) 报道未成年人违法犯罪或其他不良行为时,任意披露未成年人的姓名、肖像和其他足以辨认的资料;(4) 负有隐私保密义务的机构或者从业人员(比如医生、律师、会计师、评估师等),擅自通过传媒公布当事人的私人信息。

(二) 错误曝光私人活动

错误曝光私人活动就是对他人私人活动方面进行错误曝光,从而使他人的人格尊严受到侵犯。其常见行为有:(1) 擅自披露他人婚姻、恋爱、家庭情况;(2) 非法刺探、调查他人私人经历、私人行踪等,并擅自进行报道;(3) 擅自宣扬他人私生活方面发生的错误,比如婚外性行为、通奸、暧昧男女关系等"私德"问题。

(三) 侵入私人领域

侵入私人领域就是记者在采访活动中未经许可侵入他人私生活领域或者私人领域。私生活领域不仅包括私人场所,还包括具有合理隐私期望的公共场所。侵入的方式包括强行侵入和秘密侵入,不仅指亲身进入,也包括窥探、偷听、监视以及未经许可的摄影、录音、录像或者偷拍偷录等。

【典型案例6】

年轻妈妈给孩子喂奶被拍特写　摄像师侵权

2006年10月,女青年小燕的哥哥举行婚礼,一家鲜花店承揽了婚庆服务，临时雇用胡某担任婚礼摄像。刚刚做母亲不久的小燕抱着孩子赶来参加婚礼庆典，在婚礼过程中小燕撩起衣服给孩子喂奶，此时担任摄像服务的胡某将镜头对准了吃奶的孩子，没有理会小燕的羞涩及其家人的阻拦，拍下了小燕给孩子喂奶的胸部特写镜头。几天后，胡某将婚礼录像光盘制作出来，小燕的哥哥和其朋友们在不知情的情况下，在酒楼一起观看了该录像。在大家的哄笑声中，小燕感到十分尴尬。小燕以摄像师侵犯了她的隐私权为由，将胡某告上了四平市铁西区人民法院。

一审法院认为，胡某侵权事实成立。判决被告胡某向小燕赔礼道歉，并赔偿小燕精神损害抚慰金2000元；胡某系鲜花店临时雇用，鲜花店应对民事赔偿承担连带责任。

胡某不服，向四平市中级人民法院提出上诉。他称，喂奶是在公共场合下进行的，孩子吃奶镜头是给婚礼增加亲情的元素，而且是在特殊的公共场合下播放的，观看的人员有限，不构成侵害隐私权。

二审法院审理时认为，隐私是指一种与社会公共利益、群体利益无关的个人私生活的秘密。它具体包括私人信息、私人活动和私人领域。根据中华民族的传统，女性的乳房是个人的隐私部位，属于私人领域。胡某在婚礼摄像过程中将小燕不宜公开的身体部位摄入镜头，并有短暂停留，该画面经胡某制成光盘后被小燕的哥哥和朋友多人看到，使小燕的隐私权得不到尊重和保护，给小燕造成精神上的伤害。法院认为小燕主张的权利具有法律依据，理应赔偿，胡某的上诉理由不能成立。2007年9月，四平市中级人民法院终审判决驳回胡某的上诉请求，维持原判。①

---

① 费季为：《年轻妈妈给孩子喂奶被拍特写 婚礼摄像师被判侵权》，中国法院网，2007年10月8日，有删减。参见 http://www.chinacourt.org/article/detail/2007/10/id/268852.shtml。

（四）网络侵犯隐私权

利用互联网侵犯他人隐私已经成为世界范围内普遍关注的重大问题，其表现形式五花八门。从侵害内容而言，既有对于他人私人信息的侵犯（比如非法侵入、窃取、篡改私人信息等），也有对他人网上活动的侵犯（比如刺探他人婚恋、私生活事项等），还有对他人网上私人领域的侵犯（比如侵入私人信箱、监视他人活动等）。"人肉搜索"是网络侵犯他人隐私权的典型方式。

"人肉搜索"就是利用强大的网络搜索引擎，以人工参与的方式，对特定自然人在互联网上的所有私人信息、私人活动、私人领域进行全面搜索，并公之于众的侵权行为。有时候还会以"线上""线下"相结合的方式，针对特定自然人进行全面曝光。可以说，在"人肉搜索"中，一个人将被赤裸裸地呈现于大众面前。

2006 年以后，"人肉搜索"案例频发，典型案例有：虐猫女事件、铜须门事件、铁军打人事件、华南虎事件等。虽然在被称为"人肉搜索第一案"中，受害人王某胜诉，依法维护了自己的人格尊严，但是此案并没有遏制"人肉搜索"蔓延之局。

【典型案例 7】

"人肉搜索第一案"

王某与死者姜某系夫妻关系，双方于 2006 年 2 月 22 日登记结婚。2007 年 12 月 29 日，姜某从自己居住楼房的 24 层跳楼自杀身亡。姜某生前在网络上注册了名为"北飞的候鸟"的个人博客，并进行写作。在自杀前 2 个月，姜某关闭了自己的博客，但一直在博客中以日记形式记载了自杀前两个月的心路历程，将王某与案外女性东某的合影照片贴在博客中，认为二人有不正当两性关系，自己的婚姻很失败。姜某的日记显示了丈夫王某的姓名、工作单位地址等信息。姜某在 2007 年 12 月 27 日第一次试图自杀前将自己博客的密码告诉一名网友，并委托该网友在12小时后打开博客。在姜某于2007年12月29日跳楼自杀死亡后，姜某的网友将博客密码告诉了姜某的姐姐，姐姐将姜某的博客打开。张某系姜某的大学同学。得知姜某死亡后，张某于2008年1月11日注册了非经营性网站，名称与姜某博客名称相同，即"北飞的候鸟"。在该网站首页，张某介绍该网站是"祭奠姜某和为姜某讨回公道的地方"。张某、姜某的亲属及朋友先后在该网站上发表纪念姜某的文章。张某还将该网站与天涯网、新浪网进行了链接。

姜某的博客日记被转发在天涯社区论坛中，后又不断被其他网民转发至不同网站上，姜某的死亡原因、王某的"婚外情"等情节引发众多网民长时间、持续性关注和评论。许多网民认为王某的"婚外情"行为是促使姜某自杀的原因之一；一些网民在进行评论的同时，在天涯等网站上发起对王某的"人肉搜索"，使王某的姓名、工作单位、家庭住址等详细个人信息逐渐被披露；更有部分网民在大旗网等网站上对王某进行谩骂、人身攻击，还有部分网民到王某家庭住址处进行骚扰，在门口刷写、张贴"逼死贤妻""血债血偿"等标语。

大旗网系由凌云公司注册管理的经营性网站。在姜某死亡事件引起广泛关注后，大旗网于2008年1月14日制作了标题为"从24楼跳下自杀的MM最后的BLOG日记"的专题网页，主要包括如下内容：对姜某自杀事件发生经过的介绍；相关帖子的链接；网民自发到姜某自杀的小区悼念的现场情况；对网民进行现场采访的内容；对姜某的姐姐、姜某的同学张某、姜家的律师进行电话采访的内容和"网友留言""心理专家分析"等专栏。大旗网在专题网页中使用了王某、姜某、东某的真实姓名，并将姜某的照片、王某与东某的合影照片、网民自发在姜某自杀身亡地点悼念的照片、网民到王某家门口进行骚扰及刷写标语的照片等粘贴在网页上。

170

王某分别起诉张某、凌云公司、天涯公司，请求停止侵害、删除信息、消除影响、赔礼道歉并赔偿精神抚慰金。

北京市朝阳区法院认为，公民的个人感情生活包括婚外男女关系均属个人隐私。张某披露王某的个人信息行为侵害了王某的隐私权。凌云公司在其经营的大旗网上对关于该事件的专题网页报道未对当事人姓名等个人信息和照片进行技术处理，侵害了王某的隐私权并导致王某的名誉权遭受损害，应当承担删除专题网页、赔礼道歉和赔偿精神损害等侵权责任。天涯公司经营的天涯社区网站根据有关法律法规制定了上网规则、对上网文字设定了相应的监控和审查过滤措施、在知道网上违法或侵权言论时采取了删除与本案有关的网络信息，已经履行了监管义务，不承担侵权责任。[①]

三 侵害隐私权的排除

传媒侵害隐私权的抗辩事由主要有公共利益原则、当事人同意、使之不可辨认。

（一）公共利益原则

所谓公共利益，是指社会公众都享有的非独占的、为一个社会生存与发展所必需的利益，又称为"社会福祉"。社会公共利益为一个社会存在所必需，受《宪法》《刑法》《行政法》等法律的保护。因此，凡是与社会公共利益有关的事项，或者出于社会公共利益必须公开的事项，不受隐私权保护。2001年最高人民法院《关于确定民事侵权精神损害赔偿责任若干问题的解释》中，把"违反社会公共利益、社会公德"作为侵害他人隐私的前提，从法律层面明确了

---

① 《最高法公布8起利用信息网络侵害人身权益典型案例》，人民网，2014年10月9日，参见http://legal.people.com.cn/n/2014/1009/c42510-25796066.html。

公民隐私权因公共利益而退缩的原则。

由于每个人在社会公共生活中所处地位不同，与社会公共利益关联程度不同，隐私权的范围也有差异。公众人物，亦称公共人物或公众形象，是在一定范围内为人们所广泛知晓和关注，并与社会公众利益密切相关的人物。因此，公众人物的隐私权要进行适度限制，尤其是国家机关公职人员，他们的部分私人信息和私人活动事关社会公共利益，有必要为社会公众所知晓，比如政治经历、学习经历、财产状况、情趣爱好、生活作风、家庭成员等，社会公众有权知悉并进行评论。

"公众人物"一词源于在美国新闻史上一个里程碑性的案例——1964年沙利文起诉《纽约时报》案。在该案中，法官威廉·布伦南认为沙利文作为警长，社会地位特殊，媒体对其进行批评不构成诽谤，从而树立了"确有恶意"原则。

2002年，上海市静安区人民法院在审理足球运动员范志毅诉某报社涉嫌侵犯其名誉权时，首次使用了"公众人物"这一概念，认为"即使范志毅认为引起争议的报道点名道姓称其涉嫌赌球有损其名誉，但作为'公众人物'，对媒体在行使正当舆论监督的过程中可能造成的轻微损害，应当予以容忍与理解"。这是我国司法实践中首次对"公众人物"的名誉权和普通人实行差别化保护。

（二）当事人同意

隐私权具有自主性特征。当事人只要自愿或者亲自将自己的某一私事公之于众，这一私事就成为非隐私，就不能再对所有传播此事的行为主张隐私权。

在现实生活中，出于不同的动机，人们有意或者无意地放弃了自己的一部分隐私，比如许多知名政治家、文学家、艺术家，在自己的自传或者回忆录中详细地介绍自己的个人经历、家庭生活、恋爱经历等，传媒开设了诸如婚恋、交友、心理咨询等栏目，为普通人倾诉个人私人事项提供舞台。由于是当事人亲自现身说法，传媒对此进行公开传播，就不存在隐私权问题了。

值得注意的是，当事人同意原则不适用于未成年人。未成年人是无行为能力或者限制行为能力的人，他们的同意不具有法律效力。因此，涉及未成年人的隐私披露，我国现行法律是禁止的。如果擅自披露，就要承担侵权责任。即使取得了未成年人监护人的同意，也属于侵权行为。

（三）使之不可辨认

在现实生活中，有些私人活动或者私人事项具有教育意义或者警示价值、公众具有兴趣或者是应当被批评的事项，确有报道价值，但又涉及隐私，当事人不会同意披露，在此情况下，变通办法就是使用技术手段使社会公众无法在新闻报道或者信息内容中辨认或者推断当事人，比如文字报道中的化名、对图片和视频中当事人关键部位打马赛克、对当事人声音进行特别处理等。

第三节 传媒与肖像权

肖像权是公民一项重要的人格权。传媒在信息传播或者商业广告中不当使用他人肖像，会给他人造成精神损害或者财产损失，尤其在互联网时代，侵犯他人肖像权案例越来越多。因此，合法使用公民肖像，避免侵害肖像权行为的发生，是传媒活动的重要规范之一。

一 肖像与肖像权

肖像，就是借助一定手段和特定载体对特定自然人外貌形象

（姿态、容貌、表情等）的再现。再现肖像的手段可以是人工的绘画、雕塑等，也可以是摄影、摄像等科技手段，最常见的手段是照片。载体可以是纸张、感光胶片、数字技术等，也可以是木头、石头、陶泥、化工材料等。表现的方式可以是静态的，也可以是动态的。通常，我们判断特定人的外部形象再现是否构成肖像，应结合其表现的形式和表现的部位来看待。

肖像具有一系列重要特征。肖像的重要特征之一就是可辨认性。特定人的外部形象是否构成肖像，判断的主要依据就是可辨认性，也就是说，它是对特定人的主要外在形象——面部形象的再现。不管采取何种手段、何种方式、何种载体，只要能够清楚地反映特定人的容貌特征，能够清楚地与他人区别开来，就是特定人的肖像。有些再现手段——比如漫画——由于使用了夸张性手法，但通过文字说明或表明所画为何人，也是特定人的肖像。肖像的第二个特征是专属性。肖像为肖像人专有。对肖像的亵渎就是对肖像人的亵渎，焚烧、丑化、污染他人肖像，是对他人肖像权的侵犯。肖像的第三个特征是财产性。肖像兼具实用和艺术的功能。肖像的实用性功能，就是它是特定人的符号化和象征资源。对于某些社会成员而言，这种象征资源可以带来实际的商业收益。

肖像权，就是自然人对自己的肖像的制作、支配与控制的权利。

肖像制作专有权包括：一是肖像权人根据自己的需要或他人、社会的需要，有权决定自我制作肖像或由他人制作自己的肖像，他人均不得干涉；二是肖像权人有权禁止他人未经自己的同意或授权，擅自制作自己的肖像。非法制作他人的肖像，构成侵权行为。

肖像支配专有权包括：一是自然人有权以任何方式使用自己的肖像，并通过使用取得精神上的满足和财产上的收益，他人不得干涉（但不得违反法律和公序良俗）。二是自然人有权允许他人使用自己的肖像,并决定从中获得报酬。三是自然人有权禁止他人非法使用自己的肖像。

《民法通则》第一百条规定:"公民享有肖像权,未经本人同意,不得以营利为目的使用公民的肖像。"常见的侵犯公民肖像权的行为,主要是未经本人同意、以营利为目的使用他人肖像做商业广告、商品装潢、书刊封面及印刷挂历等。对于侵犯肖像权行为,受害人可自力制止,例如请求交出所拍胶卷、除去公开陈列肖像等,也可以依法请求加害人停止侵害、排除妨碍、消除影响或赔偿损失等。除此之外,恶意毁损、玷污、丑化公民的肖像,或利用公民肖像进行人身攻击等,也属于侵害肖像权的行为。

二 传媒对公民肖像的合理使用

在新闻报道中使用他人肖像,是国际公认的合理使用,可以无须征得他人的同意。理由是:(1) 公共利益需要;(2) 肖像人默示同意;(3) 肖像的淡化。具体可以归纳为以下几种情形。

(一) 按照"显著性"原则使用他人肖像

"显著性"的含义之一就是名人名事,因为公众具有兴趣,所以常常是新闻报道的重要内容。在新闻报道中使用相关人物的肖像,比如党和国家领导人、地方各级党政领导人、人大代表、政协委员、著名社会活动家以及其他社会公众人物,为了报道其活动和事迹而使用其肖像,不构成侵权。

(二) 使用特定场合出席特定活动的人物的肖像

国家机关和社会团体在特定时间和特定地点举办的特定活动中,所有参加这些活动的人员,都应允许将其肖像用于新闻宣传,在这些活动中对公民肖像的使用,不构成侵权。比如庆典、仪式、集会或者其他公共活动等。

（三）国家机关为执行公务而使用公民的肖像，且经传媒公布

公安机关出于公共利益的需要，将通缉犯或者犯罪嫌疑人的肖像公布在传媒上，以便识别、辨认、尽快抓捕，在这种情况下传媒对肖像的使用不构成侵权行为。或者为了寻找下落不明的公民，在寻人启事上使用该公民的肖像，不构成侵权行为。

（四）基于公益事业需要，有限使用公民肖像

为了科学研究、文化教育、文化传播、体育卫生等公益事业需要，有限使用公民肖像，不构成侵权行为。所谓有限，即指在一定范围内使用，如在法医学教学的课堂上向学员展示病人或者接受法医鉴定的受害人的肖像，或者在专业书刊上撰写文章时使用相关照片，但其前提是不得随意扩散。

【课堂练习】 以下行为是否构成对公民肖像权的侵犯？

案例1：25岁的小聂7年前在摩托罗拉公司北京分公司担任保安。2005年年初，他发现在摩托罗拉公司网站、产品宣传材料和广告中，都有自己身穿保安服、手持摩托罗拉专业对讲机的照片。小聂后来回想起，1999年夏天的一天，保安班长曾通知自己，要求其手持摩托罗拉对讲机，配合公司拍摄静态照片。拍摄后，拍摄人员没有解释拍摄目的，小聂当时也没在意。小聂认为，摩托罗拉公司未经许可亦未付报酬，擅自使用他人照片进行营利活动，且使用时间长、范围广，其行为构成了对自己肖像权的侵犯。

案例2：1994年4月8日，被告付国宝以北京麦地广告传播公司内蒙古办事处名义，与被告内蒙古伊利实业股份有限公司订立了制作广告合同。被告付国宝根据伊利公司提供的产品样品，选择了电影《马可·波罗》中由原告卓玛之父思和森（1989年病逝）扮演的部落酋长贝克托在草原上欢庆胜利饮酒的剧照，并冠以伊利奶茶粉字样的广告词，制作了该广告。该广告制作完成后，曾在内蒙古电

视台黄金时间播出。原告卓玛得知此事后表示不满,在与被告伊利公司协商未果的情况下,向呼和浩特市回民区人民法院提起诉讼。

案例3:2005年8月17日晚,于震环("中国第一毛孩")前往环球嘉年华(北京)投资有限公司在北京市石景山区举办的环球嘉年华游玩时,环球嘉年华的工作人员接待了于震环,为其提供了免费游玩项目,并拍摄了照片。2006年3月31日,于震环发现自己的照片被刊登在该公司的网站上。他遂以肖像侵权起诉至法院,主张该公司停止侵害、赔礼道歉,并赔偿精神损失费20万元。

案例4:肖某系业余女模特,曾在某学校被画家陈某画了几张人体艺术画,只限于学院美术专业的师生知道,从未向外界公开过。之后,某美术馆举办"优化人体艺术大展",将肖某的几张裸体艺术油画也公开进行了展览,同时有多家出版社印刷出售裸体画册、明信片、幻灯片。肖某在大展之后,受到了社会和亲友们的白眼、嘲讽、辱骂。原告饱受丈夫要求离婚的苦楚,并精神上肉体上深受痛苦,肖某遂诉至法院要求法律保护其肖像权。

三 传媒侵犯公民肖像权的方式

传媒侵犯公民肖像权的情况主要有以下两种(与新闻报道无关或者特殊情况):

1. 未经肖像人同意,以营利为目的利用其肖像做广告、插图、封面等,或者是非公共事务的报道,这种行为应当认定为是侵犯公民肖像权的行为。

2. 侵犯未成年人肖像权。《未成年人保护法》第五十八条规定:"对未成年人犯罪案件,新闻报道、影视节目、公开出版物、网络等不得披露该未成年人的姓名、住所、照片、图像以及可能推断出该未成年人的资料。"

3. 网络侵害肖像权行为，主要表现为移花接木、丑化玷污、擅自创制等。

【典型案例8】

《鲁迅像传》引发肖像权之争

周令飞、周亦斐、周令一、周宁是鲁迅的孙子、孙女。去年（2013年）5月，四人发现贵州人民出版社出版的由北京鲁迅博物馆副馆长黄乔生编写的《鲁迅像传》一书，使用了114张鲁迅的肖像照片并配以文字解说。该书通过上海书城、当当网等国内外知名实体书店和网络书店进行公开销售。此举引起了四兄妹的不满，他们认为该书构成侵权。

周令飞等人多次试图与黄乔生协商化解此事，但均未果。今年2月，周氏兄妹向上海市黄浦区法院递交诉状，诉状称，黄乔生未经鲁迅近亲属同意擅自使用鲁迅照片，以营利为目的出版《鲁迅像传》，侵犯了鲁迅的肖像权及四人作为其近亲属的民事权益。贵州人民出版社的出版行为，当当网、上海书城的销售行为扩大了损失，亦构成侵权。要求判令黄乔生、贵州人民出版社立即停止出版、发行该书，当当网、上海书城立即停止销售该书；黄乔生在媒体公开赔礼道歉；黄乔生和贵州人民出版社共同赔偿5万元，当当网、上海书城各赔偿1万元。

法院审理后认为，被告黄乔生作为北京鲁迅博物馆的研究馆员，利用博物馆的鲁迅藏品照片，通过对丰富历史资料的整合和以照片为佐证的学术研究方法，著成、出版《鲁迅像传》一书，向社会广大读者介绍鲁迅事迹、解读鲁迅精神，属于对死者肖像的合理使用。出版该书所获的利润并非直接源于鲁迅肖像本身所产生的商业价值，而是作者对呈现鲁迅肖像的这些文物照片进行介绍、解读并加入自己的观点后，所产生的具有原创性著作权的劳动报酬，因此，虽然被告黄乔生出版书籍具有一定的商业性，但并不构成侵权。

法院认为，关于其余各方被告，贵州人民出版社在出版《鲁迅像传》的过程中，对书籍内容是否存在对鲁迅肖像的不当使用情形进行了审核，尽到了合理的注意义务。当当网、上海书城作为销售者，并没有义务审查作者和出版者使用他人肖像的行为是否合法，其在销售过程中有合法的进货来源，作为销售者的注意义务已经尽到并止于此。

据此，黄乔生等各被告均未侵害到周令飞等四原告的合法权益，因此原告的各项诉请，法院难以支持。①

【思考题】

1. 侵害名誉权的方式有哪两种？二者有何区别？请搜集近几年网络侵害名誉权的典型案例进行分析。

2. 传媒诽谤的抗辩事由有哪三种？请结合具体案例加以分析。

3. 请结合本章"延伸阅读"材料"欧洲被遗忘权第一案"，查阅相关文献资料，对"删除权"问题发表个人观点。

4. 请和小组其他成员一起，就"人肉搜索"的违法性展开讨论，并形成小组观点。

---

① 汤峥鸣：《〈鲁迅像传〉引发肖像权之争》，《人民法院报》2014年11月7日第3版，有删减。

第五章　广告信息基本规范

大众传播媒介与广告有着密切的关系，一方面，大众传媒是广告信息传播的重要载体；另一方面，广告收入是大众传媒的主要收入来源之一。作为一种社会性活动，广告信息对大众的健康生活观念具有引导作用，也关系到社会信息传播活动是否规范和有序运作。因此，不管是广告的代理和制作，还是广告的发布，都必须纳入社会规范体系之中，从而保证社会信息活动的有序开展。

第一节　广告信息管理

广告活动的开展必须遵守《广告法》等相关法律法规的规定，有关广告的各项法律、规则和准则是判断广告能否发布的重要依据。

广告监督管理机关和广告审查机关需按照相关法律法规的要求在自己的职责范围内，对广告活动进行监管和审查，及时制止和查处违法广告，从而保护消费者的合法权益，维护广告业的健康发展。

任何单位或者个人有权向市场监督管理部门和有关部门投诉、举报违反《广告法》的行为。

对违反《广告法》规定，发布虚假广告侵害消费者合法权益，以及其他损害社会公共利益的行为，消费者协会和其他消费者组织有权依法进行社会监督。

广告行业组织也需要依照法律、法规和章程的规定，制定行业规范，加强行业自律，促进行业发展，引导会员依法从事广告活动，从而推动广告行业的诚信建设。

一　广告法规概述

（一）概念

广告法规是以全国人民代表大会常务委员会颁布的《广告法》为特别法，以《合同法》《反不正当竞争法》《食品安全法》等法律规范为一般法，以国务院发布的《广告管理条例》行政法规为补充，以国家市场监督管理部门及相关部委单独或联合制定的广告管理规章为实施办法的一个法律体系。[①]

（二）《广告法》立法和修订

《广告法》的制定，是为了规范广告活动，保护消费者的合法权益，促进广告业的健康发展，维护社会经济秩序。

《广告法》于1994年10月27日第八届全国人民代表大会常务委员会第十次会议通过，1995年2月1日起施行。

2015年4月24日，第十二届全国人民代表大会常务委员会第十四次会议对《广告法》修订，修订后的《广告法》从2015年9月1日起施行。

根据2018年10月26日第十三届全国人民代表大会常务委员会第六次会议通过的《关于修改〈中华人民共和国野生动物保护法〉等十五部法律的决定》，对《广告法》作出修改，将第六十八条中的

---

① 倪嵋：《中外广告法规与管理》，上海人民美术出版社2016年版，第69页。

"新闻出版广电部门"修改为"新闻出版、广播电视主管部门","工商行政管理部门"修改为"市场监督管理部门";将第六条、第二十九条、第四十七条、第四十九条、第五十条、第五十一条、第五十二条、第五十三条、第五十五条、第五十七条、第五十八条、第五十九条、第六十条、第六十一条、第六十二条、第六十三条、第六十四条、第六十六条、第六十七条、第七十一条、第七十三条、第七十四条中的"工商行政管理部门"修改为"市场监督管理部门"。

(三)现行《广告法》概述

1. 修订变化

旧《广告法》(即1995年2月1日施行的《广告法》)共有六章四十九条,而修订后的《广告法》为六章七十五条。修订后的《广告法》细化了广告内容准则,对特殊商品或服务的广告规范如教育培训广告、房地产广告、酒类广告进行了增补,新增了广告代言人的法律义务和责任、互联网广告的规定等,针对未成年人的广告管理规定更加充实,明确了虚假广告的情形,强化了对大众传播媒介广告发布行为的监管力度,明确和强化了市场监督管理部门及有关部门对广告市场监管的职责范围。

2. 《广告法》的基本结构

现行《广告法》共有六章七十五条。

第一章为总则(第一条—第七条),主要介绍了立法的目的、广告法的调整对象、调整范围、基本原则和监督管理机构等。

第二章为广告内容准则(第八条—第二十八条),主要包括广告发布的基本准则,及特殊商品广告如药品、保健食品、烟草、酒类、房地产等广告的具体准则。

第三章为广告行为规范(第二十九条—第四十五条),主要涉及广告主、广告经营者、广告发布者、广告代言人的行为规范，户外广告和互联网广告规范等。

第四章为监督管理（第四十六条—第五十四条），主要包括广告监督管理机关和广告审查机关的职责。

第五章为法律责任（第五十五条—第七十三条），主要涉及违法行为的法律责任。

第六章为附则（第七十四条—第七十五条），主要涉及公益广告及本法施行时间。

3.《广告法》的调整对象和适用主体

《广告法》的调整对象是在中华人民共和国境内，商品经营者或者服务提供者通过一定媒介和形式直接或者间接地介绍自己所推销的商品或者服务的商业广告活动。因此，《广告法》适用于在中华人民共和国境内的商业广告活动。

《广告法》的适用主体主要包括广告主、广告经营者、广告发布者、广告代言人及其他与广告活动有关的主体。

根据《广告法》第二条的界定，广告主，"是指为推销商品或者服务，自行或者委托他人设计、制作、发布广告的自然人、法人或者其他组织"。广告经营者，"是指接受委托提供广告设计、制作、代理服务的自然人、法人或者其他组织"。广告发布者，"是指为广告主或者广告主委托的广告经营者发布广告的自然人、法人或者其他组织"。广告代言人，"是指广告主以外的，在广告中以自己的名义或者形象对商品、服务作推荐、证明的自然人、法人或者其他组织"。

其他与广告活动有关的主体主要包括公共场所的管理者或者电信业务经营者、互联网信息服务提供者。

二 广告信息管理部门

(一) 广告监督管理机关

《广告法》第六条规定:"国务院市场监督管理部门主管全国的广告监督管理工作,国务院有关部门在各自的职责范围内负责广告管理相关工作。""县级以上地方市场监督管理部门主管本行政区域的广告监督管理工作,县级以上地方人民政府有关部门在各自的职责范围内负责广告管理相关工作。"

《广告法》第四十一条规定:"县级以上地方人民政府应当组织有关部门加强对利用户外场所、空间、设施等发布户外广告的监督管理,制定户外广告设置规划和安全要求。""户外广告的管理办法,由地方性法规、地方政府规章规定。"

根据《广告法》的规定,市场监督管理部门履行广告监督管理职责,其可以行使的职权有:对涉嫌从事违法广告活动的场所实施现场检查;询问涉嫌违法当事人或者其法定代表人、主要负责人和其他有关人员,对有关单位或者个人进行调查;要求涉嫌违法当事人限期提供有关证明文件;查阅、复制与涉嫌违法广告有关的合同、票据、账簿、广告作品和其他有关资料;查封、扣押与涉嫌违法广告直接相关的广告物品、经营工具、设备等财物;责令暂停发布可能造成严重后果的涉嫌违法广告;以及法律、行政法规规定的其他职权。市场监督管理部门应当建立健全广告监测制度,完善监测措施,及时发现和依法查处违法广告行为。市场监督管理部门依法行使上述职权时,当事人应当协助、配合,不得拒绝、阻挠。市场监督管理部门和有关部门及其工作人员,应当对其在广告监督管理活动中知悉的商业秘密进行保密。

任何单位或者个人都有权向市场监督管理部门和有关部门投诉、

举报违反《广告法》的行为。据《广告法》第五十三条规定："市场监督管理部门和有关部门应当向社会公开受理投诉、举报的电话、信箱或者电子邮件地址，接到投诉、举报的部门应当自收到投诉之日起七个工作日内，予以处理并告知投诉、举报人。""市场监督管理部门和有关部门不依法履行职责的，任何单位或者个人有权向其上级机关或者监察机关举报。接到举报的机关应当依法作出处理，并将处理结果及时告知举报人。""有关部门应当为投诉、举报人保密。"

《广告法》第七十三条规定："市场监督管理部门对在履行广告监测职责中发现的违法广告行为或者对经投诉、举报的违法广告行为，不依法予以查处的，对负有责任的主管人员和直接责任人员，依法给予处分。""市场监督管理部门和负责广告管理相关工作的有关部门的工作人员玩忽职守、滥用职权、徇私舞弊的，依法给予处分。"构成犯罪的，依法追究刑事责任。

【典型案例1】

三大运营商"流量不限量"虚假广告

2018年以来，湖南省工商行政管理局12315平台不断接到全省各地消费者投诉举报，称湖南移动、湖南联通、湖南电信三家通信运营公司（以下简称三大运营商）发布的手机"流量不限量"套餐广告与实际情况不符。2018年8月，湖南省工商行政管理局召开湖南通信运营商发布违法广告行政约谈会，认定"流量不限量"广告为虚假广告，并责令三大运营商停止发布违法广告。

湖南省三大运营商分别推出手机"流量不限量"套餐业务，在全省范围内通过户外招牌、电视、广播、短信、微信、互联网、店堂等媒介场所长时间、大范围、高频次发布一系列含有"流量不限量"内容的广告。但当消费者受"流量不限量"广告吸引前往营业厅办理"不限量"套餐业务时,三大运营商却对消费者附加"达量降速"或"达量停止流量使用功能"等限制条件。

根据案件调查的事实,湖南省工商行政管理局认为,三大运营商明知在现有技术条件下不能真正实现"流量不限量",却在广告中反复大量宣传"流量不限量",推销"流量不限量"套餐产品,且在广告中也未明示"达量降速""达量停止流量使用功能""达量关闭上网功能"等流量使用关键信息。而消费者对"流量不限量"广告的普遍认知是只要购买"流量不限量"套餐产品,就可以任意、自由、充分、无条件地使用上网流量。三大运营商发布的"流量不限量"广告对消费者造成了严重误导。根据《广告法》第二十八条"广告以虚假或者引人误解的内容欺骗、误导消费者的,构成虚假广告"的规定,该广告属虚假广告。[①]

(二)广告审查机关

广告审查机关是可以依法对广告进行审查的有关行政主管部门,如各省、自治区、直辖市的药品监督管理部门和卫生行政部门等。发布医疗、药品、医疗器械、农药、兽药和保健食品广告,以及按法律、行政法规规定应当进行审查的其他广告,应当在发布前由广告审查机关对广告内容进行审查,未经审查,不得发布。

《广告法》第四十七条规定:"广告主申请广告审查,应当依照法律、行政法规向广告审查机关提交有关证明文件。""广告审查机关应当依照法律、行政法规规定作出审查决定,并应当将审查批准文件抄送同级市场监督管理部门。广告审查机关应当及时向社会公布批准的广告。"

《广告法》第四十八条规定:"任何单位或者个人不得伪造、变

---

① 余知都:《"流量不限量"属虚假广告》,《中国消费者报》2018年8月3日。

造或者转让广告审查批准文件。"

《广告法》第七十二条规定:"广告审查机关对违法的广告内容作出审查批准决定的,对负有责任的主管人员和直接责任人员,由任免机关或者监察机关依法给予处分;构成犯罪的,依法追究刑事责任。"

三　广告主体的行为规范

(一)广告主、广告经营者、广告发布者的行为规范

《广告法》对广告主、广告经营者、广告发布者的具体规定有:

第五条规定:"广告主、广告经营者、广告发布者从事广告活动,应当遵守法律、法规,诚实信用,公平竞争。"

第二十九条规定:"广播电台、电视台、报刊出版单位从事广告发布业务的,应当设有专门从事广告业务的机构,配备必要的人员,具有与发布广告相适应的场所、设备,并向县级以上地方市场监督管理部门办理广告发布登记。"

第三十条规定:"广告主、广告经营者、广告发布者之间在广告活动中应当依法订立书面合同。"

第三十一条规定:"广告主、广告经营者、广告发布者不得在广告活动中进行任何形式的不正当竞争。"

第二十二条规定:"广告主委托设计、制作、发布广告,应当委托具有合法经营资格的广告经营者、广告发布者。"

第三十三条规定:"广告主或者广告经营者在广告中使用他人名义或者形象的,应当事先取得其书面同意;使用无民事行为能力人、限制民事行为能力人的名义或者形象的,应当事先取得其监护人的书面同意。"

第三十四条规定:"广告经营者、广告发布者应当按照国家有关

规定,建立、健全广告业务的承接登记、审核、档案管理制度。"
"广告经营者、广告发布者依据法律、行政法规查验有关证明文件,核对广告内容。对内容不符或者证明文件不全的广告,广告经营者不得提供设计、制作、代理服务,广告发布者不得发布。"

第三十五条规定:"广告经营者、广告发布者应当公布其收费标准和收费办法。"

第三十六条规定:"广告发布者向广告主、广告经营者提供的覆盖率、收视率、点击率、发行量等资料应当真实。"

第三十七条规定:"法律、行政法规规定禁止生产、销售的产品或者提供的服务,以及禁止发布广告的商品或者服务,任何单位或者个人不得设计、制作、代理、发布广告。"

(二) 广告代言人的行为规范

广告代言人不得为自己未使用过的商品、未接受过的服务作推荐或证明,在对广告商品或服务进行代言时,必须依据事实,符合《广告法》和相关法律、行政法规的规定。根据《广告法》的规定,因代言虚假广告受到行政处罚未满三年的自然人、法人或者其他组织,不得再进行广告代言。

广告代言人不得在医疗、药品、医疗器械、保健食品广告中作推荐或证明,对于明知或者应知广告虚假的,不得在广告中对商品、服务作推荐或证明。

(三) 法律责任

对于广告中的违法行为,《广告法》明确了广告主体应承担的法律责任。

第五十七条规定,利用广告推销禁止生产、销售的产品或者提供的服务,或者利用广告推销禁止发布广告的商品或者服务的,"由市场监督管理部门责令停止发布广告,对广告主处二十万元以上一百万元以下的罚款,情节严重的,并可以吊销营业执照,由广告审查机关撤销广告审查批准文件、一年内不受理其广告审查申请;对广告经营者、广告发布者,由市场监督管理部门没收广告费用,处二十万元以上一百万元以下的罚款,情节严重的,并可以吊销营业执照、吊销广告发布登记证件"。

第五十八条规定,对在虚假广告中作推荐、证明受到行政处罚未满三年的广告代言人,广告主利用其进行代言的,"由市场监督管理部门责令停止发布广告,责令广告主在相应范围内消除影响,处广告费用一倍以上三倍以下的罚款,广告费用无法计算或者明显偏低的,处十万元以上二十万元以下的罚款;情节严重的,处广告费用三倍以上五倍以下的罚款,广告费用无法计算或者明显偏低的,处二十万元以上一百万元以下的罚款,可以吊销营业执照,并由广告审查机关撤销广告审查批准文件、一年内不受理其广告审查申请"。广告经营者、广告发布者明知或者应知有违法行为仍设计、制作、代理、发布的,"由市场监督管理部门没收广告费用,并处广告费用一倍以上三倍以下的罚款,广告费用无法计算或者明显偏低的,处十万元以上二十万元以下的罚款;情节严重的,处广告费用三倍以上五倍以下的罚款,广告费用无法计算或者明显偏低的,处二十万元以上一百万元以下的罚款,并可以由有关部门暂停广告发布业务、吊销营业执照、吊销广告发布登记证件"。

第六十条规定:"违反本法第二十九条规定,广播电台、电视台、报刊出版单位未办理广告发布登记,擅自从事广告发布业务的,由市场监督管理部门责令改正,没收违法所得,违法所得一万元以上的,并处违法所得一倍以上三倍以下的罚款;违法所得不足一万元的,并处五千元以上三万元以下的罚款。"

第六十一条规定:"违反本法第三十四条规定,广告经营者、广告发布者未按照国家有关规定建立、健全广告业务管理制度的，或者未对广告内容进行核对的，由市场监督管理部门责令改正，可以处五万元以下的罚款。""违反本法第三十五条规定，广告经营者、广告发布者未公布其收费标准和收费办法的，由价格主管部门责令改正，可以处五万元以下的罚款。"

第六十二条规定，广告代言人如果在医疗、药品、医疗器械、保健食品广告中作推荐或证明；为其未使用过的商品或者未接受过的服务作推荐、证明的；对明知或者应知广告虚假仍然在广告中对商品、服务作推荐、证明的；"由市场监督管理部门没收违法所得，并处违法所得一倍以上二倍以下的罚款"。

第六十七条规定，对于违反《广告法》的行为，"由市场监督管理部门记入信用档案，并依照有关法律、行政法规规定予以公示"。

第六十九条规定，在广告中，如有未经同意使用他人名义、形象，或其他侵犯他人合法民事权益的侵权行为，广告主、广告经营者、广告发布者依法承担民事责任。

第七十一条规定，违反《广告法》的规定，"拒绝、阻挠市场监督管理部门监督检查，或者有其他构成违反治安管理行为的，依法给予治安管理处罚；构成犯罪的，依法追究刑事责任"。

第二节　虚假广告

一　虚假广告的界定

作为宣传商品或服务的重要方式，广告在我们日常生活中随处可见，已经成为消费者购买商品或接受服务的重要参考依据。虽然监管部门对广告发布有明确的要求，但一些商家和媒体在商业利益的驱使下，利用部分消费者对某些商品或服务的不了解及盲目轻信广告的心理，制作和发布虚假广告，让虚假广告堂而皇之地出现在媒体中，这不仅损害了消费者的合法权益，也损害了媒体的公信力。

对于虚假广告，《广告法》中并没有给出确切的定义，但对广告的真实性做了具体的规定，要求广告必须真实、合法，不得欺骗和误导消费者，并明确了虚假广告的情形，对涉及的商品广告内容做了具体的要求。

（一）广告信息的真实性要求

《广告法》第三条规定："广告应当真实、合法，以健康的表现形式表达广告内容，符合社会主义精神文明建设和弘扬中华民族优秀传统文化的要求。"

《广告法》第四条规定："广告不得含有虚假或者引人误解的内容，不得欺骗、误导消费者。""广告主应当对广告内容的真实性负责。"

《广告法》第八条规定："广告中对商品的性能、功能、产地、用途、质量、成分、价格、生产者、有效期限、允诺等或者对服务的内容、提供者、形式、质量、价格、允诺等有表示的，应当准确、清楚、明白。""广告中表明推销的商品或者服务附带赠送的，应当明示所附带赠送商品或者服务的品种、规格、数量、期限和方式。""法律、行政法规规定广告中应当明示的内容，应当显著、清晰表示。"

真实、合法，以健康的表现形式表达广告内容，符合社会主义精神文明建设和弘扬中华民族优秀传统文化的要求，是广告的基本原则。广告中涉及商品或服务的具体内容应当准确、清楚，不得误导和欺骗消费者。广告作为信息传播的重要手段，同样要符合社会主义精神文明建设的要求，不得出现低俗、庸俗和恶俗的内容，不得恶搞或玷污中华优秀传统文化。

【案例1】

某地产开发有限公司发布低俗违法广告

河南某地产开发有限公司发布的地铁广告中包含"春风十里醉，不如树下学生妹"等内容，极易产生不良解读和低俗暗示，造成严重不良的社会影响，违反了《广告法》第三条和第九条的规定。2018年8月，郑州市工商行政管理局作出行政处罚，责令其停止发布广告，并处以80万元罚款。①

【案例2】

恶搞《开国大典》、恶搞董存瑞手托炸药包形象的问题广告

油画《开国大典》，是著名画家董希文的作品，记录着1949年10月1日毛泽东向全世界庄严宣布中华人民共和国成立的历史场面。然而这幅油画却被长沙的一家大饭锅饭店做成了广告宣传牌，而且画的右上方有几个特别明显的大字"同志们大饭锅成立了！"

某广告宣传册的一则医院广告中，著名的战斗英雄董存瑞手托的炸药包被换成了一块巨大的结石。

问题：如何评价此类广告？

【典型案例2】

"经常用脑，多喝六个核桃"是否构成虚假宣传？

2017年6月，冉某在超市购买了"六个核桃"核桃乳，发现其产品包装上标注有"经常用脑，多喝六个核桃""六个核桃《最强大脑》栏目第四季独家冠名""智汇养生"等字样。

冉某认为，《中华人民共和国药典》载明：核桃仁补肾、温肺、

---

① 国家市场监督管理总局：《国家市场监督管理总局公布2018年第三批典型虚假违法广告案件》，2018年11月15日，参见 http://www.samr.gov.cn/ggjgs/sjdt/gzdt/201811/t20181115_281066.html。

润肠，并无补脑、健脑功能，河北养元智汇饮品股份有限公司（以下简称河北养元智汇公司）的产品包装标注足以误导其认为该产品具有补脑、健脑、养生、治疗疾病等功能，河北养元智汇公司的行为违反了《广告法》的相关规定，构成虚假广告和欺诈。依据《消费者权益保护法》第五十五条"经营者提供商品或者服务有欺诈行为的，应当按照消费者的要求增加赔偿其受到的损失，增加赔偿的金额为消费者购买商品的价款或者接受服务的费用的三倍；增加赔偿的金额不足五百元的，为五百元。……"的规定，冉某为保护自己的合法权益，向法院提起诉讼，要求河北养元智汇公司退还货款60元并赔偿其500元。

而被告河北养元智汇公司辩称，公司生产的"六个核桃"核桃乳产品系植物蛋白饮料，其产品经国家质量监督检验中心检验符合相关标准，公司使用的"经常用脑，多喝六个核桃"的广告语，通过了相关部门的审核、备案，并非虚假宣传，而公司从未宣传其产品具有保健的作用和功效，原告所诉没有事实根据和法律依据。

经过审理，法院认为：该案争议的焦点是被告的广告用语是否对消费者构成虚假宣传和欺诈。最高人民法院《关于贯彻执行〈中华人民共和国民法通则〉若干问题的意见（试行）》第六十八条规定，欺诈是指一方当事人故意告知对方虚假情况，或者故意隐瞒真实情况，诱使对方当事人作出错误意思表示的行为。

该案涉案的"六个核桃"，系河北养元智汇公司的注册商标，其产品外包装标注有"植物蛋白饮料""核桃乳"，它反映了该产品的基本属性即"植物蛋白类饮料"，而原告引用《中华人民共和国药典》认为该产品应具有补脑、健脑、养生、治疗疾病等功能，纯属个人理解。"经常用脑，多喝六个核桃"的广告用语，在2015年9月24日经工商部门认定不违反《广告法》，而"最强大脑"，则是电视节目名称，河北养元智汇公司根据与长江新媒体有限公司的《商业宣传授权协议》使用"六个核桃《最强大脑》栏目第四季独家冠名"等作为其宣传用语，无违反相关法律规定。

因此，法院认为，原告主张被告产品存在虚假宣传、欺诈行为的证据不足，法院对其诉讼请求不予支持。2017年12月15日，法院一审作出判决，驳回原告冉某的诉讼请求。①

因不服一审判决，冉某提起上诉。经过审理，2018年3月5日，二审法院作出驳回上诉，维持原判的判决。

（二）虚假广告的几种情形

广告以虚假或者引人误解的内容欺骗、误导消费者的，构成虚假广告。《广告法》第二十八条中明确了虚假广告的几种情形：广告中的商品或者服务不存在的；商品的性能、功能、产地、用途、质量、规格、成分、价格、生产者、有效期限、销售状况、曾获荣誉等信息，或者服务的内容、提供者、形式、质量、价格、销售状况、曾获荣誉等信息，以及与商品或者服务有关的允诺等信息与实际情况不符，对购买行为有实质性影响的；使用虚构、伪造或者无法验证的科研成果、统计资料、调查结果、文摘、引用语等信息作证明材料的；虚构使用商品或者接受服务的效果的；以虚假或者引人误解的内容欺骗、误导消费者的其他情形。

虚假广告不仅是对消费者的欺骗，而且会误导消费者的购买行为，从而损害消费者的利益。在现实生活中，虚假广告屡见不鲜，涉及夸大产品功效、宣传普通食品有治疗疾病的作用、模糊概念或偷换概念误导消费者、未获奖或未达标却谎称获奖或达标等内容的

---

① 《冉志鹏与河北养元智汇饮品股份有限公司虚假宣传纠纷一审民事判决书》，中国裁判文书网，2018年1月9日，有删减。参见 http://wenshu.court.gov.cn/website/wenshu/181107ANFZ0BXSK4/index.html？docId=1fd204c5ed4e48d39af7a8630095c988。

广告,都属于虚假广告。

【案例3】

康师傅饮用矿物质水"水源门事件"

杭州顶津食品有限公司(以下简称顶津公司)生产的康师傅饮用矿物质水在其电视广告中声称"选取优质水源",但其杭州生产基地所生产的矿物质水是用城市自来水净化而成的。

浙江省消费者权益保护委员会(以下简称省消保委)认为,顶津公司生产的康师傅饮用矿物质水,在电视广告词中声称"选取优质水源","选取"两字含有经过甄别、区分之后作出选择、舍劣取优的意思。而康师傅饮用矿物质水使用的水源是下沙自来水公司提供的自来水,根本不存在选取。自来水是城乡居民最基本的生活饮用水源,必须符合国家生活饮用水卫生安全标准。而就此认为符合国家质量安全标准的自来水就是"优质水源",显然得不到消费者认同,是对消费者的误导。

省消保委致函顶津公司,要求该公司停播当前含有"选取优质水源"广告词的广告,自觉承担相应的社会责任。在今后的信息发布和广告宣传中,遵循相关法律法规,依法发布广告信息,诚信经营。[①]

【案例4】

"劲霸男装"广告是否误导消费者?

中央电视台播出的一则"劲霸男装"广告中,荧屏上显示"入选巴黎卢浮宫的中国男装品牌"。

思考:这则广告是否存在问题?

[①] 叶恒珊:《康师傅自来水造矿物质水:"选取优质水源"广告停播》,浙江在线,2008年8月25日,参见 http://finance.ce.cn/law/home/scroll/200808/25/t20080825_13533017.shtml。

【典型案例3】

"王老吉"与"加多宝"的广告语纠纷案

自2013年3月起，加多宝（中国）饮料有限公司（以下简称加多宝中国公司）陆续在媒体上发布了包含"中国每卖10罐凉茶7罐加多宝"的广告，并标注有"数据来源：中国行业企业信息发布中心《2012年前三季度中国饮料行业运行状况分析报告》"内容。广州王老吉大健康产业有限公司（以下简称王老吉大健康公司）认为，该广告属于虚假宣传，因此向法院提起诉讼。

王老吉大健康公司起诉称：其是"王老吉"商标的被许可权人，至今持续生产并销售商标名称为"王老吉"的凉茶产品。加多宝中国公司在2012年5月之前，一直持续生产并销售商标名称为"王老吉"的红罐凉茶产品，2012年5月之后，才开始在市场上推出没有包含"王老吉"商标的"加多宝"红罐凉茶。目前王老吉大健康公司销售的商标为"王老吉"的凉茶与加多宝中国公司销售的商标为"加多宝"的凉茶属于凉茶市场上主要的竞争产品，双方是凉茶市场上的主要经营者和竞争者。普通消费者以一般注意力看到广告内容，会得出"中国每卖10罐凉茶，其中有7罐是加多宝凉茶"的结论，或者得出"加多宝牌凉茶的销售市场占有率超过70%，王老吉等其他品牌凉茶市场占有率不足30%"的结论，其中"数据来源"的广告标注，会进一步增强普通消费者的上述错误认识。

加多宝中国公司辩称：涉案广告词内容客观真实，非虚假宣传，也未误导相关公众。涉案广告词含义明确，指的是"中国每卖10罐凉茶7罐来自加多宝"，有多份可靠的数据来源。

一审法院经审理判决：一、确认加多宝中国公司发布的包含"中国每卖10罐凉茶7罐加多宝"广告的宣传行为构成不正当竞争的虚假宣传行为；二、加多宝中国公司立即停止使用并销毁、删除和撤换包含"中国每卖10罐凉茶7罐加多宝"广告词的产品包装和电视、网络、视频及平面媒体广告;三、加多宝中国公司在一审判决生效后十日内在《重庆日报》上公开发表声明以消除影响(声明内容须经一审法院审核);四、加多宝中国公司在一审判决生效后十日内赔偿王老吉大健康公司经济损失及合理开支40万元;五、驳回王老吉大健康公司的其他诉讼请求。一审案件受理费53800元,由加多宝中国公司负担。

王老吉大健康公司、加多宝中国公司不服一审判决,向重庆市高级人民法院提起上诉。

重庆市高级人民法院经审理认为:

1. 关于对涉案广告词的理解

一般消费者更容易将"10罐凉茶7罐加多宝"解读为"10罐凉茶7罐加多宝凉茶",从而形成"中国每卖10罐凉茶,7罐加多宝牌凉茶"的认知,而不是加多宝中国公司所称的"10罐凉茶7罐来自加多宝"。

2. 关于涉案广告词的数据是否真实、准确

在《2012年前三季度中国饮料行业运行状况分析报告》中,加多宝相关公司市场占有率的计量单位系以"升"为计量单位而并不是"罐"。在统计市场占有率时,直接将计量单位由"升"改为"罐"既不客观,也缺乏证据证明。

加多宝中国公司陈述从2011年11月起到2012年5月生产的罐装凉茶罐体一面印有"王老吉"另一面印有"加多宝",并从2012年5月底才开始生产罐体两面均印有"加多宝"的罐装凉茶。在此特定时间,"王老吉凉茶"具有很高的知名度,一般消费者更熟知的知名商品系王老吉红罐凉茶而不是加多宝凉茶。在此客观背景下,一审法院认为加多宝中国公司将一面印有"王老吉"另一面印有"加多宝"的凉茶一概作为"加多宝"凉茶统计不符合事实,且对

"王老吉"商标权利人和许可人不公平,本院对此予以确认。根据《广告法》的规定,广告使用的数据等应当真实准确,并表明出处。加多宝中国公司提供的《尼尔森零售数据确认函》并非涉案广告词在媒体上进行宣传时向公众明示的数据来源,亦非具有权威公信力的机构出具,因此同样无法证明涉案广告词中关于销量数据的描述是真实、准确的。

3. 关于加多宝中国公司的行为是否构成引人误解的虚假宣传

加多宝中国公司虽然在涉案广告中标明了出处,但如前所述,该数据来源的统计口径、计量单位等与涉案广告词并不能一一对应,该涉案广告词也并未全面、准确地引用数据来源,不能证明在涉案广告词发布时"加多宝"牌罐装凉茶在罐装凉茶的市场占有率超过70%,因此涉案广告词所体现的市场占有率与实际情况并不相符。一般消费者在购买某种商品时,容易因其广告宣传的商品销量、市场占有率来联想商品质量并引导消费行为,加多宝中国公司在涉案广告语中片面宣传其销售的"加多宝"牌凉茶占市场份额七成之多,必然吸引相关公众的高度关注,足以误导消费者基于该广告宣传本身作出不利于其他市场竞争者的选择。

最终,重庆市高级人民法院作出终审判决:驳回上诉,维持原判。[①]

二 传播虚假广告的法律责任

《广告法》第五十五条规定:"违反本法规定,发布虚假广告的,由市场监督管理部门责令停止发布广告,责令广告主在相应范围内消除影响,处广告费用三倍以上五倍以下的罚款,广告费用无法计

[①] 《广州王老吉大健康产业有限公司与加多宝(中国)饮料有限公司虚假宣传纠纷二审判决书》,中国裁判文书网,2016年7月25日,有删减。参见http://wenshu.court.gov.cn/website/wenshu/181107ANFZ0BXSK4/index.html? docId=3ba7b405aae940ce9f5fd016f4a49606。

算或者明显偏低的,处二十万元以上一百万元以下的罚款;两年内有三次以上违法行为或者有其他严重情节的,处广告费用五倍以上十倍以下的罚款,广告费用无法计算或者明显偏低的,处一百万元以上二百万元以下的罚款,可以吊销营业执照,并由广告审查机关撤销广告审查批准文件、一年内不受理其广告审查申请。""医疗机构有前款规定违法行为,情节严重的,除由市场监督管理部门依照本法处罚外,卫生行政部门可以吊销诊疗科目或者吊销医疗机构执业许可证。""广告经营者、广告发布者明知或者应知广告虚假仍设计、制作、代理、发布的,由市场监督管理部门没收广告费用,并处广告费用三倍以上五倍以下的罚款,广告费用无法计算或者明显偏低的,处二十万元以上一百万元以下的罚款;两年内有三次以上违法行为或者有其他严重情节的,处广告费用五倍以上十倍以下的罚款,广告费用无法计算或者明显偏低的,处一百万元以上二百万元以下的罚款,并可以由有关部门暂停广告发布业务、吊销营业执照、吊销广告发布登记证件。"

广告主、广告经营者、广告发布者的行为,构成犯罪的,依法追究刑事责任。《刑法》第二百二十二条明确界定了虚假广告罪,"广告主、广告经营者、广告发布者违反国家规定,利用广告对商品或者服务作虚假宣传,情节严重的,处二年以下有期徒刑或者拘役,并处或者单处罚金"。

三 发布虚假广告的连带责任

《广告法》第五十六条规定:"违反本法规定,发布虚假广告,欺骗、误导消费者,使购买商品或者接受服务的消费者的合法权益受到损害的,由广告主依法承担民事责任。广告经营者、广告发布者不能提供广告主的真实名称、地址和有效联系方式的,消费者可以要求广告经营者、广告发布者先行赔偿。""关系消费者生命健康的商品或者服务的虚假广告,造成消费者损害的,其广告经营者、广告发布者、广告代言人应当与广告主承担连带责任。""前款规定以外的商品或者服务的虚假广告,造成消费者损害的,其广告经营者、广告发布者、广告代言人,明知或者应知广告虚假仍设计、制作、代理、发布或者作推荐、证明的,应当与广告主承担连带责任。"

《广告法》第七十条规定:"因发布虚假广告,或者有其他本法规定的违法行为,被吊销营业执照的公司、企业的法定代表人,对违法行为负有个人责任的,自该公司、企业被吊销营业执照之日起三年内不得担任公司、企业的董事、监事、高级管理人员。"

《消费者权益保护法》第四十五条对此类违法行为也有明确的规定:"消费者因经营者利用虚假广告或者其他虚假宣传方式提供商品或者服务,其合法权益受到损害的,可以向经营者要求赔偿。广告经营者、发布者发布虚假广告的,消费者可以请求行政主管部门予以惩处。广告经营者、发布者不能提供经营者的真实名称、地址和有效联系方式的,应当承担赔偿责任。""广告经营者、发布者设计、制作、发布关系消费者生命健康商品或者服务的虚假广告,造成消费者损害的,应当与提供该商品或者服务的经营者承担连带责任。""社会团体或者其他组织、个人在关系消费者生命健康商品或者服务的虚假广告或者其他虚假宣传中向消费者推荐商品或者服务,造成消费者损害的,应当与提供该商品或者服务的经营者承担连带责任。"

第三节　广告信息的内容规范

《广告法》及其他相关法律法规，对广告内容有明确的要求，并规定了广告中禁止出现的内容。广告中涉及的引证内容和数据必须真实准确，涉及专利的内容必须按要求标明专利号和专利种类，此外，有些信息如最高级用语、淫秽、色情、赌博、迷信、恐怖、暴力的内容等严禁出现在广告中。

一　广告信息中禁止出现的内容

对于广告中不得出现的情形，《广告法》第九条做了明确的规定。

（一）禁止使用或者变相使用中华人民共和国的国旗、国歌、国徽、军旗、军歌、军徽

中华人民共和国国旗和中华人民共和国国徽是中华人民共和国的象征和标志。中华人民共和国国旗是五星红旗，根据《国旗法》的规定，"国旗及其图案不得用作商标和广告"。中华人民共和国国徽，中间是五星照耀下的天安门，周围是谷穗和齿轮。《国徽法》明确规定，国徽及其图案不得用于商标、广告中。中华人民共和国国歌是《义勇军进行曲》。

根据2018年5月1日起施行的《中国人民解放军内务条令（试行）》，军旗包括中国人民解放军军旗和陆军军旗、海军军旗、空军军旗、火箭军军旗。军旗是中国人民解放军的标志，是中国人民解放军荣誉、勇敢和光荣的象征。中国人民解放军军徽是中国人民解放军的象征和标志。军徽及其图案禁止用于商业广告和有碍军徽庄严的装饰或者场合。中国人民解放军军歌是《中国人民解放军进行曲》，它是

中国人民解放军性质、宗旨和精神的体现,不得在商业活动中奏唱。

《广告法》明确规定,商业广告中严禁使用或者变相使用中华人民共和国的国旗、国歌、国徽,军旗、军歌、军徽。商业广告中不得完整使用国旗、国歌、国徽、军旗、军歌、军徽,也不能部分使用或变相使用国旗、国歌、国徽、军旗、军歌、军徽。

(二)禁止使用或者变相使用国家机关、国家机关工作人员的名义或者形象

国家机关及国家机关工作人员在社会公众心中有一定的权威性,广告中使用其名义或形象,消费者会因为对国家机关及其工作人员的信任而接受广告中的商品或者服务,从而可能对消费者产生误导。因此,商业广告中不得使用或变相使用国家机关、国家机关工作人员的名义或者形象。

此外,根据国家工商行政管理总局印发的《关于禁止利用党和国家领导人的形象做商业促销宣传的通知》(工商广字〔2007〕122号),在商业促销宣传中,不得使用党和国家领导人(包括已离职或已故党和国家领导人)的形象、题词,或使用特型演员以领导人的形象推销产品或者服务。

【案例5】

特型演员扮演国家领导人做商业广告

石家庄的一家毛家饭店里有一幅巨大的广告宣传画,宣传画的背景是祖国大好河山和一轮旭日,前景是五星红旗,毛泽东的大幅半身照片也在其中,饭店里还有毛泽东的书法。照片中的毛泽东是饭店负责人的父亲李某,李某是一个曾经扮演过毛泽东的特型演员。[1]

---

[1] 张继胜、李东顺:《用领袖形象做广告违法 新闻媒体依法监督胜诉》,《人民日报》2001年12月25日。

思考：该广告是否存在问题？

"特供""专供"国家机关等类似的内容不得出现在商业广告宣传中。国家工商行政管理总局发布的《工商总局关于开展清理整治含有"特供""专供"国家机关等内容广告专项行动的通知》（工商广字〔2016〕194号）提出，自通知下发之日至2017年2月底，在全国范围内组织开展清理整治含有"特供""专供"国家机关等内容的广告专项行动。要求对含有"特供""专供"国家机关等违法广告内容的，要立即责令停止发布，对相关责任主体依法从严予以查处。清理整治重点包括："含有'特供''专供'国家机关等类似内容的；利用与国家机关有密切关联的特定地点名称或者标志性建筑物的名称，及利用国宴、国宾等内容宣传'特供''专供'的；假借'特供''专供'或'内部特供、专用'等类似名义推销商品、服务，进行引人误解的虚假宣传。"

【典型案例4】

"国家品牌"作为广告用语违法

一些媒体和企业在广告中宣称所谓"国家品牌"，既误导消费者，又破坏公平竞争市场秩序。

国家市场监督管理总局指出，利用"国家"名义为企业品牌背书，涉嫌违反《广告法》《反不正当竞争法》《消费者权益保护法》等法律。《广告法》明确禁止在广告中使用国家机关名义和"国家级"用语，规定不得欺骗、误导消费者，不得在广告活动中进行任何形式的不正当竞争。广告用语使用"国家品牌"，实质就是在使用国家机关名义以及"国家级"禁用语，易使消费者以为"国家"为企业背书，对其产品质量、性能、功能产生误导性认识，造成不公平竞争。

媒体利用"国家品牌"售卖广告资源，开展商业营销，人为地

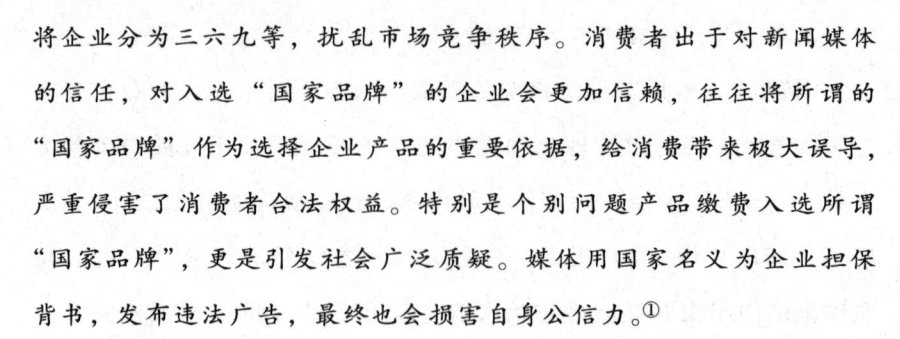

将企业分为三六九等，扰乱市场竞争秩序。消费者出于对新闻媒体的信任，对入选"国家品牌"的企业会更加信赖，往往将所谓的"国家品牌"作为选择企业产品的重要依据，给消费带来极大误导，严重侵害了消费者合法权益。特别是个别问题产品缴费入选所谓"国家品牌"，更是引发社会广泛质疑。媒体用国家名义为企业担保背书，发布违法广告，最终也会损害自身公信力。①

【案例6】

用结婚证做广告

2004年，北京某制装公司发布的一则广告中宣称"定制的婚姻才美满"，广告中出现了印有大红喜字和合影照片的结婚证，结婚证的左半部分是婚姻证件管理专用章，并有"中华人民共和国民政部监制"字样。广告中的结婚证是公司总经理本人的，结婚证上的照片是他和他的妻子。②

问题：这则广告是否违法？

（三）禁止使用"国家级""最高级""最佳"等用语

广告中不得使用最高级或绝对化的用语，除了"国家级""最高级""最佳"之外，如"顶级享受""第一品牌""极品"等用语也禁止出现在广告中。事物是不断发展变化的，在广告中使用绝对化的用语，违背了科学发展规律，容易对消费者产生误导。

但是，在认定此类广告用语是否违法时，应结合广告商品或服务的具体语境。此类用语用于描述本企业内部的商品或服务时，如"该商品是我公司最新上市的""该型号是本公司或本品牌顶配产品"等此类用语，在客观真实的情况下可以合法使用。此外，如果

---

① 国家药品监督管理局：《"国家品牌"作为广告用语违法！》，2019年1月17日，参见http://www.nmpa.gov.cn/WS04/CL2055/334531.html。
② 李罡：《用结婚证做广告遭质疑 是否违反广告法？》，《北京青年报》2004年3月23日。

用作表达本企业的目标追求（如"顾客第一"等用语），不属于绝对化用语的禁止范围。

【案例 7】

某企业广告词中用了三个"最"

某公司网站在介绍自己的企业时称："本公司现为国内最大的木板材制造设备的生产厂家……""本公司生产的系列高效旋风分离器是综合国内外的最新技术而生产制造……""……具有最佳的除尘效果"等内容。①

思考：该广告存在哪些问题？

【典型案例 5】

"上品饮茶，极品饮花"是否属于虚假宣传？

农夫山泉股份有限公司生产的"东方树叶"茉莉花茶原味茶饮料的外包装上写着："上品饮茶，极品饮花。"2012 年，有消费者饮用后，未见任何明显效果，认为"东方树叶"茉莉花茶所宣称的"上品饮茶，极品饮花"是虚假宣传，以给自己的消费造成误导为由，向法院提起诉讼。

法院终审认为，茶饮料外包装上标注的"上品饮茶，极品饮花"，不是对产品质量或饮用效果的具体描述，而是对传统茶文化理解的阐释，表达了人类对美好健康生活的追求。因此，农夫山泉股份有限公司在产品包装上标注"上品饮茶，极品饮花"不构成虚假宣传。②

（四）禁止损害国家的尊严或者利益，禁止泄露国家秘密

国家秘密关系到国家的安全和利益，在广告中应当自觉维护国

---

① 阳颜、胡思进、陆敏：《一字千金！广告词中用了三个"最"，桂林这家公司被罚 18000 元》，《桂林晚报》2019 年 1 月 10 日。

② 王彬、王中强、冀晓莉：《产品理念性广告用语不构成虚假宣传》，《人民法院报》2013 年 11 月 21 日。

家主权和领土完整，维护国家尊严，保守国家秘密。广告中不得含有辱华的内容，所使用的国家地图应当完整地呈现中国的领土。

地图是国家版图的主要表现形式，而有些广告中涉及的"问题地图"，未完整展现或错绘我国的国界线，这极大地损害了国家的尊严及利益。按照《地图审核管理规定》要求，出版、展示、登载、生产、进口、出口地图或者附着地图图形的产品，申请人应当依照规定向有审核权的自然资源主管部门提出地图审核申请。

【案例8】

上海远大心胸医院发布违法广告案

上海远大心胸医院委托其关联公司设计制作了内容为"日本无条件投降日，1945年8月15日；日本为什么无条件投降？因为没有远大心胸！"的海报广告，并由医院管理人员通过微信朋友圈发布。当事人恶搞历史的广告内容，严重损害了国家和民族的尊严，违反了《广告法》第九条的规定。2018年9月，上海市徐汇区市场监督管理局作出行政处罚，责令停止发布违法广告，并处罚款70万元。[①]

（五）禁止妨碍社会安定，禁止损害社会公共利益

广告内容应当维护社会安定、维护社会公共利益。如一些网站刊登销售窃听器、偷拍机、迷药等物品的广告，此类非法广告中所涉及的违禁品不仅危害公民的人身、财产安全，而且妨碍社会安定。

[①] 国家市场监督管理总局：《国家市场监督管理总局公布2018年第三批典型虚假违法广告案件》，2018年11月15日，参见http://www.samr.gov.cn/ggjgs/sjdt/gzdt/201811/t20181115_281066.html。

（六）禁止危害人身、财产安全，禁止泄露个人隐私

公民的人身权、财产权受到我国法律的保护，《宪法》第三十八条规定："中华人民共和国公民的人格尊严不受侵犯。禁止用任何方法对公民进行侮辱、诽谤和诬告陷害。"因此，广告中不得出现危害他人人身和财产安全，泄露他人隐私的内容。

【案例9】

某纳米随手贴广告

某款纳米随手贴在微信广告中宣传："太牛了！这样很方便，手机怎么放都行，刹车急转弯甩不掉。"而在广告视频或图片中，该纳米随手贴被固定在安全气囊弹出的位置。

思考：这则广告存在什么问题？

（七）禁止妨碍社会公共秩序或者违背社会良好风尚

广告作为一种信息沟通的手段，在宣传商品或服务时理应传递正面的、积极的能量，引导良好的社会风尚，但有些商家为了博人眼球而进行恶俗营销，这有悖于广告应符合社会主义精神文明建设和弘扬中华民族优秀传统文化的要求。

【案例10】

百合网"因为爱，不等待"广告

2014年春节期间，百合网推出了一则主题为"因为爱，不等待"的广告。广告中的女子从大学时代开始，每次见到外婆，外婆都会问她："结婚了吗？"在外婆躺在病床上时，还是问女子"结婚了吗？"于是，该女子决定"今年一定要结婚，哪怕是为了外婆"。最后该女子在百合网实体店找到了结婚对象，在外婆的病床前含泪告诉外婆："我结婚啦。"

思考：这则广告是否存在问题？

【案例 11】

"家有好面"微信广告

"家有好面"在其微信公众号发布的微信推文中,内容包括"一个叫春的姑娘,等你翻牌……春风十里,不如挑逗你……我想让你成为舌尖上的女人"等违背社会良好风尚的宣传用语,违反《广告法》的规定,被依法处罚款 25 万元。①

【案例 12】

某置业有限公司的违法广告

某置业有限公司的广告中含有"做不了有钱人子孙,就做有钱人祖宗,这 3 年,我养你!投资 0 风险,回报 140%,我养你 3 年,抢占投资洼地,最具有升值潜力!"等内容。②

思考:该广告存在哪些问题?

(八)禁止含有淫秽、色情、赌博、迷信、恐怖、暴力的内容

淫秽、色情、赌博、迷信、恐怖、暴力的内容有损于社会的良好道德风尚,有悖于社会主义精神文明建设和弘扬中华民族优秀传统文化的要求,因此,广告中不得含有此类内容。

【案例 13】

北京某公司发布含有迷信内容的违法广告案

北京某公司在其自设网站多次发布"经过正统开光的本命佛守护神,长期佩戴能够清除负能量,使佩戴者改善跌宕起伏的运势,摆脱诸事不顺的厄运,化解流年凶灾,财源滚滚来""对于家庭不和,破财,夫妻感情不和离婚等,本命佛也是必需的选择"

---

① 上海市市场监督管理局:《虚假违法广告公告》,2019 年 1 月 21 日,参见 http://scjgj.sh.gov.cn/056/20200423/02e481ac685b517401686ea08e68360a.html。

② 《安徽省工商局公布 2016 年典型违法广告案件》,中国质量新闻网,2016 年 12 月 27 日,参见 http://www.cqn.com.cn/ms/content/2016-12/27/content_3766809.htm。

等迷信色彩的广告内容。该行为违反了《广告法》第九条的规定。依据《广告法》第五十七条规定，2018年5月，北京市工商行政管理局朝阳分局作出行政处罚，责令停止发布违法广告，并处罚款50万元。[①]

【案例14】

"旺旺"大礼包广告

2005年，旺旺集团的一则电视广告中，唐先生以前经常收到"旺旺"大礼包，因此事业连连上升，但有几年没有收到"旺旺"大礼包，之后业绩一直下滑，生活也不顺心。于是唐先生的儿子买了一包"旺旺"大礼包送给他，并说"送'旺'哦"，唐先生抱着儿子和"旺旺"大礼包说"我会'旺'"。

问题：这则广告是否涉嫌传播迷信内容？

（九）禁止含有民族、种族、宗教、性别歧视的内容

广告宣传虽然是商业活动，但广告信息所传达的生活态度和价值取向在一定程度上会影响公众的价值观，因此广告中不得含有民族、种族、宗教、性别歧视的内容。

【案例15】

"将黑人洗白"广告

在一则广告中，一名女子准备用洗衣机洗衣服时，一名脸与衣服都沾上油漆的黑人男子出现，女子在黑人男子嘴里喂了一粒洗衣溶珠之后，将黑人男子塞进了洗衣机中。女子再次打开洗衣机时，从洗衣机里出现了一名肤色白皙的男子。最后镜头切换到产品包装特写，屏幕上显示："改变，从××开始。"

---

① 国家市场监督管理总局：《国家市场监督管理总局公布2018年典型虚假违法互联网广告案件》，2018年7月20日，参见http://www.samr.gov.cn/ggjgs/sjdt/gzdt/201807/t20180720_281035.html。

问题：这则广告是否存在种族歧视的问题？

【案例 16】

某二手车认证服务广告

某国际知名汽车品牌在宣传其提供的二手车认证服务时，广告中婆婆闯入婚礼，通过揪鼻梁、掰开牙口等各种粗暴的方式检查新娘的鼻子、耳朵、牙齿等，最后还打量了新娘的胸部。

思考：该广告是否存在问题？

【案例 17】

某电商平台的一则问题广告

某电商平台上一则图片广告中有一位准妈妈的照片，并配了一句广告词："生了女儿怎么办？二胎用碱孕宝。"

思考：该广告有问题吗？

（十）禁止妨碍环境、自然资源或者文化遗产保护

《宪法》第九条第二款规定："国家保障自然资源的合理利用，保护珍贵的动物和植物。禁止任何组织或者个人用任何手段侵占或者破坏自然资源。"第二十二条第二款规定："国家保护名胜古迹、珍贵文物和其他重要历史文化遗产。"第二十六条第一款规定："国家保护和改善生活环境和生态环境，防治污染和其他公害。"因此，保护环境、自然资源和文化遗产，是每位公民的义务。广告活动应当自觉保护环境、自然资源和文化遗产。

（十一）法律、行政法规规定禁止的其他情形

作为一项复杂的经济活动，《广告法》不能涵盖所有的广告情形。在制作、代理和发布广告时，除了要遵循《广告法》外，对于法律、行政法规规定禁止的其他情形，广告中也不得出现。

《商标法》第十四条第五款规定："生产、经营者不得将'驰名商标'字样用于商品、商品包装或者容器上，或者用于广告宣传、

展览以及其他商业活动中。"

《广播电视广告播出管理办法》第八条规定，广播电视广告禁止含有反对宪法确定的基本原则的内容；禁止含有危害国家统一、主权和领土完整，危害国家安全，或者损害国家荣誉和利益的内容；禁止含有煽动民族仇恨、民族歧视，侵害民族风俗习惯，伤害民族感情，破坏民族团结，违反宗教政策的内容；禁止含有宣扬邪教、淫秽、赌博、暴力、迷信，危害社会公德或者民族优秀文化传统的内容；禁止含有侮辱、歧视或者诽谤他人，侵害他人合法权益的内容；禁止含有使用绝对化语言，欺骗、误导公众，故意使用错别字或者篡改成语的内容等。

广告中的语言文字表述要清晰、准确、完整。《广告语言文字管理暂行规定》第五条要求，"广告用语用字应当使用普通话和规范汉字"。第八条规定："广告中不得单独使用外国语言文字。广告中如因特殊需要配合使用外国语言文字时，应当采用以普通话和规范汉字为主、外国语言文字为辅的形式，不得在同一广告语句中夹杂使用外国语言文字。广告中的外国语言文字所表达的意思，与中文意思不一致的，以中文意思为准。"第十三条规定："广告中因创意等需要使用的手书体字、美术字、变体字、古文字，应当易于辨认，不得引起误导。"

2018年10月，共青团中央印发《中国共产主义青年团团旗、团徽、团歌制作使用管理规定》，规定团旗、团徽、团歌不得用于或变相用于商业广告以及商业活动中。

《中华人民共和国人民币管理条例》规定，禁止未经中国人民银行批准，在宣传品、出版物或者其他商品上使用人民币图样等损害人民币的行为。人民币图样包括放大、缩小和同样大小的人民币图样。人民币包括中国人民银行依法发行的纸币和硬币。

自2018年5月1日起施行的《英雄烈士保护法》第二十二条规定："禁止歪曲、丑化、亵渎、否定英雄烈士事迹和精神。""英雄烈士的姓名、肖像、名誉、荣誉受法律保护。任何组织和个人不得在公共场所、互联网或者利用广播电视、电影、出版物等，以侮辱、诽谤或者其他方式侵害英雄烈士的姓名、肖像、名誉、荣誉。任何组织和个人不得将英雄烈士的姓名、肖像用于或者变相用于商标、商业广告，损害英雄烈士的名誉、荣誉。""公安、文化、新闻出版、广播电视、电影、网信、市场监督管理、负责英雄烈士保护工作的部门发现前款规定行为的，应当依法及时处理。"

【案例18】

北京微播视界科技有限公司、北京搜狗信息服务有限公司发布违法广告案

北京微播视界科技有限公司运营"抖音"应用程序，其在搜狗搜索引擎移动端投放了推广"抖音"应用程序的广告，广告中含有"邱少云被火烧的笑话"内容，违反了《英雄烈士保护法》第二十二条和《广告法》第九条的规定。2018年7月，北京市工商行政管理局海淀分局作出行政处罚，责令停止发布违法广告，并对两家公司分别罚款100万元。①

【典型案例6】

"我们恨化学"广告语问题

2015年11月，化妆品品牌法兰琳卡在CCTV-8播出的15秒广告中，其代言人接连喊着"我们恨化学！我们恨化学！我们恨化学！"然后拨开迷雾，宣称："法兰琳卡，十年专注自然护肤。"

---

① 国家市场监督管理总局：《国家市场监督管理总局公布2018年第三批典型虚假违法广告案件》，2018年11月15日，参见http://www.samr.gov.cn/ggjgs/sjdt/gzdt/201811/t20181115_281066.html。

北京大学教授周公度发文称，这是一则反科学、破坏化学教育的坏广告，应立即停播，还要设法补救给化学教育造成的损失。联合国将2011年定为"国际化学年"，主题是"我们的生活，我们的未来"，通过此活动增加公众对化学的认识和热爱，CCTV-8播放的这则广告和世界潮流背道而驰。

中国化学会发了《关于要求CCTV-8就不当商业广告公开致歉并弥补损失的函》。其中提到，根据《化妆品标识管理规定》对化妆品的界定，任何化妆品都不可能没有化学成分，法兰琳卡作为日化企业，应该非常清楚化学对于化妆品的重要性，如此人为地制造并传播"化学有害的错误论调"，造成公众对化学的怀疑和抵触。根据新《广告法》的规定，以虚假或者引人误解的内容欺骗、误导消费者的，为虚假广告。法兰琳卡广告的意图是宣传自己产品所谓的"纯天然"，但是化妆品根本无法实现纯天然，因此，法兰琳卡广告以"我们恨化学"的方式宣传产品"纯天然"，误导消费者对化学产生"敌意"，涉嫌构成虚假广告。

中国化学会表示，中央电视台作为国家级媒体，是国家宣传科学理念、普及科学知识的重要平台。虽倡导"诚信、健康、绿色"的广告理念，但如此广告能通过审批并在中央电视台播放，难以理解。

中国化学会认为，CCTV-8播放的这则广告已造成对化学形象的严重诋毁，极其恶劣地误导了公众对化学的正确认识。鉴于中央电视台的影响力和受众群体，已经在公众中造成了极大的负面影响，要求中央电视台立即撤销该广告并就播出该广告公开致歉，同时要求中央电视台加强对广告及相应栏目的科学性审查。除此之外，要求中央电视台制作并播放宣传化学正面形象的公益广告，弥补已经造成的恶劣影响。

后来，法兰琳卡在其官方微博上发布了《关于法兰琳卡广告创意的说明》，表示他们无任何用意去妖魔化化学基础学科，对该广告给部分观众带来的困扰深表歉意。"广告中所提到的'我们恨化学'的创意，是针对当下护肤品领域部分存在的过度使用石油化工化学成分，滥用化学药剂导致对人体肌肤产生危害的现象，表达出许多消费者的愤懑之情"，反对的是"过度使用石油化工化学成分对人体所造成的伤害"。"或许短短十几秒钟的广告时间，我们无法尽述我们的价值主张，我们的广告创意也不完美，情绪化的表达也许让一部分朋友无法完整了解我们的真实想法，因此产生困扰和不安的反应，对此，我们再次表达我们的歉意。"

最终，CCTV-8 停播了该广告。

【案例 19】

韩束"晒美白"广告

2015 年 3 月到 4 月，上海韩束化妆品有限公司在其投放的一则电视广告中，表示全新韩束"晒美白""越晒越白，越晒越润"。经医学专家证实，皮肤越晒越白的宣传违反目前已掌握的科学常识，韩束方面承认其产品无法使皮肤越晒越白。上海市工商行政管理局认为，该广告构成虚假宣传，依法处罚款 110 万元。[①]

【案例 20】

大众 POLO 汽车广告

2006 年，在某地铁通道处悬挂的上海大众 POLO 汽车广告中，广告语上写着"挤地铁，就不用穿正装了吧？毕竟，你还没有买 POLO 劲取。""记得在末班地铁前结束 Party！毕竟，你还没有买

---

① 陈伊萍：《韩束晒美白广告"越晒越白"遭医学专家证伪，被罚 110 万元》，《澎湃新闻》2015 年 12 月 31 日，参见 https://www.thepaper.cn/newsDetail_forward_1415620。

POLO 劲情。""明天继续挤地铁？还是开着 POLO 劲取，在众人美慕的眼光中扬长而去……""有人闷在地下室等地铁，有人开着 POLO 劲取，走自己想走的路……"

思考：这些广告是否存在问题？

二 广告涉及行政许可和引证内容的规范

《广告法》第十一条规定："广告内容涉及的事项需要取得行政许可的，应当与许可的内容相符合。""广告使用数据、统计资料、调查结果、文摘、引用语等引证内容的，应当真实、准确，并表明出处。引证内容有适用范围和有效期限的，应当明确表示。"

目前，有些广告主利用数据、统计资料、调查结果等来宣传自己的商品或服务，但是如果引用的资料属于内部数据，企业应当提供相关证据，无法提供证据或资料的都属于虚假广告；如果数据来源于第三方，应当表明出处。

广告中使用数据、统计资料、调查结果、文摘、引用语等，可以增加广告的可信性，但引证的内容必须真实准确，相关数据是通过科学的方法获得的，同时表明出处。数据来源的机构会影响到消费者对数据乃至广告的信任度，权威部门的数据相对来说对公众更具有说服力。有些内容有一定的适用范围和有效期限，这也需要在广告中明确表示，不得隐瞒或扩大有效期和适用范围。断章取义式的引用，或不标明适用范围和有效期限等，会对消费者产生误导。

【案例 21】

某网络科技公司的违法广告

2015 年 8 月至 9 月，某网络科技公司在其销售场所展示某品牌笔记本电脑的宣传广告，其中含有"创新与服务品质 No.1——华尔街日报""中国笔记本品牌口碑第一——国家统计局中国统计信息服务中心"等内容。

事实上,"创新与服务品质 No.1"有适用范围"亚洲"和有效期限"2009 年";"中国笔记本品牌口碑第一"有有效期限"2014 年第二季度"。但该公司并未在广告中明确说明适用范围和有效期限,违反《广告法》第十一条第二款的规定,被工商部门依法处罚款 5 万元。[①]

【典型案例 7】

"王老吉"与"加多宝"的虚假宣传纠纷案

加多宝的广告宣传中,含有"加多宝凉茶连续 7 年荣获'中国饮料第一罐'""加多宝连续 7 年荣获'中国饮料第一罐'""加多宝荣获中国罐装饮料市场'七连冠'""中国第一罐""第六次蝉联'中国饮料第一罐'""加多宝凉茶连续第六年蝉联'中国饮料第一罐'"等用语。广州医药集团有限公司(以下简称广药集团)、广州王老吉大健康产业有限公司(以下简称王老吉大健康公司)认为该行为让消费者误认为加多宝凉茶就是王老吉凉茶,严重侵害了广药集团、王老吉大健康公司的合法权益,因此向法院提起诉讼。

广药集团、王老吉大健康公司诉称:广药集团是王老吉商标的合法持有者,授权其下属子公司王老吉大健康公司使用王老吉商标生产、销售罐装王老吉凉茶,两公司享有王老吉凉茶历经 180 余年形成的商誉。而加多宝(中国)饮料有限公司(以下简称加多宝中国公司)、广东加多宝饮料食品有限公司(以下简称广东加多宝公司)于 2012 年 5 月后才推出加多宝凉茶,之前生产的均为王老吉凉

---

① 陈伊萍:《韩束晒美白广告"越晒越白"遭医学专家证伪,被罚 110 万元》,《澎湃新闻》2015 年 12 月 31 日,参见 https://www.thepaper.cn/newsDetail_forward_1415620。

茶，2008年至2012年中国行业企业信息发布中心将罐装饮料市场销售额第一名的证明颁给的是王老吉凉茶。加多宝中国公司、广东加多宝公司进行上述宣传系故意混淆是非，意图侵占附着于王老吉凉茶上的巨大商誉，让消费者误认为加多宝凉茶就是王老吉凉茶。加多宝中国公司、广东加多宝公司的行为严重侵害了广药集团、王老吉大健康公司的合法权益。

加多宝中国公司、广东加多宝公司辩称：加多宝中国公司、广东加多宝公司及关联公司连续多年使用王氏后人授权的凉茶秘方和生产红色罐体凉茶产品，享有合法权利。涉案广告内容引用中国行业企业信息发布中心发布的统计数据，该数据客观真实；涉案广告所表达的含义与中国行业企业信息发布中心的统计结果相一致，表述清晰明确，不会引起相关公众的误解，亦未造成广药集团、王老吉大健康公司的直接损害，因此，加多宝中国公司发布的涉案广告不构成虚假宣传。

北京市第三中级人民法院经过审理，依法作出判决：加多宝中国公司立即停止使用上述广告用语；加多宝中国公司刊登声明以消除影响；加多宝中国公司、广东加多宝公司赔偿广药集团及王老吉大健康公司经济损失及合理开支共计300万元。

加多宝中国公司、广东加多宝公司均不服原审判决，共同向北京市高级人民法院提起上诉。

北京市高级人民法院审理认为：

"加多宝凉茶连续7年荣获'中国饮料第一罐'""加多宝凉茶连续第六年蝉联'中国饮料第一罐'""加多宝连续7年荣获'中国饮料第一罐'"和"加多宝荣获中国罐装饮料市场'七连冠'"四句用语，其宣传的对象分别是"加多宝凉茶"和"加多宝"；"中国第一罐"和"第六次蝉联'中国饮料第一罐'"两句用语虽然没有出现"加多宝凉茶"或者"加多宝"字样,但是,结合广药集团、王老吉大健康公司提交的相关证据可知,"中国第一罐"和"第六次蝉联'中国饮料第一罐'"两句用语,在实际使用过程中是与"加多宝凉茶"或"加多宝"字样同时出现的,结合其实际使用情况,应当认定"中国第一罐"和"第六次蝉联'中国饮料第一罐'"两句用语的宣传对象亦为"加多宝凉茶"和"加多宝"。因此,涉案的六句宣传用语的宣传对象均可以认定为"加多宝凉茶"或"加多宝"。

而根据日常生活经验和相关公众一般注意力,结合相关使用环境,上述六句宣传用语易被相关公众理解为自2007年至2013年,"加多宝凉茶"连续七年在销售数量或者销售金额方面在中国市场排名第一,或者使用"加多宝"品牌的市场经营者提供的凉茶在销售数量或者销售金额方面在中国市场排名第一。相应地,判断上述宣传用语是否构成虚假宣传,就是要结合案件事实,认定上述宣传用语传达给相关公众的信息是否片面、是否具有歧义、是否容易误导相关公众。

广药集团是"王老吉"系列注册商标的商标权人,王老吉大健康公司享有"王老吉"系列注册商标的许可使用权;而鸿道集团及加多宝集团在2012年之前均系通过商标权人的授权获得了第626155号"王老吉"注册商标的许可使用权,其在2012年前生产的凉茶所使用的也均是"王老吉"商标。因此,即使不考虑仅是中国信息报社所属经济实体而非国家权威机构的中国行业企业信息发布中心所提供的数据是否准确,即使不考虑上述六句宣传用语在实际使用过程中配合"国家权威机构发布"字样的使用方式所明显具有的误导故意,假设包括广东加多宝公司在内的加多宝集团生产、经营的凉茶自2007年至2013年连续七年在销售数量或者销售金额方面在中国市场排名第一,本案中的六句宣传用语不加区分地向相关公众传达"加多宝凉茶"连续七年在销售数量或者销售金额方面在中国市场排名第一,或者使用"加多宝"品牌的市场经营者提供的凉茶在销售数量或者销售金额方面在中国市场排名第一的信息,也都容易使相关公众误认为"加多宝"品牌已具有七年的历史,并在中国市场的销售数量或者销售金额方面一直排名第一。这显然是对相关商品信息的片面、歧义性宣传,容易使相关公众对包括相关商品的品牌历史在内的商品信息产生误解,因而已构成虚假宣传。

北京市高级人民法院认为,原审判决认定事实清楚,部分法律适用虽有不妥,但其裁判结论正确,本院在纠正其相关错误的基础上,对其结论予以维持。2015年7月23日,北京市高级人民法院依照相关法律规定,判决:驳回上诉,维持原判。①

加多宝中国公司、广东加多宝公司不服北京市高级人民法院民事判决书(2015)高民(知)终字第879号民事判决,向中华人民共和国最高人民法院申请再审。

对于加多宝中国公司和广东加多宝公司使用涉案广告语的行为是否构成虚假宣传行为,最高人民法院认为:

首先,根据《广告法》的规定,广告使用数据、统计资料、调查结果、文摘、引用语,应当真实、准确,并表明出处。根据原审查明的事实,加多宝中国公司和广东加多宝公司使用涉案广告语时,只是表明来源为国家权威机构,而未表明实际来源为中国行业企业信息发布中心,而中国行业企业信息发布中心系中国信息报社所属经济实体。因此,涉案广告语并未按照《广告法》的规定如实表明出处,涉案广告语易使相关公众误认为其数据来源于国家权威机构

---

① 《加多宝(中国)饮料有限公司等与广州医药集团有限公司等虚假宣传纠纷二审民事判决书》,中国裁判文书网,2015年7月30日,有删减。参见http://wenshu.court.gov.cn/website/wenshu/181107ANFZ0BXSK4/index.html? docId = b0ae588b7a874e91b2876759821609f7。

并具有权威性。

其次，根据原审查明的事实，加多宝中国公司和广东加多宝公司在生产、销售的凉茶上停止使用"王老吉"商标后，自2012年5月开始在其生产、销售的凉茶上使用"加多宝"商标。涉案广告语可理解为两种含义，第一种即加多宝品牌的凉茶自2007年至2013年连续七年在中国市场的销售数量或者销售金额排名第一，这显然与原审查明的加多宝品牌的凉茶才生产、销售三年的事实不符。因此，涉案广告语对加多宝品牌的凉茶的宣传是不真实和虚假的。第二种即加多宝公司生产的凉茶自2007年至2013年连续七年在中国市场的销售数量或者销售金额排名第一，根据中国行业企业信息发布中心提供的数据，涉案广告语除未正确表明出处外，其他内容并不存在虚假和不真实的情形。综合涉案广告语的两种含义，会使相关公众同时产生加多宝公司生产的凉茶和加多宝品牌的凉茶已在中国市场连续七年销售数量或者销售金额排名第一的认识，而结合相关公众基于其通常认识而可能对上述广告语产生的两种不同理解，并结合加多宝品牌凉茶实际生产和销售时间的事实，涉案广告语对加多宝凉茶的宣传即便不是虚假和不真实的，也是片面的和有歧义的，而这种片面和有歧义的宣传，会使加多宝中国公司和广东加多宝公司在凉茶市场中获得不正当竞争优势，扰乱正常的市场竞争秩序，损害其他同行业经营者的合法权益，也损害了广药集团和王老吉大健康公司的合法权益。综上所述，加多宝中国公司、广东加多宝公司使用涉案广告语的行为违反了《反不正当竞争法》的规定，构成虚假宣传行为。

关于加多宝中国公司和广东加多宝公司再审主张涉案广告语不足以使一定比例的相关公众产生错误认识并进而影响其购买选择的问题。最高人民法院认为，如前所述，就涉案广告语的含义而言，相关公众更多的是从涉案广告语的第一种含义理解涉案广告语所传达的信息，而该种理解方式显然与加多宝品牌的凉茶的生产时间不符。涉案广告语系对加多宝凉茶的片面和有歧义的宣传，而这种片面和有歧义的宣传会对相关公众选择购买凉茶产品产生一定的影响。加多宝中国公司和广东加多宝公司主张涉案广告语不构成引人误解的虚假宣传，而该主张所确定的认知主体是对王老吉凉茶和加多宝凉茶的历史变迁有着清晰和深入了解的特定消费者群体，而以该类消费者的认知来判断涉案广告语是否引人误解显然不符合《最高人民法院关于审理不正当竞争民事案件应用法律若干问题的解释》第八条第三款的立法本意。

2016年3月30日，最高人民法院依法裁定：驳回加多宝（中国）饮料有限公司、广东加多宝饮料食品有限公司的再审申请。①

三 广告中不得贬低其他商品或服务

《广告法》第十三条规定："广告不得贬低其他生产经营者的商品或者服务。"

《反不正当竞争法》第十一条规定："经营者不得编造、传播虚假信息或者误导性信息，损害竞争对手的商业信誉、商品声誉。"

广告主可以做正当的比较广告，但不能贬低和损害其他商品或服务的商业信誉或声誉，既不可贬低同一领域的商品或服务，也不得贬低其他类别的商品或服务，既不能直接贬低，也不能间接贬低。

---

① 《加多宝（中国）饮料有限公司、广东加多宝饮料食品有限公司与广州医药集团有限公司、广州王老吉大健康产业有限公司虚假宣传纠纷案民事裁定书》，中国裁判文书网，2016年5月9日，有删减。参见http：//wenshu.court.gov.cn/website/wenshu/181107ANFZ0BXSK4/index.html? docId=f43ee484d22343c08dc2d58f438ab226。

【案例 22】

西王玉米胚芽油广告

西王食品发布的一则广告中,某影视明星在广告中称:"我要换了你,对家人健康不好的通通不要,不管几比几,不要转基因,我只要西王玉米胚芽油"。

问题:谈谈你对这则广告的理解。

【案例 23】

某公司的互联网违法广告

2017 年 3 月,某公司在互联网上发布的广告中含有"……药物戒烟副作用极大,只是起到辅助戒烟的作用,体内毒素得不到清除……第八代电子烟……一周期(20 天)可清除体内烟毒 57%,两个周期可达 85%,三个周期可将体内烟毒完全清除,彻底摆脱……永不复吸"等内容,贬低其他生产经营者的商品或者服务,杜撰虚假内容误导消费者,该行为违反《广告法》第四条、第十三条规定。2018 年 4 月,市场监督管理部门责令其改正违法行为,在相应范围内消除影响,并处以罚款 1 万元。①

四 专利广告的基本规范

《专利法》所称的发明创造是指发明、实用新型和外观设计。其中,"发明,是指对产品、方法或者其改进所提出的新的技术方案";"实用新型,是指对产品的形状、构造或者其结合所提出的适于实用的新的技术方案";"外观设计,是指对产品的形状、图案或者其结合以及色彩与形状、图案的结合所作出的富有美感并适于工业应用

---

① 山东省市场监督管理局:《山东省市场监管局公布一批互联网违法广告典型案例》,2018 年 11 月 12 日,参见 http://amr.shandong.gov.cn/art/2018/11/12/art_ 25465_ 2183431.html。

的新设计"。

《广告法》第十二条规定:"广告中涉及专利产品或者专利方法的,应当标明专利号和专利种类。""未取得专利权的,不得在广告中谎称取得专利权。""禁止使用未授予专利权的专利申请和已经终止、撤销、无效的专利作广告。"

自申请人提出专利申请,国务院专利行政部门受理之日起,申请人便获得一个专利申请号。根据《专利申请号标准》,"专利申请号是指国家知识产权局受理一件专利申请时给予该专利申请的一个标识号码"。专利申请号包括申请年号、申请种类号和申请流水号三个部分,目前专利申请号用12位阿拉伯数字表示,前四位数字表示受理专利申请的年号,第五位数字表示申请专利的种类(1表示发明专利申请,2表示实用新型专利申请,3表示外观设计专利申请,8表示进入中国国家阶段的PCT发明专利申请,9表示进入中国国家阶段的PCT实用新型专利申请),后七位数字为申请流水号,表示受理专利申请的相对顺序。

专利申请号只是表明了国家知识产权局受理了申请人的专利申请,并不代表申请人获得了专利,直到获得授权拿到专利证书之后,才真正取得专利号。专利号是以ZL开头,后面为该专利的申请号。如某牌冰激凌专利申请号200730108468.3(最后的3为校验位,校验位是以专利申请号中使用的数字组合作为源数据经过计算得出的1位阿拉伯数字或大写英文字母X),该申请号可以解读为2007年受理的第8468个外观设计专利申请,如果该外观设计获得了专利权,其专利号便为ZL200730108468.3。目前专利广告中违法类型比较多的情况是利用专利申请号充当专利号来作广告。

专利权有明确的期限,发明专利权的期限为20年,实用新型专利权和外观设计专利权的期限都是10年,开始时间从申请日开始算

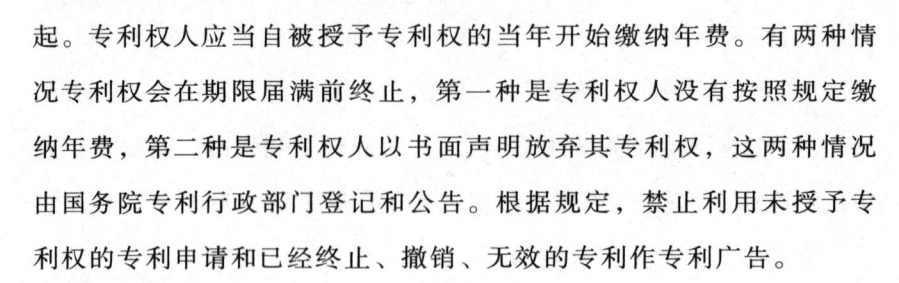

起。专利权人应当自被授予专利权的当年开始缴纳年费。有两种情况专利权会在期限届满前终止,第一种是专利权人没有按照规定缴纳年费,第二种是专利权人以书面声明放弃其专利权,这两种情况由国务院专利行政部门登记和公告。根据规定,禁止利用未授予专利权的专利申请和已经终止、撤销、无效的专利作专利广告。

【案例 24】

某公司的违法专利广告

某公司在其经营的互联网平台网店的网页上发布标注有"专利帆船造型""专利编号:201330407050.8""专利外观设计"等内容的商品广告。而上述专利最后缴纳年费日期为 2015 年 7 月 7 日,已因未缴年费而失效。

该行为违反了《广告法》第十二条的规定。依据《广告法》第五十九条规定,2018 年 5 月,监管部门作出行政处罚,责令停止发布违法广告,并处罚款 1 万元。[1]

五 传媒的法律责任

《广告法》第五十七条规定,发布有本法第九条规定的禁止情形的广告,"对广告经营者、广告发布者,由市场监督管理部门没收广告费用,处二十万元以上一百万元以下的罚款,情节严重的,并可以吊销营业执照、吊销广告发布登记证件"。

《广告法》第五十九条规定,广告引证内容违反本法第十一条规定的;涉及专利的广告违反本法第十二条规定的;违反本法第十三条规定,广告贬低其他生产经营者的商品或者服务的。广告经营者、广

---

[1] 国家市场监督管理总局:《国家市场监督管理总局公布 2018 年典型虚假违法互联网广告案件》,2018 年 7 月 20 日,参见 http://www.samr.gov.cn/ggjgs/sjdt/gzdt/201807/t20180720_281035.html。

告发布者明知或者应知有此类违法行为仍设计、制作、代理、发布的,由市场监督管理部门处十万元以下的罚款。

《广告法》第六十九条规定,广告经营者、广告发布者违反规定,广告中有假冒他人专利的、贬低其他生产经营者的商品或服务的侵权行为,依法承担民事责任。

第四节 广告发布形式和时长规范

商业广告是为了宣传或推销某种商品和服务,而新闻传播的是事实,新闻要求传播者尽量客观陈述事实,而广告可以对信息进行艺术加工。这就要求广告应当与新闻相区别,不得以新闻节目的形式发布广告。此外,广播电视在播出广告时,应当合理编排,控制商业广告的播出时长。

一 广告发布形式

(一)广告应当具有可识别性

根据《广告法》第十四条的规定,广告应当具有可识别性,要在形式上对广告进行区分,与其他非广告信息相区别,能够使消费者辨明其为广告。为了防止消费者产生误解,大众传播媒介发布的广告必须显著标明"广告",大众传播媒介不得以新闻报道的形式变相发布广告。

在实际生活中,有些不法商家或媒体会以新闻报道的形式变相发布商业广告。广告与新闻不同,新闻是对客观事实的报道,而广告是对商品或服务的宣传,相对来说,新闻具有真实性,可信度较高。而如果以新闻报道的形式来发布广告,容易使受众将广告的内容误以为是新闻，从而误导消费者。

【案例25】

以新闻报道的形式发布广告

2005年，某报2月23日A11版以"帕金森患者的守护神"为题，发布某医院的帕金森专科医疗服务广告，宣传可以治愈帕金森病。某报2月23日A19版以"三联新疗法揭开牛皮癣反复发作之谜"为题，发布某医院的医疗服务广告。这些属于典型的以新闻报道形式发布广告，严重误导了消费者。①

【案例26】

判断以下内容是广告还是纪录片？

某卫视以电视纪录片的形式，报道了一些已婚女性回娘家时的情况，在纪录片中，这些女性痛哭流涕地讲述自己被××医院治愈了不孕症……

（二）不得以养生节目变相发布医疗、药品、医疗器械、保健食品广告

《广告法》第十九条规定："广播电台、电视台、报刊音像出版单位、互联网信息服务提供者不得以介绍健康、养生知识等形式变相发布医疗、药品、医疗器械、保健食品广告。"

目前，大众传媒存在以养生节目变相作广告宣传的情况，比如有的养生节目首先邀请几个所谓的营养专家讲授一些所谓的养生知识，之后就会推荐或建议各类养生产品，这种商业运作机制的养生节目无非是在推销商品；还有些节目利用非专业机构、非专业人士假借普及健康知识的名义非法兜售药品、保健品和医疗服务等。大

---

① 王军光：《新兴医院广告涉嫌严重违法 遭国家工商总局通报》，《北京青年报》2005年4月22日。

众传媒以养生节目的形式变相播放虚假医疗、药品、医疗器械、保健食品广告，不仅损害了人民群众的利益，还严重影响着媒体自身的形象和公信力。

事实上，养生节目具有一定的公益性，形式多样的养生类节目，能够为公众普及健康知识，一定程度上满足了广大人民群众对医疗健康信息的需求，但假借普及健康知识的名义非法推销各种商品或服务等，对于消费者来说具有很强的误导性和欺骗性，危害着人民群众的身体健康。为了进一步规范医疗养生类节目，2016年8月24日，国家新闻出版广电总局印发《国家新闻出版广电总局关于进一步加强医疗养生类节目和医药广告播出管理的通知》，要求进一步加强医疗养生类节目和医药广告播出管理。

此通知要求，要严格医疗养生类节目备案管理，未经备案的医疗养生类节目一律不得播出。"医疗养生类节目只能由电台电视台策划制作，不得由社会公司制作。""医疗养生类节目聘请医学、营养等专家作为嘉宾的，该嘉宾必须具备国家认定的相应执业资质和相应专业副高以上职称，并在节目中据实提示。医疗养生类节目主持人须取得播音员主持人执业资质，依法持证上岗。""严禁医疗养生类节目以介绍医疗、健康、养生知识等形式直接或间接发布广告、推销商品和服务。严禁直接或间接宣传医疗、药品、医疗器械、保健品、食品、化妆品、美容等企业、产品或服务。严禁节目中间以包括'栏目热线'以及二维码等在内的任何形式，宣传或提示联系电话、联系方式、地址等信息。"

【案例27】

沈阳广播电视台变相发布违法药品广告

沈阳广播电视台在所属频道利用《良心说医事》健康养生访谈类节目违法发布"小药丸多肽"药品广告。该节目假借健康养生的名义向消费者推销药品,违反了《广告法》第十九条等规定。2017年8月,沈阳市工商行政管理局作出行政处罚,罚款10万元。①

【案例28】

福建电视台发布违法保健食品、药品广告

福建电视台在所属频道违法发布"一滴硒""仙灵地黄补肾汤""养心通脉方""龙舒泰精致地龙胶囊""葛洪桂龙药膏""康态胶囊"等广告。利用健康养生节目等形式变相推销以上保健食品、药品,含有涉及疾病治疗功能、使用医疗用语、含有易与药品相混淆的内容,违反了《广告法》第十三条、第十九条等规定。2017年6月,福州市台江区市场监督管理局作出行政处罚,责令当事人改正违法行为,罚款25.5万元。②

(三)广播电视节目的冠名要求

《广播电视广告播出管理办法》对广播电视节目的冠名等问题做了以下具体规定。

第十条规定:"时政新闻类节(栏)目不得以企业或者产品名称等冠名。有关人物专访、企业专题报道等节目中不得含有地址和联系方式等内容。"

第十八条要求,除了电影、电视剧剧场或者节(栏)目冠名标识之外,禁止播出任何形式的挂角广告。此外,第二十条规定:"电影、电视剧剧场或者节(栏)目不得以治疗皮肤病、癫痫、痔疮、脚气、妇科、生殖泌尿系统等疾病的药品或者医疗机构作冠名。"

第十九条要求,电影、电视剧剧场或者节(栏)目冠名标识不得含有下列情形:单独出现企业、产品名称,或者剧场、节(栏)

---

① 邢郑:《2017违法广告典型案例:8成属食品、药品类》,人民网,2017年8月26日,参见 http://society.people.com.cn/n1/2017/0826/c1008-29495944.html。
② 同上。

目名称难以辨认的；标识尺寸大于台标，或者企业、产品名称的字体尺寸大于剧场、节（栏）目名称的；翻滚变化，每次显示时长超过5分钟，或者每段冠名标识显示间隔少于10分钟的；出现经营服务范围、项目、功能、联系方式、形象代言人等文字、图像的。

第二十一条规定："转播、传输广播电视节目时，必须保证被转播、传输节目的完整性。不得替换、遮盖所转播、传输节目中的广告；不得以游动字幕、叠加字幕、挂角广告等任何形式插播自行组织的广告。"

二 广告发布时间和时长

广播电台、电视台发布广告，应当遵守国务院有关部门关于时长、方式的规定，并应当对广告时长作出明显提示。《广播电视广告播出管理办法》对广播电视播出广告的时间和时长有明确的规定，要求广播电视广告播出应当合理编排，商业广告应当控制总量、均衡配置，具体要求有：

第十四条规定："广播电视广告播出不得影响广播电视节目的完整性。除在节目自然段的间歇外，不得随意插播广告。"第十七条要求，在播出电视剧时，不得在每集（以四十五分钟计）中间以任何形式插播广告。

第十五条规定："播出机构每套节目每小时商业广告播出时长不得超过12分钟。其中，广播电台在11：00至13：00之间、电视台在19：00至21：00之间，商业广告播出总时长不得超过18分钟。""在执行转播、直播任务等特殊情况下，商业广告可以顺延播出。"

第二十三条规定："在6：30至7：30、11：30至12：30以及18：30至20：00的公众用餐时间，不得播出治疗皮肤病、痔疮、脚气、妇科、生殖泌尿系统等疾病的药品、医疗器械、医疗和妇女卫生用品广告。"

上文提到的《国家新闻出版广电总局关于进一步加强医疗养生类节目和医药广告播出管理的通知》要求:"严格限制医药广告播出的时长和方式,医疗、药品、医疗器械、保健品、食品、化妆品、美容等企业、产品或服务的广告,不得以任何节目形态变相发布,不得以电视购物短片广告形式播出,且单条广告时长不得超过一分钟。"

【案例29】
国家广播电视总局要求停播某些违法广告

2018年12月,《国家广播电视总局办公厅关于立即停止播出"北合堂大肚子灸"等违规广告的通知》里提到,"达仁堂清宫寿桃丸""好一生腰突治疗仪""长白王氏压宁贴"等以节目形态变相发布医药广告,时长超过10分钟,违反了国家广播电视总局关于"医疗、药品、医疗器械、保健品"等企业、产品或服务的广告单条时长不得超过1分钟的规定,同时还存在宣传治愈率、有效率以及以医生、专家、患者形象做疗效证明等违规问题,要求各级广播电视播出机构立即停止播出上述广告。

三 电视购物短片广告的播出规定

电视购物短片广告又称"广告短片购物"或"电视直销广告",是厂家或代理商通过购买电视台广告时段投放广告片,吸引观众拨打广告画面上的电话订购商品的一种商品直销方式。

《广电总局关于加强电视购物短片广告和居家购物节目管理的通知》(广发〔2009〕71号)要求,广播电视播出机构应当加强对所播出的电视购物短片广告的审查。电视购物短片广告必须坚持正确导向,坚持良好文化品位。"如实介绍所售商品,标明商品销售企业名称,公布在一定期限内可'无条件退货'和'验货付款'的承诺。特殊类商品，还必须标明相关审批文号等信息。有投资风险或者可能产生副作用的商品，必须在广告或者节目中明确提示。"此外，电视购物短片广告"严禁出现以下内容：（1）内容虚假违法、格调庸俗低下；（2）夸大、夸张宣传，误导消费；（3）以公众人物、专家等名义作证明；（4）虚构断货、抢购、甩货等情形推销商品；（5）谎称商品通过认证、获得奖项或者荣誉称号等；（6）虚构或者伪造科研成果、统计资料等材料作证明；（7）法律、行政法规、规章禁止的其他内容"。

为了治理卫视频道电视购物短片广告的违规问题，自2014年1月1日实施的《关于进一步加强卫视频道播出电视购物短片广告管理工作的通知》要求，"各卫视频道每天18点至24点时段内，不得播出电视购物短片广告"。其他时段播出电视购物短片广告时，必须严格执行《广播电视广告播出管理办法》和《广电总局关于加强电视购物短片广告和居家购物节目管理的通知》的相关具体规定。

根据2014年的通知要求，电视购物短片广告不得使用主持人作宣传，不得使用"叫卖式"夸张配音、语调、动作等作宣传，不得使用新闻报道、新闻采访、现场访谈等形式以及新闻素材、资料等作宣传，不得使用"矫形""塑形""透脂""甩脂"等宣传或变相宣传丰胸、减肥产品，广告播出时要在屏幕画面右上角明确标注"广告"字样。各卫视频道每天每小时播出电视购物短片广告不得超过1条（次），每条不得超过3分钟，每天播出同一款产品或同一内容的电视购物短片广告不得超过3次。

【案例30】

国家广播电视总局要求停播某些违法广告

2018年12月，《国家广播电视总局办公厅关于立即停止播出"北合堂大肚子灸"等违规广告的通知》提到，"茅台镇窖藏原浆酒""五粮液股份100年传奇淡雅酒""五粮液酒五星A级豪华装"等以购物短片形式发布酒类广告，时长超时，违反了国家广播电视总局"每天每小时播出电视购物短片广告不得超过1条（次），每条不得超过3分钟"的规定，要求各级广播电视播出机构立即停止播出上述广告。

四　传媒的法律责任

《广告法》第五十九条规定，广告不具有可识别性的，或者变相发布医疗、药品、医疗器械、保健食品广告的，"由市场监督管理部门责令改正，对广告发布者处十万元以下的罚款"。

《广告法》第六十八条规定："广播电台、电视台、报刊音像出版单位发布违法广告，或者以新闻报道形式变相发布广告，或者以介绍健康、养生知识等形式变相发布医疗、药品、医疗器械、保健食品广告，市场监督管理部门依照本法给予处罚的，应当通报新闻出版、广播电视主管部门以及其他有关部门。新闻出版、广播电视主管部门以及其他有关部门应当依法对负有责任的主管人员和直接责任人员给予处分；情节严重的，并可以暂停媒体的广告发布业务"。"新闻出版、广播电视主管部门以及其他有关部门未依照前款规定对广播电台、电视台、报刊音像出版单位进行处理的，对负有责任的主管人员和直接责任人员，依法给予处分。"

第五节　涉及特殊群体的广告规范

一　涉及未成年人的广告规定

按照《未成年人保护法》，未成年人是指未满十八周岁的公民。未成年人由于其心智还不成熟，对事物缺乏判断力，因此，《广告法》中对于未成年人的保护规定比较全面，以防止广告损害未成年人合法权益，误导未成年人。

（一）针对未成年人广告发布的特殊要求

《广告法》第十条规定，广告不得损害未成年人的身心健康。

《广告法》第三十九条规定，除公益广告外，在中小学校、幼儿园内不得开展广告活动，不得利用中小学生和幼儿的教材、教辅材料、练习册、文具、教具、校服、校车等发布或者变相发布广告。

《广告法》第四十条规定："在针对未成年人的大众传播媒介上不得发布医疗、药品、保健食品、医疗器械、化妆品、酒类、美容广告，以及不利于未成年人身心健康的网络游戏广告。"在针对不满十四周岁未成年人的商品或者服务的广告中，不得含劝诱其要求家长购买广告商品或者服务，或可能引发其模仿不安全行为的内容。

根据《广播电视广告播出管理办法》，广播电视广告中禁止含有诱使未成年人产生不良行为或者不良价值观，危害其身心健康的内容。"在中小学生假期和未成年人相对集中的收听、收视时段，或者以未成年人为主要传播对象的频率、频道、节（栏）目中，不得播出不适宜未成年人收听、收视的商业广告。"

【典型案例8】

山东菏泽万达广场商业管理有限公司发布房地产广告案

该公司在红领巾和小黄帽上印制"菏泽万达广场11月16日盛大开业"字样商业广告并在校园内发放，在社会上造成了极其恶劣的不良影响，违反了《广告法》第三条、第九条、第三十九条的规定。2018年10月，菏泽市经济开发区市场监督管理局作出行政处罚，责令停止发布违法广告，并处罚款34.47万元。[①]

[①] 国家市场监督管理总局：《国家市场监督管理总局公布2018年第三批典型虚假违法广告案件》，2018年11月15日，参见 http：//www.samr.gov.cn/ggjgs/sjdt/gzdt/201811/t20181115_281066.html。

为了进一步规范中国少年先锋队组织用品的制作和使用，更好地发挥组织用品的教育作用，《关于中国少年先锋队队旗、队徽和红领巾、队干部标志制作和使用的若干规定》明确要求，中国少年先锋队队旗、队徽和红领巾、队干部标志及其图案，不得用于商业广告以及商业活动中。

《教育部办公厅关于严禁商业广告、商业活动进入中小学校和幼儿园的紧急通知》（教基厅函〔2018〕77号）称："山东菏泽市开发区交警大队联合菏泽市开发区丹阳路小学开展'交通安全进校园'活动时，菏泽万达广场及菏泽市广播电台经济文艺广告工作人员现场发放了印有菏泽万达商业广告的小黄帽和红领巾，性质恶劣。山东省委、省政府高度重视，对此事进行了严肃查处。各地要从中吸取深刻教训，举一反三，采取有效措施，坚决禁止任何形式的商业广告、商业活动进入中小学和幼儿园。"

该通知要求，要营造外部良好育人环境，"各地教育行政部门要会同相关部门，严格按照《广告法》等相关法律规定，杜绝企业以任何形式发布不利于中小学生和幼儿身心健康的商业广告，对违规在校园进行商业宣传活动，给学校、教师、学生摊派任何购买、销售任务，给学校、教师、学生分发带有商业广告的物品等行为进行严肃查处，确保学校一方净土。要加强宣传教育，引导全社会形成关心爱护广大中小学生和幼儿健康成长的良好氛围"。

（二）未成年人的广告代言方面

为了保护儿童的权利，《广告法》第三十八条第二款规定："不得利用不满十周岁的未成年人作为广告代言人。"一方面，不满十岁的未成年人，心智尚未成熟，缺乏对广告代言的正确判断力；另一方面，太多的商业光环可能会影响儿童的成长。

当然，不满十周岁的未成年人虽然不能作为"代言人"代言广

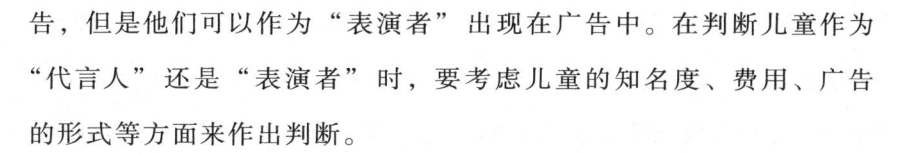

告，但是他们可以作为"表演者"出现在广告中。在判断儿童作为"代言人"还是"表演者"时，要考虑儿童的知名度、费用、广告的形式等方面来作出判断。

【案例 31】

至初牛奶贸易（上海）有限公司发布违法广告案

该公司在对其经销的 A2 奶粉进行宣传推广时，邀请艺人胡可参与其品牌网络直播活动，并使用胡可及其子的形象进行广告宣传。该公司通过官方网站、微信公众号、官方微博等自媒体，使用胡可及其子的姓名和形象为其产品进行代言，而胡可其子在该公司组织活动及广告发布时，实际年龄未满十周岁。

该行为违反了《广告法》第三十八条的规定。依据《广告法》第五十八条规定，2018 年 6 月，上海市工商行政管理局检查总队作出行政处罚，责令停止发布违法广告，并处罚款 10 万元。[①]

二　涉及残疾人的广告规定

根据《残疾人保障法》，残疾人是指在心理、生理、人体结构上，某种组织、功能丧失或者不正常，全部或者部分丧失以正常方式从事某种活动能力的人，包括视力残疾、听力残疾、言语残疾、肢体残疾、智力残疾、精神残疾、多重残疾和其他残疾的人。《残疾人保障法》第三条第三款规定："禁止基于残疾的歧视。禁止侮辱、侵害残疾人。禁止通过大众传播媒介或者其他方式贬低损害残疾人人格。"《广告法》第十条规定，广告不得损害残疾人的身心健康。

---

① 国家市场监督管理总局：《国家市场监督管理总局公布 2018 年典型虚假违法互联网广告案件》，2018 年 7 月 20 日，参见 http://www.samr.gov.cn/ggjgs/sjdt/gzdt/201807/t20180720_281035.html。

《残疾人保障法》规定："全社会应当发扬人道主义精神，理解、尊重、关心、帮助残疾人，支持残疾人事业。"广告作为社会文化事业的一部分，应当尊重和关爱残疾人，不得含有侮辱、丑化、讽刺、嘲笑、歧视残疾人的表现形式和内容。

【案例32】

必胜客虾球广告

在必胜客一则虾球广告中，一个卡通人问："你知道球为什么到处乱滚吗？"屏幕中显示出一个滚动的"戴着墨镜、拄着盲杖"的虾球，旁边有"虾？瞎？"的字样。然后说："因为它是虾（瞎）球！"

思考：该广告是否存在问题？

三　传媒的法律责任

《广告法》第五十七条规定，广告中有损害未成年人和残疾人身心健康的；在针对未成年人的大众传播媒介上发布医疗、药品、保健食品、医疗器械、化妆品、酒类、美容广告，以及不利于未成年人身心健康的网络游戏广告的。对于广告经营者、广告发布者，"由市场监督管理部门没收广告费用，处二十万元以上一百万元以下的罚款，情节严重的，并可以吊销营业执照、吊销广告发布登记证件"。

《广告法》第五十八条规定，利用不满十周岁的未成年人作为广告代言人的；在中小学校、幼儿园内或者利用与中小学生、幼儿有关的物品发布广告的；针对不满十四周岁未成年人的商品或者服务的广告中，含有劝诱其要求家长购买广告商品或者服务、可能引发其模仿不安全行为的内容的。广告经营者、广告发布者明知或者应知有此类违法行为仍设计、制作、代理、发布的，"由市场监督管理部门没收广告费用，并处广告费用一倍以上三倍以下的罚款，广告费用无法计算或者明显偏低的，处十万元以上二十万元以下的罚款；情节严重的，处广告费用三倍以上五倍以下的罚款，广告费用无法计算或者明显偏低的，处二十万元以上一百万元以下的罚款，并可以由有关部门暂停广告发布业务、吊销营业执照、吊销广告发布登记证件"。

《广告法》第六十九条规定，广告经营者、广告发布者违反本法规定，在广告中涉及损害未成年人或者残疾人的身心健康的侵权行为，依法承担民事责任。

第六节　互联网广告规范

随着互联网的兴起和发展，互联网成为广告发布的重要媒介，催生出一些新的广告形态，如付费搜索广告、弹窗广告、利用微博微信等自媒体发布广告等。

一　互联网广告的概念

互联网广告，是指通过网站、网页、互联网应用程序等互联网媒介，以文字、图片、音频、视频或者其他形式，直接或者间接地推销商品或者服务的商业广告。

利用社交媒体如微博、微信等发布的推销某商品或者服务的内容，付费搜索广告，网络视频贴片广告，电子邮件广告等都属于互联网广告。利用互联网从事广告活动的，必须遵守《广告法》和《互联网广告管理暂行办法》（2016年9月1日起施行）的规定。

二 互联网广告的范围

根据《互联网广告管理暂行办法》，互联网广告包括推销商品或者服务的含有链接的文字、图片或者视频等形式的广告；推销商品或者服务的电子邮件广告；推销商品或者服务的付费搜索广告；推销商品或者服务的商业性展示中的广告，法律、法规和规章规定经营者应当向消费者提供的信息的展示依照其规定；其他通过互联网媒介推销商品或者服务的商业广告等。

三 互联网广告的规范

《广告法》第四十三条规定："任何单位或者个人未经当事人同意或者请求，不得向其住宅、交通工具等发送广告，也不得以电子信息方式向其发送广告。""以电子信息方式发送广告的，应当明示发送者的真实身份和联系方式，并向接收者提供拒绝继续接收的方式。"

《广告法》第四十四条规定："利用互联网从事广告活动，适用本法的各项规定。""利用互联网发布、发送广告，不得影响用户正常使用网络。在互联网页面以弹出等形式发布的广告，应当显著标明关闭标志，确保一键关闭。"

此外，《互联网广告管理暂行办法》还做了如下具体规定：

禁止利用互联网发布处方药和烟草广告，对于法律、行政法规规定禁止生产、销售的商品或者提供的服务，以及禁止发布广告的商品或者服务，任何单位或者个人不得在互联网上设计、制作、代理、发布广告。

法律、行政法规规定的特殊商品或者服务，如医疗、药品、特殊医学用途配方食品、医疗器械、农药、兽药、保健食品等广告发布前，需要经过广告审查机关进行审查，通过审查之后才可以按规定进行发布。

利用互联网发布、发送广告，不得以欺骗方式诱使用户点击广告内容。未经允许，不得在用户发送的电子邮件中附加广告或者广告链接。

互联网广告发布时，应当具有可识别性，显著标明"广告"，使消费者能够辨明其为广告。付费搜索广告应当与自然搜索结果明显区分。

互联网广告活动不得提供或者利用应用程序、硬件等对他人正当经营的广告采取拦截、过滤、覆盖、快进等限制措施；不得利用网络通路、网络设备、应用程序等破坏正常广告数据传输，篡改或者遮挡他人正当经营的广告，擅自加载广告；不得利用虚假的统计数据、传播效果或者互联网媒介价值，诱导错误报价，谋取不正当利益或者损害他人利益。

【案例 33】

某公司的互联网违法广告

某公司在互联网平台网店销售的一款商品中对功效的介绍有"止脱""可多处使用的滋养液除增眉毛外，亦可增其他毛发""增鬓角、增胸毛、增腋毛、增腹毛""品名：眉毛滋养液"等宣传内容。

经查，其销售的"CYUN眉毛滋养液"于2018年1月9日取得国家食品药品监督管理总局国产非特殊用途化妆品备案，为非特殊用途类化妆品，未取得特殊用途化妆品批准文号，亦无任何证据证明该产品具有增长毛发的功效。该行为违反了《广告法》第二十八条的规定。依据《广告法》第五十五条规定，2018年5月，重庆市工商行政管理局渝北区分局作出行政处罚，责令停止发布违法广告，并处罚款 2 万元。①

【案例 34】

某公司的问题弹窗广告

某妇科医院有限责任公司在其公司网站上发布的弹窗广告，关闭后会在短时间内再次弹出，遮挡网页显示内容，影响用户正常浏览，并且该网站页面上介绍该公司引进有"第六代腔内注射技术"，违反了《广告法》第四十四条、《医疗广告管理办法》第七条规定。市场监督管理部门责令该医院停止发布违法广告，罚款 3 万元。②

四 互联网广告发布者的责任

根据《互联网广告管理暂行办法》，互联网广告发布者是指为广告主或者广告经营者推送或者展示互联网广告，并能够核对广告内容、决定广告发布的自然人、法人或者其他组织。互联网广告发布者应当按照国家有关规定建立、健全互联网广告业务的承接登记、审核、档案管理制度；审核查验并登记广告主的名称、地址和有效联系方式等主体身份信息，建立登记档案并定期核实更新。应当查验有关证明文件，核对广告内容，对内容不符或者证明文件不全的广告，不得发布。应当配备熟悉广告法规的广告审查人员；有条件的还应当设立专门机构，负责互联网广告的审查。

互联网广告发布者未按照国家有关规定建立、健全广告业务管理制度的，或者未对广告内容进行核对的，由市场监督管理部门责令改正，可以处五万元以下的罚款。

---

① 国家市场监督管理总局：《国家市场监督管理总局公布 2018 年典型虚假违法互联网广告案件》，2018 年 7 月 20 日，参见 http://www.samr.gov.cn/ggjgs/sjdt/gzdt/201807/t20180720_281035.html。

② 刘文新：《贵州曝光十大虚假违法广告案例》，《中国消费者报》2018 年 5 月 2 日。

根据《广告法》的规定，公共场所的管理者或者电信业务经营者、互联网信息服务提供者对其明知或者应知的利用其场所或者信息传输、发布平台发送、发布违法广告的，应当予以制止。否则由市场监督管理部门没收违法所得，违法所得五万元以上的，并处违法所得一倍以上三倍以下的罚款，违法所得不足五万元的，并处一万元以上五万元以下的罚款；情节严重的，由有关部门依法停止相关业务。

第七节 公益广告规范

公益广告可以传播先进文化、弘扬正风正气，在传播社会主义核心价值体系和构建社会主义和谐社会方面发挥着重要作用。《广告法》虽然适用于中华人民共和国境内的商业广告活动，但明确规定，国家鼓励、支持开展公益广告宣传活动，传播社会主义核心价值观，倡导文明风尚。大众传播媒介有义务发布公益广告，广播电台、电视台、报刊出版单位应当按照规定的版面、时段、时长发布公益广告。

一 公益广告的界定

根据《公益广告促进和管理暂行办法》（2016年3月1日起施行），公益广告，是指传播社会主义核心价值观，倡导良好道德风尚，促进公民文明素质和社会文明程度提高，维护国家和社会公共利益的非营利性广告。政务信息、服务信息等各类公共信息以及专题宣传片等不属于该办法所称的公益广告。公益广告内容与商业广告内容有区别，商业广告中涉及社会责任内容的，不属于公益广告。

公益广告的管理办法，由国务院市场监督管理部门会同有关部门制定。

市场监督管理部门履行对广告监管和指导广告业发展的职责，负责公益广告工作的规划和有关管理工作。而新闻出版、广播电视主管部门负责新闻出版和广播电视媒体公益广告制作、刊播活动的指导和管理。

二　公益广告的内容规范

《广告管理条例》《广播电视广告播出管理办法》《公益广告促进和管理暂行办法》等对公益广告作出了明确的规定和要求。

根据《公益广告促进和管理暂行办法》，公益广告应当保证质量，内容应当价值导向正确，符合国家法律法规和社会主义道德规范要求，应当体现国家和社会公共利益，艺术表现形式得当，文化品位良好，公益广告中所使用的语言文字应当规范。如果是由企业出资设计、制作、发布或者冠名的公益广告，可以标注企业名称和商标标识，但广告中不得标注商品或者服务的名称以及其他与宣传、推销商品或者服务有关的内容，包括单位地址、网址、电话号码、其他联系方式等；在平面作品中，标注的企业名称和商标标识面积不得超过广告面积的 1/5；在音频、视频作品中，所显示的企业名称和商标标识的时间不得超过 5 秒或者总时长的 1/5，使用标版形式标注企业名称和商标标识的时间不得超过 3 秒或者总时长的 1/5；在公益广告画面中，出现的企业名称或者商标标识不得使社会公众在视觉程度上降低对公益广告内容的感受和认知；不得以公益广告名义变相设计、制作、发布商业广告。如果违反上述规定的，则视为商业广告，媒体不得以公益广告的名义违法发布商业广告。

《广告管理条例》规定，广告内容中如果含有违反我国法律、法规的，含有损害我国民族尊严的，有中国国旗、国徽、国歌标志、国歌音响的，有反动、淫秽、迷信、荒诞内容的，有弄虚作假的，有贬低同类产品的，媒体不得刊播。根据《广告管理条例》第二条的规定，在中华人民共和国境内，凡通过报刊、广播、电视、电影、路牌、橱窗、印刷品、霓虹灯等媒介或者形式刊播、设置、张贴广告的，都属于该条例的管理范围。因此，公益广告的内容也应当遵守《广告管理条例》的相关规定，以上禁止刊播的内容不得出现在公益广告中。

三 传媒发布公益广告的义务

广播电台、电视台、报刊出版单位应当按照规定的版面、时段、时长发布公益广告。

《广播电视广告播出管理办法》要求："播出机构每套节目每日公益广告播出时长不得少于商业广告时长的3%。其中，广播电台在11：00至13：00之间、电视台在19：00至21：00之间，公益广告播出数量不得少于4条（次）。"

根据《公益广告促进和管理暂行办法》，广播电台、电视台按照相关部门规定的条（次），在每套节目每日播出公益广告。"其中，广播电台在6：00至8：00之间、11：00至13：00之间，电视台在19：00至21：00之间，播出数量不得少于主管部门规定的条（次）。""中央主要报纸平均每日出版16版（含）以上的，平均每月刊登公益广告总量不少于8个整版；平均每日出版少于16版多于8版的，平均每月刊登公益广告总量不少于6个整版；平均每日出版8版（含）以下的，平均每月刊登公益广告总量不少于4个整版。省（自治区、直辖市）和省会、副省级城市党报平均每日出版12版

（含）以上的，平均每月刊登公益广告总量不少于6个整版；平均每日出版12版（不含）以下的，平均每月刊登公益广告总量不少于4个整版。其他各级党报、晚报、都市报和行业报，平均每月刊登公益广告总量不少于2个整版。""中央主要时政类期刊以及各省（自治区、直辖市）和省会、副省级城市时政类期刊平均每期至少刊登公益广告1个页面；其他大众生活、文摘类期刊，平均每两期至少刊登公益广告1个页面。""政府网站、新闻网站、经营性网站等应当每天在网站、客户端以及核心产品的显著位置宣传展示公益广告。其中，刊播时间应当在6：00至24：00之间，数量不少于主管部门规定的条（次）。鼓励网站结合自身特点原创公益广告，充分运用新技术新手段进行文字、图片、视频、游戏、动漫等多样化展示，论坛、博客、微博客、即时通讯工具等多渠道传播，网页、平板电脑、手机等多终端覆盖，长期宣传展示公益广告。""电信业务经营者要运用手机媒体及相关经营业务经常性刊播公益广告。"

【思考题】

1. 虚假广告的主要表现形式有哪些？

2. 在广告中，虚假与艺术夸张之间的区别是什么？如何判别一则广告是夸张还是夸大？

3. 广告中对比本企业生产的两款洗衣液的洗衣效果，通过实验证明一款产品优于另一款产品，这是否属于贬低同类商品的广告行为？

4. 媒体在进行广告发布时，应当注意哪些问题？

第六章　特殊商品和服务广告规范

特殊商品主要是指那些与消费者的生命、健康、财产安全密切相关的商品，如药品、医疗器械、食品、兽药、农药、房地产、烟酒等，由于与人们的切身利益紧密相关，所以《广告法》及相关法律法规对此类商品和服务作了更加具体的规定，这些商品和服务除了要遵守广告信息的基本规范之外，还要遵守相关法律法规的规定。

第一节　医疗、药品广告规范

《广告法》第十五条、第十六条、第十七条对医疗、药品、医疗器械广告做了明确的要求。

第十五条规定："麻醉药品、精神药品、医疗用毒性药品、放射性药品等特殊药品，药品类易制毒化学品，以及戒毒治疗的药品、医疗器械和治疗方法，不得作广告。""前款规定以外的处方药，只能在国务院卫生行政部门和国务院药品监督管理部门共同指定的医学、药学专业刊物上作广告。"

第十六条规定："医疗、药品、医疗器械广告不得含有下列内容：（一）表示功效、安全性的断言或者保证；（二）说明治愈率或者有效率；(三) 与其他药品、医疗器械的功效和安全性或者其他医疗机构比较；(四) 利用广告代言人作推荐、证明；(五) 法律、行政法规规定禁止的其他内容。""药品广告的内容不得与国务院药品监督管理部门批准的说明书不一致，并应当显著标明禁忌、不良反应。处方药广告应当显著标明'本广告仅供医学药学专业人士阅读'，非处方药广告应当显著标明'请按药品说明书或者在药师指导下购买和使用'。""推荐给个人自用的医疗器械的广告，应当显著标明'请仔细阅读产品说明书或者在医务人员的指导下购买和使用'。医疗器械产品注册证明文件中有禁忌内容、注意事项的，广告中应当显著标明'禁忌内容或者注意事项详见说明书'。"

第十七条规定："除医疗、药品、医疗器械广告外，禁止其他任何广告涉及疾病治疗功能，并不得使用医疗用语或者易使推销的商品与药品、医疗器械相混淆的用语。"

一 药品广告发布要求

所谓药品广告，是利用各种媒介或者形式发布的含有药品名称、药品适应症（功能主治）或者与药品有关的其他内容的广告。药品广告在发布前须经过广告审查机关审查，各省、自治区、直辖市市场监督管理部门、药品监督管理部门是药品广告审查机关，负责本行政区域内药品广告的审查工作，依法可以委托其他行政机关具体实施广告审查，未经审查的药品广告不得发布。通过审查后的药品广告，发布时不得进行剪辑、拼接和修改，如需改动，应重新申请广告审查。如果非处方药仅宣传药品名称（含药品通用名称和药品商品名称）的，或者处方药在指定的医学药学专业刊物上仅宣传药品名称（含药品通用名称和药品商品名称）的，广告审查机关不再对其内容进行审查。

根据《广告法》的规定，麻醉药品、精神药品、医疗用毒性药品、放射性药品等特殊药品，药品类易制毒化学品，以及戒毒治疗的药品是不允许作广告的。除了《广告法》中禁止作广告的药品之外，医疗机构配制的制剂，军队特需药品、军队医疗机构配制的制剂，依法明令停止或者禁止生产、销售和使用的药品也不得作商业广告。

对于处方药和非处方药的商业广告发布，《广告法》《药品、医疗器械、保健食品、特殊医学用途配方食品广告审查管理暂行办法》（2020年3月1日起施行）有明确的要求。

（一）处方药广告发布的基本要求

所谓处方药，就是为了保证用药安全，由国家药品监督管理部门批准，需凭执业医师或执业助理医师处方才可调配、购买和使用的药品。也就是说，处方药是那些必须凭借医师的处方销售、购买和使用的药品，而且此类药品没有"OTC"标识。

除了禁止作广告的处方药之外，其他处方药不能在大众传播媒介上发布广告或者以其他方式进行以公众为对象的广告宣传，只能在国务院卫生行政部门和国务院药品监督管理部门共同指定的医学、药学专业刊物上作广告。处方药在规定的刊物上作广告时，必须标明忠告语："本广告仅供医学药学专业人士阅读"。处方药名称与商标、企业字号相同的，不得使用该商标、企业字号在医学、药学专业刊物以外的媒介变相发布广告，不得以该商标、企业字号为各种活动冠名进行广告宣传。

【案例1】

曲美药品虚假违法广告

某明星在其代言的广告片中说："恋爱的季节，曲美，开始我的全新蜕变，3周重现轻盈体态，6周瘦出完美曲线，用曲美，好身材。"

事实上，曲美是处方药，通用名为"盐酸西布曲明胶囊"，需要凭医生的处方进行购买，针对的是糖尿病引起的肥胖和血脂异常导致的肥胖等特殊人群，一般人服用会有副作用，危害健康。①

思考：该广告存在哪些问题？

【案例2】

"九千堂5灵芝胶囊"药品广告

该药品的电视广告中，含有李炽明教授形象及"我代表这个传承百年5色灵芝，我可以对我的外国同行们说，冠心病、高血压、糖尿病、脑血栓、脑动脉硬化、中风偏瘫后遗症大医院治不好，你来找我……只要用上我的5色灵芝，就一个字快，当天服用，当天见效，只需3个月，保证让你的五脏代谢恢复正常，全身细胞都活起来，大病治好，小病全跑了，我代表中国中医药的医生，我敢说这个话……"用语。事实上"九千堂5灵芝胶囊"为处方药。②

思考：该广告存在哪些问题？

（二）非处方药广告发布的基本要求

非处方药是指由国务院药品监督管理部门公布的，不需要凭执业医师或执业助理医师处方，消费者可以自行判断、购买和使用的药品。因此，非处方药又称为柜台发售药品（Over The Counter Drug），简称OTC。感冒药、止咳药、助消化药、维生素类、驱虫药、外用药、避孕药、护肤药等一般都属于非处方药。

非处方药可以在大众传播媒介上作广告，但不得利用公众对于医药学知识的缺乏，使用公众难以理解和容易引起混淆的医学、药

---

① 王真：《曲美发布虚假违法广告　市民来问可不可以退货》，《都市快报》2007年8月30日第6版。
② 晋宣：《山西曝光十起典型违法广告案件》，《中国市场监管报》2017年12月19日。

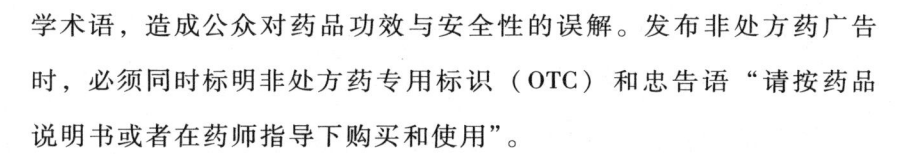

学术语，造成公众对药品功效与安全性的误解。发布非处方药广告时，必须同时标明非处方药专用标识（OTC）和忠告语"请按药品说明书或者在药师指导下购买和使用"。

（三）处方药和非处方药广告发布的具体要求

药品广告内容涉及药品名称、药品适应症或者功能主治、药理作用等内容的宣传，应当以国务院药品监督管理部门核准的说明书为准，不得进行扩大或者恶意隐瞒的宣传，不得含有说明书以外的内容。

按照《广告法》《药品、医疗器械、保健食品、特殊医学用途配方食品广告审查管理暂行办法》，药品广告的发布主要有以下具体要求：

1. 药品广告必须标明的内容

药品广告在发布时，必须显著标明忠告语、药品广告批准文号、禁忌和不良反应。非处方药广告还应当显著标明非处方药标识（OTC）。以上应当显著标明的内容，字体和颜色必须清晰可见、易于辨认，并在视频广告中持续显示。

2. 药品广告中不得含有的内容

不管是处方药还是非处方药，按照规定发布商业广告时，内容中不得涉及表示功效、安全性的断言或者保证，也不得说明有效率或治愈率。根据上述规定，"药到病除""根治""安全无副作用""永不复发""有效率或治愈率高达98%""无毒副作用"等用词或其他绝对化用语都不得在药品广告中出现。

药品不得作比较广告，首先不同种类的药物不具有可比性；其次，即使是同类药物，由于个人体质各异，对每个人的效果也是不同的，不能进行比较。也不得对一个患者使用某个药物前后的不同变化进行比较。

药品广告不得利用广告代言人作推荐和证明。以前，许多药品企业都曾找过明星或演员为药品做代言，而修订后的《广告法》实施之后，此类行为已被明令禁止，以防止误导患者。

药品广告不得使用或者变相使用国家机关、国家机关工作人员、军队单位或者军队人员的名义或者形象，或者利用军队装备、设施等从事广告宣传；不得使用科研单位、学术机构、行业协会或者专家、学者、医师、药师、临床营养师、患者等的名义或者形象作推荐、证明；不得含有违反科学规律，明示或者暗示可以治疗所有疾病、适应所有症状、适应所有人群，或者正常生活和治疗病症所必需等内容；不得含有引起公众对所处健康状况和所患疾病产生不必要的担忧和恐惧，或者使公众误解不使用该产品会患某种疾病或者加重病情的内容；不得含有"安全""安全无毒副作用""毒副作用小"，明示或者暗示成分为"天然"，因而安全性有保证等内容；不得含有"热销、抢购、试用""家庭必备、免费治疗、免费赠送"等诱导性内容，"评比、排序、推荐、指定、选用、获奖"等综合性评价内容，"无效退款、保险公司保险"等保证性内容，怂恿消费者任意、过量使用药品的内容；不得含有医疗机构的名称、地址、联系方式、诊疗项目、诊疗方法以及有关义诊、医疗咨询电话、开设特约门诊等医疗服务的内容；禁止出现法律、行政法规规定不得含有的其他内容。

【典型案例1】

"朴要子参鹿扶正片"药品广告

该药品广告内容含有：腰子好，百病消，人无腰子不活，腰子到底怎么补？你就吃补腰子片，阴阳气血全补足，从头到脚百病无。这个补腰子片特别神，很多治不了的慢性病，它都能治。高血压、高血糖、尿频尿急、腰腿痛，全身的病都给治好了。腰子好，百病消，补好腰子就吃补腰子片，每天嚼几片，百病都不见。栏目热线……

宫廷白太医传下来的养生方法"补腰子方"，它的药名叫"参鹿扶正片"，中老年人每天吃上几片，就能够调治好你身体上120多种疾病。补腰子就吃补腰子片，OTC国药，朴要子牌参鹿扶正片，以人参、鹿角胶、猫爪草等20味地道名贵药材，浓缩成片，扶正固本、滋阴助阳，全面治疗头晕耳鸣、健忘失眠、神疲乏力、腰膝酸痛、夜尿频多、尿频尿急、阴虚阳虚、精血不足，补好腰子百病消，就选补腰子片。

补腰子吃上一疗程后睡得安、吃得香、不起夜、耐力足、精力好，高血压、高血糖明显下降。补腰子吃上两疗程后疲乏无力、腰膝酸痛、手脚冰凉、冠心病、脑血栓、体弱多病症状明显改善、腰腿轻松、身体有劲。补腰子吃上三疗程后尿频尿急、夜尿频多、神疲乏力、头晕耳鸣、失眠健忘、糖尿病并发症、风湿骨病等病症彻底好转，肾阴虚肾阳虚以及精血不足得到根本治疗，精气神全面恢复，70老人像小伙，90老人不生病，健康长寿活百岁……[1]

思考：该广告存在哪些问题？

【案例3】

某公司的违法药品广告

某公司在其柜台上摆放有待销的"欣道苏通牌回春如意胶囊"，"卓玛丹牌十五味龙胆花丸"两种药品，并在销售现场配有上述两种药品的宣传资料。

---

[1] 广东省工商行政管理局：《广东省工商行政管理局违法广告公告》（2016年第1期），2016年4月26日，参见 http：//home.gdgs.gov.cn/gdgsj/09_01/201604/03fb1ba1420b4ce5ac78c2de9986ddf4.shtml。

其中"欣道苏通牌回春如意胶囊"宣传手册标有"国家老龄委健康刊物",图文内容中含有"医学界重大发现:只吃一种药,治好一身病;欣道苏通只需三步,搞定慢性疾病不反复;惊讶,治一个好一个,绝对做到一药治好全身病;专家感叹:欣道苏通是最科学最安全的治疗方式"。

"卓玛丹牌十五味龙胆花丸"在宣传图文中宣称:"根治咳喘不遭罪,一副藏药治到位;藏药卓玛丹向全国咳喘患者承诺:当即服用,咳喘立停,只需一副药,咳喘不再犯;藏药卓玛丹'心肺同治',比任何产品治咳喘都彻底。"

此内容涉嫌构成违法发布药品广告违法行为,被市场监督管理部门调查。①

二 医疗器械广告发布要求

医疗器械广告,是指通过一定媒介和形式发布含有医疗器械名称、产品适用范围、性能结构及组成、作用机理等内容的广告。同样,医疗器械广告需要在发布前由各省、自治区、直辖市市场监督管理部门、药品监督管理部门(依法可以委托其他行政机关具体实施广告审查)进行审查,审查通过后,方可按规定发布。审查通过的内容在发布时不得进行剪辑、拼接、修改。仅宣传医疗器械产品名称的广告不再对其内容进行审查。

依法停止或者禁止生产、销售或者使用的医疗器械产品,及戒毒治疗的医疗器械,不得发布广告。允许发布的医疗器械广告,有关产品名称、适用范围、作用机理或者结构及组成等内容都应当以

---

① 达州市市场监督管理局:《万能神药坑老人 虚假宣传套路多》,2019年3月4日,参见 http://scjgj.dazhou.gov.cn/dzweb/site/site/zxdt/content/5222094.jsp。

药品监督管理部门批准的注册证书或者备案凭证、注册或者备案的产品说明书内容为准。

(一) 医疗器械广告禁止含有的内容

与药品广告禁止性规定一样,医疗器械也不能作比较广告,既不能与其他医疗器械的功效和安全性作对比,也不能作医疗器械使用前后的对比。根据《广告法》的要求,医疗器械广告中不得含有表示功效、安全性的断言或保证,不得说明有效率或治愈率,不得用广告代言人为医疗器械作推荐或证明。

此外,根据《药品、医疗器械、保健食品、特殊医学用途配方食品广告审查管理暂行办法》第十一条,医疗器械广告不得使用或者变相使用国家机关、国家机关工作人员、军队单位或者军队人员的名义或者形象,或者利用军队装备、设施等从事广告宣传;不得使用科研单位、学术机构、行业协会或者专家、学者、医师、药师、临床营养师、患者等的名义或者形象作推荐、证明;不得含有违反科学规律,明示或者暗示可以治疗所有疾病、适应所有症状、适应所有人群,或者正常生活和治疗病症所必需等内容;不得含有引起公众对所处健康状况和所患疾病产生不必要的担忧和恐惧,或者使公众误解不使用该产品会患某种疾病或者加重病情的内容;不得含有"安全""安全无毒副作用""毒副作用小",明示或者暗示成分为"天然",因而安全性有保证等内容;不得含有"热销、抢购、试用""家庭必备、免费治疗、免费赠送"等诱导性内容,"评比、排序、推荐、指定、选用、获奖"等综合性评价内容,"无效退款、保险公司保险"等保证性内容;不得含有医疗机构的名称、地址、联系方式、诊疗项目、诊疗方法以及有关义诊、医疗咨询电话、开设特约门诊等医疗服务的内容;禁止出现法律、行政法规规定不得含有的其他内容。

【案例4】

某医疗器械有限公司发布违法医疗器械广告案

某医疗器械的宣传单上宣称:"传福堂鼻炎膏是医学界一致认可、修复鼻黏膜的方剂,采用一排毒、二修复、三巩固三步骤治疗法。第一步:传福堂排毒膏,清洗鼻垃圾、舒畅鼻呼吸。……第二步:传福堂修复膏,挖腐肉、拔病根,全面修复鼻黏膜。……轻者1—2周期,重症患者、患病时间比较长的患者3—4周期即可痊愈。……第三步:传福堂巩固膏,确保愈后不复发。……巩固治疗,全面滋养鼻黏膜,这样才能确保愈后不复发。"宣传单上未标明"请仔细阅读产品说明书或者在医务人员的指导下购买和使用"和"禁忌内容或者注意事项详见说明书"等标注。[①]

思考:该广告存在哪些问题?

(二) 医疗器械广告发布时必须标明的内容

如果医疗器械产品注册证明文件中有禁忌内容或者注意事项的,广告中必须显著标明"禁忌内容或者注意事项详见说明书"。如果是推荐给个人自用的医疗器械,广告中必须显著标明"请仔细阅读产品说明书或者在医务人员的指导下购买和使用"。医疗器械广告在发布时,还必须显著标明广告批准文号。上述需标明的内容,字体和颜色必须清晰可见、易于辨认,并在视频广告中持续显示。

三 医疗广告发布要求

根据《医疗广告管理办法》(2007年1月1日起施行)规定,医疗广告,是指利用各种媒介或者形式,直接或间接介绍医疗机构或医

[①] 温州市市场监督管理局:《关于发布2017年度典型违法广告案例的公告》,2018年2月24日,参见 http://wzmsa.wenzhou.gov.cn/art/2018/2/24/art_ 1264158_ 15587219.html。

疗服务的广告。医疗机构发布医疗广告前需向卫生行政部门、中医药管理部门申请医疗广告审查,取得《医疗广告审查证明》后,方可按规定发布医疗广告。非医疗机构不可发布医疗广告,医疗机构也不得以内部科室名义发布医疗广告。医疗广告中仅限八项内容:医疗机构第一名称、医疗机构地址、所有制形式、医疗机构类别、诊疗科目、床位数、接诊时间、联系电话,前六项内容必须与卫生行政部门、中医药管理部门核发的《医疗机构执业许可证》或其副本载明的内容一致。

医疗广告同药品和医疗器械广告一样,不可以做比较广告,既不可与其他医疗机构比较,也不得利用患者形象进行治疗前后的比较。根据《广告法》和《医疗广告管理办法》,医疗广告中不得涉及医疗技术、诊疗方法、疾病名称、药物;不得含有表示功效、安全性的断言或者保证的内容;不得含有保证治愈或者隐含保证治愈的内容;不得宣传治愈率、有效率等诊疗效果;不得利用患者、卫生技术人员、医学教育科研机构及人员以及其他社会社团、组织的名义、形象作证明;不得利用广告代言人作推荐或证明;不得使用解放军和武警部队名义;不得含有淫秽、迷信、荒诞和贬低他人的内容;不得出现法律、行政法规规定禁止的其他情形。

在医疗广告的发布形式上,《医疗广告管理办法》要求,不得利用新闻形式、医疗资讯服务类专题节(栏)目发布或变相发布医疗广告;在涉及医疗机构的人物专访或专题报道等宣传的内容,可以出现医疗机构名称,但不得出现有关医疗机构的地址、联系方式等医疗广告内容,不能在同一媒介的同一时间段或者版面发布该医疗机构的广告。

【典型案例2】

某妇产医院有限公司的违法医疗服务广告

2017年4月,某妇产医院有限公司在其认证的新浪微博平台上发布了"做完线雕15天能有什么样的效果？让我们用事实说话""可儿29岁术前烦恼：法令纹、肌肤轻度松弛、面颊下垂即视感明显"及患者术前术后照片等广告内容。该医疗广告中宣传的患者可儿，于同年3月25日来当事人医院进行4D线雕提拉术治疗，术后同意把术前术后照片作为当事人宣传照片之用。

该公司还委托他人制作了四个网站，分别发布了"二胎风险大 真人真事报道"及"星宇妈妈"等四个不孕案例的宣传内容；发布了《××不孕不育专科还你生育权》的文章，文章内讲述了周女士接受这家医院的不孕不育专科治疗，成功怀孕的案例；发布了"叶子蜕变项目　韩式双眼皮"及手术前后照，"可可蜕变项目　假体隆胸"及手术前后照，"贝贝蜕变项目　祛斑"及手术前后照，"瑶瑶蜕变项目　韩式双眼皮"及手术前后照四个案例展示的宣传内容；发布了"长下巴手术介绍　手术方案　手术前后对比""不对称　手术介绍　手术方案　手术前后对比""下巴宽大　手术介绍　手术方案　手术前后对比"等内容并使用了长下巴、不对称和下巴宽大三组手术前后对比照，该三组手术前后对比照均来自于电脑图库，不是真实的医疗案例。该公司声称前三个网站宣传的案例是根据真实的患者情况来编写的，但无法提供患者的就诊记录等证明文件。

该行为违反了《广告法》第十六条第一款第四项、第二十八条第二款第四项之规定，根据《广告法》第五十八条第一款第一项、第五十五条第一款之规定，被责令停止发布违法广告，罚款1.3万元。[①]

四　其他禁止性规定

《广告法》第十七条规定："除医疗、药品、医疗器械广告外，

[①] 温州市市场监督管理局：《关于发布2017年度典型违法广告案例的公告》，2018年2月24日，参见http://wzmsa.wenzhou.gov.cn/art/2018/2/24/art_ 1264158_ 15587219.html。

禁止其他任何广告涉及疾病治疗功能，并不得使用医疗用语或者易使推销的商品与药品、医疗器械相混淆的用语。"在发布形式上，第十九条要求，广播电台、电视台、报刊音像出版单位、互联网信息服务提供者不得以介绍健康、养生知识等形式变相发布医疗、药品、医疗器械广告。

根据《广播电视广告播出管理办法》的规定："电影、电视剧剧场或者节（栏）目不得以治疗皮肤病、癫痫、痔疮、脚气、妇科、生殖泌尿系统等疾病的药品或者医疗机构作冠名"。"在6：30至7：30、11：30至12：30以及18：30至20：00的公众用餐时间，不得播出治疗皮肤病、痔疮、脚气、妇科、生殖泌尿系统等疾病的药品、医疗器械、医疗和妇女卫生用品广告。"

【案例5】

某海带菜产品广告

某海带菜产品广告宣称："海带是一种营养价值很高的蔬菜，同时具有一定的药用价值，含有丰富的碘等矿物质，海带含热量低、蛋白质含量中等、矿物质丰富，研究发现，海带具有降血脂、降血糖、调解免疫、抗凝血、抗肿瘤、排铅解毒和抗氧化等多种生物功能。"[1]

思考：该广告存在哪些问题？

【案例6】

某公司的违法广告

河南某健康管理有限公司在经营场所做的宣传中有"肥胖四高终极解决方案、各种疾病的调理与康复""逆转胰岛素抵抗""绝大部分人一个月安全减重10—30斤、康复效果持久，绝大部分人终身不反

---

[1] 国家市场监督管理总局：《国家市场监督管理总局公布2018年典型虚假违法互联网广告案件》，2018年7月20日，参见 http：//www.samr.gov.cn/ggjgs/sjdt/gzdt/201807/t20180720_281035.html。

弹""自然拍打疗法获得国家卫生部的认可和批准""对因情绪导致的气滞血瘀、微循环不通各种症状都有显著疗效，对小至感冒、发烧、咳嗽、头痛等常见症状有立竿见影之效，对大到不孕不育、中风偏瘫、早中期癌症、强直性脊柱炎等世界医学难题，亦有显著效果……"

此宣传违反了《广告法》第十七条，在广告中涉及疾病治疗功能，以及使用医疗用语或者易使推销的商品与药品、医疗器械相混淆的用语。济源市工商行政管理局作出责令停止发布违法行为，消除影响，并处罚金2万元的行政处罚。①

五 传媒的法律责任

《广告法》第五十七条规定，违反本法第十五条规定发布处方药广告、药品类易制毒化学品广告、戒毒治疗的医疗器械和治疗方法广告的，"对广告经营者、广告发布者，由市场监督管理部门没收广告费用，处二十万元以上一百万元以下的罚款，情节严重的，并可以吊销营业执照、吊销广告发布登记证件"。

《广告法》第五十八条规定，违反本法第十六条规定的医疗、药品、医疗器械广告；违反本法第十七条规定，在广告中涉及疾病治疗功能，以及使用医疗用语或者易使推销的商品与药品、医疗器械相混淆的用语的。广告经营者、广告发布者明知或者应知有此类违法行为仍设计、制作、代理、发布的，"由市场监督管理部门没收广告费用，并处广告费用一倍以上三倍以下的罚款，广告费用无法计算或者明显偏低的，处十万元以上二十万元以下的罚款；情节严重的，处广告费用三倍以上五倍以下的罚款，广告费用无法计算

---

① 河南省工商行政管理局：《河南省工商局关于2017年查处典型违法广告案件的公告（第二期）》，2017年10月26日，参见http://home.haaic.gov.cn/art/2017/10/26/art_22_108340.html。

或者明显偏低的,处二十万元以上一百万元以下的罚款,并可以由有关部门暂停广告发布业务、吊销营业执照、吊销广告发布登记证件"。

【典型案例3】

山西广播电视台发布违法广告

山西广播电视台利用自有山西卫视频道、山西影视频道、山西少儿频道、山西公共频道于2014年10月至2015年2月发布了"欧米伽3"保健食品广告。

该广告采用健康讲座形式利用何宏权教授、杜丁安秘书长和患者邓宝山先生的形象发布广告,广告中含有"……石家庄市长安区71岁的老中医邓宝山先生写了一封信……高血压、高血脂都缠了身,导致冠心病和脑供血不足,同时还有心慌、气短、胸闷、头晕……在他感到绝望的时候,在电视上看到了'欧米伽3',就赶紧买了3个月的'欧米伽3',没想到吃了十天之后,胸闷、气短、头晕、头痛、呼吸困难等症状有了非常大的改善……半年之后手脚听从大脑指挥了,可以自由吃饭、倒水、写字……每次都能走2站路,拉着小车去买菜……"或"'欧米伽3'对脑血栓、冠心病、心梗、高血压、动脉硬化、糖尿病并发症,还有失眠、便秘、痔疮、女性的痛经、更年期综合征、类风湿病关节炎等很多关节的疾病都有很好的康复效果,同时呢,它还可以抗肿瘤、抗过敏、改善老年痴呆等多种作用,我自己母亲92岁了吃了十几年了,血压、血糖、血脂,每年体检都正常、头脑清晰……"内容。

该广告发布行为违反《广告法》[①] 第十九条"食品、酒类、化

[①] 该违法广告发布行为发生在2015年9月1日前,因此,此处的法律条文为原《广告法》的规定。

妆品广告的内容必须符合卫生许可的事项,并不得使用医疗用语或者易与药品混淆的用语"及《食品广告发布暂行规定》①第九条"食品广告中不得使用医疗机构、医生的名义或者形象。食品广告中涉及特定功效的,不得利用专家、消费者的名义或者形象做证明"。依据《广告法》第四十一条"违反本法第十四条至第十七条、第十九条规定,发布药品、医疗器械、农药、食品、酒类、化妆品广告的,或者违反本法第三十一条规定发布广告的,由广告监督管理机关责令负有责任的广告主、广告经营者、广告发布者改正或者停止发布,没收广告费用,可以并处广告费用一倍以上五倍以下的罚款;情节严重的,依法停止其广告业务"及《食品广告发布暂行规定》第十五条"违反本规定发布广告,依照《广告法》有关条款处罚。《广告法》无具体处罚条款的,由广告监督管理机关责令停止发布,视其情节予以通报批评,处以违法所得额三倍以下的罚款,但最高不超过三万元,没有违法所得的,处以一万元以下的罚款"。鉴于当事人对该违法广告主动整改,并积极配合调查,山西省工商行政管理局决定对当事人没收广告费用11700元,处以广告费用3倍罚款35100元,共计46800元。②

第二节 食品广告规范

《广告法》第十八条规定:"保健食品广告不得含有下列内容:(一)表示功效、安全性的断言或者保证;(二)涉及疾病预防、治疗功能;(三)声称或者暗示广告商品为保障健康所必需;(四)与

---

① 《食品广告发布暂行规定》已于2020年3月1日废止。
② 山西省市场监督管理局:《关于山西广播电视台发布违法广告的信息公示》,2015年6月10日,参见 http://scjgj.shanxi.gov.cn/content/xzcfxx/5ca0be031d5b6c89549e0b3d.htm。

药品、其他保健食品进行比较；（五）利用广告代言人作推荐、证明；（六）法律、行政法规规定禁止的其他内容。""保健食品广告应当显著标明'本品不能代替药物'。"

《广告法》第二十条规定："禁止在大众传播媒介或者公共场所发布声称全部或者部分替代母乳的婴儿乳制品、饮料和其他食品广告。"

一 食品广告内容发布准则

食品广告的内容应当真实、合法，不得欺骗和误导消费者，发布食品广告需严格遵守广告信息的基本规范。此外，在大众传播媒介或者公共场所，不得发布声称全部或者部分替代母乳的婴儿乳制品、饮料和其他食品广告。食品广告不得涉及疾病治疗的功能，不得使用医疗用语，不得使用容易使推销的商品与药品、医疗器械相混淆的用语。普通食品不得在广告中声称具有保健作用。保健食品、特殊医学用途配方食品广告在发布时需严格遵守《广告法》《药品、医疗器械、保健食品、特殊医学用途配方食品广告审查管理暂行办法》的相关规定，通过广告审查机关的审查之后，按照要求进行广告发布。

【案例7】

"老北京鸡肉卷"食品广告

肯德基的一则电视广告中，有三名学生在备战高考，男生小东一直勤奋用功，而在小东努力复习功课时，另一名穿红衣服的男生一直在吃肯德基的"老北京鸡肉卷"，并未认真学习，但是广告的最后，一直吃肯德基的红衣服男生考上了大学，而认真复习的小东却落榜了。

思考：这则广告是否存在问题？

【典型案例4】

猴姑饼干广告中称"养胃"，是否构成虚假宣传？

徐静蕾在其代言的江中猴姑饼干视频广告中声称："胃不好，

总是不舒服，猴姑饼干，养胃。"消费者李某发现，在超市发厢红旗店内，销售柜台现场广告、产品礼盒外包装及现场促销员均宣传"胃不好，江中猴姑饼干养胃"。李某为了改善胃部不适在此超市购买了该饼干，但食用后李某发现该产品与普通饼干并无不同，并无治疗胃病和养胃的功效，且由于依赖该产品，反而耽误了及时用药和就医，身体和精神均遭到了损害。李某认为，生产者、销售者及产品代言人存在生产、销售及代言不符合食品安全标准的行为，并存在虚假宣传及欺诈行为，为维护合法权益，李某向北京市海淀区人民法院提起诉讼，要求江西江中食疗科技有限公司、北京超市发连锁股份有限公司超市发厢红旗店、北京超市发连锁股份有限公司、广告代言人徐静蕾等被告支付10倍赔偿共计7830元并公开赔礼道歉。

超市方辩称：作为销售者，我方销售的猴姑酥性饼干符合食品安全标准。超市发厢红旗店的滚动屏幕并非广告发布载体，其所载内容只是对所销售产品进行一般性介绍，现有证据无法证明我方存在广告发布行为、虚假宣传及欺诈行为。现有证据亦无法证明涉案食品对李某造成社会评价的降低或其他损害。

江中食疗科技有限公司辩称：涉案食品广告用语中的"养胃"一词，只是民间俗语而并非医学用语，其含义是使胃得到滋补和休息，并不涉及疾病的预防、治疗及疗效宣传；涉案食品的生产原料之一猴头菇本身具有养胃功效，关于养胃的广告用语与事实相符，不构成虚假宣传；涉案食品为普通食品，李某在购买时应明知普通食品无法代替药品，生病应及时就医的常识，不可能被涉案食品的宣传欺诈和误导。

徐静蕾辩称：作为涉案食品的代言人，在李某购买涉案食品时，相关生效法律法规并未规定产品代言人对代言不符合食品安全标准的行为、代言中存在虚假宣传及欺诈行为承担10倍连带赔偿责任。相关资料显示,涉案食品中含有的猴头菇成分确实具有健脾养胃的功能,宣传养胃并非虚假宣传,且相关行政管理部门并未认定涉案广告构成虚假宣传;其在代言前亲自食用涉案食品时确实存在养胃的主观感受,故我方代言行为符合产品代言所需的审慎标准,不存在过错;李某亦未提供充分有效证据证明其健康及精神受有实际损害。

北京市海淀区人民法院经审理认为,一是涉案食品配料中含有猴头菇成分,相关资料显示猴头菇本身对人体胃部具有一定的养护作用;二是"养胃"一词并非直接宣传疗效的医疗用语,其用于涉案食品的包装上,并不能够使社会普通民众产生该产品能够代替药品、治疗疾病的误解;三是涉案食品对应的广告监管机关及相关行政管理机关均未认定其广告宣传用语构成虚假宣传。

2017年8月9日,北京市海淀区人民法院一审判决:驳回李某全部诉讼请求。①

因不服一审判决,李某向北京市第一中级人民法院提起上诉。

北京市第一中级人民法院审理认为,其一,根据本案查明的事实,江西省工商行政管理局和国家工商行政管理总局已经先后对李某的举报作出明确答复,即涉案猴姑饼干广告并未宣传产品的保健或者治疗功效,未违反原《广告法》的规定,未被认定为虚假或违法广告。尽管李某主张北京市工商行政管理局海淀分局已经就超市发厢红旗店涉嫌虚假宣传立案调查,但目前并无结论性意见足以推翻上述行政机关作出的答复。

---

① 《李满贵与北京超市发连锁股份有限公司等一审民事判决书》,中国裁判文书网,2018年4月11日,有删减。参见http://wenshu.court.gov.cn/website/wenshu/181107ANFZ0BXSK4/index.html?docId=b0da6e15f8144e969a2ba8bf0010d588。

其二，猴头菇确实是一种富含营养的食品，其具备的一些健胃、养胃的作用亦在文献资料中被予以记载。普通消费者在购买猴头菇制品时，通常是基于对猴头菇这种食品常识性的认知。本案猴姑饼干的宣传与普通消费者对于猴头菇制品的认知并不相悖，不会诱使消费者作出超出常理的错误判断并误导消费者。

其三，在养生观念深入人心的当今，人们越来越注重健康的饮食习惯和生活方式，"养胃"作为一种养生方法已为人们所熟知。本案猴姑饼干广告宣传的是一种健康生活观念的引导，其中"养胃"的表述亦是强调一种对胃的调养和养护，与预防、治疗胃病的药品、保健品功效有根本区别，一般公众也不会因此被误导认为涉案猴姑饼干具有代替药品或保健品的功效，进而作出错误的意思表示。

综合以上理由，北京市第一中级人民法院认为，涉案猴姑饼干的生产者、销售者及代言人不存在虚假宣传产品具有疾病预防和治疗功效的行为，不构成欺诈。2017年11月23日，法院依法作出判决：驳回上诉，维持原判。[①]

二 保健食品广告的特殊要求

（一）保健食品的功效范围

目前，我国批准受理的保健食品的保健功效有27种，包括：增强免疫力，辅助降血脂，辅助降血糖，抗氧化，辅助改善记忆，缓解视疲劳，促进排铅，清咽，辅助降血压，改善睡眠，促进泌乳，缓解体力疲劳，提高缺氧耐受力，对辐射危害有辅助保护功能，减

[①] 《李满贵与北京超市发连锁股份有限公司、徐静蕾等生命权、健康权、身体权纠纷二审民事判决书》，中国裁判文书网，2017年12月6日，有删减。参见 http://wenshu.court.gov.cn/website/wenshu/181107ANFZ0BXSK4/index.html?docId=ccfeedddcdec4463a54aa8410010d240。

肥，改善生长发育，增加骨密度，改善营养性贫血，对化学性肝损伤的辅助保护作用，祛痤疮，祛黄褐斑，改善皮肤水分，改善皮肤油分，调节肠道菌群，促进消化，通便，对胃黏膜损伤有辅助保护功能。[1] 以上功效均没有任何治疗疾病的作用。保健食品广告中有关保健功能的宣传，必须以市场监督管理部门批准的说明书内容为准。

从上述内容可以看出，保健食品的功效不包括补肾壮阳、活血通络、益气固本等相关功能，因此某些广告中，声称具有滋阴壮阳功能的保健食品都是属于假冒保健品。

(二) 保健食品广告的发布要求

保健食品广告在发布前需要通过广告审查机关的审查，获得保健食品广告批准文号后，方可按规定发布广告，通过审查后的保健食品广告在发布时不得进行剪辑、拼接和修改，如需改动，应重新申请广告审查。如果广告中只宣传保健食品产品名称，广告审查机关不再对其内容进行审查。

保健食品广告在发布时，除了要遵守上述食品广告的规定外，《广告法》和《药品、医疗器械、保健食品、特殊医学用途配方食品广告审查管理暂行办法》对保健食品广告做了更具体明确的要求。

1. 保健食品广告中的禁止性内容

保健食品广告不得含有表示功效、安全性的断言或者保证的内容，不得涉及疾病预防、治疗功能，不得声称或者暗示广告商品为保障健康所必需。保健食品不得利用广告代言人作推荐或证明，不得作比较广告，既不可与药品比较，也不得与其他保健食品进行比较。

---

[1] 海南省食品药品监督管理局：《保健食品的功能范围有哪些》，2017年12月6日，参见 http://hifda.hainan.gov.cn/zwgk/kpxc/201712/t20171206_2491925.html。

保健食品广告不得使用或者变相使用国家机关、国家机关工作人员、军队单位或者军队人员的名义或者形象，或者利用军队装备、设施等从事广告宣传；不得使用科研单位、学术机构、行业协会或者专家、学者、医师、药师、临床营养师、患者等的名义或者形象作推荐、证明；不得含有违反科学规律，明示或者暗示可以治疗所有疾病、适应所有症状、适应所有人群，或者正常生活和治疗病症所必需等内容；不得含有引起公众对所处健康状况和所患疾病产生不必要的担忧和恐惧，或者使公众误解不使用该产品会患某种疾病或者加重病情的内容；不得含有"安全""安全无毒副作用""毒副作用小"，明示或者暗示成分为"天然"，因而安全性有保证等内容；不得含有"热销、抢购、试用""家庭必备、免费治疗、免费赠送"等诱导性内容，"评比、排序、推荐、指定、选用、获奖"等综合性评价内容，"无效退款、保险公司保险"等保证性内容，怂恿消费者任意、过量使用保健食品的内容；不得含有医疗机构的名称、地址、联系方式、诊疗项目、诊疗方法以及有关义诊、医疗咨询电话、开设特约门诊等医疗服务的内容；禁止出现法律、行政法规规定不得含有的其他内容。

【案例 8】

"苗红蜂胶软胶囊"保健食品广告

该保健食品在广告中声称：

"……它的核心成分总黄酮具有降血糖，激活胰岛细胞、降三高、净化血液、软化我们的血管、抗血栓形成、抗心律失常等特性，阻止糖尿病的并发症，预防和治疗心血管疾病……"

"……它能够降血糖，阻止糖尿病并发症，降低三高，消除血管硬化斑块，软化血管，从而抑制冠心病、心肌梗死、脑中风等脑血管疾病的发生……另外巴西蜂胶它有更强的抗氧化，清除自由基和促进组织再生的作用,被誉为抗氧化剂和自由基清除剂……"

"……被誉为巴西国宝的巴西蜂胶是最天然广谱的抗生物质,被誉为'血管清道夫',是名副其实的降血糖、降血压、降血脂的全能冠军,能够把上百种的老年疾病阻挡在医院门外。"

"……蜂胶特别对这个糖尿病、高血压、心脑血管疾病、呼吸系统疾病、肾病、肾虚、肿瘤放化疗、妇科病、失眠、体弱、免疫力差等有特殊的治疗效果,而且还可以延缓衰老恢复自己的年轻健康态。"

"1. 蜂胶降血糖,控制糖尿病并发症;2. 蜂胶净化血液,缓解高血压,软化血管,是'血管清道夫';3. 蜂胶能全面提升免疫功能;4. 蜂胶有效防止肿瘤;5. 蜂胶全面保护肝脏;6. 蜂胶能修复组织细胞,对多种疑难病种效果独特;7. 蜂胶维护肠胃、呼吸、循环系统功能;8. 蜂胶有广谱抗菌作用,是免疫强化剂……"[1]

思考:该广告存在哪些问题?

2. 保健食品广告中必须出现的内容

保健食品广告发布时,必须显著标明保健食品广告批准文号、保健食品标志、适宜人群和不适宜人群,并显著标明"保健食品不是药物,不能代替药物治疗疾病",声明本品不能代替药物。以上需显著标明的内容,其字体和颜色必须清晰可见、易于辨认,并在视频广告中持续显示。

保健食品广告中有关保健功能、产品功效成分或者标志性成分及含量、适宜人群或者食用量等宣传,应当以市场监督管理部门批准的注册证书或者备案凭证、注册或者备案的产品说明书内容为准,

---

[1] 广东省工商行政管理局:《广东省工商行政管理局违法广告公告》(2016年第1期),2016年4月26日,参见 http://home.gdgs.gov.cn/gdgsj/09_01/201604/03fb1ba1420b4ce5ac78c2de9986ddf4.shtml。

不得任意改变。

3. 保健食品广告发布形式和媒介的禁止性规定

媒体不得以新闻报道等形式发布保健食品广告，广播电台、电视台、报刊音像出版单位、互联网信息服务提供者也不得以介绍健康、养生知识等形式变相发布保健食品广告。

保健食品广告不得在针对未成年人的大众传播媒介上发布。

【案例9】

浙江宁波声广传媒有限公司制作违法保健品广告案

该公司利用其制作的《人间晚晴》栏目，通过多家电视台播放《藏密双宝》节目，推销藏宝保健滋补液，该节目通过主持人宋一夫以介绍健康养生知识的方式变相发布藏宝保健滋补液的广告，且含有"治疗心脏及预防房颤"等医疗用语，违反了《广告法》第十八条的规定。2017年1月，宁波市市场监督管理局作出行政处罚，责令在相应范围内消除影响，罚款50万元。[①]

三 传媒的法律责任

《广告法》第五十七条规定，违反本法第二十条规定发布声称全部或者部分替代母乳的婴儿乳制品、饮料和其他食品广告的，"对广告经营者、广告发布者，由市场监督管理部门没收广告费用，处二十万元以上一百万元以下的罚款，情节严重的，并可以吊销营业执照、吊销广告发布登记证件"。

《广告法》第五十八条规定，违反本法第十八条规定的保健食品广告，广告经营者、广告发布者明知或者应知有此违法行为仍设计、

[①] 邢郑：《2017违法广告典型案例：8成属食品、药品类》，人民网，2017年8月26日，参见 http://society.people.com.cn/n1/2017/0826/c1008-29495944.html。

制作、代理、发布的,"由市场监督管理部门没收广告费用,并处广告费用一倍以上三倍以下的罚款,广告费用无法计算或者明显偏低的,处十万元以上二十万元以下的罚款;情节严重的,处广告费用三倍以上五倍以下的罚款,广告费用无法计算或者明显偏低的,处二十万元以上一百万元以下的罚款,并可以由有关部门暂停广告发布业务、吊销营业执照、吊销广告发布登记证件"。

第三节 烟酒类广告规范

《广告法》第二十二条规定:"禁止在大众传播媒介或者公共场所、公共交通工具、户外发布烟草广告。禁止向未成年人发送任何形式的烟草广告。""禁止利用其他商品或者服务的广告、公益广告,宣传烟草制品名称、商标、包装、装潢以及类似内容。""烟草制品生产者或者销售者发布的迁址、更名、招聘等启事中,不得含有烟草制品名称、商标、包装、装潢以及类似内容。"

《广告法》第二十三条规定:"酒类广告不得含有下列内容:(一)诱导、怂恿饮酒或者宣传无节制饮酒;(二)出现饮酒的动作;(三)表现驾驶车、船、飞机等活动;(四)明示或者暗示饮酒有消除紧张和焦虑、增加体力等功效。"

一 烟草广告规范

烟草广告,是指烟草制品生产者或者经销者发布的,含有烟草制品名称、商标、包装、装潢以及类似内容的广告。根据《广告法》的规定,有"烟草制品的名称、商标、包装、装潢以及类似内容"的都可界定为烟草广告。

《广告法》修订之前，只禁止利用广播、电影、电视、报纸、期刊发布烟草广告，禁止在各类等候室、影剧院、会议厅堂、体育比赛场馆等公共场所设置烟草广告。《广告法》修订之后，扩大了烟草广告禁止发布的范围。烟草广告不仅不能在大众传播媒介上发布，公共场所、公共交通工具、户外也禁止发布烟草广告，更不能向未成年人发送任何形式的烟草广告。对于以往存在的利用其他商品或者服务发布烟草广告的情况，修订后的《广告法》也作出了明确规定："禁止利用其他商品或者服务的广告、公益广告，宣传烟草制品名称、商标、包装、装潢以及类似内容。""烟草制品生产者或者销售者发布的迁址、更名、招聘等启事中，不得含有烟草制品名称、商标、包装、装潢以及类似内容。"

二　酒类广告规范

酒类广告，是指含有酒类商品名称、商标、包装、制酒企业名称等内容的广告。

根据《广告法》的规定，酒类广告中不得含有诱导、怂恿饮酒或者宣传无节制饮酒的内容，不得出现饮酒的动作，不得表现驾驶车、船、飞机等活动，不得明示或者暗示饮酒有消除紧张和焦虑、增加体力等功效。

在发布的时间和媒介上，酒类广告不得在针对未成年人的大众传播媒介上发布。《广播电视广告播出管理办法》对广播电台、电视台（含广播电视台）等广播电视播出机构发布酒类广告的数量和时间作出了明确的限制，规定"播出机构应当严格控制酒类商业广告，不得在以未成年人为主要传播对象的频率、频道、节（栏）目中播出。广播电台每套节目每小时播出的烈性酒类商业广告，不得超过2条；电视台每套节目每日播出的烈性酒类商业广告不得超过12条，其中 19：00 至 21：00 之间不得超过 2 条"。

除此之外，酒类广告中不得使用医疗用语或者易与药品相混淆的用语，如果经过批准的有医疗作用的酒类商品，其广告应当按照药品广告的有关规定进行管理。

2017 年 10 月 27 日，国家工商行政管理总局公布了《国家工商行政管理总局关于废止和修改部分规章的决定》，其中《酒类广告管理办法》即日起废止。原《酒类广告管理办法》第七条规定，酒类广告中不得出现未成年人的形象，而在《酒类广告管理办法》废止之后，酒类广告中不再禁止出现未成年人形象。但是《未成年人保护法》规定，禁止向未成年人出售烟酒；《广告法》也明确规定，广告不得损害未成年人的身心健康，酒类广告不得在针对未成年人的大众传播媒介上发布。根据以上规定，在酒类广告中，应当谨慎使用未成年人的形象，不得以未成年人为对象进行酒类广告宣传，广告中不得出现鼓励未成年人饮酒的内容。

【案例 10】

违法酒类广告

在某电商平台的一家网店宣传页面里，对酒的宣传中含有"酒是好酒，多喝点没事"等内容，存在诱导、怂恿饮酒行为，同时还有"补酒""男人喝女人醉"等内容，暗示所售酒品具有保健功能，但实际上该酒未取得保健食品批文。该行为违反《广告法》第二十三条规定。依据《广告法》第五十八条规定，2018 年 4 月，当事人被责令停止违法行为，罚款 3000 元。[1]

---

[1] 山东省市场监督管理局：《山东省市场监管局公布一批互联网违法广告典型案例》，2018 年 11 月 12 日，参见 http：//amr. shandong. gov. cn/art/2018/11/12/art_ 25465_ 2183431. html。

【典型案例5】

陕西某葡萄酒销售有限公司诉西安市
工商行政管理局莲湖分局
工商行政处罚一案

陕西某葡萄酒销售有限公司在其天猫、苏宁易购网的专卖店或旗舰店销售某系列葡萄酒商品时，使用"最佳基地、最优品种、最优工艺、最严格质量保证体系"等用语，含有"葡萄酒中富含较其他品种5倍以上的白藜，可以有效起到抗癌抗突变、保护心脑血管、提高免疫力的功效以及有助消化、延缓衰老、预防心脑血管病、预防癌症、美容养颜"等内容。

该广告行为违反了《广告法》相关规定，西安市工商行政管理局莲湖分局（以下简称工商莲湖分局）对其进行行政处罚：1. 对在广告宣传中使用"最佳基地、最优品种、最优工艺、最严格质量保证体系"等禁止性文字用语的行为予以30万元罚款，上缴财政；2. 对在广告宣传中使用"抗癌抗突变、保护心脑血管、提高免疫力的功效以及有助消化、延缓衰老、预防心脑血管病、预防癌症、美容养颜"的用语的行为予以12万元罚款，上缴财政。以上两项合计42万元罚款，上缴财政。

因不服工商莲湖分局作出的工商行政处罚，2017年3月14日，该公司向西安铁路运输法院提起行政诉讼，请求：1. 依法判令撤销被告于2017年2月14日作出的西工商莲处字〔2017〕第001号《行政处罚决定书》；2. 依法判令由被告承担本案诉讼费用。

原告诉称，首先，被告依据《广告法》第四、九、十七、五十七、五十八条作出该《行政处罚决定书》系适用法律错误。原告未在商品上标注"最佳"字样，欺骗、误导消费者；也并没有使用易使葡萄酒与药品相混淆的医疗用语，导致消费者误解。其中网店宣传时所使用的"4S"概念,系对葡萄酒产地、成分、制作工艺和质量的客观描述,该宣传用语并未违背事物不断发展的客观规律,也并无任何误导消费者贬低同类商品而认为"该葡萄酒系最佳葡萄酒"之意,并不属于违反《广告法》第九条第三款的情形;网店宣传时所提及的"红酒好处",仅系对葡萄酒功能的普遍介绍,并未指向所销售的特定商品,也不可能导致消费者误以为该葡萄酒系药品或保健品的结果,并未违反《广告法》第十七条的规定。故,被告依据《广告法》上述条文对原告进行处罚系适用法律错误,严重违背了《广告法》的立法精神。

其次,被告在该《行政处罚决定书》中,依据《广告法》第五十七条和第五十八条,对网店的同一宣传行为分别给予了30万元及12万元两次罚款处罚,违反了《行政处罚法》所确定的"一事不再罚"原则。

最后,本案所涉基本事实为:原告在接受被告调查时,网店仅上线43天,所涉销售额不过万元,且在接受调查的次日立即进行了纠正。也就是说,即使宣传用语确有违反《广告法》的行为,其情节与危害程度都十分轻微,没有造成危害后果,并不应当被课以42万元的重罚。

西安铁路运输法院经审理认为:

1. 职权方面。依据《广告法》第六条第二款之规定,被告工商莲湖分局作为县级以上地方工商行政管理部门,主管本行政区域的广告监督管理工作,具有作出被诉具体行政行为的职权。

2. 事实认定方面。《广告法》第九条第(三)项规定"广告不得有下列情形:……(三)使用'国家级'、'最高级'、'最佳'等用语"。第十七条规定"除医疗、药品、医疗器械广告外,禁止其他任何广告涉及疾病治疗功能,并不得使用医疗用语或者易使推销的商品与药品、医疗器械相混淆的用语"。本案中,原告作为广告主在其委托发布的广告宣传中使用了"最佳基地、最优品种、最优工艺、最严格质量保证体系"等文字用语，并且在使用该用语时未设任何前提，该用语的描述也均涉及商品质量的关键因素，该宣传用语直接指向原告所销售的商品。因此，原告委托发布的广告宣传用语违反了《广告法》第九条第（三）项禁止使用"最佳"用语的规定。同时，原告在其委托发布的广告宣传中使用"抗癌抗突变……"涉及疾病治疗功能等用语，该宣传用语利用科学无定论的葡萄酒或葡萄酒中的某些成分明示或暗示其所销售的葡萄酒除了是食品之外还具有抗病、防病作用，明显会造成误导消费者的后果。因此，原告使用上述用语违反了《广告法》第十七条的禁止性规定。以上两处违法事实在案证据确实充分，相互印证，被告工商莲湖分局经调查取证认定原告违反上述《广告法》两处禁止性规定事实清楚，证据确凿。

3. 程序方面。根据《行政处罚法》的规定，被告接到投诉后依法履行登记、立案、调查等程序，向原告告知了听证权利，并依原告听证要求举行了听证会，在听证后依法作出了《行政处罚决定书》并向原告送达。以上程序符合工商行政处罚的相关程序规定，本案被告工商莲湖分局所作的行政处罚程序合法。

4. 法律适用方面。《广告法》① 第五十七条规定"有下列行为之一的，由工商行政管理部门责令停止发布广告，对广告主处二十万元以上一百万元以下的罚款，情节严重的，并可以吊销营业执照，由广告审查机关撤销广告审查批准文件、一年内不受理其广告审查申请；对广告经营者、广告发布者，由工商行政管理部门没收广告费用，处二十万元以上一百万元以下的罚款，情节严重的，并可以

---

① 该案例发生在《广告法》修改前，因此此处为《广告法》修改前的条款内容。有关《广告法》修改的具体内容详见本书第五章第一节。

吊销营业执照、吊销广告发布登记证件：（一）发布有本法第九条、第十条规定的禁止情形的广告的；……"；第五十八条规定"有下列行为之一的，由工商行政管理部门责令停止发布广告，责令广告主在相应范围内消除影响，处广告费用一倍以上三倍以下的罚款，广告费用无法计算或者明显偏低的，处十万元以上二十万元以下的罚款；情节严重的，处广告费用三倍以上五倍以下的罚款，广告费用无法计算或者明显偏低的，处二十万元以上一百万元以下的罚款，可以吊销营业执照，并由广告审查机关撤销广告审查批准文件、一年内不受理其广告审查申请：……（二）违反本法第十七条规定，在广告中涉及疾病治疗功能，以及使用医疗用语或者易使推销的商品与药品、医疗器械相混淆的用语的；……"。本案原告认为被告的行政处罚属于"一事二罚"，根据《行政处罚法》第二十四条"对当事人的同一违法行为，不得给予两次以上罚款的行政处罚"的规定，本案原告作为广告主发布的一个广告中具有两处违法行为，触犯了《广告法》的两个法条。本案被告依据《广告法》第五十七条、第五十八条针对原告违法广告中的两处违法行为分别作出了不同的两个行政处罚并合并执行，并不违反《行政处罚法》第二十四条的规定，原告提出被告违反"一事不再罚"的主张不能成立。本案被告作出的行政处罚适用法律正确。

5. 合理性方面。本案中，原告属于在网络上进行广告宣传，具有范围广、传播速度快的特点，但被告在调查中积极配合，并主动更正违法广告内容，符合《行政处罚法》第二十七条有关从轻处罚的规定，属于具有从轻情节的一般违法行为。被告作出对原告违反《广告法》第九条第（三）项的广告宣传行为处罚30万元，对原告违反《广告法》第十七条的广告宣传行为处罚12万元，两项处罚合计42万元，符合《广告法》第五十七条、第五十八条设定的处罚区

275

间，并在处罚时已经分别考虑了原告的从轻情节。因此被告作出的行政处罚幅度适当。

综上所述，被告 2017 年 2 月 14 日作出的西工商莲处字〔2017〕第 001 号《行政处罚决定书》，事实清楚、证据确凿、程序合法、适用法律正确、处罚幅度得当。2017 年 5 月 15 日，法院依法作出判决：驳回原告陕西某葡萄酒销售有限公司的诉讼请求。[①]

因不服一审判决，该公司向西安铁路运输中级法院提起上诉。

西安铁路运输中级法院审理认为：

关于被诉行政行为的合法性问题，原审法院已依法从职权依据、认定事实、程序、法律适用及适当性五个方面进行了审查，阐述明晰准确。

关于上诉人称被上诉人违反了"一事不再罚"原则的问题，《行政处罚法》第二十四条规定"对当事人的同一违法行为，不得给予两次以上罚款的行政处罚"，是指行政机关对于相对人的某一违法行为，不得给予两次以上同类处罚，或者说行政相对人的一个行为违反一个行政法规范时，只能由一个行政机关作出一次处罚。本案中，上诉人的行为属于一个违法行为同时违反了同一法律规定的两个事项，被上诉人在同一行政处罚决定中对这两个违法事项合并处罚，而非两次处罚，该处罚行为不属于"一事二罚"情形。

关于上诉人认为处罚过重的问题，本案中，被上诉人在上诉人违法事实清楚的情况下，依据《广告法》第五十七条、第五十八条的规定对其进行处罚时，已经考虑了原告的从轻情节，在处罚幅度内给予了适当的处罚。

---

① 《原告陕西莫高葡萄酒销售有限公司诉被告西安市工商行政管理局莲湖分局工商行政处罚一案行政判决书》，中国裁判文书网，2017 年 7 月 3 日，有删减。参见 http：//wenshu.court.gov.cn/website/wenshu/181107ANFZ0BXSK4/index.html? docId = 626c53cdf8ac40199217a7a1010c2a25。

据此，2017年12月22日，西安铁路运输中级法院作出终审判决：驳回上诉，维持原判。①

三 传媒的法律责任

《广告法》第五十七条规定，违反本法第二十二条规定发布烟草广告的，"对广告经营者、广告发布者，由市场监督管理部门没收广告费用，处二十万元以上一百万元以下的罚款，情节严重的，并可以吊销营业执照、吊销广告发布登记证件"。

《广告法》第五十八条规定，违反本法第二十三条规定的酒类广告，广告经营者、广告发布者明知或者应知有此违法行为仍设计、制作、代理、发布的，"由市场监督管理部门没收广告费用，并处广告费用一倍以上三倍以下的罚款，广告费用无法计算或者明显偏低的，处十万元以上二十万元以下的罚款；情节严重的，处广告费用三倍以上五倍以下的罚款，广告费用无法计算或者明显偏低的，处二十万元以上一百万元以下的罚款，并可以由有关部门暂停广告发布业务、吊销营业执照、吊销广告发布登记证件"。

第四节 房地产广告规范

《广告法》第二十六条规定："房地产广告，房源信息应当真实，面积应当表明为建筑面积或者套内建筑面积，并不得含有下列内容：

---

① 《陕西莫高葡萄酒销售有限公司与西安市工商行政管理局莲湖分局工商管理行政处罚二审行政判决书》，中国裁判文书网，2018年1月12日，有删减。参见 http：//wenshu.court.gov.cn/website/wenshu/181107ANFZ0BXSK4/index.html? docId = 7df8ffd8c6f14299ba88a86200b7baaa。

(一) 升值或者投资回报的承诺；(二) 以项目到达某一具体参照物的所需时间表示项目位置；(三) 违反国家有关价格管理的规定；(四) 对规划或者建设中的交通、商业、文化教育设施以及其他市政条件作误导宣传。"

根据《房地产广告发布规定》（2016年2月1日起施行），房地产广告，是指"房地产开发企业、房地产权利人、房地产中介服务机构发布的房地产项目预售、预租、出售、出租、项目转让以及其他房地产项目介绍的广告"。居民私人及非经营性售房、租房、换房广告，不适用《房地产广告发布规定》。

一　不得发布房地产广告的情况

根据《房地产广告发布规定》，以下情况的房地产，不得发布广告：在未经依法取得国有土地使用权的土地上开发建设的；在未经国家征用的集体所有的土地上建设的；司法机关和行政机关依法裁定、决定查封或者以其他形式限制房地产权利的；预售房地产，但未取得该项目预售许可证的；权属有争议的；违反国家有关规定建设的；不符合工程质量标准，经验收不合格的；法律、行政法规规定禁止的其他情形。

二　房地产广告内容的禁止性规定

根据《广告法》和《房地产广告发布规定》，房地产广告必须真实、合法、科学、准确，不得欺骗、误导消费者。房地产广告中的房源信息应当真实，面积应当表明为建筑面积或者套内建筑面积。不得含有升值或者投资回报的承诺；不得以项目到达某一具体参照物的所需时间表示项目位置；不得违反国家有关价格管理的规定；不得对规划或者建设中的交通、商业、文化教育设施以及其他市政条件作误导宣传；不得含有风水、占卜等封建迷信内容，对项目情况进行的说明、渲染，不得有悖社会良好风尚；不得利用其他项目的形象、环境作为本项目的效果；不得出现融资或者变相融资的内容；不得含有广告主能够为入住者办理户口、就业、升学等事项的承诺。

在实际生活中，我们在房地产广告中经常看到的"上风上水""风水宝地""买房送户口""距离市中心仅需20分钟""5年稳赚50%"等内容都属于违法广告。

【典型案例6】

某置业有限公司发布违法房地产广告

某置业有限公司通过海报、宣传手册、互联网等发布的广告中，含有"投资银泰，升值有保障""现铺招商，坐享收租""室外步行街，火爆招商"等内容，使用"银泰之上，问鼎龙鳌第一豪宅""品质之巅，第一豪宅""极致，繁华之上的巅峰人居""国际一线品牌电梯""中国顶级豪宅营造专家"等用语，含有"48m²—70m²首席精装修酒店式公寓""5888元/m²起，送约1500元/m²标准的精装修"等内容。

该公司发布与实际不相符的广告行为，违反了《广告法》第二十八条第一款第（二）项的规定；发布含有"顶级豪宅""第一豪宅"等用语广告的行为，违反了《广告法》第九条第（三）项的规定。根据《广告法》第五十五条第一款、第五十七条第（一）项的规定，监管部门决定责令当事人停止发布违法广告，在相应范围内消除影响，处罚款20万元。[①]

[①]《市市场监督局公布违法房地产广告案例 12家企业被罚》，温都网，2018年10月10日，参见 http://news.wendu.cn/2018/1010/736696.shtml。

【案例 11】

山西某房地产开发有限公司发布违法房地产广告案

该公司通过互联网发布"长风文化商务区,顶级资源集萃""国家级盛会落址加速区域崛起……未来升值潜力和投资价值不可限量""高端配套环伺,为品质生活加冕:成成中学、太原第二外国语学校等知名学府……""再造一个恭王府"等内容,广告含有升值或者投资回报承诺、对规划或者建设中的文化教育设施作误导宣传、违背社会良好风尚的内容。

该广告行为违反了《广告法》第九条、第二十六条的规定。依据《广告法》第五十七条规定,2018 年 5 月,太原市工商行政管理局晋源分局依法作出行政处罚,责令停止发布违法广告,并处罚款 60 万元。①

【案例 12】

某房地产印刷品广告

2017 年 10 月,某房地产印刷品广告中,含有"即买即租,超高年收益率""台湾专业运营团队,长期稳定收益""康宁街地铁商圈唯一大红本商铺""正大国际现代广场顶级商业旗舰""掘金太原地铁时代首选正大国际,庆祝太原地铁 2 号线全线开工,10—30 平方米地铁旺铺"及"正大国际现代广场投资回报收益表"等内容。②

问题:广告存在哪些问题?

三 房地产广告中必须标明的内容

在发布房地产广告时,《房地产广告发布规定》要求必须标明的

---

① 国家市场监督管理总局:《国家市场监督管理总局公布 2018 年典型虚假违法互联网广告案件》,2018 年 7 月 20 日,参见 http://www.samr.gov.cn/ggjgs/sjdt/gzdt/201807/t20180720_281035.html。

② 晋宣:《山西曝光十起典型违法广告案件》,《中国市场监管报》2017 年 12 月 19 日。

内容有：

在房地产预售或销售广告中，必须载明（广告中仅介绍房地产项目名称的，可以不必载明）开发企业名称，中介服务机构代理销售的载明该机构名称，预售或者销售许可证书号。

在房地产广告中涉及所有权或者使用权的，所有或者使用的基本单位应当是有实际意义的完整的生产、生活空间。

房地产广告中，如果对价格有表示的，应当清楚表示为实际的销售价格，明示价格的有效期限。

房地产广告中使用建筑设计效果图或者模型照片的，或涉及尚未实现的物业管理内容，应当在广告中注明。涉及的交通、商业、文化教育设施及其他市政条件等，如果尚在规划或者建设中，也应在广告中注明。

房地产广告中的项目位置示意图，应当准确、清楚，比例恰当；如果涉及内部结构、装修装饰的内容，应当真实、准确；涉及贷款服务的，应当载明提供贷款的银行名称及贷款额度、年期；涉及房地产价格评估的，应当表明评估单位、估价师和评估时间；使用其他数据、统计资料、文摘、引用语的，也应当真实、准确，表明出处。

【案例 13】

违法房地产广告

2016 年 3 月至 4 月，某公司的印刷品房地产广告中，含有"成交就有金条送""金喜一：送金钥匙""金喜二：抽金条""金喜三：送金条"等内容，但没有明示所附带赠送的商品的规格、数量及赠送期限等信息。此外，其宣传单页上包含"空间最优化：全跃设计带来温州利用率最高户型，双倍空间超值拓展，私密套房动静分离"等内容。

市场监督管理部门认为，当事人发布没有明示所附带赠送商品的规格、数量及赠送期限等信息的广告，违反了《广告法》第八条第二款之规定；当事人发布含有绝对化用语的广告行为，违反了《广告法》第九条第三项之规定，根据《广告法》第五十七条第一项、第五十九条第一款第一项之规定，责令当事人停止发布上述违法广告，罚款21万元。[①]

【案例14】

违法房地产广告

2016年9月，为宣传公司开发的店铺，某公司在该广场施工工地四周喷绘、制作和发布户外广告牌，其中广告内容"一间中梁铺稳赚大财富"等字样的户外广告牌共5面，含"一席综合体繁华昆阳城主力面积20—80平方米鎏金旺铺即将首发"等字样的户外广告牌共有9面，上述14面户外广告牌均未载明该处房产的预售许可证号。该广告制作和发布的费用为9120元。

市场监督管理部门认为，当事人发布承诺投资回报和未表明建筑面积的房地产广告行为，违反了《广告法》第二十六条第一项之规定；发布未载明商品房预售证号的广告，违反了《房地产广告发布规定》第七条第一款第三项之规定。根据《广告法》第五十八条第一款第八项和《房地产广告发布规定》第二十一条之规定，责令当事人停止发布上述广告，并在相应范围内消除影响，罚款27360元。[②]

[①] 温州市市场监督管理局：《违法广告公告》，2017年11月9日，参见http://wzmsa.wenzhou.gov.cn/art/2017/11/9/art_1370844_12895177.html。

[②] 同上。

四 传媒的法律责任

违反《广告法》《房地产广告发布规定》等规定的房地产广告，媒体不得发布。

《广告法》第五十八条规定，违反本法第二十六条规定的房地产广告，广告经营者、广告发布者明知或者应知有此违法行为仍设计、制作、代理、发布的，"由市场监督管理部门没收广告费用，并处广告费用一倍以上三倍以下的罚款，广告费用无法计算或者明显偏低的，处十万元以上二十万元以下的罚款；情节严重的，处广告费用三倍以上五倍以下的罚款，广告费用无法计算或者明显偏低的，处二十万元以上一百万元以下的罚款，并可以由有关部门暂停广告发布业务、吊销营业执照、吊销广告发布登记证件"。

违反《房地产广告发布规定》发布广告，《广告法》及其他法律法规有规定的，依照有关法律法规予以处罚。法律法规没有规定的，对负有责任的广告经营者、广告发布者，处以违法所得三倍以下但不超过三万元的罚款；没有违法所得的，处以一万元以下的罚款。

第五节 教育培训、招商广告规范

《广告法》第二十四条规定："教育、培训广告不得含有下列内容：（一）对升学、通过考试、获得学位学历或者合格证书，或者对教育、培训的效果作出明示或者暗示的保证性承诺；（二）明示或者暗示有相关考试机构或者其工作人员、考试命题人员参与教育、培训；（三）利用科研单位、学术机构、教育机构、行业协会、专业人士、受益者的名义或者形象作推荐、证明。"

《广告法》第二十五条规定:"招商等有投资回报预期的商品或者服务广告,应当对可能存在的风险以及风险责任承担有合理提示或者警示,并不得含有下列内容:(一)对未来效果、收益或者与其相关的情况作出保证性承诺,明示或者暗示保本、无风险或者保收益等,国家另有规定的除外;(二)利用学术机构、行业协会、专业人士、受益者的名义或者形象作推荐、证明。"

一　教育、培训广告规范

近年来,我国的教育培训事业快速发展,教育培训机构为了招揽生源纷纷进行广告宣传,但有部分教育培训机构所发布的虚假违法广告,不仅损害了广大师生的切身利益,扰乱了市场秩序,而且影响了我国教育培训事业的健康发展。

根据《广告法》的规定,教育、培训广告中不得含有的内容有:对升学、通过考试、获得学位学历或者合格证书,或者对教育、培训的效果作出明示或者暗示的保证性承诺,此类内容如"保证升学""包过""过关率高达95%以上""一个月提高30分"等。明示或者暗示有相关考试机构或者其工作人员、考试命题人员参与教育、培训,如"本培训机构的某某名师曾参与考试命题""某某名师曾在某考试机构任职"等。利用科研单位、学术机构、教育机构、行业协会、专业人士、受益者的名义或者形象作推荐、证明,如"某某名师推荐""某某考生接受培训后三个月提高30分"等。

2016年以来,《民办教育促进法》及《国务院办公厅关于规范校外培训机构发展的意见》等法律法规及规范性文件的修正和出台,对进一步规范教育培训市场秩序具有重要的指导意义。《国务院办公厅关于规范校外培训机构发展的意见》明确指出:"校外培训机构应

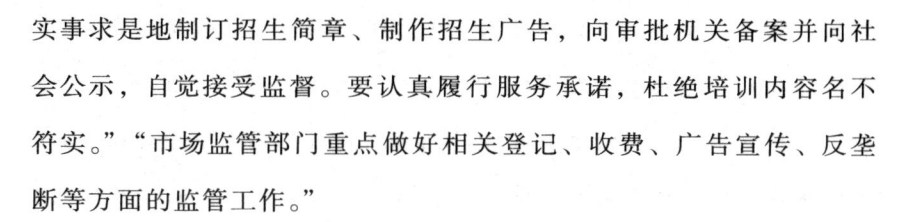

实事求是地制订招生简章、制作招生广告，向审批机关备案并向社会公示，自觉接受监督。要认真履行服务承诺，杜绝培训内容名不符实。""市场监管部门重点做好相关登记、收费、广告宣传、反垄断等方面的监管工作。"

【案例 15】

某教育培训学校发布利用受益者名义与

形象作证明的教育培训广告案

2014 年 8 月始，该培训学校发布了内容为学大教育、瑞安校区中高考成功案例（部分）、学员照片及资料的广告，广告费用 99元。2015 年 5 月份始，在其学校门面的玻璃上发布的广告内容是：学大教育、张某某及其个人形象照片、"3 个月成绩提高 80 分。在学大，我做到了。相信你也可以"；学大教育、冯某及其个人形象照片、初中学生、"上初中后不适应，成绩越落越远，在学大，2 个月我赶上了学校 6 个月的进度。自信的我又回来了"；该两幅广告费用423.97 元。

该行为违反了《广告法》第二十四条第三项规定，根据《广告法》第五十八条第一款第六项规定，被责令停止发布广告，在相应范围内消除影响，罚款 1050 元。[①]

【典型案例 7】

某培训有限公司发布虚假教育培训广告案

2016 年 4 月，该培训机构通过温州触动广告有限公司制作的广告宣传单上宣称"一周奋斗提高 30—50 分"，"关于嘉思腾培训中心：与超过 500 名优秀在学学员同行，嘉思腾专注中小学文化课、

[①] 温州市市场监督管理局：《违法广告公告》，2017 年 9 月 26 日，参见 http：//wzmsa.wenzhou.gov.cn/art/2017/9/26/art_ 1358952_ 11134901.html。

体育课培训，秉承'教育即生长、生长即是目的'的教育理念办学，是一所致力于'用爱心服务学子'的中小学培训中心，也是温州唯一一所开设体育培训的中小学培训机构。温州各重点中学资深教师、教坛新秀，与来自省内外名校优秀老师，共同组成我们的师资团队""1对1强化、小班、作业托管常年招生，暑假精品小班，温州各重点中学资深教师，教坛新秀执教，预约报告中"等内容。

而当事人所宣传的"一周奋斗提高30—50分"没有事实依据；所宣传的"温州唯一一所开设体育培训的中小学培训机构。温州各重点中学资深教师、教坛新秀，与来自省内外名校优秀老师，共同组成我们的师资团队"等内容也为虚假宣传。广告费用750元。

该行为违反了《广告法》第四条之规定，根据《广告法》第五十五条第一款之规定，被责令停止发布广告，罚款3000元。根据《广告法》第四条、第五十五条第三款之规定，对温州触动广告有限公司处以没收广告费用750元，并处罚款2250元。①

二 招商等有投资回报预期的广告规范

目前，招商广告成为企业拓展商品或服务市场的重要方式，但是招商等有投资回报预期的商品或服务不可能完全没有风险，而有些招商、投资理财类的广告，为了迅速打开市场，不惜利用"零风险""保证收益"等误导投资者，从而给投资者造成了重大的经济损失。

为了规范此类广告市场，《广告法》第二十五条明确规定，招商等有投资回报预期的商品或者服务广告，要对可能存在的风险以及

---

① 温州市市场监督管理局：《违法广告公告》，2017年9月26日，参见 http://wzmsa.wenzhou.gov.cn/art/2017/9/26/art_ 1358952_ 11134901. html。

风险责任承担有合理提示或者警示。除非国家另有规定，否则此类广告中不得含有对未来效果、收益或者与其相关的情况作出保证性承诺的内容，比如"实现收益最大化""年化收益8%—12%""年化收益15%"；不得含有明示或者暗示保本、无风险或者保收益等内容，比如"安全保本""保证收益""安全保障"等。此外，此类广告不得利用学术机构、行业协会、专业人士、受益者的名义或者形象作推荐、证明。

根据《广播电视广告播出管理办法》，广播电视在播出投资咨询、金融理财和连锁加盟等具有投资性质的广告时，应当含有"投资有风险"等警示内容。

【案例16】

某银行营业所发布投资理财违法广告案

该银行营业所在其营业大厅以摆放广告牌和宣传单的形式宣传其代理的保险理财产品，广告中含有"行长推荐，6年后可得35475元，中邮财富嘉1号：第1年交1万，预期收益912.5元，第2年交1万，预期收益912.5元，第3年交1万，预期收益912.5元，第4年不交，预期收益912.5元。第5年不交，预期收益912.5元，第6年不交，预期收益912.5元""年年好新A，中邮年年好新A款两全保险，产品特色，打造中邮良心产品，真正为您好，保本更好，保单满一年保证收益3.5%（56—65周岁客户为3.4%），一年后所交保费每年增值超过3.5%，五年满期保证收益不低于18.6%"等内容。[1]

思考：该广告存在哪些问题？

---

[1] 葛鹏、沈雁：《浙江工商公布一批投资理财、互联网金融违法广告典型案例》，人民网浙江频道，2017年7月19日，参见 http://zj.people.com.cn/n2/2017/0719/c186327-30497198.html。

【案例17】

某信息服务有限公司发布互联网金融虚假广告

某信息服务有限公司在其经营网站上发布"震撼来袭增利宝0风险"广告，内容中含有"预期月化收益10%—20%；当你股票上涨时让你获得额外收益；当你股票下跌时减少损失；预期收益率：预期月化收益率10%—20%；逾期投资收益不作为最终承诺；本投资项目在过程中可能出现的风险和亏损，由本公司承担，投资人不承担损失"。

经查，市场监督管理部门发现该广告是抄袭其他公司产品广告，该公司实际上并没有经营该理财产品，构成发布虚假广告行为，违反《广告法》相关规定，市场监督管理部门责令其停止发布广告，在相应范围内消除影响，处以罚款1万元。[①]

三 传媒的法律责任

《广告法》第五十八条规定，违反本法第二十四条规定的教育、培训广告，违反本法第二十五条规定的招商等有投资回报预期的商品或者服务广告，广告经营者、广告发布者明知或者应知有此类违法行为仍设计、制作、代理、发布的，"由市场监督管理部门没收广告费用，并处广告费用一倍以上三倍以下的罚款，广告费用无法计算或者明显偏低的，处十万元以上二十万元以下的罚款；情节严重的，处广告费用三倍以上五倍以下的罚款，广告费用无法计算或者明显偏低的，处二十万元以上一百万元以下的罚款，并可以由有关部门暂停广告发布业务、吊销营业执照、吊销广告发布登记证件"。

[①] 葛鹏、沈雁：《浙江工商公布一批投资理财、互联网金融违法广告典型案例》，人民网浙江频道，2017年7月19日，参见http：//zj.people.com.cn/n2/2017/0719/c186327 - 30497198.html。

第六节　农牧业商品广告规范

《广告法》第二十一条规定:"农药、兽药、饲料和饲料添加剂广告不得含有下列内容:(一)表示功效、安全性的断言或者保证;(二)利用科研单位、学术机构、技术推广机构、行业协会或者专业人士、用户的名义或者形象作推荐、证明;(三)说明有效率;(四)违反安全使用规程的文字、语言或者画面;(五)法律、行政法规规定禁止的其他内容。"

《广告法》第二十七条规定:"农作物种子、林木种子、草种子、种畜禽、水产苗种和种养殖广告关于品种名称、生产性能、生长量或者产量、品质、抗性、特殊使用价值、经济价值、适宜种植或者养殖的范围和条件等方面的表述应当真实、清楚、明白,并不得含有下列内容:(一)作科学上无法验证的断言;(二)表示功效的断言或者保证;(三)对经济效益进行分析、预测或者作保证性承诺;(四)利用科研单位、学术机构、技术推广机构、行业协会或者专业人士、用户的名义或者形象作推荐、证明。"

一　农药、兽药、饲料和饲料添加剂广告规范

根据《农药管理条例》,农药是指用于预防、控制危害农业、林业的病、虫、草、鼠和其他有害生物以及有目的地调节植物、昆虫生长的化学合成或者来源于生物、其他天然物质的一种物质或者几种物质的混合物及其制剂。农药广告的发布适用于《广告法》。农药广告在发布前须经过广告审查机关的内容审查,未经过审查的农药广告不得发布。通过审查的农药广告批准文号应当作为广告内容同时发布。

兽药广告是指利用各种媒介或者形式发布用于预防、治疗、诊断畜禽等动物疾病，有目的地调节其生理机能并规定作用、用途、用法、用量的物质（含饲料药物添加剂）的广告，包括企业产品介绍材料等。兽药广告应当在发布前由广告审查机关对广告内容进行审查，未经审查的兽药广告不得发布。经过审查的兽药广告批准文号应当作为广告内容同时发布。

饲料广告，是指利用各种媒介或者形式发布的经工业化加工、制作的供动物食用的产品（包括单一饲料、添加剂预混合饲料、浓缩饲料、配合饲料和精料补充料）的广告。

饲料添加剂广告，是指利用各种媒介或者其他形式发布的在饲料加工、制作、使用过程中添加的少量或者微量物质（包括营养性饲料添加剂和一般饲料添加剂）的广告。

《饲料和饲料添加剂管理条例》第三十条规定："禁止对饲料、饲料添加剂作具有预防或者治疗动物疾病作用的说明或者宣传。但是，饲料中添加药物饲料添加剂的，可以对所添加的药物饲料添加剂的作用加以说明。"

（一）农药、兽药、饲料和饲料添加剂广告中禁止出现的内容

根据《广告法》第二十一条的规定，农药、兽药、饲料和饲料添加剂广告中不得出现表示功效、安全性的断言或者保证的内容，不得利用科研单位、学术机构、技术推广机构、行业协会或者专业人士、用户的名义或者形象作推荐、证明，不得说明有效率，不得含有违反安全使用规程的文字、语言或者画面，不得出现法律、行政法规规定禁止的其他内容。

据此，"有效率100%""安全可靠""安全无毒副作用""立竿见影""必可增产""某某机构推荐产品"等用语不得出现在此类广告中。

（二）农药广告中其他禁止性规定

根据《农药广告审查发布标准》的规定，农药广告中涉及的内容应当与《农药登记证》和《农药登记公告》的内容相符，广告中不得任意扩大范围，未经国家批准登记的农药不得发布广告。农药广告中不得含有评比、排序、推荐、指定、选用、获奖等综合性评价内容；不得使用直接或者暗示的方法，以及模棱两可、言过其实的用语，使人在产品的安全性、适用性或者政府批准等方面产生误解；不得滥用未经国家认可的研究成果或者不科学的词句、术语；不得含有"无效退款""保险公司保险"等承诺。此外，农药广告不得贬低同类产品，也不得与其他农药进行功效和安全性的对比。

（三）兽药广告中其他禁止性规定

根据《兽药广告审查发布标准》，以下兽药不得发布广告：兽用麻醉药品、精神药品以及兽医医疗单位配制的兽药制剂；所含成分的种类、含量、名称与兽药国家标准不符的兽药；临床应用发现超出规定毒副作用的兽药；国务院农牧行政管理部门明令禁止使用的，未取得兽药产品批准文号或者未取得《进口兽药注册证书》的兽药。兽药广告发布的内容中，不得含有"最高技术""最高科学""最进步制法""包治百病"等绝对化的表示；不得含有评比、排序、推荐、指定、选用、获奖等综合性评价内容；不得含有直接显示疾病症状和病理的画面；不得含有"无效退款""保险公司保险"等承诺；涉及的兽药使用范围不得超出国家兽药标准的规定。兽药广告不得贬低同类产品，也不得与其他兽药进行功效和安全性的对比。

二 种养殖业的商品广告规范

《广告法》第二十七条规定，农作物种子、林木种子、草种子、种畜禽、水产苗种和种养殖广告关于品种名称、生产性能、生长量或者产量、品质、抗性、特殊使用价值、经济价值、适宜种植或者养殖的范围和条件等方面的表述应当真实、清楚、明白,内容里不得作科学上无法验证的断言,不得含有表示功效的断言或者保证,不得对经济效益进行分析、预测或者作保证性承诺,不得利用科研单位、学术机构、技术推广机构、行业协会或者专业人士、用户的名义或者形象作推荐、证明。

三 传媒的法律责任

违反《广告法》《农药广告审查发布标准》《兽药广告审查发布标准》等规定的农药、兽药、饲料和饲料添加剂广告及农作物种子、林木种子、草种子、种畜禽、水产苗种和种养殖广告,媒体不得发布。

《广告法》第五十八条规定,违反本法第二十一条规定的农药、兽药、饲料和饲料添加剂广告,违反本法第二十七条规定的农作物种子、林木种子、草种子、种畜禽、水产苗种和种养殖广告,广告经营者、广告发布者明知或者应知有此类违法行为仍设计、制作、代理、发布的,"由市场监督管理部门没收广告费用,并处广告费用一倍以上三倍以下的罚款,广告费用无法计算或者明显偏低的,处十万元以上二十万元以下的罚款;情节严重的,处广告费用三倍以上五倍以下的罚款,广告费用无法计算或者明显偏低的,处二十万元以上一百万元以下的罚款,并可以由有关部门暂停广告发布业务、吊销营业执照、吊销广告发布登记证件"。

违反《农药广告审查发布标准》《兽药广告审查发布标准》发布广告,《广告法》及其他法律法规有规定的,依照有关法律法规规定予以处罚。法律法规没有规定的,对负有责任的广告经营者、广告发布者,处以违法所得三倍以下但不超过三万元的罚款;没有违法所得的，处以一万元以下的罚款。

【典型案例8】

媒体发布违法农作物种子广告

2017年8月开始，遂平县××台利用视频短片的形式发布的"滑育麦1号"农作物种子广告，广告中含有"丰收的骄傲、源自滑育麦1号，适播期长，早播不受冻、迟播不晚熟，抗病广适、叶功能期长、高产稳产"等表示功效的断言和保证。

发布的"淮麦33"农作物种子广告，广告有"淮麦33，一个价值千金的种子，用稳产、高产、增产为13亿中国人打造一个金饭碗""要想粮食堆成山，就种淮麦33""实现了粮食三要素的完美结合，平均千粒重39—45克、平均每穗结实38—42粒、平均增产点94.1%""倒春寒不可阻挡的高产品种"等表示功效的断言和保证。

该行为违反了《广告法》第二十七条"农作物种子、林木种子、草种子、种畜禽、水产苗种和种养殖广告关于品种名称、生产性能、生长量或者产量、品质、抗性、特殊使用价值、经济价值、适宜种植或者养殖的范围和条件等方面的表述应当真实、清楚、明白，并不得含有下列内容：……（二）表示功效的断言或者保证"的规定。遂平县工商管理和质量技术监督局作出责令当事人立即停止违法行为，消除影响，并处罚金2400元的行政处罚。[①]

【思考题】

1. 请结合案例，谈谈目前药品广告的主要问题有哪些？

2. 怎么理解医疗、药品、医疗器械、保健食品广告中不得利用

[①] 河南省工商行政管理局：《河南省工商局关于2017年查处典型违法广告案件的公告（第三期）》，2017年12月5日，参见 http://home.haaic.gov.cn/art/2017/12/5/art_22_108343.html。

广告代言人作推荐或证明？

3. 在化妆品广告中，诸如"7 天美白""21 天皮肤重获新生"之类的用语是否合理？为什么？

4. 酒类广告中含有儿童向父母敬酒的内容是否合理？为什么？

第七章 传媒职业道德基本理论

道德作为一种社会规范和一种社会控制手段，是人类千百年来在协调利益冲突、追求和谐发展过程中形成的，其中蕴含的善恶是非标准和价值观念对社会生活有着广泛而深远的影响。马克思主义认为，在阶级社会里，道德具有阶级性，不同的阶级具有不同的道德标准。传媒职业道德是道德在职业生活中的具体表现，是道德的派生物，道德尤其是其核心价值理念必然会对传媒职业道德的形成产生直接影响。因此，在准确把握传媒职业道德准则之前，首先需要对中外道德学说有基本的了解。

第一节 中国传统道德学说

中国传统道德学说以儒家为代表。儒家以道德至上主义的姿态，为人们确立了一系列道德规范。虽然儒家道德学说在历史上曾经受到其他思想和学说的巨大挑战，甚至面临深刻危机，但是它本深根远，培植深厚，因此儒家道德学说蕴含的核心价值观念和行为规范贯通古今，未曾湮灭和中断，至今回响犹然。它已经深印于中国人的血脉之中，内化于中国人思想深处。

一　仁：传统道德的核心

仁，是儒家思想的核心，是人安身立命的根本和人生价值所在。在孔子看来，人类需要面对和解决的问题固有种种，但是，最为紧要的问题是如何成为一个真正的人。这一问题解决了，人类社会和人生的其他问题便都会迎刃而解了。

成为一个真正的人，就需要有道德和精神追求，通过须臾不可离的自觉修为而具备区别于禽兽的美德。这种美德，孔子称为"仁"。

何谓"仁"？主要有以下四层意思。

第一，"仁者爱人"。人需要有一颗爱人之心，这颗爱人之心是人与生俱来的一种美德，是人所共有的一种美德。父母爱子女，子女孝敬父母，兄弟姐妹之间相互关爱，都是先天永恒的，难以改变的，都是这个爱人之心的表现。仁是人的本质特征，舍此无他。所以，《中庸》说："仁者人也，亲亲为大。"仁是人与禽兽最本质的区别。但是，芸芸众生对此缺乏明确的认识，因此就不会自觉为之，反而在不经意之间丧失了人的种种美德，沦落为与动物无异。但是，圣贤君子对此具有高度的警觉和深刻的体悟，以先觉觉后觉，以先知觉后知，对这一问题再三予以申明，以期唤醒普通大众的道德觉悟。

第二，仁是孔子思想的最高范畴，它有种种不同的表现。孔子说："君子务本，本立而道生。孝弟也者，其为仁之本与！"（《论语·学而》）孝与悌是"仁"的最为根本的表现。孔子还说："子张问仁于孔子。孔子曰：'能行五者于天下，为仁矣。''请问之。'曰：'恭、宽、信、敏、惠。'"（《论语·阳货》）恭（庄重而不轻浮）、宽（宽厚而不刻薄）、信（诚信而不食言）、敏（勤敏而不懒惰）、惠（慈惠而不吝啬）也是人应该具有的美德。"恭则不侮，宽则得众,信则人任焉,敏则有功,惠则足以使人。"(《论语·阳货》)另外,温(温和而不严厉苛刻)、良(善良而不邪恶)、俭(勤俭而不奢侈)、让(谦让而不斤斤计较)也是人应该具备的美德。仁是人应该具备的种种美德的概括性称谓,是儒家学说的最高范畴。孝、悌、宽、信、敏、惠、温、良、恭、俭、让等,是具体的德行。

第三,追求仁德,努力成为一个真正的人,完全凭个人的自觉,不是他人或者外力所强加的。成为一个真正的人,不是为了达到某种目的而采用的一种手段,完全是人应该做的必需功夫。道德修为以及道德实践并非高深莫测、难以企及,似乎是圣贤君子所为。事实上,道德修为不离日常生活,人的言行举止、饮食起居都是道德修为。只要持之以恒,渐次修为,便可以成就儒家追求的理想人格。《论语·颜渊》中说:"为仁由己,而由人乎哉?"《论语·述而》曰:"仁远乎哉?我欲仁,斯仁至矣。"说的就是这个意思。

第四,"忠恕之道"是孔子倡导的"为仁之方"。"恕"就是"己所不欲,勿施于人",就是将心比心,推己及人。自己不想要的,也不要强加给别人。"忠"就是"己欲立而立人,己欲达而达人",就是一心一意,尽己及人。自己在成就一番事业的同时,也要帮助他人成就一番事业;自己在显贵闻达之际,也要帮助他人显贵闻达。实际上,"恕"是仁的消极的一面,是践行仁的最低要求。"忠"是积极的一面。道德境界的高与低,道德修为的深与浅,更多地表现在"忠"而不是"恕"。

《大学》将孔子的"忠恕之道"发展成为"絜矩之道"。"絜矩之道"是儒者用来约束自己言行的道德准绳。《大学》说:"所谓平天下在治其国者,上老老而民兴孝;上长长而民兴弟;上恤孤而民不倍。是以君子有絜矩之道也。所恶于上,毋以使下;所恶于下,毋以事上；所恶于前，毋以先后；所恶于后，毋以从前；所恶于右，毋以交于左；所恶于左，毋以交于右。此之谓絜矩之道。"① 如果说"忠恕之道"在孔子那里还更多地站在个人道德修为的层面，那么，孟子则将其推演到了"外王"上。在回答齐宣王如何行王道的问题时，孟子说："善推其所为而已矣！"（《孟子·梁惠王上》）"善推其所为"，就是行"忠恕之道"。如果君王不将自己不想要的、自己不能忍受的东西强加于天下百姓，而且能够在满足自身种种欲望的同时，也使天下百姓满足其欲望，那么，这便就是在施仁政、行王道了。

　　需要说明的是，在成人的问题上，孔子不仅有对于圣贤这一儒家理想人格的孜孜追求，也有现实层面的考虑。《论语·宪问》曰："子路问成人。子曰：'若臧武仲之知，公绰之不欲，卞庄子之勇，冉求之艺，文之以礼乐，亦可以为成人矣。'曰：'今之成人者何必然？见利思义，见危授命，久要不忘平生之言，亦可以为成人矣。'"这事实上提出了诸种可供人选择的"成人"标准。大抵而言，有三个层次：最低层次是能以义取利、舍生赴难、谨守平日诺言。在世风日下、人心不古的现实环境下，能具备此等仁德，就可以算是成人了。较高层次是具备智、廉、勇、艺四种仁德之一，再具备较高的礼乐修养，也算是成人了。最高层次则是培其智，修其德，养其勇，而习于艺，兼具智、廉、仁、勇四德，而复加以礼乐之文，则成为一个完人、圣人了②。显然，最高层次的成人标准所指向的便是儒家理想的人格类型：圣贤。这成为后世儒家孜孜以求的目标。

---

① （宋）朱熹：《四书章句集注》，中华书局1983年版，第10页。
② 钱穆：《论语新解》，生活·读书·新知三联书店2002年版，第361—362页。

二 中庸之道

"仁"是儒家思想的最高范畴，中庸之道便是践行"仁"应具备的思维方法。在孔子的思想里，中庸不仅是一种美德，而且是成为一个真正的人应具备的思维方法。

中庸之道主要围绕三个方面展开：一是"中"，二是"庸"，三是"至诚尽性"。"中"包含有执中、时中、用中、中和几个方面。"庸"包含着平常和"不易"两个方面。中庸所蕴含的"不易"（不容改变）的道理，既易知易行，又广大精微。"人莫不饮食也，鲜能知味也。"所以，就需要以"至诚"的态度对此详加体认。"至诚"的客观结果就是人尽其性、物尽其性、赞天地之化育，最终达到天人合一的境界。

（一）何谓"中"？

"中"包含执中、时中、用中、中和几个方面，分述如下。

"执中"："中"出现于尧传舜的"允执厥中"四字要道。对此，孔子的经典解释是过犹不及。"中"包含两层含义：一是指在认识客观世界的过程中，应持有一种不偏不倚、客观公正的态度，不能固执己见、偏执一端；也不可识见浅陋，自以为是。二是在行为方式上，不能太过，也不能不及，应该恰如其分，恰到好处。判断恰到好处与否的依据是仁义。不偏不倚、客观中道，实际上指的是不偏离仁义准则和社会公正准则，这便为认知、态度、行为提供了一个基本的坐标。

"时中"：理解"中"，需要考虑到时间这一因素。万事万物都在变化之中，固步自封、画地为牢是思想僵化的表现。"时中"就是要因时因地因人因事而制宜。思想过于超前，则为激进；落后于时代，则为保守。恰如其分，又适当其时，才是"中道"。

"用中"：孔子说："舜其大知也与……执其两端，用其中于民。"朱熹注释说："于善之中，又执其两端，而量度以取其中，然后用之。"① 这里的"两端"并不是两个极端，而是指各种不同的意见，尤其是正、反两个方面的意见。执两用中，就是善于听取不同方面的意见，尤其在赞成和反对两种意见中作出权衡，形成比较客观、公允和稳健的主张，并予以施行。从思想方法上而言，这是在事物矛盾的两个对立面寻求统一。从认识论上来说，是集思广益而后作出的符合实际的判断；从行为方式上而言，是全面考量各方利益的妥协之举，求同存异，达成一致，共同合作。

"中和"：是人的情感、欲望的一种和谐稳定状态，也是社会的安定有序状态。《中庸》第一章说："喜怒哀乐之未发，谓之中，发而皆中节，谓之和。中也者，天下之大本也；和也者，天下之达道也。致中和，天地位焉，万物育焉。"人皆有喜怒哀乐之情，也必然要通过特定的符号表达情感和欲望。当这种情感尚未迸发之际，心中是一种澄净寂然的状态，不偏不倚，无所谓太过，也无所谓不及。这叫作"中"。感遇外物，则必然会表达某种情感。当表达时，能恰如其分，符合常理，有节有度，这叫作"和"。在情感方面，"中和"指的是人的内在与外在的和谐与融洽状态。如果人人都能达到这样一种境界，人与人之间便会相安无事，社会也便和谐有序了。

情感表达是这样，欲望满足也是这样。对人而言，欲望永无尽头。所以，只能寻求一个适中之点，作为满足欲望的恰当限度。当人的欲望满足能够比较稳定地保持在一个恰当的限度，那么，人的生理和心理便是平衡的、愉悦的、健康的。

---

① （宋）朱熹：《四书章句集注》，中华书局1983年版，第20页。

一个理想的社会，是和谐、统一的整体。万物一起生长而不相互妨害，各种思想言论都能得到同等表达而不相互冲突，各种才能、各种职业的人有适当的位置，发挥恰当的作用，各种利益群体的愿望和要求都能得到满足和实现，彼此无冲突、无伤害，整个社会便会达到和谐融洽的理想状态了。

（二）何谓"庸"？

"庸"含有平常和"不易"两个方面，意指中庸所蕴含的道理既普通平常，又恒定不变，高深莫测。所谓普通平常，指的是它体现于日常生活之中，须臾不可离。《中庸》第一章曰："天命之谓性，率性之谓道，修道之谓教。道也者，不可须臾离也；可离，非道也。是故君子戒慎乎其所不睹，恐惧乎其所不闻。莫见乎隐，莫显乎微，故君子慎其独也。"饥来则食，渴来即饮，困来即眠，这是日常生活中极其普通平常的事情，是每个人都须臾难离的。道易知易行，普通而平常。

既然如此，为什么还要通过人为的教化刻意"修道"呢？为什么还要强调"慎独"工夫呢？这包含以下几层意思：第一，虽然道不离人，人无时不在行道，但是并非所有人对此有充分的认知与觉悟。所谓"百姓日用而不知"，"人莫不饮食也，鲜能知味也"，说的就是这个意思。第二，人的天赋资质各有不同，悟性有高有低。虽然人人都遵循中庸之道行事，但并非人人都能达到较为完美的境界。第三，中庸之道既如饮茶喝水般平常，又如天地山水般高深莫测。它发端于日常人伦，而昭著于天地之间。既易知易行，又广大精微。因此要讲究"慎独"工夫。《中庸》第十二章说："君子之道费而隐。夫妇之愚，可以与知焉，及其至也，虽圣人亦有所不知焉。夫妇之不肖，可以能行也，及其至也，虽圣人亦有所不能焉……君子之道，造端乎夫妇，及其至也，察乎天地。"

(三)"至诚尽性"

"诚者,自成也。"诚是一个内修己德、自我完善的过程,是一个自我成全的过程,"博学之,审问之,慎思之,明辨之,笃行之",充分体认种种道理,并坚定不移地实践,最终才能达到至善的境界。但是,诚并不仅仅是为了成全自己,完善自身,更要成全万物。《中庸·第二十五章》说:"诚者,非自成己而已也,所以成物也。成己,仁也;成物,知也。性之德也,合外内之道也,故时措之宜也。"自我道德境界的升华,是仁的表现。在完善自我的同时,还能够成全万物,则是大智的表现。仁和智是人天生的品德,是融合自身与外物的准则,以真诚对待万事万物,在任何时候都是适宜的。自我真诚了,他人真诚了,真诚无处不在、无时不有,世界也就美好无欺了。也只有在这个时候,人类才无愧于与天地并列的"三才"的崇高地位了。

中庸之道作为儒家的一种思想方法,其旨归就是要把人的道德境界提高到与天地同齐的高度。它所要完成的是天人合一的神圣使命。天人合一的天是至善至美之天,天人合一的人是至善至美之人,天人合一就是至善至美的"太和"境界。

三 "善之四端"

孟子说:"人之所不学而能者,其良能也;所不虑而知者,其良知也。孩提之童,无不知爱其亲者。及其长也,无不知敬其兄也。亲亲,仁也;敬长,义也。无他,达之天下也。"(《孟子·尽心》)这是说,爱与敬,像良能与良知一样,不用刻意学习和苦思冥想就具有,它是人所固有的,是人所同有的,是世上每一个人都期望得到的,就像没人希望得到恶一样。除了爱与敬之外,世界上还没有其他任何东西会获得世人的普遍认同。

爱与敬，便是孟子所谓的"善"。不仅爱与敬，只要人心所固有，所同有，并且人人都希望得到的，都可以称之为善。孟子提出大量论证来支持性善说，在《孟子·公孙丑章句上》中，孟子提出了人性"四端"，对善做了进一步的论证："人皆有不忍人之心。……今人乍见孺子将入于井，皆有怵惕恻隐之心。非所以内交于孺子之父母也，非所以要誉于乡党朋友也，非恶其声而然也。由是观之，无恻隐之心，非人也；无羞恶之心，非人也；无辞让之心，非人也；无是非之心，非人也。恻隐之心，仁之端也；羞恶之心，义之端也；辞让之心，礼之端也；是非之心，智之端也。人之有是四端也，犹其有四体也。……凡有四端于我者，知皆扩而充之矣，若火之始然，泉之始达。苟能充之，足以保四海；苟不充之，不足以事父母。"人的本性，都有上述"四端"。如果加以充分发展，就变成了"四德"，即儒家极其强调的仁、义、礼、智。这些品德，若不受外部环境的阻碍，就会在人的内心自然成长。

这里就有一个问题：为什么人应当发展他的德之"四端"，而不是让他的低级本能自由发展？孟子的回答是，人之所以异于禽兽，就在于有此"四端"，只有通过发展"四端"，人才真正成为"人"。孟子说："人之所以异于禽兽者几希，庶民去之，君子存之。"（《孟子·离娄下》）

孟子的"德之四端"，经董仲舒的完善和倡导，成为中国人恪守的五种道德准则，即仁、义、礼、智、信"五常"。

四　民胞物与

张载主张"大心"，即通过道德修养达到万物一体的境界，从而超越具体见闻的局限。"大心"是一种精神境界，有了这种精神境界，人就可以"体天下之物""视天下无一物非我"，放眼宇宙，把自己看成全宇宙的一部分，把宇宙看成和自己息息相通的整体，并从对宇宙的了解中确立个人的地位。这种精神境界就是他在《西铭》中提出的"民胞物与"的境界。

《西铭》是张载为学者写的一篇铭文，题为"订顽"。因为他曾将它单独地贴在书斋的西墙上，作为座右铭，故称之为"西铭"。二程认为，《西铭》代表了孟子以后儒家的最杰出的见解。

《西铭》是要解决如何从个人角度看待宇宙，同时又如何运用这种宇宙观来看待个人与社会生活。在这一段文字中，张载以为，人是由气构成的，宇宙万物也都是由气构成的，因而，天地就是我的"父母"（"乾称父坤称母"），民众就是我的同胞（"民，吾同胞"），万物都是我的同类、朋友（"物，吾与也"）。从这样一种观点出发，人就可以对自己的道德义务有一种更高的理解，对于一切个人的得失利害有一种超越的态度。就是说，宇宙的一切都和自己有直接的关系，尊敬长者、抚育幼孤等都是个体应该实现的直接义务。这就是"视天下无一物非我"的具体内容。在这种"万物一体""天人合一"的境界中，个体的道德自觉大大提高，他的行为也就获得了更高的价值。而个人的生与死、贫贱与富贵，在宇宙大化流行面前显得微不足道。生命属于宇宙，贫贱使人发奋，富贵得以养生，活着就应该对天地奉行孝道，死亡使人永远安宁。他说："富贵福泽，将厚吾之生也。贫贱忧戚，庸玉汝于成也。存，吾顺事。没，吾宁也。"

正是根据这种思想，张载提出了自己的志愿是"为天地立心，为生民立命，为往圣继绝学，为万世开太平"。这个志愿成为后代无数知识分子共同的理想。"民胞物与"的思想哺育了无数志士仁人，激励他们以天下为己任，救邦国于危难，拯生民于涂炭，而把个人的生死利害置之度外。

五 致良知

王阳明将《大学》的三纲领归结为一条，即明明德。明德，就是吾心之本性。一切人，无论善恶，在根本上都有此心。此心相同，私欲并不能完全蒙蔽此心，在人对事物作出直接的本能的反应时，此心就总是自己把自己显示出来。"见孺子之入井，而必有怵惕恻隐之心焉"，就是说明这一点的好例。

人对事物的最初反应表明，人在内心里，知道是为是，非为非。这种知，是人的本性的表现，王阳明称之为"良知"。人做的一切，不过是遵从这种良知的指示，毫不犹豫地去做。因为如果人要寻找借口，不去立即遵行这些指示，那就是对于良知有所减损，因而也就丧失至善了。这种寻找借口的行为，就是由私意而生的小智。其实，周敦颐、程颢都提出过同样的学说，但是王阳明在这里所说的，则给予这个学说以更有形而上学意义的基础。

王阳明晚年用四句话对自己的思想进行了概括："无善无恶心之体，有善有恶意之动，知善知恶是良知，为善去恶是格物。"良知是心之本体，在未发之中，是无善无恶的，也是我们追求的境界；当人们产生意念活动的时候，把这种意念加在事物上，这种意念就有了好恶，善恶的差别，可以说是"已发"，事物就有中和不中即符合天理和不符合天理区别，中者善，不中者恶；良知虽然无善无恶，但却自在地知善知恶，这是知的本体；一切学问和修养归结到一点，就是要为善去恶，即以良知为标准，按照自己的良知去行动。通过格物致知来达到一颗没有私心物欲的心，心中的理其实也就是世间万物的理。天理不是靠空谈的，是靠格物致知，靠实践，靠自省，即"知行合一"。

第二节　西方道德学说溯源

一　亚里士多德：中道学说

德行，即道德的美德。美德除了道德的美德之外，还有智力的美德。智力的美德可以通过教育培养出来，而道德的美德是一种平时养成的习惯，很难通过教育习得。美德强调的是一种好习惯，这种好习惯是一种稳定的倾向，在这种倾向的指导下人们作出某种特定的行为。"好习惯是一种美德，而坏习惯是一种邪恶。这些习惯指人的行为和个性，它们可以通过重复而强化，通常会产生各种后果。"何种行为才算是符合伦理的行为呢？（1）你必须通过运用实践理性知道你在做什么；（2）你必须选择行为——以便良善地生活；（3）行为本身必须是坚定不移的品质的产物。

亚里士多德的《尼可马克伦理学》是美德伦理学的圭臬。亚里士多德在书中指出，人类之所以要践行美德，就在于人类想达到某种目的和目标。所以，它带有目的论色彩。但是，如果认为"为了一个好的目的就可以不择手段"，那是对美德伦理学极大的误解。亚里士多德认为，为了达到幸福这一美好的目的，需要通过恰当的实践行为。而判断实践行为的好与坏，应该有一个重要的判断依据，这就是中道。"美德就是一种与选择有关的品质状态。选择的过程依赖于理性原则。具有实践智慧的人，运用理性原则，选择中庸之道……他夹在两种邪恶之间，在过分与不足之间。"[①]

中庸就是"求中"。美德是选择介于两个极端之间的中间部分，

[①] 转引自汪丁丁《经济学思想史讲义》，上海人民出版社 2008 年版，第 74 页。

两个极端都是恶德——或者过分或者不足。亚里士多德继承了柏拉图的四大美德学说，即节制、公正、勇敢、智慧。但他更强调适度和节制："正如智慧是善于推理，适度就是善于生活。"因此，适度的表现就是勇敢，它是一种可以接受的行为；过分的表现就是蛮勇，不足的表现就是怯懦，这两种行为都是不可以接受的行为。

亚里士多德所谓的中道

情感或行为	过分（不可接受的）	中道（可接受的）	不足（不可接受的）
自信心	蛮勇	勇敢	怯懦
感官快乐	放荡	节制	不敏感
羞耻感	害羞	谦逊	无耻
激发乐趣	滑稽	诙谐	笨拙
自我表现	自负	诚实	自贬
友谊的表现	谄媚	友谊	愠怒

二　康德：绝对命令

康德写道："善良意志……如一颗宝石一样，自身就发射着耀目的光芒。"[1] 善良意志代表着最高的善，是一切其余事物的条件。善良意志是我们在撇开一切感性的东西时单凭理性来设想的一种意志。

康德指出，普通人类理性都会承认，一件事情的道德价值在于行为者的"善良意志"，而不在于它的实用性。大自然给人配备了理性不是为了满足人的感性欲求，因为在这种满足上人的本能比理性要更有用，人的理性是为了更高的理想，也就是实现"义务"这一包含着善良意志的概念。对于这一点，每个普通人单凭自己自然的健全知性即可领会。

义务和"爱好"经常混杂在一起，因而一个行为是道德的还是

---

[1] ［德］康德：《道德形而上学原理》，苗力田译，上海人民出版社1986年版，第42页。

仅仅是明智的，仅凭普通的道德理性知识还不足以区分，而必须提升到哲学的道德理性知识，即从日常混杂的行为中把"出于义务"（而不仅仅是"合乎义务"）的成分区别出来。

康德指出，只有为义务而做好事，只有即使在生不如死的艰难处境中仍然不自杀，这才上升到了哲学的道德理性的层次，其"知识"可归结为三条命题：（1）只有意志的出于义务的行为才具有道德价值；（2）这种行为的道德价值不在于其结果（目的），而只在于其意志的准则（动机），因而这准则只能是意志的先天形式原则；（3）"义务就是一个出自对法则的敬重的行动的必然性"，这敬重所针对的法则是一种普遍的立法原则。

绝对命令是康德上述观点的概括。命令是支配行动的理性观念。按照康德的划分，命令可以分为定言命令（绝对命令）和假言命令。定言命令（绝对命令）把善行本身看作目的，看作应该做的。它出自先验的纯粹理性，只体现为善良意志，与任何爱好、利益无关，因而是无条件的、绝对的。假言命令是有条件的，即把善行看作达到偏好和利益的手段。

定言命令（绝对命令）具有严格的要求：（1）必须具有逻辑的前后一贯性。必须毫无例外地应用于一切情况，而不是仅仅适用于一些情况或者大多数情况正确的就是正确的，即使在最极端的条件下也必须做到。即使天塌下来，也要做道德上正确的事情，不论结果如何。（2）必须具有普遍性。如果认可某一行为的规则不能为一切人所奉行，那么该行为就是不道德的。这表明当人们进行道德决定时，必须首先自问：准许我将要实施的行为的规则是什么？其次要问：这条规则能够成为一切人所遵行的普遍规则吗？（3）"意志的自律"：人既是道德法则的制定者，又是其执行者。故而，人是自由的。动物听任本能的摆布，而人则由道德律统率，克服欲望的支配从而使人超脱于动物。

三 功利主义伦理学

功利主义道德理论主要由英国哲学家边沁和密尔（也译作穆勒）创立。理论核心是以最大多数人的最大幸福作为判断善恶是非的标准。

边沁作为功利主义伦理学创始人，提出了"快乐主义""最大幸福""外在约束"等理论；密尔作为功利主义的集大成者，批判地继承了边沁的思想，丰富和发展了边沁功利主义伦理学的理论，确立了功利主义在整个伦理学史的地位。

（一）苦乐原则

边沁从人类天然具有的趋乐避苦的本性出发，认为"自然把人类置于两位主公——快乐和痛苦——的主宰之下。只有它们才能指示我们应当干什么，决定我们将要做什么。是非标准，因果联系，俱由其定夺。凡我们所行、所言、所思，无不由其支配；我们所能做的力图挣脱被支配地位的每项努力，都只会昭示和肯定这一点。一个人在口头上可以声称绝不再受其主宰，但实际上他将照旧每时每刻对其俯首称臣"[1]。以苦乐原则为基础，边沁提出了快乐主义原则，他认为一种行为是否合理，关键看它是否给行为相关者带来快乐。于是快乐主义原则成为功利主义的核心内容，快乐的数量和质量问题成为功利主义的中心论题。

快乐和痛苦是道德衡量的标准。边沁认为，只有给人精神上和感官上带来快乐的东西，才是善，才是美德。衡量是非善恶的唯一标准就是快乐和痛苦。如果曾经被称为美德的行为，其结果不是增

---

[1] ［英］边沁：《道德与立法原理导论》，时殷弘译，商务印书馆2000年版，第57页。

加更多的快乐而是增加了更多的痛苦,那么这种美德就是假美德,人们遵循这种假美德,必然会成为错误的牺牲品。如果曾经被称为恶的行为,其结果不是增加更多的痛苦而是增加了更多的快乐,或者它压根就是无害的行为,是某些单纯的快乐,那么它就不是恶而是善,应该从罪恶的名单中予以删除,并把它看作正当行为依法予以保护。谋求功利是人们行为的动机,也是区别是非、善恶的标准;是自然人和政府活动遵循的原则,也是道德和立法的原则。

密尔对边沁的快乐主义原则作了进一步的发展。一是密尔认为快乐不仅有量的区别,也有质的不同。密尔将快乐区分为低级的和高级的,即肉体的和精神的,并认为后者较前者更为高尚。"做一个不满足的人胜于做一个满足的猪;做不满足的苏格拉底胜于做一个满足的傻子。"[①] 二是对快乐、满足与幸福这些概念进行了区分。在密尔看来,所谓幸福就是能增进快乐和避免痛苦,不幸就是痛苦和不快乐。满足了,不一定幸福;不满足,却未必不幸福。同样,对满足和快乐也进行了区分,由于人的品格和自尊心的不同,能够满足不同人的快乐也不同。三是密尔将幸福这一概念作为理论的核心。密尔不是以快乐作为最终标准,而是以幸福作为最终标准。幸福是人生的最终目的,只有幸福自身才具有内在的价值。因此,密尔的幸福概念在对边沁的快乐主义作出修正的同时,也将其转化为幸福主义,后者包容了许多简单的快乐体验所不能涵盖的价值追求。

(二) 功利原则:利己与利他

在快乐主义原则的基础上,边沁提出了功利原则。什么是"功利"?用边沁自己的话说就是"任何行动中导向幸福的趋向性我们称

---

① [英] 约翰·穆勒:《功利主义》,徐大建译,上海人民出版社 2005 年版,第 10 页。

它为功利；而其中背离的倾向则称之为祸害"①。边沁坚信他的功利原则能够同时适应个人和政府行为，当应用到个人身上的时候指的是个人幸福的最大化，当应用到后者的身上的时候则意味着最大多数社会成员的最大幸福。这就是著名的"最大的幸福原则"。

密尔对边沁的思想进行了丰富和发展。一是密尔的功利主义包含了更多的利他因素。密尔认为"功利主义的标准不是当事人自己的最大幸福，而是与这一行为有关的所有人的幸福"②。人们应该像旁观者一样保持中立，平等地看待自己与他人的幸福，而不能对私己之利有任何偏袒。二是密尔的功利主义中包含对自我牺牲的推崇。密尔认为"尽管只是在世界的安排还不够完美的状态下，人们才会通过牺牲自己来服务他人，然而只要世界还处于不完美的状态中，我完全承认准备做出这样的牺牲是能够在人身上发现的最高的德行"③。三是密尔认为自我牺牲要以最大幸福为原则。任何没有功利目的的牺牲、不能增加社会幸福的牺牲都是无益的。

（三）道德约束理论：自律与他律

为了将最大多数人的最大幸福付诸实践，边沁从人的本性出发，以能导致苦乐的社会性力量作为道德的推动力和约束力，坚持道德他律论。

与边沁相同，密尔也特别注重社会的外在约束力。他认为外在的奖惩，无论是精神的还是肉体的，无论是出于我们对人类的同情、怜爱或出于对上帝的敬虔，都是使我们能够抛开私利而遵循增加最多数人的最大幸福原则的推动力和约束力。因此，他律可以用来推行功利主义的道德。不同的是，密尔指出，道德约束不仅需要依靠

---

① ［英］边沁：《道德与立法原理导论》，时殷弘译，商务印书馆 2000 年版，第 57 页。
② ［英］约翰·穆勒：《功利主义》，徐大建译，上海人民出版社 2005 年版，第 17 页。
③ 同上书，第 27 页。

外在约束力,更需要强调内在约束力。所谓内在约束力,即良心。密尔认为"无论我们关于义务的标准是什么,义务的内在约束力都是同一个——我们自己的心灵的一种感觉。它是一种违背义务引起的或强或弱的痛感,这种痛感出现在良好教育的道德本性中,在更严重的事件中,这种痛感迫使人们不可能做违背义务之事。当这种情感是大公无私之时,当它只关联着纯粹的义务概念之时,它与事件的形式无关、与事件所处的环境无关,这种情感就是良心的本质"[①]。环境的影响和教育的作用可以培养人的道德良知,这种良知使他律的人成为自律的人,从而在整个社会中提升人的德行。

四 小结

亚里士多德的美德伦理学、康德的责任伦理学、功利主义伦理学是西方伦理学的三大代表性理论,对西方伦理学的发展产生了深远影响,也成为西方传媒伦理学的主要思想资源。近世以后,责任伦理学和功利主义伦理学占据了西方伦理学的主流地位,美德伦理学渐渐被淹没。直到1958年,以安斯康姆的《近代道德哲学》对西方近代道德哲学的批判为标志,美德伦理学开始受到西方世界的关注,特别是21世纪以来,西方美德伦理学发展极为迅猛,美德伦理学已逐渐成为与功利主义和义务论鼎足而立的三大规范伦理学理论之一。[②]

责任伦理学和功利主义伦理学源自中世纪以上帝的权威为基础的神授律,它们将道德理解为像法律一样的责任。功利主义将道德理解为"必须尽可能地增加社会的整体幸福"的法则,而义务论则

---

① [英]约翰·穆勒:《功利主义》,徐大建译,上海人民出版社2005年版,第28页。
② 陈真:《美德伦理学的现状与趋势》,《光明日报》2011年1月25日第11版。

将道德理解为由"不许说谎""不许违背承诺"等表达责任或义务的规则所组成的体系。同时，功利主义伦理学和责任伦理学判断"良善"或者"邪恶"的主要标准是行为及其后果，忽略了行为主体者品质及其行为动机因素，因而在实践中必然导致工具理性的膨胀。美德伦理学的兴起，恰恰可以弥补责任伦理学和功利主义伦理学在此方面的不足与缺陷。

第三节 传媒职业道德的基本原则

迄今为止，中西方在道德问题上形成的种种理论学说和思想资源，都自然而然地嵌入传媒职业道德体系的构建之中。传媒职业道德是一种自律性规范体系和社会意识形态，试图建构一个放之四海而皆准的规范体系是不可能的。在构建传媒职业道德的基本原则过程中，首先应该与特定国家在特定时期的实际相契合，既要考虑道德传统的延续性，又要考虑特定时代的要求；既要充分吸纳外来思想资源，又要根据国情进行必要的取舍。完全按照古人的设想，或者照搬西方的做法，都是成问题的。其次，传媒职业道德除了道德中共通的要求之外，还包括基于专业逻辑的特殊道德要求，具有较为鲜明的职业特点，有着许多道德所不能涵盖的内容。传媒职业道德不是传媒活动的底线原则，应属于传媒机构和传媒工作者孜孜以求的目标。基于此，我们将传媒职业道德的基本原则概括为生命原则、良善原则、求真原则、执中原则、清正原则五个方面。

一 生命原则

法国人道主义者阿尔贝特·史怀泽认为，敬畏生命的伦理原则不仅在于建立人与人、人与自然界其他生命间和谐、互助的秩序，而且在于促进人类道德上的完善，使人成为真正意义上的人。只有当人认为所有生命，包括人的生命和一切生物的生命都是神圣的时候，他才是伦理的。中国先秦儒家代表人物孟子将"恻隐之心"作为"仁"的开端，是人区别于禽兽的最本质特征。因此，人要有悲悯之心和恻隐之心，这是人之所以为人的前提条件。悲悯之心和恻隐之心最主要的表现就是对于生命的尊重，对于人类乃至宇宙生命的关心。

生命原则包含三层含义：一是生命本身是珍贵的，生命的珍贵性是生存的目的，而非为了达到某种利益的手段或者工具；二是生命是平等的，每一个生命应受到同等的尊重和珍视；三是生命原则是最基本和最起码的原则，在次序上优先于其他所有的道德原则。

在传媒活动中，生命原则高于任何一种道德原则和职业精神。生命原则应成为传媒活动的目的而非实现传媒私利或者传媒从业者个人私利的手段或者工具。任何传媒机构和传媒从业者都不能为了获得所谓的独家新闻而置他人的生命尊严于不顾，或者对他人生命可能遭受危险而无动于衷。2004年5月，《东南晚报》摄影记者柳涛在厦门街头拍摄了一组"水坑摔人"照片，在新闻界引起了广泛争议。许多人对于柳涛的做法提出质疑，认为记者的这种做法很残忍：明知地上有坑却不提醒，而是"守株待兔"等着别人摔跤，然后抓拍。这种行为严重违反了生命原则。

二 良善原则

良善原则是任何道德体系中的根本原则之一。无论是中国儒家道德学说，还是西方亚里士多德的美德伦理学、康德的责任伦理学，都将良善作为人类的终极道德目标。《联合国宪章》中也将"善意原则"作为一项基本原则。

良善，是一切符合道德目的、道德终极标准的伦理行为。良善，就是利他与利己的道德行为。利他，是高级的善；利己，是低级的善。道德的起源和最终目的是增进社会利益，而不是增进自我利益。利社会的善，是最高且最大的善；利他人的善次之；利己的善又次之；利动植物的善，是最低且最小的善。善有六个层次：无私利他、单纯利己、为己利他、利他主义、合理利己主义、个人主义[①]。

在传媒活动中，良善原则就是首先要明确传媒活动的基本出发点和目的，为传媒活动寻找安身立命的基点。传媒活动的基本出发点是呈现事实真相、对社会行为进行监测、对社会舆论进行反映和引导。这种呈现、监测、反映和引导的动机应该是建设性的、友好的、健康向上的，有利于解决问题，兴利除弊，推动社会进步，而非为了监督而监督、批评而批评，不是满足个人和媒体私利的"私器"，更不能恶意贬损他人、诽谤他人。"记者笔下有是非曲直，记者笔下有财产万千，记者笔下有人命关天，记者笔下有毁誉忠奸。"[②]因此，一个合格的传媒从业者要意识到传媒活动的重大责任，要将良善原则贯穿于传媒活动的始终。

三　求真原则

真实是传媒活动的生命，真实是新闻的立足之本，也是传媒的立身之本。几乎所有的新闻伦理都是以新闻工作者在任何情况下都要呈现事实真相这一原则展开的。历史地看，所有媒体（无论政治立场、媒体属性和媒体宗旨）都将真实性作为一种前提性的传媒伦

[①] 王海明：《伦理学原理》，北京大学出版社2005年版，第194页。
[②] 万川明：《牢牢把握职业特点　努力提高职业素质　时刻不忘职业使命　严格遵守职业道德》，《河南日报》2008年11月8日第2版。

理加以强调，并宣称自己做到了对于客观世界的真实呈现。在传媒实践中，确立了新闻真实的一系列标准，诸如新闻事实的所有要素、背景材料以及细节描述等，都要与客观事实相符合，新闻报道应持不偏不倚、客观超然的立场和态度。关于新闻真实，有人将它概括为两个层面："具体真实"和"总体真实"。前者指的是新闻报道对具体的客观事实所做的准确反映，新闻报道的每一个具体事实必须合乎客观实际，即新闻报道中的时间（when）、地点（where）、人物（who）、事件（what）、原因（why）和经过（how）都经得起核对。"总体真实"是指在"具体真实"的基础上，新闻报道动态地反映了客观事物的变化过程和客观事物的普遍联系。具体真实是基础，总体真实是升华。坚持新闻真实性，就是要坚持"事实第一，新闻第二"，"事实是源，新闻是流"的观点[①]。

随着网络传播时代的到来，传媒生态环境发生了深刻的改变，社交媒体、自媒体等新兴媒体的活跃使传媒生产活动呈现出日益复杂和多元的态势，也使传统的新闻真实性原则遭受到前所未有的挑战。客观性作为新闻从业者的操作标准受到各方质疑和批评。对主观情绪的排斥，长期以来被新闻界奉为圭臬。然而，在被称为"后真相"的时代，情绪的宣泄代替了事实的呈现，非理性的表达侵蚀着理性的陈述。然而，越是在这样的时刻，对于新闻真实性的坚守更为紧迫，也更为珍贵。

四 执中原则

"人心惟危，道心惟微，惟精惟一，允执厥中。"《尚书·大禹谟》以凝练之笔对世道人心进行了透辟的揭示，"允执厥中"的深

---

① 雷跃捷：《新闻理论》，北京广播学院出版社1997年版，第94—96页。

沉告诫亦成为后世尊奉的普遍道德原则。在传媒职业道德的各种理论表述中，无论文字形态存在着怎样的不同，执中原则都是各种理论学说的重要组成部分。诸如不偏不倚、平衡中立、客观公正、紧守中道等，均为执中原则的应有之义。

在传媒活动中，执中原则的核心就是不偏不倚、超然中立。具体而言，在报道事实时，不能以一己私利或者一己之成见对事实进行主观取舍，而要以"局外人"的视角，对社会各集团、各阶层、各区域、各民族进行全面的合乎实际的正确描述与呈现，避免因为报道的倾向性而引起各集团、各阶层、各区域和各民族的冲突，更不能挑动群体冲突。对各种观点和意见，尤其是与传媒立场相反的观点，都要给予同等的话语权，不能因为传媒的主观立场而随意剥夺和取消他人正当的言论表达权利。在重大突发事件的报道中，特别是报道群体性事件时，要多方面听取意见，审视大局，审慎报道。对特定事件的当事人，尽可能采取平衡报道的方式充分反映各方意见和观点，不能利用媒体影响力进行"媒介审判"。

五　清正原则

清正不仅是传媒职业道德的要求，也是传媒从业者崇高人格的重要组成部分。清正原则的关键是责任感和事业心。要把传媒工作当作一件崇高的社会事业，自觉自愿地追求传媒事业的目标，慎独修身，安于清苦，做到一身正气。不利用工作的方便和手中的权力牟取私利，不以个人的利害得失、感情好恶影响新闻报道。有些人把传媒工作当作是获取名利钱财的工具或者打击异己的私器，不惜编造假新闻，甚至不惜触犯法律，搞新闻敲诈、有偿新闻、媒体寻租，既损害了传媒的声誉，丑化了传媒工作者的形象，也使国家和社会利益受损。对此，《中国新闻工作者职业道德准则》中明确倡

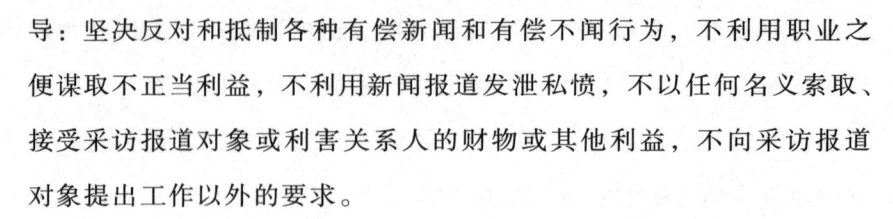

导：坚决反对和抵制各种有偿新闻和有偿不闻行为，不利用职业之便谋取不正当利益，不利用新闻报道发泄私愤，不以任何名义索取、接受采访报道对象或利害关系人的财物或其他利益，不向采访报道对象提出工作以外的要求。

【思考题】

1. 在网络时代的新闻传播实践中，中国儒家道德学说具有怎样的启发和借鉴意义？

2. 请查阅"柳涛事件"的完整经过和相关材料，运用本章的中西方道德学说对柳涛的行为选择进行分析和评判。在相似情境下，你是否会作出如他一样的选择？

第八章　传媒职业道德失范:有偿新闻

有偿新闻是典型的传媒职业道德失范行为,是传媒职业道德和传媒法规不可回避的重大问题。有偿新闻泛滥成灾、屡禁不止,严重影响了传媒和传媒工作人员代表社会良知、追求真相的公信形象。随着传媒环境的深刻变化,有偿新闻呈现出新的样态,方式更为隐蔽。在我国,对于有偿新闻的治理主要还采取道德劝诫和行政干预的方式,因此,本书将其作为最主要的传媒职业道德失范行为进行探讨。

第一节　有偿新闻及其表现形态

一　有偿新闻界定

何为有偿新闻?虽然这个概念作为一种禁止性概念频繁出现在行政规章之中,但是迄今为止依然是一个比较模糊的概念,学术界尚未给出一个明确的界定,基本上停留在一种特定时期的经验性描述之上。有人罗列了传媒实践中有偿新闻的六种表现形态:1. 接受劳务费、红包、有价证券、礼品,获取各类消费、好处,如餐饮、旅游、入学、住房和为亲友解决工作问题等,这是最为典型的有偿新闻行为。2. 以新闻为诱饵换取经营利益（如广告、发行）或赞助。3. 以内参、曝光等为要挟，迫使对方提供钱、物、好处等。4. 媒体给采编人员下达创收指标，从而使有偿新闻堂而皇之地成为经营创收手段。如有偿组版、联办节目。5. 不同媒体、新闻单位（包括记者编辑）之间以获取不正当利益为背景而互相交换新闻。6. 某些中介、公关公司以营利为目的，非法运作（实为经营）新闻。诸如此类的现象还可以继续罗列下去。但是，现象罗列不是概念界定。

1993年5月出版的《新闻学大辞典》中关于"有偿新闻"的解释是：新闻机构向要求刊播新闻者收取一定费用的新闻。很显然，这个概念难以涵盖有偿新闻的所有表现形态。还有一种定义认为，有偿新闻是新闻从业人员采取不正当手段向被采访报道对象索取物质报酬的活动。有偿新闻还包括故意隐匿和扣押新闻的活动。这个定义虽然将故意隐匿和扣押新闻纳入有偿新闻之中，但是将有偿新闻仅仅归结于新闻从业人员的行为，显然有重大遗漏，有些有偿新闻属于传媒机构及其从业人员的有组织的共谋行为。同时，在互联网环境下，有偿新闻呈现出新的样态，因此，需要对有偿新闻及其表现形态进行重新定义。

定义有偿新闻的关键在于对"有偿"的理解。所有商品或者服务都是有偿的，这是市场经济的法则。传媒产品也不例外，比如付费阅读、付费收听、付费订阅等。传媒产品的有偿性，是传媒机构（生产者）与消费者在传媒市场发生的商品交换行为（包括消费者基于对特定传媒产品或者服务评估之后的预先订购），其间用于交换的商品是信息产品（包括新闻）。但是，传媒机构在传媒商品生产过程中，是单方面的投入行为，实际买卖行为并未发生，所以不存在有偿活动或者行为之说。但是，在传媒产品生产过程中，传媒机构或者传媒从业者常常与特定利益关联者（不是消费者）达成某种交易，用于交换的不是传媒商品或者服务，而是传媒机构或者传媒从业者的职业权力。由于这种交易最终会以新闻产品或者其他产品形式公之于众（或者本来应该公开而刻意隐瞒），因此，我们把传媒活动中不正当的权钱交易行为统称为有偿新闻。

有偿新闻的实施有些是传媒从业者的个人行为，有些是传媒机构的组织行为。与此对应，有偿新闻的实施主体有两个：一是传媒从业者个人，二是传媒机构。在前述的六种罗列现象中，第一种、第二种、第三种属于传媒从业者个人行为，第四种、第五种、第六种属于传媒机构行为。本书按照有偿新闻实施主体的不同，将有偿新闻区分为四种类型，即红包新闻、"软文"、新闻敲诈、媒体寻租。其中红包新闻、"软文"的实施主体是传媒从业者，新闻敲诈、媒体寻租的实施主体更多的是传媒机构。需要说明的是，在有偿新闻的具体实施过程中，有些时候实施主体是比较容易辨认的，有些时候不能明确指认实施主体究竟是机构还是个人，只能具体问题具体分析。

二 红包新闻

送红包和收红包是国人长久以来的传统习俗，形成了华人世界特有的红包文化。红包的渊源现已不可考。一般认为，红包原本是一种非功利的行为，它或者表达的是长辈对于晚辈的关爱之情（比如压岁钱、生日祝愿、游庠赴试等），或者是一种礼尚往来之举（比如婚丧嫁娶的礼仪），或者是由衷感谢之情等。随着社会的发展，这种原本非功利行为开始染上了强烈的功利色彩，扩展到各行各业，成为不正当交易的代名词。在传媒领域，红包现象已经成为"公开的秘密"，成为"有偿新闻"的重灾区。

红包新闻比较复杂，往往与其他有偿新闻形态交织在一起。按照记者的主观心理状态，红包新闻可以区分为主动和被动之分。所谓被动，就是指某些单位或者个人主动邀请记者为其进行宣传，给记者发"红包"（或称为"辛苦费""车马费"等）。这种现象比较常见。比如某些单位提前精心准备好汇报和文字材料，邀请记者根据材料写成新闻，进行报道，然后给记者发"红包"。有些明星邀请记者参加其组织的"重要"活动，为其宣传报道，给记者发放红包。2011年6月7日晚，孙俪和邓超在上海浦东丽思卡尔顿酒店举行婚礼。晚上6点多，就在孙俪和邓超与媒体记者见面后，孙俪的经纪人给守候多时的媒体派发礼物和红包。此次邓超、孙俪出手相当阔气，为在场媒体准备的是500元的红包。出乎意料的是，两名在场的记者却扭打在一起，现场一片混乱。据各大媒体报道，两人打架可能是因为哄抢500元红包。也有记者在微博上澄清，证实二人因争抢拍摄机位而发生冲突。地方政府为了宣传当地企业，以政府名义通过各种关系请记者对企业进行个人或集体采访，以得"正面宣传"，然后发给记者"好处费"。在被动的红包新闻中，还有一种比较恶劣的现象是，某些单位为了不让自己的丑恶行径公之于众，给记者发红包隐瞒事实真相。这种现象也被称为"有偿不新闻""封口费"等。"有偿不新闻"的典型案例是山西繁峙矿难记者受贿事件。2002年6月22日，山西省繁峙县义兴金矿发生特大爆炸，38人死亡，直接经济损失1000余万元。事故发生后，矿主既不积极施救，又不保护事故现场，而是将矿井所有资料销毁，威胁、遣散矿工，填埋毁坏副井，采取焚尸、藏尸等恶劣手段，并串通县委、县政府有关人员，统一了"两人死亡，四人受伤"的口径，隐瞒事故真相。新华社山西分社的四名记者在接到死难矿工家属举报后赶到繁峙县，但是他们并未去县城，而是找上了繁峙县委、县政府，并受到了地方政府的盛情款待，四名记者分别收受了1万

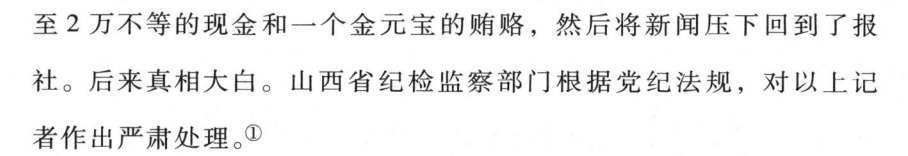

至 2 万不等的现金和一个金元宝的贿赂，然后将新闻压下回到了报社。后来真相大白。山西省纪检监察部门根据党纪法规，对以上记者作出严肃处理。①

【典型案例 1】

2008 年山西矿难封口费事件

2008 年 11 月 26 日，新闻出版总署通报了山西省霍宝干河煤矿记者"封口费"事件处理结果。收受"封口费"的 4 名记者、26 名媒体工作人员、28 名假记者，已由有关部门依法处理，还有 12 名相关涉案人员也依法处理，隐瞒事实、封锁消息的矿方负责人已被免职，31.93 万元涉案金额绝大部分已经追回。

2008 年 9 月 20 日，位于山西省洪洞县堤村乡干河村的霍宝干河煤矿发生一起责任事故，死亡矿工 1 人。事故发生后，霍宝干河煤矿公司没有上报事故。9 月 25 日晚，"闻风而来"的真假记者们在霍宝干河煤矿办公室领取"封口费"，多则几万元，少则几千元。42 岁的《西部时报》驻山西记者戴骁军将成群的"记者"领取"封口费"的场景拍摄下来，并于当晚将照片、文字整理后发布到互联网上，引起舆论一片哗然。

随后，新闻出版总署和山西省委、省政府派出工作组督查处理此案。10 月 29 日、30 日山西省两次通报事件调查结果，公布了收取"封口费"的其中六家媒体名单，但并未通报全部涉案媒体名单和具体"封口费"金额。

据《中国青年报》消息，2008 年 10 月 28 日，山西霍宝干河煤矿的上级主管部门免去该矿党总支书记陈宏元的职务，解聘了李天

---

① 王蕾：《"有偿新闻"的伦理学解读》，人民网—传媒频道，2013 年 12 月 9 日，参见 http://media.people.com.cn/n/2013/1209/c358381/-23789160-2.html。

智的山西霍宝干河煤矿有限公司总经理职务。

已查实的收受"封口费"的4名记者为《现代消费导报》记者张军利、《山西画报》杂志社朔州记者站站长徐有、《山西科技报》副总编张士凯、《科学导报》记者牛建黎,已被分别给予了处理。

已查实的14名媒体相关责任人所在单位是:中国教育电视台《安全现场》、山西广播电视总台公共频道《经济与法》《现代消费导报》、《绿色中国》杂志社驻山西办事处、《山西法制报》临汾发行站、《映像》杂志社、《中国财富》杂志社山西办事处、《政府法制》杂志社、《法制日报》社山西记者站、《企业维权与监管》(内部资料性出版物)。

其中,《法制日报》社山西记者站聘用人员李娟平与假记者刘小兵合伙以收矿方宣传资料费方式收受3.95万元。新闻出版行政部门对《法制日报》社警告一次,罚款3万元,撤销山西记者站,责成主管单位追究相关责任人责任。

另有28名不法分子假冒电视台、报刊社、网站名义到山西霍宝干河煤矿有限公司敲诈勒索,涉案金额15.16万元。

记者主动向被采访对象索要红包的情况类似于新闻敲诈,本质是以舆论监督之名行敲诈勒索之实,为个人捞取好处。关于此,我们在新闻敲诈中进行具体分析。

三 "软文"与"网络水军"

(一)"软文"

何为"软文"?目前国内学界和业界尚无一致的说法。有人认为,"软文"是广告的一种表现形式,相对于硬广告而言,是由企业的策划人员或者广告、公关公司的文案人员或者由替企业操刀的媒体记者负责撰写的"文字广告"。也有人认为,"软文"是指企业通过策划，在报纸、杂志或者网络上刊登的可以提升企业品牌形象和知名度、促进企业营销的一系列宣传性、阐释性的文章，包括特定的新闻报道、深度文章、付费短文广告、案例分析等，"软文"因此也被称为"广告文学"。[1]

实际上，"软文"是传媒业界的一种通俗性说法。在相关法律和部门规章中，一般表述为"新闻性广告"或者"新闻广告"，其实质就是混淆新闻和广告之间的区别，以新闻的形式发布广告。《报纸出版管理规定》规定："不得以新闻形式刊登广告。"《广告法》规定"大众传播媒介不得以新闻报道形式发布广告"，"广告应当具有可识别性，能够使消费者辨明其为广告"。

虽然传媒主管机关严令禁止"软文"广告，但是"软文"广告依然有泛滥之势。甚至在广告学专业本科生毕业策划的答辩中，也将"软文"发布列为媒体策划的一部分，"软文"广告竟然登堂入室，成为广告传播和营销学习内容的一部分。关于"软文"广告盛行的原因，有学者认为，"软文"广告危害的隐蔽性、对"软文"广告的执法难度、执法主体的执法弱势是主要原因。[2]

（二）"网络水军"

随着互联网的高速发展，注意力成为新的稀缺经济资源，利用注意力谋取利润成为互联网经济的显著特征。同时也滋生了灰黑地带，"网络水军"就是典型的网络现象。"网络水军"并非法律术语，从本质上而言，它同网络营销、广告、公关等存在着紧密关联[3]，因此"网络水军"可以视为"软文"广告在互联网环境下的

---

[1] 吴晔：《对当下媒体"软文"的思考》，《新闻战线》2008年第2期。
[2] 应飞虎、葛岩：《软文广告的形式、危害和治理——对〈广告法〉第13条的研究》，《现代法学》2007年第3期。
[3] 张灿灿：《阻止"网络水军"泛滥，主体责任在平台》，《检察日报》2018年12月28日第4版。

延伸。有人甚至建议将网络水军认定为广告①。

"网络水军"是指通过雇用大批人手在互联网上集体炒作某个话题或者人物,以达到宣传、推销或者攻击某些人或产品的目的。这些受雇人员在"网络推手"的带领下,以各种手法和名目在各大互联网论坛发帖子制造假舆论,并向有利于自己的目的汇聚②。由于"网络水军"的平均收入是一条帖子5毛钱,所以又被称为"5毛党"。

从"网络水军"发表的内容上来看,表现出虚假评论、虚假热门、虚假态度三个特征。所谓虚假评论,即"刷单",就是使用不对应真人的虚拟账号购买商品或者服务并给出好评,或者廉价雇用真人购买商品或者服务但是并不发生实质性交易而给出好评,从而营造虚假交易氛围,欺瞒消费者。所谓虚假热门,即"刷榜",一些商家、艺人通过购买网络水军服务,让数量庞大的网络水军为自己点赞、转发,从而制造虚假热门。虚假态度,就是雇用或者购买网络水军,发出有利于自身的意见、贬低对手的声音,从而制造自身得到普遍支持而对手受到普遍攻讦的假象。

对于"网络水军",国家出台了一系列法律法规,严厉打击"网络水军"。2013年,最高人民法院、最高人民检察院出台的《关于办理利用信息网络实施诽谤等刑事案件适用法律若干问题的解释》中,明确提出依据《刑法》相关罪名惩治"网络水军"。2017年,国家互联网信息办公室公布《互联网跟帖评论服务管理规定》与《互联网论坛社区服务管理规定》,对于"网络水军"监管制度不断精细化。因此,网站和社交媒体平台应建立起自我规范机制,加强人力监管,不能对计算机算法听之任之。Facebook已经宣布,2018

---

① 胡昕宇:《网络"水军"宜定性为广告》,《河北企业》2019年第3期。
② 楼旭东、刘萍:《"网络水军"的传播学分析》,《当代传播》2011年第4期。

年将增加 250 人加入现有的安全审核团队,并在世界范围内扩大与各国选举委员会的合作,帮助选民登记,提醒网络风险,与其他科技和安全公司共享信息①。

【典型案例 2】

天津侦破首例"网络水军"删帖案

2018 年 7 月 26 日,天津首个利用网站实施"网络水军"非法删帖炒作的案件于近日被侦破,警方抓获 16 名犯罪嫌疑人,扣押电脑、手机、移动存储设备及银行卡等一大批涉案物品。此案涉案金额高达 800 余万元。

2017 年 11 月,天津市公安局宝坻分局海滨派出所民警在对辖区某网吧进行检查时,发现坐在角落里的一名男子神情紧张。民警随即依法对该男子进行盘查,发现他并不是网上通缉的在逃人员。就在民警对其反常举动感到疑惑时,该男子试图将电脑屏幕上的网页关闭,后被民警控制。

经查,该男子登录的是一个网站的后台操作平台。据该男子交代,他是受人雇用,帮助公司或当事人删除对其不利帖文。随后,民警在该男子租住的房屋将其同伙抓获。

宝坻分局打击犯罪侦查支队民警深入侦查,发现这是一个以网站为核心平台的"网络水军"团伙,该团伙业务遍布各大网络论坛,他们通过社交软件与"上级"联系,在快速删帖后,会得到一定的酬劳。涉案团伙服务范围覆盖整个互联网,具有"地域范围广、人员数量多、违法业务多"等特点。他们所拥有的网站主要业务包括:利用手中的网络资源大肆群发广告,炒作网络事件及论坛"灌水",

---

① 刘丹:《扎克伯格就"俄干预美国选举"调查宣布新措施》,中国新闻网,2017 年 9 月 22 日,参见 https://www.chinanews.com/gj/2017/09-22/8337875.shtml。

"收钱"为客户联系网络资源删除特定网站信息等。

经过调查走访、串并案情，专案组发现，这个不法团伙的成员分布在全国各地。今年3月初，专案组在湖南省长沙市抓获了该团伙成员张某。据张某交代，他主要工作是保证网站首版是正常的内容，清洁首页。

随着调查的深入，案件侦办也越来越难，比如相当一部分曾经找该团伙删帖的公司或当事人都不愿作证，这给案件的侦办带来不小的难度。6月2日，专案组获取了一条重要线索：该团伙骨干成员沈某正在河北省雄县活动。专案组立即驱车前往雄县展开抓捕。

6月7日，专案组将沈某以及两名同伙抓获，并在三人租住地查获3台电脑、4部手机。

在半年多的时间里，专案组辗转北京、河北、上海等9省市调查取证，行程5000多公里，摸清了以沈某为骨干的不法团伙的全部犯罪事实。

经查，今年36岁的沈某是北京某名牌大学硕士研究生，原本在一家网络公司上班，拿着较高的薪水。工作中，他发现很多公司或当事人都有删帖的需求，于是建立了专门的网站，网站通过搭建网民与"网络水军"之间的桥梁，以抽取任务佣金的方式运营，即网民在网站注册成雇主，"网络水军"注册成推广服务商，雇主通过网站发布任务，内容多为社交圈转发、广告软文、投票活动等，其中不乏淫秽、诈骗、赌博及谣言等信息；推广服务商认领任务，并通过平台反馈任务完成情况，雇主负责审核任务完成度并结算佣金。在很短时间里，沈某一人就非法获利220余万元。

对于取得的"成就"，沈某认为自己正是看准了"网络水军"常充当"捧人推手"和"网络打手"这个特性，将时下的热点和网民情绪结合起来,通过"借势"和"造势"达到营销目的。"网络水军"们往往没有底线,只要给钱,客户提供的任何内容都敢发,高利润让他们不惜以身试法。

目前,案件正在进一步查办中。①

四 新闻敲诈

新闻敲诈是传媒行业的"毒瘤"。近年来,新闻敲诈已经冲破了以单篇负面报道威胁或者要挟而收取钱财的一次性交易的束缚,发展成涉案媒体向企业收取"保护费"后维持"有偿沉默"的潜规则。2014年,国家新闻出版广电总局在"打击新闻敲诈和假新闻专项行动工作汇报会"上通报:因涉及新闻敲诈、有偿新闻和假新闻等问题,2013年以来全国共有216家违规报刊被查处,49个记者站和14455名记者证被注销,查办"假媒体、假记者站、假记者"案件258起,收缴各类非法报刊151.3万多份②。

什么是新闻敲诈?有学者认为,新闻敲诈就是传媒或者新闻工作人员以不利于报道对象的新闻稿件(包括编发内参等)相威胁,强行向被报道对象索要钱财或者其他好处的行为③。这个定义既包括了媒体有组织有部署的新闻敲诈行为,也包括了记者的个人敲诈行为。还有学者将新闻敲诈的实施主体限定在传媒从业者:新闻敲诈是指真记者、假记者以媒体曝光威胁要挟当事人,从而获取公私财物的行为④。

新闻敲诈的行为表现主要有以下几种:一是真记者以权谋私。

---

① 张弛:《天津侦破首例"网络水军"删帖案》,《法制日报》2018年7月27日第8版。
② 白阳、徐硙:《2013年以来全国200余家报刊因违规被查处》,中国政府网,2014年4月22日,参见 http://www.gov.cn/xinwen/2014-04/22/content_2664392.htm。
③ 陈力丹等:《中国新闻职业规范蓝本》,人民日报出版社2012年版,第138页。
④ 陈建云:《新闻敲诈,该当何罪?》,《新闻记者》2014年第7期。

一些记者为了谋取个人利益,千方百计地借助自己所拥有的传播权力搞新闻敲诈。二是假记者冒名敲诈。有些社会人员假冒记者,私自制作"调查证""记者证",以采访曝光相威胁,进行新闻敲诈。三是记者站违规运作。四是真假记者联手敲诈。①

由于新闻敲诈会对社会产生极大的危害,且有愈演愈烈之势,我国对于新闻敲诈的治理十分严格。2013年4月,最高人民法院、最高人民检察院发布《关于办理敲诈勒索刑事案件适用法律若干问题的解释》中,对于利用或者冒充新闻工作者等特殊身份进行敲诈勒索,规定了严格的司法标准。其中第一条规定:"敲诈勒索公私财物价值二千元至五千元以上、三万元至十万元以上、三十万元至五十万元以上的,应当分别认定为刑法第二百七十四条规定的'数额较大'、'数额巨大'、'数额特别巨大'。"可见,新闻敲诈情节严重的则构成犯罪。关于新闻敲诈该当何罪,有学者根据《刑法》认为有敲诈勒索罪、受贿罪、强迫交易罪②。

敲诈勒索罪就是直接以发布或者删除负面新闻为要挟,收取费用的行为。比如《证券时报》记者罗平华伙同他人趁某公司申请上市之机,以"爆料负面消息"相要挟,索要"封口费"200万元(未遂)。2014年2月,法院以敲诈勒索罪一审判处罗平华有期徒刑4年,并处罚金人民币4000元。国家新闻出版广电总局决定吊销罗平华的新闻记者证,并将罗平华及相关涉案人员列入不良从业记录,终身禁止从事新闻采编工作③。

受贿罪就是国家工作人员利用职务上的便利索取他人财物,或

---

① 郑保卫:《论新闻敲诈的表现、危害、成因及治理》,《新闻研究导刊》2014年第5期。
② 陈建云:《新闻敲诈,该当何罪?》,《新闻记者》2014年第7期。
③ 《新闻出版广电总局公布8起典型新闻敲诈案件最高受贿332万余元》,观察者网,2014年4月1日,参见https://www.guancha.cn/Media/2014_04_01_218681.shtml。

者非法收受他人财物为他人谋取利益的行为。在我国司法实践中，对于假记者实施新闻敲诈构成敲诈勒索罪没有异议，而职业记者的新闻敲诈行为属于何种犯罪，在司法实践中存在着认识不一的情况。2006年2月，《中国工业报》驻河南记者站常务副站长陈金良以发表批评报道相威胁，向当事方索要2万元活动经费，被监察机关以敲诈勒索罪提起公诉，郑州市金水区法院却以受贿罪判处陈金良有期徒刑1年，缓刑2年①。

强迫交易罪是以暴力、威胁手段强买强卖商品、强迫他人提供服务或者强迫他人接受服务的行为。新闻敲诈具有强迫的特征，因此可能构成强迫交易罪。2009年，《网络报》记者关键在河北蔚县一起矿难中，以蔚县方面向《网络报》做25万元广告为条件，撤下有关矿难的报道，被以强迫交易罪判处有期徒刑1年6个月，缓刑2年，罚金6万元。②

在新闻敲诈案件中，相关媒体也有涉嫌犯罪的情况。这种情况在《刑法》中被称为"单位犯罪"。所谓单位犯罪就是公司、企业、事业单位、机关、团体等单位实施的犯罪。比如传媒负责人等决定以负面新闻相威胁迫使企业或者单位签订广告合同支付"保护费"；制定相关方案和办法，向下属从业人员下达实施要求和指标等。目前，新闻敲诈导致单位犯罪还没有判例。

【典型案例3】

专业财经媒体21世纪网新闻敲诈案

2014年9月3日，上海市公安局侦破了一起以舆论监督为幌子、通过有偿新闻非法获取巨额利益的特大新闻敲诈案件，涉案的21世

---

① 《原中国工业报驻河南记者站常务副站长陈金良被判刑》，中国法院网，2006年5月18日，参见 https://www.chinacourt.org/article/detail/2006/05/id/206029.shtml。

② 朱弢：《〈网络报〉记者关键被诉强迫交易罪》，《财经》2009年第10期。

纪网主编和相关管理、采编、经营人员及两家公关公司负责人等8名犯罪嫌疑人被依法采取刑事强制措施。

2013年11月以来，专业财经媒体21世纪网主编刘某、副主编周某以及部分采编经营人员，勾结上海润言、深圳鑫麒麟等财经类公关公司，以21世纪网为主要平台，采取公关公司招揽介绍和业内新闻记者物色筛选等方式，寻找具有"上市""拟上市""重组""转型"等题材的上市公司或知名企业作为"目标"对象进行非法活动。对于愿意做"正面宣传"的企业，犯罪嫌疑人在收取高额费用后，通过夸大正面事实或掩盖负面问题进行"正面报道"；对不与之合作的企业，在21世纪网等平台发布负面报道进行恶意攻击，以此要挟企业投放广告或签订合作协议，单位和个人从中获取高额广告费或好处费。经初步查证，此案涉及上海、北京、广东等省区市的数十家企业。

2015年4月30日，国家新闻出版广电总局向社会通报了对21世纪网、《理财周报》和《21世纪经济报道》新闻敲诈案件的行政处理情况，其中21世纪网被责令停办，《理财周报》被吊销出版许可证，《21世纪经济报道》被责令整顿。

2015年12月24日,上海市浦东新区人民法院对被告单位广东21世纪传媒股份有限公司强迫交易案,被告人沈颢敲诈勒索、强迫交易、职务侵占案,被告人乐冰职务侵占案作出一审判决。判处被告单位广东21世纪传媒股份有限公司罚金人民币九百四十八万五千元;以被告人沈颢犯敲诈勒索罪、强迫交易罪、职务侵占罪,具有自首、立功情节,数罪并罚,判处有期徒刑四年,并处罚金人民币六万元;以被告人乐冰犯职务侵占罪,判处有期徒刑二年,缓刑二年;违法所得予以追缴。

五 媒体寻租

寻租(rent seeking),是一个经济学的概念。现代经济学的公共选择理论认为,租金是指由于缺乏供给弹性而产生的差价收入。但是,这种供给弹性不是某种生产要素自然性质或者产权关系所产生的,而是由于政府干预和行政管制抑制了竞争,扩大了供求差额,从而形成了差价收入。所谓寻租是利用资源通过政治过程获得特权,从而构成对他人利益的损害大于租金获得者收益的行为[1]。

在传播研究过程中,人们将寻租概念应用到传媒活动的分析之中。由于现代媒介具有巨大的影响力,特别是当媒介机构与政府权力存在着模糊不清的关系时,传媒可以运用自身的影响力作为一种筹码谋取不正当利益,即通过"制造注意力"获得媒体寻租的机会[2]。吴飞教授把我国新闻界媒体寻租形态大致划分为四类:一是软文,二是红包,三是敲诈,四是利用内参、简报等谋取私

---

[1] [美]戈登·塔洛克:《寻租——对寻租活动的经济学分析》,李政军译,西南财经大学出版社1999年版,第27页。

[2] 热若尔·霍斯普:《媒体寻租的机会》,载吴敬琏主编《比较》第12期,中信出版社2004年版,第99页。

利①。由于媒介寻租已经演化为以传媒为主体的集体寻租行为，有的干脆为大广告主量身定做栏目，采用所谓的"新闻策划"的形式，所以本书在讨论媒体寻租行为时，更偏向于传媒这一层面。

从媒介形态而言，媒体寻租的形式大致可以分为两个方面：一是传统媒体寻租，二是网络媒体寻租。传统媒体寻租主要源于我国现行媒介体制。经济改革使中国传媒的权力性质由简单的政治权力走向经济权力和政治权力的重叠②。媒体寻租主要是通过权力与市场两种方式呈现。对于具有行政背景的媒体而言——比如中央级媒体和各级党报——由于具有较高的权威度和较高的社会地位，往往在媒体寻租中具有更多的便利。对于市场化程度较高的媒体而言，可能通过资本的管道进行寻租。"新闻腐败除了通过权力的管道，还有很多是资本的逻辑在作怪。这类腐败主要依托于媒体背后的市场资源，甚少有行政资源的色彩。市场化报刊或者商业性网站，其背后的市场盈利的导向，使得他们在过度追求利润的过程中丧失底线。这其中，有些是个人的，比如一些媒介经营管理者针对企业的负面新闻报道时，会用宣传禁令、宣传管制的名义把稿子压下来，实际上是他个人收了一笔好处费或者通过其掌控的公关公司（与其所在媒体无关）来收取公关费。"③

门户网站利用对新闻的第二次传播的垄断地位，实现第二次媒体寻租，已经成为媒体寻租的新形态。2008年9月，有网民将三鹿集团的一个内部文件上传到论坛，称三鹿集团计划投放300万元，寻求百度协助屏蔽关于该公司的一切负面新闻④。实际上，

---

① 吴飞：《呼唤媒体人的自我救赎》，《时代周报》2012年4月12日。
② 陈卫星、徐桂权：《权力衍续与媒介寻租：中国与俄罗斯的比较制度分析》，《国际新闻界》2010年第7期。
③ 张志安：《新闻腐败背后是权力与资本的双重逻辑》，《时代周报》2014年4月12日。
④ 贾中山：《网民举报三鹿砸300万元欲屏蔽网络负面消息》，《北京晚报》2008年9月16日。

网络寻租并不止于此。一名面向中产阶级的财经门户网站的副总透露：他们经常利用负面新闻与所涉企业直接洽谈广告合作，通常是删除多少条新闻支付多少现金。因此，在缺少行业监管和道德约束的情况下，新闻媒体正当的批评报道很容易越过道德边界，演变为利用行政系统获得社会资本向下级单位"权力寻租"的腐败行为[①]。

【典型案例4】

被指为"媒体寻租"的"陈永洲事件"

直到现在，人们还是无法得知《新快报》记者陈永洲被拘捕事件背后的全部真相。不过，始于10月22日的这起事件，在舆情的一波三折中戏剧性展开，其间所曝光的事实充满反讽却不容回避。应当承认，我们面对的是一起相当复杂的、涉嫌新闻寻租的严重事件。当前仍有一些声音，事实上在回护涉事记者和媒体。我们认为，新闻媒体身为公器，使命重大，无论现实有多艰难，新闻寻租绝不可恕。——胡舒立

2012年9月26日到2013年6月1日，广州《新快报》记者陈永洲曾发表10篇有关中联重科"利润虚增""利益输送""畸形营销"及涉嫌造假等一系列批评性报道。

2013年7月10日、11日，中联重科董事长助理高辉在微博上将陈永洲的记者证及身份信息公开，称相关报道为虚假报道。

2013年9月16日，长沙市公安局直属分局以涉嫌损害商业信誉罪对陈永洲予以立案。

---

① 张志安、陆晔：《记者"权力寻租"中的社会资本转换及其伦理边界》，《国际新闻界》2008年第10期。

2013年10月15日，长沙市公安局直属分局发出网上追逃。其间，陈永洲一直处于工作状态。

2013年10月17日，在报社正常工作的陈永洲接到警方电话，称要向他了解关于此前陈宅失窃事。18日，陈永洲与妻子共同来到约见地点，被长沙警方带走。当日，陈永洲被长沙警方以"涉嫌损害商业信誉罪"跨省刑事拘留。

2013年10月23日，《新快报》在头版刊登评论员文章《请放人》。该文称，敝报虽小，穷骨头还是有那么两根的。该文还提到，陈永洲在熬过三天三夜，终于见到律师时说，他可以熬个三十天，多了，就不敢说了。

2013年10月24日，《新快报》在头版刊出标题"再请放人"。

2013年10月26日，据早间中央电视台《朝闻天下》报道，《新快报》记者陈永洲自称受人指使收人钱财，发表失实报道。陈永洲向民警坦承，为显示自己有能耐，获取更多的名利，他受人指使，连续发表针对中联重科的大量失实报道，致其声誉严重受损。陈永洲对自己的犯罪事实进行了供认并深刻悔罪。

2013年10月27日，《新快报》在头版位置，就记者陈永洲收钱发表失实报道致歉。致歉声明称，经警方初步查明，《新快报》记者陈永洲受人指使收人钱财发表大量失实报道，严重违反了《中国新闻工作者职业道德准则》和新闻真实性原则，报社对稿件的审核把关不严。事发后报纸采取的不当做法，严重损害了媒体的公信力，教训深刻。《新快报》将以此为诫，对存在的问题进行认真整改，进一步加强采编人员和出版流程管理，严格要求采编人员在工作中尊重事实，遵守法律，遵循新闻工作者的职业道德和行为规范。特此向社会各界致以深深的歉意。

2013年10月30日，长沙市岳麓区人民检察院对《新快报》记者陈永洲以涉嫌损害商业信誉罪批准逮捕。

2013年10月31日，广东省新闻出版广电局作出查处决定，给予《新快报》记者陈永洲吊销新闻记者证的行政处罚，责成《羊城晚报》报业集团对《新快报》进行全面整顿。

2013年11月1日，《新快报》社长、总编辑李宜航被免职。

2014年10月17日，原《新快报》记者陈永洲一审被判刑1年10个月。

【典型案例5】

网络大V格祺伟敲诈勒索被判刑6年
受害单位曾自掏腰包消灾

2016年5月16日，网络大V格祺伟等人涉嫌敲诈勒索罪、寻衅滋事罪一案，在湖南省衡阳市雁峰区人民法院一审宣判。格祺伟犯敲诈勒索罪，被判刑6年，并处罚金12万元。《现代消费导报》社原副社长、副总编辑张桓瑞被判犯敲诈勒索罪，获刑12年，并处罚金25万元。其余人被处以2—3年不等的有期徒刑。一审判决后，格祺伟、张桓瑞已提出上诉。

在庭审中，受害单位衡水监狱的总工程师代俊卿在一份书面证词中提出，因为自己是监狱方分管领导，看了报道读了跟帖后很有压力，之后在与张桓瑞沟通时，"听出了威胁的味道"，担心此事会影响自己作为分管领导的位子，他不得已拿了5万元给张桓瑞。于是，这一故事被律师们笑称为"自掏腰包为单位消灾"。

据衡阳警方2013年介绍，格祺伟1984年4月出生，祁东县洪桥镇人，大学文化，腾讯微博听众超过47万人。据警方调查，2010年来，格祺伟通过自己的网络影响力，蓄意制造传播谣言、恶意侵害他人名誉，非法攫取经济利益。如制造衡阳市石鼓区政府请200余名黑社会强拆民居谣言，挑动民众对政府的不满情绪；传播长沙湘雅医院出动80余名保安对死者家属进行围殴谣言，引起社会恶劣影响等；并长期将政府官员、企业高管作为主要攻击对象，无中生有编造故事，恶意造谣抹黑中伤。①

第二节　有偿新闻的禁止性规定

1985年，国务院办公厅发布《关于加强广告宣传管理的通知》指出："有的新闻单位或者记者以发布新闻为名刊登所谓的'新闻广告'，从中捞取好处。"严禁新闻记者借采访名义招揽广告，严禁利用发布新闻的形式刊播广告，收取费用。

1991年颁布的《中国新闻工作者职业道德准则》第六条规定："不刊发各种形式的'有偿新闻'，不得以新闻或版面做交易，索要钱物，牟取私利。不得以任何方式接受被报道地区、单位和个人的礼金或有价证券。新闻活动和经营活动要严格分开。记者编辑不得从事广告或其他经营活动，从中牟利。"2019年修订后的《中国新闻工作者职业道德准则》第四条第三款规定："坚决反对和抵制各种有偿新闻和有偿不闻行为，不利用职业之便谋取不正当利益，不利用新闻报道发泄私愤，不以任何名义索取、接受采访报道对象或利害关系人的财物或其他利益，不向采访报道对象提出工作以外的要求。"第四款规定："严格执行新闻报道与经营活动'两分开'的规定，不以新闻报道形式做任何广告性质的宣传，编辑记者不得从事创收等经营性活动。"

---

①《网络大V格祺伟敲诈勒索被判刑6年　受害单位曾自掏腰包消灾》，观察者网，2016年5月24日，参见 https：//www.guancha.cn/society/2016_05_24_361465.shtml。

1997年，中共中央宣传部、广播电影电视部、新闻出版署、中华全国新闻工作者协会联合颁布的《关于禁止有偿新闻的若干规定》中指出："一、新闻单位采集、编辑、发表新闻，不得以任何形式收取费用。新闻工作者不得以任何名义向采访报道对象索要钱物，不得接受采访报道对象以任何名义提供的钱物、有价证券、信用卡等。……三、新闻工作者参加新闻发布会和企业开业、产品上市以及其他庆典活动，不得索取和接受各种形式的礼金。……七、新闻工作者不得利用职务之便要求他人为自己办私事，严禁采取'公开曝光'、'编发内参'等方式要挟他人以达到个人目的。八、新闻报道与广告必须严格区别，新闻报道不得收取任何费用，不得以新闻报道形式为企业或产品做广告。凡收取费用的专版、专刊、专页、专栏、节目等，均属广告，必须有广告标识，与其他非广告信息相区别。九、新闻报道与赞助必须严格区分，不得利用采访和发表新闻报道拉赞助。新闻单位必须把各种形式的赞助费，或因举办'征文'、'竞赛'、'专题节目'等得到的'协办经费'，纳入本单位财务统一管理，合理使用，定期审计。在得到赞助或协办的栏目、节目中，只可刊播赞助或协办单位的名称，不得以文字、语言、图像等形式宣传赞助或协办单位的形象和产品。十、新闻报道与经营活动必须严格分开。新闻单位应由专职人员从事广告等经营业务，不得向编采部门下达经营创收任务。记者、编辑不得从事广告和其他经营活动。"

2005年3月《关于新闻采编人员从业管理的规定（试行）》第七条规定："新闻采编人员要杜绝各种有偿新闻行为。不得利用采编报道谋取不正当利益，不得接受可能影响新闻报道客观公正的宴请和馈赠，不得向采访报道对象或利害关系人索取财物和其他利益，不得从事与职业有关的有偿中介活动，不得经商办企业，不得在无隶属关系的其他新闻单位或经济组织兼职取酬。"

2012年6月13日,国家广播电影电视总局发出《关于开展"打击新闻敲诈、治理有偿新闻"专项行动的通知》。其中指出,本次专项行动要治理的不良现象包括:新闻采编人员利用采访活动谋取利益,或接受采访对象、单位、利益相关方和公关公司"红包";新闻机构及其工作人员以新闻报道形式发布广告,搞有偿新闻、有偿不闻;假冒新闻机构和采编人员开展"新闻采访"活动及利用"新闻采访"活动敲诈勒索。

西方国家以行业自律方式严格禁止有偿新闻。英国路透社规定:禁止接受由消息来源或者关系户提供的任何礼物、服务或利益(无论是现金还是其他种类)。如果一些有价值的礼物难以拒绝,那么它应交给记者的主管,并捐赠给适当的慈善团体[1]。BBC《制作人指南》规定:任何人都不得从任何组织或个人接受给予自己或家人、朋友的私利,如物品、折扣、服务、现金、赠品,或者正常业务范围以外的娱乐,只要该人有可能代表BBC与这些组织或者个人进行业务规定[2]。《英国新闻工作者业务准则》对经济报道进行规定:即使法律没有明令禁止,新闻工作者也不得利用其所掌握的金融信息在该信息发表之前牟取私利,也不得将这一信息传与他人;未将情况告知主编或者经济编辑,新闻工作者不应撰写有关如下信息的报道:明知与其或者其亲属的重要经济利益相关的股票或者债券的情况;不得直接或通过中介人买卖其最近报道过的或拟于近期报道的股票或者债券[3]。

美国对于记者收受红包和进行有偿新闻是绝对禁止的。《职业新

---

[1] 张宸:《当代西方新闻报道规范——采编标准及案例精解》,复旦大学出版社2008年版,第155页。
[2] [英]卡伦·桑德斯:《道德与新闻》,洪伟等译,复旦大学出版社2007年版,第172页。
[3] 魏永征:《西方传媒的法制、管理和自律》,中国人民大学出版社2003年版,第417—421页。

闻工作者协会伦理规约》规定：区分新闻与广告，警惕模糊二者界限的混合物；拒绝礼品、优惠、酬金、免费旅行和特殊待遇；拒绝偏袒广告商和特殊利益集团，抵制他们影响新闻报道的压力。美国广播电视新闻主任协会2000年通过的《道德和职业行为准则》规定：1.无私无畏地采集和报道新闻，有力抵制任何外部力量——包括广告商、消息来源、报道主体、强势个人和特殊利益集团的不正当压力。2.抵制那些寻求收买新闻内容或对其施加政治影响以及那些试图恫吓新闻采集者和散播者的人。3.只通过编辑判断来决定新闻内容，而不是出于外部影响。4.新闻赞助不应被用于任何方式决定、限制或操纵内容。5.不允许新闻机构所有权或者管理层的利益不适当地影响新闻判断和内容。6.不应接受可能试图影响报道之人的礼品、恩惠或者补偿。

德国对于新闻记者的管理和监督主要依靠"自我监督机制"，通过德国《新闻法》中规定的一个组织"德国新闻出版委员会"来实现。这个委员会是新闻界自己设立的，类似一个"道德法庭"。它的主要任务是指出新闻业的弊端，并致力于消除这个弊端；审查公众对各个报纸的投诉，如果发现投诉属实，即对该报提出批评；通报新闻界的组织结构变化，制止那些损害公民自由交流信息和自由形成舆论的现象；向立法者、政府和公众提出新闻问题方面的建议，并予以表态。"德国新闻出版委员会"于1973年制定的《新闻规范》中规定：新闻界对公众的责任要求，编辑部的出版物不得受私人利益或局外人商业利益的影响。出版者和编辑人员要防止上述企图，并注意把编辑部文章与以广告为目的的出版物清楚地分开。广告文字、广告图片和广告标志必须表明其广告性质。

第三节　有偿新闻原因分析

无论中外，对于有偿新闻都有明确具体的规定。在我国，对于有偿新闻的禁止性规定基本上每隔几年都会予以重申，可谓全且严。但在传媒实践过程中，有偿新闻依然屡禁不止。这种问题产生的原因是复杂的，既有传媒体制方面的原因，也有传媒从业者职业道德方面的原因。

一　传媒职能错位

有学者对中国媒体类型进行了梳理：第一类是市场化程度较高的媒体，现代媒体观念清晰，讲究新闻专业主义，报道和经营分离，比较规矩。第二类是市场化程度较低的媒体，也分两种。第一种是传统的强势媒体，比如党报、党台、党刊，按照行政建制设立。这类媒体以勾结性腐败为主，比如收钱写吹捧文章，拿红包写软文等。第二种是半官方报纸，既没有公信力，又没有市场竞争能力。在中国的特殊国情下，这类报纸"死"也"死"不了，"活"也"活"不下去，最容易搞单位腐败。比如记者站遍地开花，目的并不是办报而是捞钱。这些半死不活的媒体为了生存，各出滥招、追蝇逐臭。[①]

徐迅认为，有偿新闻屡禁不止的根源在于媒体的改革还不充分。第一，一些媒体内部，从事新闻、广告的人员不分。对那些"两不分"单位的记者来说，能把稿子发了，又能拿到钱才是"成功"的

[①] 展江、彭桂兵：《媒体道德与伦理案例教学》，中国传媒大学出版社2014年版，第71页。

标准。第二，媒体人员身份有差别。比如央视的记者就分为事业编制内人员、台聘、派遣、借用、打零工等身份，身份不同待遇有差别，面临生存压力的记者会搞堤内损失堤外补。第三，新闻界职业道德建设疲软。解决新闻界的腐败根子还在深化媒体的市场改革上。先从机制上保证记者的基本权利，杜绝腐败滋生的根源，其次要形成行业自律。①

长期以来，我国传媒的版面、频道、频率并没有做到实质意义上的分离、独立，客户看重的仍然是广告公司所背靠的新闻机构母体。广告公司本身根本影响不了社会广告资金的流向。一些分离出来的广告公司非但只是徒有其表的代理部门，甚至还索性合法地干起了"广告新闻化"营生，以令人眼花缭乱的新闻文体和报道技法，刊播大量广告信息。很多地市新闻单位则明里暗里鼓励记者兼顾创收，将版面、频道、频率等全方位向社会敞开门户，用连篇累牍的通讯、专题，为那些能够支付宣传费、联办费、版面费的单位提供定向宣传报道。还有一种与此相近的行为，就是借助新闻报道为拉广告、套赞助和扩大发行铺路架桥。缺乏真正有效的规范管理，致使人们放肆地用报道的手段去经营广告，而又用实质上是经营性的版面和栏目，去报道那些并没有多少新闻价值的信息。

二 记者生存状况

关于有偿新闻产生的根源问题，有人认为，将有偿新闻归之于传媒体制因而试图解决此问题，是极为错误的。正因为体制在转型，社会才需要保护记者的合法权利和相对宽松的工作和生活环境。如何解决记者的工资、社会保险、户口等待遇问题，是个起点。对于

---

① 《今年频发"抓记者"背后都有案中案》，《南方周末》2008 年 12 月 27 日。

新闻工作来说,"理想"和"饭碗"并存才是合理的。中国媒体从业者的平均月薪大概3500元,即年薪4万元左右,收入数一数二的报社平均收入大概是10万。在日本,刚入行的记者的平均年薪30—40万人民币,工作了10年,达到80—100万元。日本记者没有必要拿红包,记者也不敢冒这个风险。原因很简单,假设A家报纸的记者拿红包了,并被竞争对手B社发现了,A社的这条"丑闻"必将被B社曝光,A社的形象和公信力将下降到底,陷入破产的危机。[1]

陈力丹、张志安等学者对中国记者生存状况问题进行了调查。根据陈力丹教授等人做的一项关于记者收红包的田野调查,很多观察者认为记者收红包是经济原因造成的,低收入的他们只有靠"红包"来补贴自己的采访支出。多数记者的交通费用不能报销,有时候花去的费用比采访写作后得到的稿费还要多,特别是这类由被采访单位邀请的、新闻价值不大,但是由于报社和他们的关系好,记者不得不去进行采访。观察者也认为记者收红包是一种观念造成的。许多记者(包括实习记者)都说,即使有稿费有工资,也可能还是要拿红包,这已经不是一种个人行为了,而是行业行为、潜规则,不遵守游戏规则势必要被淘汰。风气所及、大势所趋,不接受反而会被视为异数[2]。

2011年6月12日下午,"数字化时代的调查性报道"圆桌论坛在复旦大学举行,国内第一份《中国调查记者行业生态报告》在会上发布。这份报告由香港城市大学媒体传播系沈菲、复旦大学

---

[1] [日]加藤嘉一:《记者为什么拿红包?》,2014年9月8日,参见http://jiateng.blog.caixin.com/archives/86326。
[2] 陈力丹:《艰难的新闻自律——我国新闻职业规范的田野调查/深度访谈/理论分析》,人民日报出版社2010年版,第40—52页。

新闻学院张志安两位博士合作完成。这份报告对340位报纸和杂志的调查记者采取全样本问卷调查,第一次全方位地展现了中国调查记者的职业观念和生存状况。其中显示,调查记者的总体收入水平不高,大多数人对报酬与福利不满,67%左右的调查记者的月收入在5000元至10000元的范围之内,月收入10000元以上的约为17%,而月收入少于5000元的约为15%。不容乐观的是,40%的调查记者"不打算继续"从事调查性报道,30%的调查记者"不确定",愿意继续从事1—5年调查记者的只有13%左右。①

三 传媒职业道德滑坡

新闻事业崇高而独立不倚的价值取向不允许受经济利益及其他一切诱惑所左右摆布,否则,社会将不复有理性秩序。正是由于真实以及真实背后万众服膺的伦理标杆,新闻就注定要不断地受到金钱的追逐和挑衅。

在社会转型期,两种社会需求造成新闻职业道德的倾覆:一是商家越来越垂涎于新闻所带来的公信力和美誉度,而不再满足于那些吆喝叫卖之声的广告;二是出于宣传政绩、业绩的需要,一些政府部门官员和企事业单位管理者把"见报""出镜""上广播"当作沽名钓誉、升官晋级的资本。两者均借助金钱和物质利益,使少数新闻从业人员甚或媒体拱手交出了新闻报道权。有偿新闻中有相当一部分原本也具备新闻价值,而一旦掺杂进了金钱因素,买卖的商品化就在所难免,尤其是一些表扬性的稿件更可能夹带人情私货。这样就很可能在抉择时舍弃掉无偿而真正有

---

① 《〈中国调查记者行业生态报告〉首发:四成调查记者计划转行》,《中国青年报》2011年6月14日第3版。

价值的新闻；而杜撰炒作虚假新闻，则是从道德底线彻底溃败的极端表现。

【延伸阅读】

杨澜与胡舒立的对话

杨澜：你觉得是什么让《财经》有了自己的锋芒，为什么一些很大的事情它能写出一些有分量的东西来，按理说它也才有三年多时间。

胡舒立：我觉得可能和我们一开始确定的方针"独立、独家、独到"有关，我们一开始就觉得要独立报道，然后完全通过深入采访而作出独立的判断。

杨澜：有没有人试图给你红包？

胡舒立：其实红包的问题是一直有的，我们一般方法就是都不去的，因为有一些新闻发布会肯定也发，我们就不去，或者去得比较晚，就不拿。《财经》有一个政策就是说如果你要退红包的话，你得当着别人的面退，因为你得起码让别人知道说"谢谢"，我不要什么，你别到时偷偷给人家，结果被外边人拿了，你在里头弄不清楚，我们内部大概说过这么一个政策，其实我到《财经》杂志以后已经没有这个问题。因此我1998年开始做《财经》杂志的时候，我就问在你们这儿要记者去采访，出租汽车票能报销吗，他们说那当然可以，我说如果需要采访，比如说我需要一个采访，能不能我付钱吃饭能报销，他们说那当然可以啊。我说记者出差能坐飞机吗？他们说那当然，我说出差能住酒店吗，他说我们有个统一标准呀，好像是普通记者四百元钱以下，比较高级的像我这样就能住到四百到五百，我就觉得这足以保证自尊心，我一听，我就觉得他们没有沾染新闻界的恶习，你采访商业社会，你与商业社会的中等水平是相近的。

杨澜：你相信要用贵的人贵的方法去做，作出一个贵的新闻，卖给能够买贵的人看？

胡舒立：对，我相信钱要付到使他足以保持职业自尊心，就是说从那种角度讲，人的贪欲是无限的，但是从另一个角度讲，人只要有维护职业自尊心，他热爱自己的职业，他就不会轻易动摇，所以我这个钱要给到能够维护他的职业自尊心，钱要充裕到使他可以自己付钱去采访。[①]

【思考题】

1. 什么是有偿新闻？有偿新闻有哪些表现形态？

2. 请搜集近年来"网络水军"的典型案例，对其传播特点进行分析。

3. 结合典型案例，以小组为单位，分享你对于有偿新闻屡禁不止的原因这一问题的观点和看法。

[①] 《胡舒立：我断了一些人的财路》，2009年11月13日，参见http://blog.sing.com.cn/yanglan。

第九章 传媒职业道德失范：虚假新闻

真实性是传媒工作的基本原则，是传媒安身立命的基点。《中国新闻工作者职业道德准则》明确写道："坚持新闻真实性原则。要把真实作为新闻的生命，坚持深入调查研究，报道做到真实、准确、全面、客观。"然而，在传媒实践中，传媒造假屡见不鲜，屡禁不止，虚假信息成为传媒实践中的痼疾。

什么是虚假信息？它有哪些表现形式？虚假新闻产生的原因何在？如何防范和杜绝虚假新闻，是本章要探讨的问题。

第一节 虚假新闻的知识考古

美国历史学家布尔斯汀在《形象》(The Images)一书中提出了"假事件"(Pseudo-events)的概念。布尔斯汀从四个方面来概括"假事件"的基本特征：1. 不是自然而然发生的，而是经过精心策划和实施而发生。2. 是专门为争取新闻媒体的报道而发生。3. "假事件"和实际真实之间的关系是含混不清、模棱两可的。4. "假事件"往往是自我循环证明的。他把诸如记者招待会、大厦剪彩、游行示威乃至候选人电视辩论等都归为"假事件"的范畴。布尔斯汀认为，"假事件"具有"不真不假"的属性：不真是因为它们本来不存在，

第九章 传媒职业道德失范：虚假新闻

是无中生有的；不假是因为它们在一定情况和前提下又发生了。在这里，布尔斯汀无限扩大了"假事件"的范围。社会上任何事件都是人为的产物，许多事件都是由人组织、设计出来的，记者招待会、大厦剪彩、游行示威乃至电视辩论等都要经过人们事先策划，一旦它们发生，都是客观真实的事件，但把它们统统列入"假事件"是荒谬的。①

1999 年，新闻出版署《报刊刊载虚假、失实报道处理办法》将虚假新闻划分为假新闻和失实新闻两种形态，涵盖的规范对象包括新闻报道和纪实作品。布尔斯汀的划分过于宽泛，新闻出版署的划分略嫌粗疏。在后续研究中，有学者对各类传播现象进行了再类型化，有的将其划分为三种形态：假新闻、失实新闻、公关新闻（或称之为策划新闻、商业炒作、疑似新闻）②。也有人将其划分为假新闻事件、假新闻报道、新闻炒作与新闻失实四种类型③。其实，不管怎样区分，虚假新闻总逃不过"虚假"二字。所谓"虚"就是不实；"假"就是不真，虚假新闻就是不实不真的新闻。因此，虚假新闻，是指传媒生产者为了某种目的而有意炮制出来的新闻。虚假新闻在道德失范程度上和造假方式上各有不同。从子虚乌有的向壁虚构到某个环节的造假，从传统的抄袭到电脑 PS 技术的滥用，从新闻报道到广告宣传，不一而足。

虚假新闻可以说"自古有之"，在新闻事业发展初期，就有新闻造假的情况。

1911 年 10 月 15 日，由革命党人胡石庵创办的《大汉报》在汉口创刊，专替起义军宣传。根据陈玉申《晚清报业史》记载，该报

---

① 董乐铄：《媒介事件与"假事件"的辨析》，《中国记者》2010 年第 11 期。
② 董天策：《虚假新闻的产生机制和治理路径》，《新闻记者》2011 年第 3 期。
③ 赵振宇：《进一步厘清虚假新闻概念的几个层次》，《新闻记者》2011 年第 6 期。

曾用大字标题刊登了各地起义独立、声援武昌的消息，比如湖南革命军占领长沙，九江获得独立等。而且假托大总统孙文名义，发布《告同胞书》。这些振奋人心的消息都是胡石庵杜撰出来的假新闻、假专电、假文告，但是人们大都信以为真，连欧美通讯社也转载该报的消息。

与此同时，湖北军政府的机关报《中华民国公报》刊登的《布告大汉同胞书》，也是假托孙文的名义发表的，而且全文套红。

当时上海的报纸也刊登过假新闻，例如"京城失守，清帝逃去""清摄政王昨晚暴卒，清皇太后自缢死""袁世凯宅被毁，妻妾自杀"等。

假消息对革命起到了推波助澜的作用。广东曾经谣传"京陷帝崩"，广东等地的报纸纷纷转发了这条消息，结果人心不稳，官员出奔，省城很快光复，甚至没有遭遇流血。

第二节 虚假新闻的表现形式

关于虚假新闻的形成原因及表现形式，学者们多有探讨。有人将虚假新闻的表现形式区分为十种，即政治需要，公开造假；与己不利，隐匿真情；宣传典型，任意拔高；屈从压力，写昧心稿；唯利是图，编造新闻；粗枝大叶，调查不实；道听途说，捕风捉影；知识贫乏，不懂装懂；合理想象，添枝加叶；偷梁换柱，移花接木[①]。还有人将虚假新闻概括为五个主要方面，即无中生有，凭空捏造；添枝加叶，层层拔高；要件残缺，隐瞒事实；偷梁换柱，移花

---

① 郑保卫：《新闻伦理学简明教程》，中国人民大学出版社2001年版，第68—71页。

接木；因果不符。虚假新闻从性质而言，可以分为故意性失实和非故意性失实。①

本书按照虚假新闻的失实程度和表现手法，将虚假新闻划分为五种主要类型，一是凭空捏造，二是添枝加叶，三是抄袭篡改，四是导演事实，五是刻意隐瞒。

一 凭空捏造

凭空捏造，顾名思义，就是通篇虚构，"新闻"的时间、地点、人物、事件、经过以及原因纯属子虚乌有。虽然它的造价成本高昂，在观点和信息的自由市场中很难存活，但是这类虚假新闻在新闻市场上常常会看到。

《新闻记者》杂志从2001年开始连续评选每年度的假新闻。在2001年和2002年入选的假新闻中，大多数属于无中生有，凭空捏造。其中有"千年木乃伊出土后怀孕""美国医生操刀换人头""一男子游悉尼因好色两肾被偷"等令人匪夷所思的假新闻。2007年7月8日，北京电视台生活频道播出了《纸做的包子》报道。该栏目编导通过暗访，发现在朝阳区东四环附近的早点铺中出售用废纸箱和肥猪肉做馅儿的小笼包。经北京工商、食品安全部门和警方全力核查，最后发现该报道系编导炮制的新闻。北京电视台也承认报道虚假。真相是，编导訾北佳为了完成任务，以喂狗为由，要求卫某等人将浸泡后的纸箱板剁碎掺入肉馅儿，制作了二十余个纸馅儿包子。与此同时，訾北佳秘拍了卫某等人制作纸馅儿包子的过程。在节目后期制作中，訾北佳采用剪辑画面、虚假配音等方法，编辑制作了电视专题片《纸做的包子》播出带。訾北佳被公诉后，法院认

---

① 李良荣：《新闻学概论》，复旦大学出版社2004年版，第234—237页。

定,他捏造事实编制虚假新闻,并隐瞒事实真相,使虚假节目得以播出,造成恶劣影响,作出有罪判决。判后无上诉。

【典型案例1】

"古董"级假新闻何以跨世纪还魂?

1980年2月9日《吉林日报》刊登了一篇名为"钱被风刮跑以后"的新闻,当年被2月23日《人民日报》转载,又被评为1980年"全国好新闻"(通讯类)。以下为新闻全文:

钱被风刮跑以后

一月二十日,长春,北风刮得很猛,我骑着自行车,只顾低头,往前紧蹬。邻近和平大路口,把一个边走路边低头数钱的农民老大爷撞了个趔趄,他手中的一把人民币"哗啦"一声掉在地上。我慌忙跳下车,想赶紧把钱给老大爷拾起来,可是来不及了,散落在地上的钱已被呼呼的北风刮了起来,纷纷向四处飞扬。

正在这时,只见过往行人都不约而同地向钱飘走的方向跑去,有的还高喊着:"钱跑了,快抢啊!"霎时间,整个路口沸腾起来。这突如其来的情况,使老人大为吃惊,随后便焦急地拍着大腿说:"风刮人又抢,这可怎么得了,钱可又要没了"。我本想安慰几句,可说什么好呢?

没过多久,风似乎小了,"抢钱"的人们也从四面八方陆续朝老人走来,把"抢"来的钱都一一交在老人的手里。老人喜出望外,不停地向众人点着头。

人们聚集在老人的周围,一再关切地要老人把钱数数。看得出来,老人有点情面难却,使用颤抖的手数了起来,旁边还有人帮着数。数完,只见老人略为迟疑一下,接着又数了一遍。还是二十六张。老人抬头用疑问的目光瞅着围在四周的人们,半自言自语地说:"不对……"老人的话还没说完,一个戴着红领巾的小学生抢着喊开了:"谁还没有把钱送来!"老人忙接着说:"不是少了而是多了。""怎么会多呢?是你记错了吧?""没错,我在家数得清清楚楚,明明是二十五张,都是五元一张的"。人们不解地互相对视着。那个小学生又喊开了:"谁又多送了?"话音刚落,只见一个中年妇女不好意思地说:"是我的,我拿着一张五元的钱准备到商店买东西,刚才光顾帮老大爷'抢钱'了,竟忘了自己手里还拿着的钱,一起交给了这位老大爷。"说完,人群中爆发了一阵欢快爽朗的笑声。我沉重的心情一下子变得轻松了。

1984年,中宣部新闻局局长钟沛璋在"全国新闻真实性座谈会"上说:"甚至在评为'好新闻'的当中,也发现了这样的作品:说是有一个老头,钞票被大风刮走了,过路的人帮他一张张捡回来,最后数一数,一张不少,竟然还多了五块钱。情节描写得非常生动,被评为'好新闻'。结果一查,完全是子虚乌有的。"

按说此假新闻已经盖棺论定。但是,进入21世纪以后,《钱被风刮跑以后》一文凭借两本教科书再次还魂。

一本是2003年12月出版的高等教育自学考试教学参考书,它作为优秀写作范例被收录入册。另一本是北京师范大学出版社出版的四年级语文课本上册(第七册),"选自1980年2月23日《人民日报》"的《钱被风刮跑以后》成为第十个主题单元"金钱"的第二篇主题文章。

【典型案例2】

保研大学生破解彩票漏洞获刑

2018年5月18日,《重庆青年报》官方头条号报道《大学生破解彩票漏洞获利380万被取消保研名额并获刑》称:近日,就读于某知名大学的张某,因涉嫌利用专业知识破解彩票漏洞非法获利380万元,涉及金额特别巨大,相关执法机关正式向法院提出起诉,而一旦罪名成立，除没收380万元赃款之外，张某还将面临3年以下有期徒刑。文章后半部分，详细介绍了张某如何计算出博彩网站的漏洞，并晒出了张某与昵称为"注册网址"的博彩网站管理员的聊天页面。这篇"新闻"发布后，在各类内容平台上热传。

《北京青年报》记者发现这篇报道没有事发的具体时间、地点、人名以及单位名称，疑点重重。而且文中3张配图都是其他新闻事件的照片。更为蹊跷的是，在这条新闻的配图中，留下了"暗号"，指向一家名为"爱购彩"的博彩网站。

实际上，这篇文章的新闻人物、图片到整个事件，均为虚构，而通过报道中"不经意"流露出的博彩网站网址，有业内人士指出，这是博彩网站的"钓鱼"新套路，不明真相的读者有可能因此陷入博彩网站的陷阱。《重庆青年报》等传统媒体的官方账号为它打上了"新闻"的幌子，新媒体的转载则加快了它的传播。据不完全统计，网易新闻客户端、百度百家号、腾讯天天快报、今日头条等平台上都刊发过类似新闻。[①]

二 添枝加叶

这类假新闻比较常见，通常被称为新闻失实。它采用的手法或真真假假，添枝加叶；或捕风捉影，虚构情节；或移花接木，时间地点人物等新闻要素都有。这种造假手法在各种新闻制作过程中都有表现。

在这类虚假新闻中，有一种现象值得特别注意。有些人将文学创作中的"合理想象""创造性写作"等方法运用到新闻报道中，不顾客观事实，完全按照自己的主观臆想构造情节，搞"合理想

---

① 年度虚假新闻研究课题组、白红义等：《2018年虚假新闻研究报告》，《新闻记者》2019年第1期。

象"，甚至进行"创造性写作"。《波士顿环球报》是美国百年老报，曾有着良好的口碑。但是因为1998年专栏作家史密斯的"创造性写作"而声誉大跌。史密斯是《波士顿环球报》的专栏作家，曾经获得多项顶级诗歌奖，2006年进入"国际文学非洲裔撰稿人名人堂"。1998年6月，史密斯被迫辞职，原因是她承认自己笔下的某些人物是虚构的，某些引语是编造的。史密斯在她的告别栏中这样写道："我希望那些文章让人震惊，被人谈论，给读者留下难以忘怀的印象……所以我胡乱编造。这不经常发生，但是的确发生了。即使这只发生过一次，那也太多了。"[1]

【典型案例3】

内蒙古女教师车祸瞬间推开2学生自己被撞身亡

2018年9月12日，《呼和浩特晚报》刊发报道《车祸瞬间？老师把生的希望留给了孩子》称：9月4日中午，托克托县双河镇小学语文老师丁燕桃从学校出来准备去吃午饭的路上，一辆失控的小轿车突然飞速开上了道牙向行人撞去，一瞬间，丁老师奋力将身边的两位学生推开，自己却被轿车碾轧并拖行了好几米。两个孩子得救了，丁老师却因伤势严重，在送医途中不治身亡。而还有3天是丁老师女儿一周岁的生日。一名在车祸中受皮外伤的二年级学生说，在汽车撞来的瞬间，他确实感觉被推了一下，因事发突然，他不知道是谁把他推了出去，让他躲开了汽车。5个四年级的学生说，他们目睹了丁老师舍己救人的瞬间：她将身边一左一右两个学生推开，自己却被撞倒在地……这则报道被许多媒体、公众号转发。

9月13日，呼和浩特市托克托县宣传部官方微博@魅力托克托

---

[1] Ron F. Smith, *Groping for Ethics in Journalism*, Malden, MA: Wiley-Blackwell Publishing, 2003, pp. 93-94.

发布《关于托县双河镇第五小学丁燕桃老师发生交通事故身亡的情况说明》称，县委、县政府及时组织相关部门开展走访调查，极力寻找丁燕桃老师舍己救人的有力证据，但目前还未找到目击证人，且据同行的三位老师的口述和一段行车记录仪视频，丁燕桃老师舍己救人的行为仍无法确定。9月30日，托克托县县政府发布了第二次调查情况说明：经过调查组的进一步调查，没有找到丁燕桃老师"被撞瞬间推开学生"的有力证据。情况说明还指出，"另据接受媒体采访的学生郑某某、崔某某、李某的监护人证实，事发当时他们均不在现场；被车蹭伤的小学生高某及其监护人证实，事发瞬间也没有被人推过。根据行车记录仪找到一位目击者郝某某，该目击者证实，当时没有看到丁燕桃老师周围有其他学生"。

【点评】丁燕桃老师因车祸遇难，是一件令人悲伤的事情。但当地报纸的虚假报道却让逝者卷入一场小小的争议。原报道中舍己救人最直接的证据一是受伤学生感觉被人推了一下，二是5个四年级的学生声称目睹了丁老师推开学生的行为。但地方政府发布的第二次情况说明则明确指出，受伤学生在事发瞬间没有被人推开，所谓的目睹救人行为的学生事发时并不在车祸现场。由于没有来自媒体一方的解释，我们无从判断记者是受了被采访对象的误导，还是为了"拔高"丁老师去世的新闻价值，编造了一个推开学生、舍己救人的场景。无论如何，当地晚报疏于核实，虚构了一个莫须有的英勇事迹，消费了读者的爱心，难辞其咎。①

三 抄袭篡改

新闻抄袭，即在剽窃他人文字或者报道的基础上，改头换面，

---

① 年度虚假新闻研究课题组、白红义等：《2018年虚假新闻研究报告》，《新闻记者》2019年第1期。

虚构一些事实，最终以自己的名义发表。马里兰大学的一项调查发现，在 1997—2006 年有 76 家报纸存在剽窃情况。其中，43 名剽窃者被解雇，占 56%。另一个有趣的发现是，媒体上对公开回应剽窃行为的词汇选择很大程度上与最终的处罚措施相关——使用"剽窃"二字的通常被解雇，而使用同义词"过失"的则得到较轻处罚，而被界定为"习惯性剽窃"，受到的处罚最重[①]。一般而言，通篇抄袭他人新闻作品的情况相对少见。

西方新闻学界和业界针对如何界定"剽窃"展开了讨论，争议的焦点在于以下两点：如何界定"新闻剽窃"——例如，是否应该"凡引（用）必注（明出处）"；如何处罚剽窃者——例如，他们是否有资格重回新闻界。一般而言，学术界对"剽窃"采取"零容忍"的态度。但这个问题在新闻界始终没有严格的标准和原则，尤其是在互联网和社交媒体普及的今天，数字化技术重新界定了"原创新闻"的界限，有关"新闻剽窃"的标准更加模糊不清，处理原则更是难以统一，这在客观上为剽窃者提供了便利，并且助长了这股不正之风的蔓延。

【典型案例 4】

《纽约时报》丑闻

长久以来，《纽约时报》这家美国印刷媒体的龙头老大一直在报头一侧印着一行字："所有适合出版的新闻"，标榜该报新闻包罗万象。也有人调侃道：《纽约时报》是为自认为统治美国的人看的报纸。这家"百年老店"自称其新闻真实可靠，然而，近年来记者抄袭事件和假新闻时有爆出。

[①] 史安斌、杨瑛：《如何界定和处罚"新闻剽窃"——谈西方业界和学界的一个争议性话题》，《青年记者》2015 年第 1 期。

2010年2月17日，《纽约时报》又爆出记者抄新闻丑闻，冲击该报公信力。据报道，《纽约时报》在当天编辑告示栏目中表示，发现旗下一名财经记者屡次抄袭《华尔街日报》、路透社等新闻机构的报道，正着手内部调查。

该报表示，涉事记者考韦"在没有注明或交代出处来源下，翻用了《华尔街日报》、路透社等新闻来源的语句"。该报续称，他在《纽约时报》的多篇财经新闻报道，以及在该报网站DealBook博客区的文章中，似乎"不适当地挪用其他新闻机构所发表的语句和段落"。

这次事件令享誉逾150年的《纽约时报》声誉再受打击。该报公信力曾因7年前记者布莱尔编造和抄袭新闻事件，一度陷入空前危机，事后报社积极改革和改善管理，才慢慢重建信誉。

2003年6月5日，《纽约时报》发表声明说，该报执行总编辑豪威尔·瑞恩斯因受到其部下年轻记者剽窃他人作品丑闻的影响，而被迫宣布辞职。与此同时，《纽约时报》总编辑杰拉尔德·博伊德也宣布辞职。《纽约时报》是世界知名大报，执行总编和总编同时辞职，是从来没有过的事。

《纽约时报》编辑部这两位高级领导人的辞职是在时代广场《纽约时报》总部当着数十名记者、编辑和其他职员的面宣布的。《纽约时报》发言人乌斯尼克代表该报发行人、《纽约时报》集团主席亚瑟尔·苏兹贝格宣读了一份声明。声明称："豪威尔和杰拉尔德递交了他们的辞呈。我以沉痛的心情接受了他们两人的辞职请求。我们大家都相信，这样做对《纽约时报》来说是最好的。"

《纽约时报》5月11日在头版显著位置刊登长达7500字的文章，自揭该报27岁的黑人记者布莱尔大肆编造独家新闻的老底。文章详细报道了布莱尔在36篇新闻稿中捏造、抄袭以及报道与事实有出入的行为。如布莱尔曾写过的伊拉克战争被俘女兵林奇的长篇报道，而林奇的家人根本不记得与这位记者交谈过，但布莱尔的文章中却有大段直接引语的亲友回忆。此事成为《纽约时报》创刊以来爆出的最大丑闻。

无独有偶，布莱尔大肆编造独家新闻的丑闻热炒之际，一名读者投函《纽约时报》揭露，曾获普利策新闻奖的名记者伊尔·布拉格2002年6月一则在佛罗里达州城镇阿巴拉契科拉的报道中"贪他人之功为己有"。当地民众没有见过布拉格当时在阿巴拉契科拉出现过，后来却写出有关报道。于是报社进行调查，发现这篇文章主要是由跟着布拉格的实习记者约德实地采访后写的，而非布拉格本人所为。报社认为，文章应附加约德的署名。5月28日，布拉格提出辞职，《纽约时报》当即批准。

"两布事件"曝光后，《纽约时报》的"报誉"，甚至美国民众对媒体的信心都已大受影响。这家"百年老店"采编业务一、二把手引咎辞职的消息震动了美国新闻界，同时也显示出美国新闻界的问题冰冻三尺，非一日之寒。

实际上，《纽约时报》作假已非一朝一夕的事情，该报多年来一直悄悄地对新闻细节进行歪曲，通过潜移默化的手段来实现政治目的。《纽约时报》爆出编造假新闻的丑闻，只是冰山一角。早已有一本揭露《纽约时报》内幕的书出版，爆出该报多年来的所作所为。

在《新闻欺骗》（*Journalistic Fraud*）一书中，作者博康揭露了《纽约时报》如何在政治利益的驱使之下，远离该报的办报宗旨，利用传媒优势，进行别有用心的政治宣传。以"《纽约时报》如何歪曲事实及为何它不再可信"作为副题的《新闻欺骗》一书，揭示《纽约时报》如何利用自身的影响力为数以百万计的读者"洗脑"。该报在全美读者达数千万，他们每日所阅读的文章，充满偏激和不实的言论。

博康在书中揭示《纽约时报》主要通过以下三种手段达到目的：通过导言、大标题及排版方式歪曲事实；利用民意调查、表格和夸张的语言蒙骗读者；雇用擅长扭曲新闻报道来实现左倾政治目的的采编人员。

博康是一名律师，是娱乐和高科技行业资深的行政人员，也是获奖的作家。《新闻欺骗》是在《纽约时报》传出作假新闻后第一本批评该报的书。《世界互联网日报》的编辑法拉表示："读者在看完这本书后，可能从此不会再看《纽约时报》。此书将可能为美国《纽约时报》时代敲起丧钟。"[1]

新闻篡改，就是篡改新闻内容和新闻标题的行为，这种行为既可能大量发生在新闻摄影作品中，也可能出现在新闻报道的翻译和"编译"版中。在互联网时代，篡改新闻内容和新闻标题的行为经常出现。

2018年9月26日，据北京市互联网信息办公室官方微信消息，国家互联网信息办公室指导北京市互联网信息办公室，针对凤凰网部分频道、"凤凰新闻"客户端及WAP网站传播违法不良信息、歪曲篡改新闻标题原意、违规转载新闻信息等问题，依法约谈凤凰网负责人，责令立即停止违法违规行为，全面深入整改。整改期间，凤凰网资讯频道、财经频道自9月26日15时至10月10日15时停止更新，科技频道自9月26日15时至10月26日15时停止更新；"凤凰新闻"客户端自9月26日15时至10月10日15时停止更新；凤凰WAP网自9月26日15时至10月10日15时停止更新。[2]

---

[1] 老任：《〈纽约时报〉近年来丑闻叠出声望下降》，人民网—国际频道，2012年10月29日，参见 http://world.people.com.cn/n/2012/1029/c1002-19422711.html。

[2] 《北京市网信办依法约谈凤凰网 "凤凰新闻"客户端暂停更新》，人民网—传媒频道，2018年9月26日，参见 http://media.people.com.cn/nl/2018/0926/c14677-30314982.html。

【典型案例 5】

央视获奖照片被指造假　获奖者承认确系合成

2006 年 3 月 18 日，原《大庆晚报》摄影部副主任刘为强前往位于青海西南部玉树藏族自治州的可可西里自然保护区，参加"《大庆晚报》可可西里保护藏羚羊行动"。6 月 23 日拍摄了一张照片，6 月 26 日之前将该照片作为新闻照片，以"青藏铁路为野生动物开辟生命通道"为题发布在图片网站 CFP 汉华易美上，文字说明是"一列试运行的火车驶过野生动物通道五北大桥，同时，一批迁徙的藏羚羊从桥下经过（6 月 23 日摄）。"

这幅照片后来名声大噪，成为可可西里自然保护区的宣传画和明信片素材，后由保护区将照片提供给《中国环境报》发表，又被中央电视台发现，入选当年《影响 2006·CCTV 图片新闻年度评选》，并获铜奖。

可是在照片发布一年多以后的 2008 年 2 月 12 日，一个名为"刘为强获奖藏羚羊照片疑似造假"的帖子出现在最大中文摄影网"色影无忌"上。网友 dajiala 写道："这是一张大家都很熟悉的照片，当初看到它的时候曾经让我眼前一亮：青藏铁路上的火车和野生动物通道上的藏羚羊在同一个时候出现在作者的镜头之中，多么精准的一个决定性瞬间啊！所以之后照片入选 CCTV 影响 2006 年度十大图片，作者也获得无数殊荣……但前日，我突然发现，在图片的最下方，有一道十分明显的线……"很快，帖子引来了上万点击率，截至昨晚 7 时，该帖的点击率已经达到 120478 次，回帖 1524 个，甚至有网友以"周老虎"来比喻照片拍摄者刘为强。

按照 dajiala 的说法，他原本十分喜爱这张照片，但 2 月 10 日他经过北京 5 号线地铁的照片展出处，再次看到这张十分熟悉的大幅照片时，却发现了疑点。"我突然看到了一个奇怪的细节，在图片的最下方，有一道十分明显的线。仔细观察，这明显是一道拼接的痕迹……如果火车和藏羚羊是两幅照片，那么，那个'决定性的瞬间'不就成了很简单的PS技巧了吗？"随后，dajiala拿出相机拍下照片细节，回家后又与珍藏在电脑中的照片进行仔细对比，并得出了自己的结论：照片有假。

网友指出三个疑点：1. 网友发现图A处有红色拼接线；2. 图B火车经过时，藏羚羊依然呈直线前进，与其受惊吓的习性不符；3. 图C两张拍摄于不同年份的照片中，两块石头的形状和角度几乎一模一样。

网友们质疑的这张照片知名度极高，曾被全球200多家媒体转载过。针对网友的质疑，刘为强坦率承认：照片确实是PS的。"图片中的羚羊是真的，桥也是真的，但是瞬间不是那么好赶。"刘为强说，这张照片拍摄于2006年，一直作为可可西里自然保护区的宣传画、明信片素材出现。后来，由可可西里自然保护区将照片提供给《中国环境报》发表后，被中央电视台发现，入选当年《影响2006·CCTV图片新闻年度评选》，并获得铜奖。"这张照片我从来没有以新闻图片的形式发表过，在获得这个奖后，我也没有将它用来参选'荷赛'、中国新闻奖等新闻类图片大赛，因为它本来就是一张经过艺术加工过的艺术照片。"

刘为强说，其实当央视打通他电话通知其领奖时，已是领奖前一天的深夜。当夜，他就马不停蹄地赶到了400多公里外的西宁，乘飞机到了北京。在获奖当晚的庆功宴上，他也曾向同席的朋友坦承了"这是一张合成照"的事实，而身边的许多朋友也清楚地知道这一点。但明知照片是PS的，为何还要去领奖？刘为强对记者说了句大实话，"既然央视要颁奖，我肯定还是要去领的。"

对于"为什么PS的照片能获新闻奖"，刘为强认为，"这有可能是因为参加新闻图片评选的评委们不了解藏羚羊的习性导致。"①

2008年2月18日,《影响2006·CCTV图片新闻年度评选》组委会与评委会联合发表声明,宣布取消《青藏铁路为野生动物开辟生命通道》铜奖资格。声明说:经查,确认《影响2006·CCTV图片新闻年度评选》专业组铜奖作品《青藏铁路为野生动物开辟生命通道》是经过电脑合成处理的虚假新闻图片。根据评选细则第一条"所有参评作品必须符合摄影大赛公认的真实性原则。参评作品不得改动原始影像"的要求,组委会与评委会认为:刘为强的参赛作品《青藏铁路为野生动物开辟生命通道》违反了参评规定。

根据评选细则第七条"参评者若违反本细则的任何条款,主办方有权立即取消其参评资格,或取消已获得的奖项并要求返还奖品,并承担由此而产生的相关民事责任,同时保留进一步追究损害赔偿的权利",为维护《影响2006·CCTV图片新闻年度评选》的严肃性和公平竞争原则,决定取消刘为强该作品铜奖资格,并收回颁发的证书及奖杯。②

四 导演事实

"导演"事实,最早的形式是新闻摄影中的摆拍。随着电视的崛起,一些媒体和记者出于对现场感和决定性瞬间的"捕捉"、对控制成本的考虑以及宣传需要等原因,采取摆拍和导演的手法。

自从新闻摄影出现以来,造假摆拍的质疑声从未停止过,而且越是有名的照片,质疑声往往越多。但是,或者由于证据不足,或者由于人们对新闻真实性要求不同,这些作品仍然被归入大师杰作

---

① 《网友指出获奖照片三大疑点》,《成都商报》2008年2月16日。
② 《青藏铁路为野生动物开辟生命通道,获奖资格被取消》,参见 http://news.cctv.com/china/20080218/105603.shtml。

之列。

　　对于摆拍和导演而形成的传媒作品是否都要将其归之于虚假信息或者虚假新闻，需要根据具体情况具体分析，不能一概而论。有时候，当一个具有历史意义的事件发生时，摄影记者没有在现场，为了再现这一历史时刻，组织人员、恢复场景，拍摄成片，虽然可能有摆拍的嫌疑，但是由于其事为真且具有文献资料价值，便不能将其归之于虚假新闻之列。比如罗杰·芬顿的战地照片、乔·罗森塔尔《国旗插上硫磺岛》、阿尔弗雷德·艾森斯塔特的《胜利之吻》等，都饱受摆拍导演的质疑。1949年4月23日，中国人民解放军占领南京总统府的历史瞬间，是一位叫邹健东的摄影记者补拍的。他认为攻占"总统府"是一个象征性的、一个具有非常伟大意义的时刻，所以他跟首长说要补拍一张照片。3天后的上午10点钟，朝阳非常好，这时候解放军们登上了"总统府"的门楼，大家站成一排，就定格了这张非常具有纪念意义的照片。

　　在传媒实践中，一些记者和媒体出于某种宣传的需要，人为导演事实，这是需要大力反对的。比如在特定场景中（灾后重建、新农村建设、脱贫致富等）安排指定人选现身说法、进行表演，按照事先准备好的发言稿进行发言等，甚至有些小孩子在电视机镜头中说的完全是大人说的话，就完全违背了新闻的真实性原则。

五　刻意隐瞒

　　隐瞒，主要指拥有自主权的新闻媒体和记者的政治性包庇和经济性缄口，即新闻媒体或者新闻记者出于政治利害关系和经济利益考虑，明知发生了严重危害社会公共利益甚至民族整体利益的事件和现象而三缄其口，隐瞒事实真相，以无关痛痒的报道欺瞒受众。虽然在传媒职业伦理中没有指出刻意隐瞒事实真相这一问题，但是由于某些事实对于一项决定、一种关系或者其他重大活动至关重要，所以本书将其列为虚假新闻之列。

【典型案例6】

隐瞒苏联大饥荒的《纽约时报》记者

杜兰蒂，1884年生于英国利物浦，1922—1936年担任《纽约时报》莫斯科分社社长。他在1929年独家采访了斯大林，并由于对苏联五年计划的报道而获得1932年普利策奖，达到了事业的顶峰。十月革命后，西方世界与苏联政府断绝了关系，《纽约时报》是最早主张美国应与苏联建立外交关系的少数美国报纸。

1933年11月，美苏建立了外交关系，苏联派出以外交部部长李维诺夫为首的代表团去美国签署建交协议。在纽约商界为苏联贵宾举办的盛大招待会上，当宴会的主持人宣读杜兰蒂的名字，并介绍他是"为我们这个城市服务的当代最伟大的记者之一"时，全场起立，掌声如潮。

杜兰蒂是英国人，受雇于《纽约时报》，担任派驻莫斯科的记者。从20世纪20年代早期开始，他有关苏联的报道成了很多人了解苏联的最重要渠道，甚至对于刚上台的罗斯福政府在承认苏联的决策中都有一定作用。1932年，杜兰蒂因此获得了创办不久的普利策奖，成为《纽约时报》第一个获得这一项奖的记者。在对苏联的研究尚未成为专门学问的时代，杜兰蒂不但是个记者，而且俨然成了苏联问题的权威。

然而，今天人们都知道，杜兰蒂当年用美国头牌大报记者的身份，掩盖大清洗和大饥荒下苏联的真相，制造出一个虚假的、迎合美国左派和自由派幻想的理想国。

杜兰蒂的驻苏记者生涯，从一开始就是和饥荒联系在一起的。1921年他被派到苏联（当时还叫苏俄），首先报道的就是这个国家严重的饥荒。但当时报道饥荒是苏联政府允许的，因为在官方宣传中，饥荒是由世界大战、帝国主义武装干涉和国内反革命叛乱造成的，和列宁实行了三年的战时共产主义政策无关。1921年，苏联实行新经济政策，需要西方的粮食和其他援助，所以要通过西方媒体来传播饥荒的场面。列宁甚至通过高尔基建立了一个非官方委员会，向西方国家发出呼吁，要求得到粮食、药品和衣物。美国救济署很快同意并提供援助，不过提出允许西方记者进入苏联采访，把了解到的灾情报道回国内，这样公众才能支持由政府和慈善机构组织的救济活动。杜兰蒂就是这样去的苏联，并成为常驻记者。

但到了20世纪30年代初，既没有世界大战也没有帝国主义武装干涉，大饥荒完全是由斯大林的集体化和对农民的又一轮剥夺造成的。苏联官方不但隐瞒大饥荒，而且向世界宣传苏联社会主义建设的欣欣向荣，和资本主义世界的经济危机形成鲜明对比，使不少西方人信以为真，也给正面报道苏联的西方媒体制造了巨大的读者群。但纸里包不住火，1933年，国际新闻界有关苏联大饥荒的流言使得《纽约时报》总部催促一直回避报道这件事的杜兰蒂，要他调查新闻来源。这时杜兰蒂的报道中开始出现食品短缺、营养不良和部分地区人口减少的消息，他甚至给出了一个200万人左右被饿死的估计。

就在此时，出乎意料的是，苏联官方在严禁其他西方记者离开莫斯科采访的同时，给了杜兰蒂去传说中发生饥荒的地区采访的通行证。1933年9月，杜兰蒂开始了他的调查采访，跟踪报道发表在《纽约时报》。他先去了北高加索，发表了3篇报道，从标题上读者们就可以感到开朗和乐观，例如"苏联正在赢得农民的信念""苏联公社的农民正在致富""北高加索物产富饶"。他斥责传播苏联饥荒消息的西方记者根本没有调查研究，他原来作出的200万人饿死的估计也必须收回。

但到了乌克兰时,他在报道中承认有大规模的饥荒,但主要原因不是集体化,而是来自国际上的威胁:由于日本帝国主义威胁苏联的远东地区,苏联不得不从乌克兰调运大量粮食去东部边境,供应那里的军队。粮食调得太多了,影响了乌克兰农民的口粮。

杜兰蒂的这次采访持续了10天,到了最后几天,杜兰蒂的报道又开始回到最初几天的乐观态度:总的来说,虽然有饥荒,有个别饿死人的现象,有政府政策的失误,也有农民的消极抵抗,但农村青年是站在政府一边的,克里姆林宫正在赢得这场集体化战斗的胜利。

然而,回到莫斯科之后不久,杜兰蒂以英国公民的身份给英国驻苏联大使馆写了一份内部报告。在这份报告中他描绘了一幅和他的公开报道完全不同的阴森可怕的图景。他说在他所到之处,干部们几乎都被赶下乡去推行集体化和监督农民生产,但到处都可以看到长满了荒草的农田。他对饿死人数的估计是:在伏尔加河下游和北高加索地区就起码死了300万人。在乌克兰情况更糟,人们就像苍蝇一样死去,很多农舍大门洞开,可以看得见里面骨瘦如柴的尸首。

苏联大饥荒真相

在苏联历史上,曾经历过三次大饥荒:1921年大饥荒;1932—1933年大饥荒;1946—1947年大饥荒。尤以1932—1933年大饥荒的灾难性最为深重。

根据已经解密的克格勃档案和其他消息来源,2000年11月24日至29日,乌克兰在首都基辅的"乌克兰之家"展示了保存完好的克格勃档案:在1932年至1933年,仅苏联十五个加盟共和国之一的乌克兰,就饿死了700万至1000万人!每天饿死25000人。但是学者指出,当年的官方档案并不完善,实际上每天饿死32000至

33000人，总共饿死人数占乌克兰当时人口的三分之一！乌克兰在1991年独立后认为，1932—1933年大饥荒是苏联对乌克兰人的种族灭绝。乌克兰方面确信，如果没有大饥荒，那么乌克兰总人口将是目前的两倍，即1亿人。乌克兰政府将每年11月23日定为饥荒纪念日和种族镇压纪念日。

乌克兰要求撤销杜兰蒂普利策奖

在苏联解体后，乌克兰国会和许多国家的乌克兰人社团对普利策奖委员会发出呼吁，要求撤销杜兰蒂的奖项。他们称，杜兰蒂为了讨好斯大林政府，故意在报道中向外界隐瞒了这次饥荒。到2003年初，普利策奖委员会收到1.5万张投诉杜兰蒂的明信片以及数以千计的信件和电子邮件。

早在1990年，普利策奖委员会就曾对杜兰蒂的获奖情况进行过调查，最后决定保留杜兰蒂的奖项，理由是"该奖是在一个不同的年代、不同的情形下颁发的"。迫于压力，普利策奖委员会一个下属委员会从2003年4月起对杜兰蒂的获奖情况进行重新评估。《纽约时报》也发表声明说，杜兰蒂的文章是"本报发表的最糟糕的报道之一"。在《纽约时报》陈列室中，在杜兰蒂的普利策奖证书之下特意写道："《纽约时报》及其他媒体的记者都不认可他的报道。"[①]

【典型案例7】

"IPO有偿沉默"

首次公开发行新股（Initial Public Offerings，IPO）是指股份公司根据《中华人民共和国证券法》的规定公开发行新股。一般来说，一旦首次公开上市完成后，这家公司就可以申请到证券交易所或报价

[①] 王菊芳：《杜兰蒂事件再冲击纽约时报71年前普利策奖有水分》，东北网，2003年6月14日，参见 https://international.dbw.cn/system/2003/06/14/012600431.shtml。

系统挂牌交易。企业首发新股往往创造一夜暴富的神话，创始人身家往往翻数倍甚至数百倍，这也成为各种机构眼中的"肥肉"。

据《财新周刊》记者周媛2012年6月发表的《IPO有偿沉默》的报道，部分财经媒体的"有偿沉默"，已经成为当前新股首次发行（IPO）过程中的一个普遍现象，形成了一条达到每年数十亿元规模的灰色产业链，催生了一批以此为生的中介机构。

"这是一个公开的秘密。追究起来可以入刑。但无人追究。"一位知名财经公关人士说。

"创业板上市企业花费的此类额外费用平均为600万元左右，大多不能以信息披露的名义计入发行费用。这对每年净利润只有一两千万元的中小企业是不小的负担。"一位证监会相关部门的局级官员甚至认为，这是一些中小企业上市后第一年业绩难看的原因之一。

以此推算，该产业链的"市场价值"已过十亿元级。近年来，随着IPO扩容加速，报价更水涨船高，市场规模迅速扩大。

2011年，A股市场首发上市公司282家。2012年1月，证监会官方网站预先披露栏目中显示，正在排队等待审核的企业为515家，包括220家拟首发创业板公司和295家拟首发主板公司。

IPO的过程本身就意味着企业需要脱层皮。竞争对手、内部纷争、内外宿敌都有可能在此时向媒体提供"炮弹"来阻击企业的发行，这是企业走向资本市场变成公众公司的必经路径。

这个过程中，企业或者经得起各种考验，凤凰涅槃，顺利上市；或者被折腾个半死，一些被隐藏的信息暴露，股价打折；或者因此上市夭折，无一不体现了市场的力量。

但在中国，这个过程却往往变成了黑箱交易。企业苦不堪言，广大投资者则被蒙蔽。

《IPO有偿沉默》引发的反响超过预期。6月4日的报道刊发后，一周内周媛接到了上百个来自上市公司、证券公司、监管者、媒体、财经公关公司等机构和个人的电话。无论喜怒，无一例外都很激动，说终于等到有人说出了"皇帝没穿新衣"。然后他们就引发该现象的社会现状、文化根源、监管体制、人性善恶而争论一番，又因为无解而悲观，看不到希望，觉得这种现象不会改观。

一家知名证券报的中层管理者告诉财新记者，"以前的惯例是我们收拟上市公司信息披露费或者广告之前，都要写一篇有关这家拟上市公司的'监督稿'，就是所谓负面报道。但现在，我们领导说，就不写监督稿了吧，否则有敲诈嫌疑"。他同时承认目前格局不会有大幅度改变，"我们也要生存"。

2012年7月31日，证监会正式发布《证券期货市场诚信监督管理暂行办法》（证监会第80号令）（下称《诚信监管办法》），自今年9月起正式施行。其中提及，如果部分市场主体发布与事实明显不符的资本市场相关评论信息，扰乱市场秩序，证监会及派出机构可以向其出具诚信关注函，记入诚信档案，并可向其所在工作单位、所属主管部门或者行业自律组织通报。

媒体及学者的共识是，新闻媒体在当代社会推进透明、维护公义的角色是无可替代的，媒体自律优于他律。纵然媒体的调查批评报道出现不尽准确之处，也应得到社会和法律的相对宽容，以推动"言论自由市场"的发育，并促进整个社会独立思考能力和理性共识的形成。同时，在任何社会，新闻机构均不享有法律豁免权。如果有敲诈勒索行为发生，当以刑罚论处，对新闻机构也应该有相应的处罚，但需要在法律的框架内依法执行。[①]

[①] 参见陆媛《IPO有偿沉默》，《财新周刊》2012年第22期；陆媛《求解IPO有偿沉默》，《财新周刊》2012年第31期。

第三节 虚假新闻的成因分析与治理路径

虚假新闻是全球新闻界的痼疾。对于虚假新闻的防范成为新闻界的终身任务,中外新闻界概莫能外。自从2001年开始,《新闻记者》每年评选"十大假新闻",其目的就是要通过此举对虚假新闻的生产起到震慑作用,同时探讨防范治理之策。2017年,虚假新闻成为西方新闻界讨论的热点话题,人们对其展开的深入研究主要集中在两个方向:一是对虚假新闻本身的研究,诸如虚假新闻的历史、定义、受众行为、新闻共同体如何对虚假新闻进行范式修补等;二是反制虚假新闻机制研究,诸如从数字营销的角度、从事实核查的角度、从虚假新闻监测算法的角度等防范虚假新闻的产生[①]。

一 虚假新闻的当下特点

根据《2017年虚假新闻研究报告》和相关研究成果,虚假新闻呈现出以下几个方面的特点。

(一)虚假新闻呈现出单一化趋势

与虚假新闻主要集中于政治领域的西方社会不同的是,国内虚假新闻主要集中于社会新闻领域,出现频率较高的题材多在社会、文化、体育等方面,相对较少的是经济、时政类题材,这可能与国内当下对于不同新闻题材把关的严格程度有关,社会、文化、体育等领域成为虚假新闻的重灾区[②]。

---

① 年度虚假新闻研究课题组、白红义等:《2017年虚假新闻研究报告》,《新闻记者》2018年第1期。

② 张涛甫:《十年百条虚假新闻的样本分析——〈新闻记者〉"年度十大假新闻"评选十年分析报告之一》,《新闻记者》2011年第5期。

（二）网络媒体成为虚假新闻产生的"温床"

网络媒体的迅速发展给虚假新闻的产生打开了便利之门，网络媒体既是虚假新闻爆发的源头，又在传播过程中成为助推器。近年来的诸多虚假新闻的源头就是发布在微博、微信、自媒体上的内容，经过专业媒体的"包装"后大肆传播，赚取点击率。人们在社交媒体上的分享、点赞等行为加速了虚假新闻的扩散与传播。

（三）专业媒体的防线失守令人痛惜

专业责任的淡漠和专业意识的下降，使专业媒体在虚假新闻的传播过程中，非但没有构筑起"防假隔离墙"，反而成为虚假新闻的制造者和传播者。有研究发现，有些虚假新闻会同时出现在数家专业媒体上，形成了虚假新闻的"共振"现象："一报感冒，众报吃药。"[1]

二 虚假新闻的成因

虚假新闻的产生，传媒和记者首当其冲，难辞其咎。但是，将虚假新闻的产生以及广泛流布的责任完全归于传媒和记者，也不符合传媒实践的实际情况。虚假新闻的产生，有着较为复杂的媒介环境原因，也与公民媒介素养有关。

（一）传媒机构和传媒从业者专业责任的溃败

《吕氏春秋·察传》中说："夫传言不可以不察。数传而白为黑，黑为白。"对于以真实为职志的新闻业而言，核查事实的真实性是新闻生产实践的基本原则，也是新闻业确立其公信力、权威性和新闻合法性的基本保障。然而，在新闻生产实践中，专业意识淡薄以及职业伦理操守溃败，使核查事实渐渐成为一种"策略性仪式"。有些

---

[1] 贾亦凡、陈斌：《2008 年十大假新闻》，《新闻记者》2009 年第 1 期。

记者编辑将新闻传播活动视为儿戏，有的记者仅凭道听途说撰写新闻稿，还有些记者向壁虚构、搞"创造性写作"，或者将他人新闻作品进行篡改抄袭，形形色色，不一而足。事实上，在已经公布的虚假新闻中，多数虚假新闻的产生都是因为消息来源不实而导致，甚至有相当一部分虚假新闻根本没有消息来源。一项实证研究显示，在2001—2010年由《新闻记者》评选出的100条虚假新闻中，有明确消息来源的虚假新闻为47%，没有明确消息来源的虚假新闻为50%[①]。应该说，对于这样的"新闻"，甄别真实性并不复杂，只要记者编辑去核查，便会将其扼杀，不致流布。然而，即使是举手之劳，传媒机构和记者编辑也不作为。核查事实环节的放弃，是虚假新闻生产和传播的根本性原因，在此方面，传媒机构和记者编辑难辞其咎。

有人常常以新闻报道的时效性为疏于查证做辩护，尤其是在数字媒体环境下，原来因为媒介形态不同而形成的不同截稿时间已经被所有媒体共享同一个截稿时间所代替。在这种情况下，为了抢夺新闻的时效性，严谨而全面的核查是不可能的。这种辩词恰恰说明了传媒专业精神的丧失。这样做的后果，是传媒公信力、严肃性的丧失，也会使社会对记者形象产生怀疑和批评。

在传媒市场化过程中，专业精神的滞败日渐突出。由于受众市场的压力和广告市场的利诱，传媒机构为了吸引受众眼球，往往迎合受众的低俗需求，传播内容以刺激受众的感官刺激为能事，无原则地满足受众低俗的窥私欲，炒作明星八卦绯闻和所谓的社会奇闻轶事，满足受众的"虚假需求"，放弃了传媒机构正向引导的责任。

---

① 张涛甫：《十年百条虚假新闻的样本分析——〈新闻记者〉"年度十大假新闻"评选十年分析报告之一》，《新闻记者》2011年第5期。

有些记者和媒体为了吸引受众眼球，不惜闭门造车，炮制恶搞。在2010年假新闻中，最为恶劣的是《一女生世博排队被强奸怀孕》一文，其造假手段极其拙劣，只需举手之劳（比如向新闻中提到的派出所、世博会场馆求证）即可证伪，但是很多媒体出于"轰动效应"的私心，让这条假新闻在社会上广为流传。

（二）媒介生态环境日趋复杂，造假更易，打假更难

网络媒体、社交媒体和自媒体的迅速普及和繁荣，既为假新闻的生成与传播打开了方便之门，同时也为新闻打假造成了难度。当前的媒介生态环境是一个由社交媒体、网络平台、专业媒体、自媒体等构成的复杂网络，新闻生产者更加芜杂而多元，新闻发布渠道更加多样，在这样的媒介生态环境下，"一切坚固的东西都烟消云散了"，一切原本清晰的界限都混沌不清了，"人人都是记者"打破了记者和非记者、专业与非专业、新闻与非新闻之间的界限，虚假新闻的生产和传播更为容易，而对于虚假新闻的反制更为困难。

媒介技术的更新换代，扩大了新闻呈现能力。但是，媒介技术常常被不良利用。有些假新闻恰恰是利用新技术来表现的，比如"纸箱馅包子"以及"金庸去世"假新闻的出炉，以及"广场鸽""藏羚羊"假照片的出现，都是仰仗媒介技术的推波助澜。

（三）传媒职业构成和传媒管理体制存在缺陷

我国传媒业进入市场经济后，原来的事业编制开始被聘用制替代。聘用也被区分为"台聘""部聘""栏目聘"等名目，传媒机构对于传媒工作人员的人事管理较为混乱。在生存压力下，这些传媒工作人员为了完成工作量或者制造"轰动效应"、刷流量等，不惜造假。"纸箱馅包子"假新闻播出后引起了强烈的社会反响，北京电视台在向观众道歉时，强调这个炮制假新闻的记者是台里的"临时工作人员"，实际上是说此人不是北京电视台的正式职工，因此此人的

所作所为和电视台没有直接关系。由此可见,传媒职业构成的混乱和内部管理的缺漏是假新闻产生和传播的重要原因。

关于虚假新闻的治理,世界各个国家都制定了专业性规则。与西方国家不同的是,我国对于虚假新闻的专业性规则和要求是由政府机关出面制定并实施管理的,而西方国家则是新闻行业共同制定或者媒介机构自行制定,并依靠行业自律加以推行。有论者认为,依靠行政手段治理虚假新闻,其结果并不有效,反而越来越严重[①]。

三 虚假新闻的治理路径

防范和治理虚假新闻是一项任重道远的工作。对此,学界多有探讨。加强传媒行业的职业道德建设、探索虚假新闻的反制措施、创新传媒管理体制等是学者们谈论的比较多的方面。除此之外,重新界定虚假新闻、重新认识受众角色等观念更新也必不可少。

(一) 更新观念

自有新闻业,便有虚假新闻。虚假新闻并非新鲜事物,其表现形态也与时变化。媒介技术及其催生下的新型媒介的出现,构建起全新的媒介生态环境,对传媒生产和消费产生了巨大影响,传统媒体时代的常规概念及其解释,也需要适时更新。

"虚假新闻"是一个比较宽泛的概念,表现类型较为复杂,并且随着媒介更迭其类型也发生变化。托莱多(Tandoc)等人在对既有文献梳理后,将研究者提及的虚假新闻类型总结为六种,即讽刺新闻(news satire)、新闻戏仿(news parody)、伪造(fabrication)、操控(manipulation)、营销(advertising)、宣传(propaganda)[②]。

[①] 陈绚、张文祥:《假新闻治理的路径革新》,《国际新闻界》2012年第12期。
[②] 转引自年度虚假新闻研究课题组、白红义等《2017年虚假新闻研究报告》,《新闻记者》2018年第1期。

托莱多等人提出，在新技术环境下，要重新审视受众在虚假新闻生产和消费过程中的作用。虚假新闻的蔓延、扩散和效果达成，受众起着推波助澜的作用。因为受众的消费，虚假新闻才成为真正的虚假新闻。反之，虚假新闻如果能在初次传播之始就得到验证和抵制，虚假新闻便无立足之地。问题在于，网络用户对虚假新闻的点赞、转发、评论等，扩大了虚假新闻的影响力和扩散范围。用户既是虚假新闻的生产者、消费者，同时也是虚假新闻的受害者。因此在寻求虚假新闻的反制措施过程中，需要对用户造假的动机及消费心理进行深入研究。

（二）行业自律

"新闻文化领域的大量'违规'是典型的'错与非错界限不清而难以确认的行为'，不能用法律条令来惩戒，而主要依靠道德伦理来规范。"[①] 虚假新闻的治理从根本上而言，需要发挥媒体和行业自主性，培蓄真正有效的新闻职业规范，让"印在纸上的伦理"真正成为"刻在心里的伦理"。

首先，政府主管部门要有所管有所不管，从新闻伦理道德发挥作用的领域中退出来。有研究者认为，依靠一道道行政命令和运动式的专项治理，难以"严防"虚假新闻；非内生的道德规范，就不能遏制新闻造假和新闻失实的主客观因素，因此要对新闻行政管理制度进行革新，明确政府规制和管理行为的边界[②]。其次，要充分发挥媒体和行业组织自主性，培蓄真正有效的新闻伦理规范。在职业伦理建设的程序上逐步加强新闻职业道德准则制定与修订过程的共同协商机制，让新闻从业者更加自觉地参与并认同新闻伦理准则。

[①] 赵心树、阴卫芝：《"心中之规"最具道德权威——新闻职业伦理规范问题答问》，《新闻记者》2006年第8期。

[②] 陈绚、张文祥：《假新闻治理的路径革新》，《国际新闻界》2012年第12期。

在新闻职业伦理实际操作过程中,要厘清角色冲突与权利冲突,强化操作可行性。最后,要全面形成治理虚假新闻的舆论压力。充分发挥新闻发言人的作用,及时澄清事实真相;大力倡导媒体之间对虚假新闻的相互调研、求证与更正;大力开展媒介批评等[①]。

(三) 反制措施

通过对欧洲国家治理虚假新闻的实践总结,有学者概括了虚假新闻治理的三种反制措施:第一,建立专门的事实核查组织打击假新闻;第二,创建数据库或者运用人工智能打击假新闻;第三,提升公民媒体素养从根本上解决假新闻。[②]

美国新闻界采用技术手段反击虚假新闻,其应对方案有四:一是向用户提供"某些特定消息可能是假的"的及时反馈;二是提供相对照的来源以确认某些特定新闻是假的;三是检测机器人、机器人账户和调整算法正在推广的信息;四是识别假消息和来源,并由平台来减少对这些信息的推广。这些应对方案针对的是利用社交媒体平台传播虚假新闻的实际情况。[③]

【思考题】

1. 结合国内外相关文献,谈谈你对于虚假新闻的理解。

2. 虚假新闻有哪些主要表现形态?

3. 查阅文献和案例,就虚假新闻的成因和治理问题,和其他同学进行观点分享和讨论。

---

① 董天策:《虚假新闻的产生机制与治理路径》,《新闻记者》2011年第3期。
② 张建中:《治理假新闻:"后真相"时代欧洲国家的创新与实践》,《新闻界》2017年第6期。
③ 方师师:《另一种探索:以技术之力反击假新闻》,《青年记者》2017年6月下。

第十章 传媒道德困境与抉择

2005年5月9日,福建《东南快报》记者柳涛在雨中的厦门街头苦苦等候了一两个小时,拍摄了一组雨中骑车人路遇马路陷阱摔跤的图片,照片极具现场感和冲击力。此组照片经报纸和新华社的刊发进而在网络上广泛流传。照片刊发后,在全国引发了一场"记者传达新闻的责任和社会公德之间应如何平衡"的讨论。这场讨论的焦点实际上是全球传媒界都需要共同面对的问题,即传媒职业困境及其抉择问题。正如美国新闻伦理学者罗恩·F. 史密斯所说:"新闻记者——尤其是报刊摄影师和电视摄像师——经常有需要帮助的人。新闻记者人性的一面鼓励他们挺身救人,然而,他们的专业责任是向公众提供对悲剧的了解。"

第一节 国内外典型案例评析

【典型案例1】

凯文·卡特的痛苦

1993年3月,32岁的凯文·卡特到苏丹南部采访。在阿约德村附近,凯文·卡特来到一名骨瘦如柴的苏丹幼童身边。这名1岁上下的女孩在挣扎着走向一个食物供应点时停下来歇息，这时一只秃鹰飞将而至她的近处。凯文·卡特说，他等待了20分钟左右，期待秃鹰振翅飞离。但它没有飞走。凯文·卡特拍下了这个令人难以释怀的场面，然后将秃鹰撵走。后来他告诉一名采访者，他在一棵树下坐了很久。他的父亲吉米·卡特在他死后说：他"抽烟和哭喊"，"凯文总是带上他做的工作的恐怖"。但另一种说法是，该图片是历史上最能打动人心的十幅新闻照片之一，孩子死于体力衰竭，多只秃鹰耐心地等待她的死亡。

这张照片并非圣餐的预告：一个孩子，几乎没有生的希望；一只秃鹰尾随其后，期待她的尸体。然而这张照片浓缩了苏丹的大饥荒现状，为凯文·卡特这样的摄影师赢得了声望，为他的新闻摄影生涯燃起希望。他是战地自由摄影师，总是在焦急地等待图片签约，以解决迫在眉睫的经费问题，为了拍到一张好照片而待在战火前线。

照片投给了《纽约时报》，并于1993年3月26日首次刊登。随后出现在全世界许多报纸上。1994年4月2日，《纽约时报》给凯文·卡特打电话，告诉他获得了普利策特写摄影奖。

1994年5月14日，照片拍摄14个月后，因这张著名照片的拍摄，在哥伦比亚大学Low Memorial图书馆圆形大厅，凯文·卡特走上讲台，接受了普利策奖。这个南非人沉浸在万众瞩目中。"我发誓，我赢得前所未有的喝彩。"凯文·卡特写信向在约翰内斯堡的父母报告。"我急切地想给你们看奖品，它非常可爱，是我所从事的职业所能获得的最高奖赏。"

人们在纽约最时尚的夜总会款待凯文·卡特，酒店里那些听说了他的名声的人纷纷找凯文·卡特签名，各大媒体杂志的编辑争相约见这个身穿黑色牛仔裤和T恤衫，戴着土著部落手镯和钻石耳环，有着饱经战火的眼神和种种来自新南非前线关于纳尔逊·曼德拉的传奇故事的年轻人。

一切都转瞬即逝。获得普利策奖两个月后，7月27日，33岁的凯文·卡特留下7岁的女儿自杀了。警方在凯文·卡特停在约翰内斯堡郊区的皮卡中发现了他写给友人和家人的几封信。调查显示，他死于一氧化碳中毒。他那辆红色敞篷车停在一条小河边，那是他儿时嬉戏的地方，一条绿色浇水软管一端连接着引擎排气管，将尾气导入车内。"我非常、非常抱歉，"他将遗言压在背包下面，这样解释了自己的死因，"生活的痛苦压倒了欢乐，那欢乐并不存在。"

一种流传广泛的说法是他因内疚而轻生，是他作为摄影记者追求精彩镜头与社会公德之间尖锐冲突的结果。而他在遗言说出的原因更复杂。他留下的自杀遗言是充满晦涩和暗淡的断断续续的叙说，试图分析自己的一生，寻找解释和求得原谅。自纽约回来以后，他写道，他陷入"抑郁、消沉……没有人给我打电话……没钱交房租……没钱供养孩子……没钱还债……钱！我心烦意乱，那些杀戮、尸体、愤怒、痛苦……的记忆栩栩如生，还有饥饿、受伤的孩子、好战的疯子——通常是警察，死刑执行者……"然后是："如果运气好的话，我会见到Ken。"这里说的Ken，是指他的摄影密友肯·奥斯特布鲁克，南非每日发行量最大的、约翰内斯堡《明星报》首席摄影记者，1994年4月18日在约翰内斯堡以东25公里的索科扎镇报道维和士兵与非洲人国民大会之间的一场冲突时被错误射杀，年仅31岁。他的死早于凯文·卡特3个多月。

他拍下了一张传世之作，可是他由于被认为一味拍摄而没有施救而受到猛烈批评，有人称他为"在场的另一只秃鹰"。内疚应该是凯文·卡特自杀的一个原因，但不一定是唯一的。事实上，我们从他的准遗书中可以略见一斑。国内有论者指出，凯文·卡特自杀的直接原因不是因为这张照片受到批评，而是由于他目睹苏丹饥饿的人群精神受到刺激、肯·奥斯特布鲁克采访中殉职、他工作时丢失一包未冲洗的胶卷等综合因素造成其精神崩溃，等等。但是据国外资料，凯文·卡特出身于英国移民家庭，他同情种族隔离制度下黑人的遭遇，在服兵役期间因一名黑人侍者被殴打而受到刺激。他得了抑郁症，并试图自杀，此后当上摄影记者。朋友们说，凯文·卡特情绪狂暴，这既给他带来工作激情，也驱使他走向时而欣快、时而抑郁的极端。

凯文·卡特的照片出现在全世界许多报纸上，一夜之间有数百名读者询问《纽约时报》那孩子是否还活着，迫使该报专门刊登一则编者说明，称女童有足够气力避开秃鹰，但最终命运不得而知。

2011年2月14日，西班牙《世界报》刊登一篇文章，讲述了照片背后的真实故事。如果人们观察这幅高分辨率图片，可以看到幼童右手戴着一只塑料圈，上面写有T3字样。那是联合国食品供应站发放的，T代表严重营养不良，3代表到来的顺序。这意味着孩子活过了饥荒，避过了秃鹰，这与人们的不祥预料迥异。《世界报》记者阿尔韦托·罗哈斯等人走访了阿约德村，探寻孩子的下落。他见到了孩子的家人。幼童不是女孩，而是男孩，名叫孔·尼翁，这得到了他父亲的证实。他告诉记者，孔·尼翁从饥荒中康复并长大成人，但在记者来访4年前死于热病。[①]

【典型案例2】

印度记者拍摄少女遭性侵受质疑

2012年7月14日，英国《独立报》网站刊发了题为"电视台

---

① 《摄影师凯文·卡特自杀24年：舆论认为，他以别人的苦难获得荣誉》，腾讯网，2018年7月27日，参见https://new.qq.com/omn/20180727/20180727A0F85U.html，有删减。

记者拍下性侵犯镜头但未帮助受害者引发愤怒"的新闻报道。报道称：在印度东北部城市，一名电视台记者拍摄下暴徒骚扰并扒光一名少女衣服的画面激起该国民众的愤怒。很多民众质疑，为什么在拍摄了30分钟的时间里，记者不去援救受害者。

事后，至少4名男子被警方逮捕。

警方称，他们根据视频确认了多名参与此事的嫌犯。这段视频在电视台播放后，被迅速上传到网络。该电视台对记者的行为作出了辩护。

周一晚发生在阿萨姆邦高哈蒂市的这起事件再次凸显了印度妇女常常会面临的危险和威胁。在印度，性骚扰常被媒体称为"夏娃的挑逗"。

警方说，他们仍在进行调查。与此同时，抗议者们走上街头，高举嫌犯的画像，要求政府采取行动。

警方说，此事发生在高哈蒂市的一个酒吧外。据称，这名打扮入时的女学生正在参加一个朋友的生日聚会。出于某种原因，参加生日聚会的人群被要求离开酒吧，随后他们站在街上争执起来。就在此时，10多名男子开始袭击和骚扰这名女学生，显然还把她的衣服扒光。

很多人质疑电视台的记者为什么不挺身而出，或者至少对女学生施以援手。该电视台主编在推特上留言说："一些媒体质疑为什么我们的记者和摄像拍摄了这起事件却不阻止暴徒骚扰这名女孩。但我支持我们团队的做法，因为暴徒可能会袭击他们，并阻止他们拍摄，这样只会破坏所有的证据。"[1]

---

[1] 《印度记者拍摄少女遭性侵30分钟未救援受质疑》，参见 http://news.sina.com/w/2012-07-15/073924776856.shtml。

第十章 传媒道德困境与抉择

【典型案例3】

"最美女记者"是否作秀?[①]

2006年7月12日16时06分,一篇题为"河南电视台都市频道女记者曹爱文流泪伤心模样"的帖子出现在大河网"网闻天下"栏目,图文并茂地讲述了曹爱文救助落水女孩的全过程。该帖在网上一经发表,立即引起了社会各界的热议。随后,搜狐、新浪、新华、网易等国内知名网站对曹爱文的评论急剧升温。该帖内容为:7月10日下午,13岁的女孩王孟珂不慎落入黄河。后来王孟珂被乡亲打捞上岸。在120急救车赶到现场之前,闻讯赶来的河南电视台都市频道女记者曹爱文,向120打电话请教人工呼吸的方法,之后按照"五下压胸,一下吹气"的步骤,为王孟珂做起人工呼吸。做了8分钟心肺复苏术后,不见小女孩醒来,曹爱文急得直掉泪。120急救车赶到后,医护人员虽尽力抢救,但小孟珂还是没能醒来,医生宣布抢救失败。

昨日,在百度搜索上输入"曹爱文"三个字,能够查找到相关的网页342篇,全是关于女记者救落水儿童的报道以及网友的讨论,其中新华网上的一个帖子在两天时间内有48352个人阅读。多名网友发表评论称,曹爱文这张流泪的照片,使他们认为曹爱文是"中国最美的女记者"。在网友的评论中,新闻与生命的讨论、真诚还是作秀的争论是最热门的话题。

网友们在称赞曹爱文的义举时,对"新闻第一还是救人第一"展开了争论。多数意见是:在危难关头,记者不应该是个看客,不应该不顾他人的生命去作报道,生命才是第一位的。

---

① 《河南女记者曹爱文救助落水女孩引网上热议》,参见 http://news.sohu.com/20060724/n244408918.shtml,有删减。

网友"商梁法人"发帖:"曹爱文的举动引发了讨论,我认为讨论主题或是应该引发的思考是:新形势下记者应该树立什么样的新闻理念?我想应该树立的是中国特色的社会主义新闻理念。我之所以把'社会主义新闻理念'这个命题提出来,是想唤醒那些就新闻而新闻,不注重新闻的社会效果的人!作为新闻工作者,应该以曹爱文为榜样,既要注重新闻的宣传效果,又要注重新闻的社会效果,真正把二者有机地结合起来。"

网友"天接云涛"发表自己的看法:"我也是个记者,记者不能为了抢新闻而见死不救,曹爱文让我敬佩!"

网友"江汉胖子"称赞曹爱文:"中原最淳朴的记者,美丽的河南人,朴素的河南妹,我们荆楚儿女的榜样,时代的楷模。我有一个女儿,遇到此事,我想她也会像爱文记者一样勇敢地做人工呼吸,这就是河南妹的高尚之处。网友们,不要东说西说了,你遇到此事,能做到吗?"

声音:救人是不是在作秀?

但是,也有一些网友提出,她这样的做法是不是在作秀?一名网友在网上"披露真相",对曹爱文救人的行为提出质疑:"他们自己的报道证明,该女孩从落水到被打捞出,近两个小时,溺水两个小时还能救活吗?""不仅如此,曹记者在救人时,首先回头看了一下摄像机的位置,然后扑到溺水女童身上,带有示范性地、象征性地唇对唇吸了两口,并在溺水女童的胸部绣花针似的挤压了两下,后来该女童口吐白沫,迅速被家人拉到大堤上,被人拎着腿,挤压胸中的积水……"

另外还有网友对曹爱文的救人方法提出疑问:"女记者自己也说不知道怎么施救,女孩没被抢救过来,是否其施救不当以至于'草菅人命'?!更耐人寻味的是,曹记者本应挂在胸前的出入证,在施救时却出现在了手腕上,被摄影记者拍个'正着',上面某频道字样清晰可见,此举用意何在?"

专家:记者救人无可厚非

昨日下午,在接受记者采访时,郭守宪说:"当然是先救人,这是毫无疑问的。一个好人不一定能成为一个优秀的记者,但一个优秀的记者首先应该是一个好人。在遇到危难时,记者的职业再神圣,也没有权利见危不救,绝不能以职业的理由袖手旁观。如果你有能力而不去救的话,也不是一个合格的新闻工作者。"去年厦门一家媒体摄影记者在水坑旁守株待兔,抓拍一名骑自行车的人在风雨中摔倒的情景,曾在网上引起轩然大波,很多网友对记者这种做法进行谴责。郭守宪说,曹爱文救人事件与这个事件正好形成鲜明的对比。他认为,曹爱文救人不存在作秀一说,网友的质疑可能是一种误解。至于曹爱文救人为什么会引起这么大的议论,他认为主要是对记者职业理解的偏颇,同时也有新闻工作者没有把荣辱观搞清楚并且贯彻到新闻工作中去。他说:"记者的采访工作在人的生命面前都是第二位的,如果有能力救助而不去救助,记者的采访还有什么意义可言?"他还透露,中国新闻工作者协会最近组织巡回报告团在全国各地演讲,目的就是宣传以社会主义荣辱观引领新闻价值取向,为人民、为伟大的新时代引吭高歌。

曹爱文:对质疑不想解释太多

有人认为曹爱文救人的表现值得敬佩,也有人说是因为她救人动作不得当才导致落水女孩王孟珂死亡,到底当时的真实情况是怎样的?昨日,曹爱文再次对该事件进行了回忆。

"看着女孩都打捞上来了,120还没到,我急得直哭,朝围着的人群喊了几次'快给她做人工呼吸'也没见有人主动站出来。人命关天,我就依靠小时候跟父母学的一点医学知识给她做了人工呼吸,希望她能奇迹般醒来。"曹爱文说,当时脑子里压根儿没产生自己会去救人的想法,可亲眼看到女孩被捞上岸的那一刹那自己惊呆了,尤其是看到没人上前做人工呼吸时,她才按照120医护人员在电话中教的方法,对落水女孩进行了急救。"从实施急救到给小孟珂做人工呼吸我一直没敢看她的脸,她上衣上的龙猫卡通画至今还不时在我脑子里重现,虽然人没救活,但我尽力了。"

曹爱文还透露:"我给她做心肺复苏术之前已经有好几个人为她做过了,其中一名也是记者。当时我没别的选择,救人做到问心无愧就可以了,对于外界的各种评论我不想理会太多。"

对于网上"应该先救人还是先采访"的争论,去年7月刚刚从天津师范大学毕业的曹爱文说:"遇到那种情况,我想每个有社会责任心的人都会选择先救人,这是人的本能。每个人都应该先学会做人,把人做好了才能当一名称职的记者。我没想到救人事件会引起这么大的社会反响。"

少女父亲:除了感激还是感激

昨日中午,记者赶到郑州花园口乡化庄村王孟珂家的门前时,其父亲王永学刚好带着小儿子出门。农家小院大门敞开,不断有亲戚邻居前来探望。记者说明采访意图后,王永学小声说,可以接受采访,但尽量小声说话,以免惊动妻子。他说:"她已经哭了两天两夜了,刚缓过劲儿来,还是不要惊动她。"

他的亲戚们认为,王孟珂之死与花园口景区没有设立危险标志有关,应该为孩子讨一个公道,但他说:"妞已经这样了,即使告赢了花这钱心里也不是味儿。"王永学说,这些天他想得最多的就是在出事地点设立一个警示标志。

提起救人的女记者,王永学说:"当时我急得没有办法,跪在地上求人救救我的女儿，因为情绪激动被亲戚朋友架到了一边。"提起那一幕，王永学声音哽咽，眼眶红润。他说，事后他是通过媒体报道，知道一位年轻的女记者当时也因为救助王盂珂急得直哭，并且给王盂珂做人工呼吸，全家人都非常感动。由于处理女儿的后事，他至今没有和这位女记者联系，他想通过本报向曹爱文表示感谢："我们打内心深处，对她除了感激还是感激！"

对案例的简要评析

以上来自传媒实践中的三个典型案例将传媒道德困境及其选择问题呈现在人们面前。在这三个案例中，记者面对的情境不同，作出的选择不同，人们对此的反映与评价也不同。

【典型案例1】是一个在全球传媒领域有广泛影响的案例。凯文·卡特的经历，经常被作为传媒职业困境的典型例证，其焦点在于现场记者不能为了获取职业成果而放弃救助他人的职责，正如有些人将凯文·卡特比喻为"在场的另一只秃鹰"一样。还有人将凯文·卡特的自杀归之于没有施以援手的愧疚。当然，也有人认为，正是凯文·卡特拍摄的这张照片的全球传播及其产生的广泛影响力，为苏丹大饥饿赢得了宝贵的援救之机。凯文·卡特已去，其自杀的真相永远不能为我们全面了解。但是，传媒职业困境问题的讨论随着新的案例的出现，依然在全球范围内延续。

像凯文·科特遭受的尖锐批评一样，【典型案例2】中的电视记者受到的不仅仅是暴风骤雨般的舆论抨击，而且以"教唆调戏"为由被警方关押多日。人们无法相信，一个受过专门训练、手握话语权的记者，竟然可以面对暴徒调戏少女如此冷血，在暴徒作案的30分钟里，连续拍摄调戏的全过程。然而，在舆论的风口浪尖中，电视台总编辑极力为属下记者进行辩护，甚至不惜个人辞职。他认为，在当时的具体情境中，现场的两名记者势单力薄，想要制止暴行显然力不从心。

【典型案例3】发生在中国。23岁的河南女记者曹爱文因救助落入黄河的少女成了焦点人物，各界对此的评论也褒贬不一。大多数网民对于曹爱文的行为持高度肯定态度，赞誉曹爱文为"中国最美的女记者"，包括人民网、新华网和新浪、搜狐、网易等主流媒体和专业媒体都以肯定立场对事件进行了报道。《北京青年报》认为，记者在其职业操守和社会公共道德发生冲突时，无疑应该遵循和服从后者，否则就是以对人性道德的践踏来换取所谓的新闻价值，所传达的将是一种丑恶的价值观。但是，也有人对记者施救行为的动机进行质疑和批评，认为记者救人的行为是"作秀"和表演，其目的是使自己成为众人关注的焦点。还有人对记者救人行为表示肯定，但是对于媒体对这一事件进行大肆渲染的行为持保留态度。面对各种质疑，曹爱文坦然地说："救人是件很普通的事情，就是因为记者这个职业的特殊性才会引起社会各界的争议。我从来没有作秀的想法，只想告诉更多人，记者不是一些人眼中的看客，更不是冷血动物，救过人的记者多了，只是他们救人的瞬间没有被捕捉和记录到，我凑巧被拍到罢了。"

第二节　传媒道德抉择模式

一　传媒道德困境

伦理困境也被称为道德悖论，是指陷于两个道德命令之间的明显冲突。如果遵守其中一项，就将违反另一项的情形。此情况下无论如何作为都可能与自身价值观及道德观有冲突。伦理困境的形式化表示为如下：

1. A 是道德上必须做的。

2. B 是道德上必须做的。

3. 不过，我不能同时做 A 和 B。

康德曾经设想了一个情境，对伦理困境进行描述：当一个持枪男人来到你家门前，问另一个人在哪里（正藏在你家壁橱里），因为持枪男人想杀了他。你应该怎样做？是撒谎还是说实话？在这个情境中，隐含着两种人人必须遵守的道德法则（或者绝对命令）：一是不能撒谎，二是不能成为杀人者的同谋。遵守第一条则可能导致那个人被杀，从而成为杀人者的同谋，与第二条冲突；反之，如果遵守第二条，则不得不撒谎，则与第一条冲突。在这种极端的情境下，人们便陷于两难的困境之中。

关于这种两难困境，西方思想界进行过一次著名的伦理学思想实验——"有轨电车难题"（Trolley problem）。哲学家福特与汤姆森设计了一个道德实验，大致内容是：假设你驾驶一辆失控的无法使其停下来的有轨电车，即将撞上前方轨道上的 5 个检修工人，他们根本来不及逃跑，除非你改变轨道，让电车驶向备用轨道。但是，备用轨道上也有 1 个人，那么，是否可以通过牺牲这 1 个人的生命而拯救另外 5 个人？对此，大部分人的回答是"是"。然而，如果改变一下场景，如果这辆有轨电车行驶在大桥上，没有可供选择的备用轨道，唯有丢下重物才能阻止电车杀死前方的 5 名工人，此时在你的身旁坐着一名大胖子，把他丢下电车就可以达到舍 1 救 5 的目的，你会丢下那个大胖子吗？对此，大部分人的回答是"不"。在这两种情境下，如果从功利主义角度而言，其效果是等价的，但是人们的选择却不同。

传媒实践活动中，也存在着两难困境。这种两难困境，一般称为传媒道德困境或者传媒职业道德困境。传媒道德困境不是发生于两种普遍的社会道德准则之间的冲突,而是由于传媒活动的职业特性,在传媒职业道德和普遍道德之间存在着难以抉择的两难困境。如果遵循传媒职业道德的要求行事,则有可能与普遍道德发生冲突;反之,如果遵循普遍道德,则有可能与传媒职业道德发生冲突,在特定情境下,传媒从业者只能选择其一。前述三个典型案例就是传媒道德困境的典型案例。

西方学者针对普遍伦理困境提出了进行伦理抉择的模式或者路径,在传媒从业者可能陷入传媒道德困境时,这些模式可以提供指导和帮助。这些模式中最为人们注意的是博克模式和波特模式。

二 博克模式

博克模式以美国伦理学家西塞拉·博克（Sissela Bok）命名。她在《说谎:公众与私人生活中的道德选择》中提出了一个伦理抉择框架。这个框架被称为博克模式。

博克模式基于两个前提:第一,我们必须对不得不作出伦理抉择的人心怀同情;第二,维持社会的信任是基本目标。

基于这两个前提,博克认为任何伦理问题都可以分为三步。

第一步,询问自己的良心和直观感受,什么是"正确"的行为?对这一行为有何感觉?

第二步,寻求专家的意见,了解是否有替代性方法,以避免陷入两难之境。

第三步,如有可能,与面临同一问题的伙伴进行公开讨论和伦理对话。这些人既包括直接卷入争议的人,也包括非直接卷入的人。[1]

---

[1] [美]菲利普·帕特森、李·威尔金斯:《媒介伦理学:问题与案例》,李青藜译,中国人民大学出版社2006年版,第4页。

在运用博克模式时，需要注意两个问题。

1. 在作出最后决定前，要将三个步骤一一完成。这一点很重要。

2. 如果不具备任何预测伦理问题的洞察力，那么最佳方案是在行动前或者写作前先进行第三步，即展开讨论和伦理对话。不要到陷入困境时再讨论，为时已晚。

三 波特图式及其应用

波特图式是美国哈佛大学神学院的博士拉尔夫·波特设计的一种道德推理模式。它将道德抉择的过程纳入四个方面，即定义、价值、原则、忠诚（如下图所示）。要对某个问题作出道德判断时，我们针对某一个问题从定义情况到确认价值，再到提出一个道德原则，最后选择忠诚从而推理出我们要解决的问题。

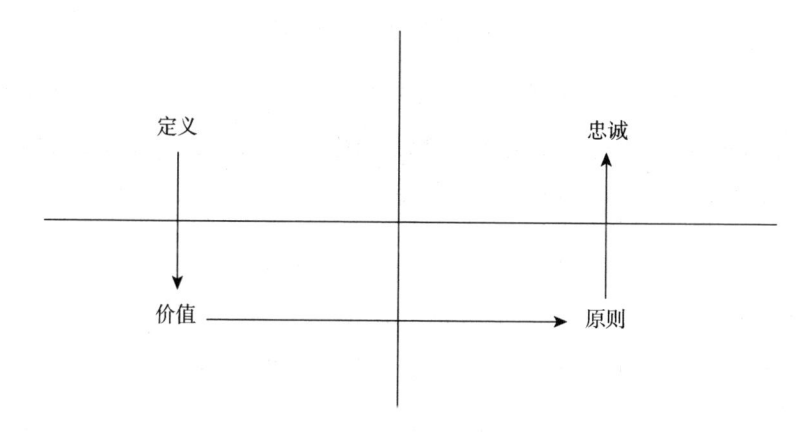

图 波特图式四步骤

克利福德·G. 克里斯蒂安举了一个案例，用于说明道德推理的顺序和路径[①]。

---

① ［美］克利福德·G. 克里斯蒂安、马克·法克勒、金·B. 鲁特佐尔等：《媒介公正：道德伦理问题真的不证自明吗?》，蔡文美译，华夏出版社2000年版，第3—4页。

案例：你在汉普雪利镇一家中等规模的报纸《军号日报》任编辑，现在交给你一幅显示一个被汽车撞死的小孩尸体的照片。在照片中，小孩的尸体被一条被单盖着，背景可见一小摊血迹，还有路旁惊恐的围观者，而前景突出显示的是一个球。

根据照片的说明和有关报道得知，死者是一个7岁的女孩，名叫塔米·戴维斯，是镇上最大的家具店老板和乡村俱乐部主席威廉·戴维斯的女儿。当时，放学后的塔米正在公园里踢球，当球滚到街上时，塔米·戴维斯紧跑着去追捡球，不幸被开过来的汽车撞死了。

《军号日报》的摄影师莱兹，在被分派去另一个地方采访时，路过这里，碰上了这个事故，于是她拍下了这幅照片。她自信地认为，这幅照片应该发表，而且应该放在头版突出位置刊登出来。

但是在作出决定之前，还有一些问题必须了解清楚。因此，你随后与负责核查事实的新闻编辑迈克·蒙达拉作了交谈。

蒙达拉告诉你，据记者采访了解到，肇事司机在被拘传到城市看守所时刚刚清醒过来，他的呼气酒精检测得了0.25分，超过了法律规定的限度。据此，蒙达拉反对刊登这幅照片，尤其是在头版位置上。

这幅照片是登，还是不登呢？无论你是摄影师，还是新闻编辑，运用"波特图式"都可以帮助你作出决定。

第一步是定义情况：面对一个伦理困境时，首先需要全面了解事实发生的全过程。全面理解事实是进行价值取舍和诉诸伦理原则的基础。在这个案例中，摄影师莱兹可以这样审议情况：一个社会知名人士的女儿被一个醉酒的司机开车撞死，报纸有一幅现场照片。新闻编辑可以这样审议情况：报纸有一幅照片，是反映发生在城市街道上的一起交通事故的死亡场面的照片。

第二步是确定价值：这是选择的基础。当你认为某种事物（某种观点或者原则）有价值，就意味着你愿意为它放弃其他的东西。

作为一个新闻工作者，如果你认为真相高于一切，那么就必须为它而放弃隐私。价值观往往是竞争的。你需要对结果进行判断：是正价值还是负价值，这反映出你个人的道德观念。

摄影师莱兹可以这样确定发表这幅照片为正价值：1. 这是一幅真实反映交通事故的照片，这一事件是在当地、公开、新近发生的，是有新闻价值的；2. 受害者是当地杰出市民的女儿，这更增加了照片的新闻价值；3. 照片的构图和技术处理得不错，这对提高新闻的质量和吸引读者，有着相当重要的意义。

新闻编辑蒙达拉则从另一方面这样认定它的负面价值：1. 照片在细节上反映的是一个无知觉的死去的孩子，因而是极端乏味和恐怖的；2. 按照报纸的不显示死尸的规则，不应刊登这幅照片。

第三步是提出一个道德原则：如果你同意莱兹的意见，决定刊登这幅照片，可以借助穆勒的原则来帮助你判断你的决定。因为穆勒的功利主义原则主张公众有权知道有新闻价值的事实，将照片公诸报端可以教育公众更好地认识这个问题。这样，"最大多数的"原则，便为你找到了解决的方法：这是最好的，因为这是最大多数的——可以刊登。

相反，如果你同意蒙达拉的意见，决定不刊登这幅照片，你可以借助康德的原则来作出决定。按照绝对主义的原则，无论什么样的情况下，都必须严格按照报纸的规则行事，不刊登显示死尸的照片。对的就是对的，错的就是错的，没有选择的余地，所以，刊登这样一幅乏味而恐怖的照片是错误的。

第四步将选择忠诚：这最后一步是非常重要的，也是最费思量的一步，因为冲突往往发生在对责任心的权衡之上。对道德的责任心究竟应该放在哪个位置呢？是对你自己、你的报纸、对受害者家庭、读者和你的同事负责任呢，还是对整个社会负责任呢？

莱兹可能主张把"忠诚"首先放在社会和读者身上，因为报纸肩负着报道有新闻价值的事件的义务，照片则是这个事件的一部分，所以应当刊登出来，从而让公众知道有关醉酒驾驶造成车祸的问题，并从中吸取教训。其次，莱兹的"忠诚"可能是自己，刊登这幅照片可能会产生一定的影响，从而赢得她的同事的赞赏。

在另一方面，蒙达拉可能主张最大的"忠诚"应该是对报纸和报纸的规则负责，或者认为最道德的职责应该是对受害者的家人负责，因为刊登这样一幅乏味而恐怖的照片，对于受害者家人的伤害可能不亚于孩子的死所引起的伤害，所以决定不刊登这幅照片。

简要的结论：通过"波特图式"四个步骤的推理方法，你可以得出一个负责任的和符合道德的决定。这个决定产生于每一个步骤的过程中，而更多地集中于最后的选择之中，他促使你确立自己的道德观念，促使你作出刊登或不刊登这幅照片的决定。

【思考与练习】

1. 请用波特方格对"曹爱文事件"的伦理抉择进行分析

2006年7月10日下午，河南电视台都市频道23岁的记者曹爱文在采访落水少女的报道现场，曹爱文不是先去采访，而是挺身而出，趴在女孩身上做人工呼吸。经过多次努力，女孩最终没能醒来。看着女孩的尸体，曹爱文哭了，泪水顺着脸颊滑落。这张照片一经在网络上公开，立刻引来众多网友跟帖，很多网友称曹爱文为当今"中国最美丽的女记者"。（详见本章【典型案例3】）

2. 假如你是一位新闻编辑，请按照波特图式分析这张照片是否刊用？

2012年8月5日凌晨，在南京市鼓楼区城市名人酒店门前，一辆由鼓楼转盘驶来的白色英菲尼迪轿车因涉嫌闯红灯，一头撞进了对面驶来一辆货车后轮中，货车两个后轮断裂。事故总共造成4人死亡。

第三节 传媒道德抉择中涉及的几个问题

一 为什么对记者有救人期待？

社会学家认为，现实生活中，每一个人都扮演着一定的"社会角色"。这种角色，不仅是社会群体或组织存在的基础，更是社会系统得以形成、维系和运转的基本条件，亦即人类赖以生存与发展的基本条件。每一种角色都有与角色扮演者的社会地位、身份相一致的一整套权利、义务和行为模式。这些权利、义务、行为模式，往往成为他人对角色扮演者的一种"期待"，即通常所谓的"角色期待"。角色扮演者的行为与结果应当与该角色规定的权利、义务、行为模式相符合，否则，扮演者将不仅在角色上是失败的，而且会引起他人在"角色期待"方面的不适，并直接影响对角色扮演者的判断与态度。

事实上，我们每个人在日常生活所扮演的角色常常并非一种，而是多种，这样就形成了一个"角色集"。这也就意味着每一个"角色集"中，角色与角色之间的权利、义务和行为模式并非完全一致。这种不一致可能导致角色承担者自身内部发生冲突。比如，当一个人所承担的多种社会角色同时对其提出要求而使其难以达成时，他即会在时间与精力上出现某种紧张感，冲突由此而产生。再比如，当一个人所承担的几种角色之间出现了行为规范互不相容的情况时，无疑更易发生角色冲突。

毫无疑问，新闻记者也是一种"多角色扮演者"（即"角色集"）类型的群体。所谓"多角色"，对新闻记者而言，至少包含两种，即他既是新闻专业工作者，因而有着与此相适应的权利、义务和行为模式；又是不停运转的社会系统中的一个部件，是社会大众中的普通一员（即所谓"常人"），因而有着与"常人"这一角色相适应的另一整套权利、义务和行为模式。

体现在新闻记者身上的这两种角色，即"专业"与"常人"之间，多数情况下是不会发生冲突的。换句话说，在多数情况下，新闻记者只要扮演好"新闻记者"的角色就可以了，就会满足他人对其的"角色期待"。但在某些特殊时空状态下，两者之间却可能发生冲突，即作为新闻记者的专业职责与作为一般常人的道德规范之间发生对立。当这种冲突与对立发生时，新闻记者也许有着自己的千百个理由，但社会大众却有着他们明确的价值指向，即新闻记者的行为举止，必须符合起码的社会道德规范，一般常人能够做到的，新闻记者也应该能够做到。

当然，正像社会学家们所说的那样，如何防止和解除角色冲突，只能根据具体情况采取不同对策，即"具体问题具体分析"。就新闻记者而言也是如此，并没有统一的模式可供按部就班，而只有基本的原则需要遵守。

就我国的情况来讲，有一点似乎需要特别的注意：一般来讲，我国的新闻媒体和新闻记者在社会大众心目中享有较高的地位，但这同时也意味着社会大众对他们的期望值也是较高的。他们应当既是精神文明和社会公德的鼓吹者和维护者，又是精神文明和社会公德的建设者和实践者甚至是先行者。新闻记者是社会舆论的引导者，几乎每天都在向社会呼号要维护社会公德，维护公众利益。那么，他们在号召别人这样做的时候，自己也应该或更应该身体力行。具体到新闻采访过程中，绝不应仅仅为了自己的新闻"好看""精彩"，而忽视起码的责任与义务。

一位媒体人写道：大千世界，芸芸众生，哪一个没有属于自己的"分内之事"？当灾难和不幸降临时，难道都要冷眼旁观、漠然视之！在这一点上记者比其他人更特殊吗？如果说有一点特殊的话，那就是所谓"铁肩担道义、妙手著华章"，比一般人承载了更多的社会责任和道德责任，更应当为人表率，起到楷模的作用。记者在履行自己的工作职责时，绝不应忽视、放弃自己的社会责任、公德良心，更不能以娱乐心态、看客心理拿别人的不幸制造新闻，甚至为了"吸引眼球"而成为"扒粪者"。遇到紧急情况先救人，这本是一件天经地义的事，记者只是做了一件任何人在这种情况下都会这样做的事。在可以预见的风险和隐患面前，新闻记者是该先"施救"还是"抢抓"新闻？是该首先服从职业准则还是无条件让位于社会公德？面对可遇而不可求的突发新闻，面对许多人颇感兴趣的跳楼新闻，面对一条可能让记者获奖、出名的现场新闻……当这一切面对生命的尊严与至高无上时，在危难之际不施以援手，任何理由都会成为逃避责任的借口，一切解释都显得苍白无力、不堪一击，哪怕它再冠冕堂皇、头头是道。救人难道还有什么理由吗！不救人难道还有什么理由吗！[①]

二 对"警示说"的反思

强调动机良好的先例，在其他国家也有过，不过后来新闻界对此基本持否定态度。

1985年7月，美国加利福尼亚州巴卡菲尔德附近的湖里，淹死了一名5岁的男孩。当地《加利福尼亚》报的摄影记者约翰·哈特去采访这一事件。死尸打捞上来后，男孩的家属和官员围在裹尸袋旁。治安员不让围观者聚集上来，哈特钻过手臂，快速地连拍了四

[①] 贾岳：《让记者"先救人"别再成为新闻》，《新闻爱好者》2005年第7期。

张照片,画面中暴露着死者的上身,救护人员在安慰死者的哥哥,而他正悲恸地痛哭,因为是他带着弟弟游泳造成了这个悲剧。

《加利福尼亚》报有不使用死尸照片的规定,但主编罗伯特·本特里考虑到那些照片会提醒读者当心孩子游泳的安全,同意发表这张照片。

报纸出版后,受到读者的一致谴责,报社当天接到400多个电话、500多封信,有80人宣布取消该报的订单(该报发行量8万份)。

这一事件在美国新闻界引起争议。一位报纸编辑认为:"我们相信一张照片比1万字的文字更有助于人们注意水中安全。"但更多的人对此持反对态度。罗伯特·本特里事后在工作纪要里承认"犯了一个严重的编辑判断错误,我们常常出错——而这显然是一个大错。"

另一位报纸的主编谴责这幅照片利用了人们的怜悯之心,他说:"照片发表出来,作为实物教育这一点我能理解,但是我不能理解为什么要刊发那些哭啼的妻子、母亲和孩子们的照片……我相信那些毫不迟疑地刊登了这些照片的人会用虔诚的伪装,引用查尔斯·达纳的名言:'无论发生什么事,只要是事实,我就会很自豪地将它报道出来。'这是我能想到的最动听、最常被人引用的陈词滥调。"

以灾难或事故中的受害者(画面不是血腥就是惨不忍睹)作为拍摄对象的照片,通常具有较大的新闻价值,赞成使用这些照片的人认为,照片可以起到警示作用,使更多人避免悲剧,也能督促和监督有关部门采取更多的防范措施。然而,这种愿望能否产生实际作用,并没有事实根据。尽管在"厦门照片事件"中,那个坑第二天被填平了,但并不能由此说明在所有的类似事件中,只能采用这种方式才能解决。如果真是为了避免人们的利益受损,那更应该从一开始就杜绝悲剧的发生。"厦门照片事件"中的坑,并非惊天大事,采用其他方式告知有关方面,也是可以解决的,只是可能没有那样顺当罢了。在和平时期,每个人获得人身安全的权利都是平等的,谁也没有权利要求为了大多数人的利益,就让一小部分人作出牺牲。"真善美"是一个统一体,不应该为了追求新闻的"真"就放弃做人的善良之心,特别是当它还披上一件"警示他人"的善良外衣的时候。马克思曾把这类情形描述为"目的使手段变得神圣",他说:"需要不神圣手段的目的,就不是神圣的目的。"[①] 这个基本的行为标准,我们的记者编辑应该谨记。

三 对新闻专业主义的思考

美国《俄勒冈报》摄影记者墨菲遭遇了这样一个情境。一次,他经过哥伦比亚河上的一座大桥时,看到一个男子和一个女子在栏杆附近扭打,他本能地抓起相机并拍下了那个男子跳河自杀的照片。他的选择备受争议并被别人看成冷酷、不关心他人的人,但他的选择不是冲动、盲目的,他有着自己的理由。那就是新闻专业主义。

新闻专业主义——"我做了职业训练要我做的事"——作为西方新闻业界的一种新闻理念,是新闻从业者职业原则的内化形式,要求真实、客观、公正、全面地报道新闻。新闻工作的目的之一是"提供不偏不倚的综合信息,它识别、解释相互冲突的观点"。在解释自己行为的时候,墨菲说"我不知道自己还能够怎么做。我是一名摄影师,我做了职业训练要我做的事。我做了我能做的一切"。他面临困境时,秉承了专业主义的实践要求,把同情心置于其次。

[①] 《马克思恩格斯全集》第1卷,人民出版社1995年版,第178页。

有学者认为,新闻专业主义在话语实践中往往会呈现出碎片和局域状态。所谓碎片呈现,就是说"在不同语境被共同强调的只是操作技能和表现手段上的专业水准以及实践中的专业伦理",但那些涉及"媒体的社会功能和角色,新闻从业者的社会角色和责任,新闻生活中的社会控制"等专业主义的其他成分或被扭曲,或被忽略。在专业主义的实践话语中,墨菲遵循了"操作技能和表现手段上的专业水准",却忽略了"新闻从业者的社会角色和责任"。从这方面来看,墨菲承受指责应该归于对专业主义的理解偏颇,而非"无情"。

【延伸阅读】

用影像记录灾难也是对生命的救赎

造成27人死亡、74人受伤的成都公交车燃烧事件发生后,优酷等网站出现了两段现场视频,第一段片长仅10余秒,另一段有2分16秒,视频中触目惊心的画面和现场的惊叫声、哭声让每一位观看者感叹道:"好惨啊。"看过视频的人都有一种想上前救人的冲动。正因如此,大家对两段视频的拍摄者均提出质疑:"你为何不去救人?"(《重庆商报》6月8日)

的确,当火灾发生,那些不顾自身安危,用砖头、灭火器甚至赤手空拳,砸开汽车玻璃,从死神手中抢回一个又一个生命的壮举可歌可泣。然而,此处遭受质疑的拍摄者,是否具备救人能力和条件?他是老是幼,是健康还是孱弱?连这些基本问题都没弄清,就高高在上地对拍摄者没冲向火场救人抡起道德大棒,未免武断。

尤其重要的是,若无拍摄者记录下的现场影像,我们不可能全面、深刻、直接地获知事件真相。视频画面的惨烈直观见证了灾难的残酷。相比不痛不痒的安全说教,该影像显然更能震慑监管者紧绷安全弦,以避免惨剧再上演。同时,影像中,有人无动于衷围观,有人奋不顾身营救，两种人鲜明的行为对比给公众带来的深刻视觉冲击，无疑有利于促成一种集体反思：危难降临，作为一名社会人，多么需要去救助身处危难的同类。

当然，不排除拍摄者出于怯懦没去救人，不提倡所有人都去做灾难的记录者。但身陷灾难的同胞需要救助，灾难本身同样也需要客观记录。假如有人恰巧在灾难现场，又恰巧带有记录工具，那么救人还是记录，相信当事人应该能凭具体情形作出正确选择。比如有人落水，落水者周围又没有任何人，想必任何一个稍识水性的人，都不会一味记录，而成都公交车燃烧事件，显然不属于这种情形。

无法阻止战争，就争取去做战争残酷的揭露者。与此相类，尽管难脱逃避嫌疑，至少拍摄者通过记录现场影像向公众直观展示了灾难的残酷，让人们在对悲剧的追问和反思中引以为戒，加强安全防范。从这个意义上讲，用影像记录灾难也是对生命的救赎，不过救赎方式在于刺痛人们的神经，促使人们反省，以减少、避免灾难发生。①

四 报道优先中体现的冷漠心态

从"厦门照片事件"进一步引申的问题，便是现在新闻报道中对被报道者的人身安全、尊严和生命的冷漠心态。这件事情比起那些较大的人身伤害来，是件小事，但是当事的记者编辑对一个骑车人摔倒本身不当回事的心态却是可怕的。其实，问题不在事情的大小，重要的是，我们是否心存对人的尊重。

通过表现当事人的痛苦来报道一件事实，是传媒经常的手法。

---

① 赵登岩：《用影像记录灾难也是对生命的救赎》，参见 http：//www.cyol.net/zqb/content/2009-06/10/content_2704101.htm。

如今，在发表这类照片之前征得当事人同意，已经成为一种传媒工作的惯例。而且，即使得到同意，也要考虑是否会伤害当事人的情感。"厦门照片事件"中的骑车人被无端地暴露出他最为难堪的痛苦的瞬间，显然是对他的不尊重。

但是，这类违规的事情却经常见到。《新闻记者》杂志报道，上海《新闻晚报》记者李宁源采访在阿富汗被恐怖分子打死的某民工家属时，该民工的家里人为了不让88岁的老太太因获悉儿子的噩耗而发生意外，拒绝记者采访。李退出后，村主任陪着当地领导和一群记者浩浩荡荡来到该家，硬是冲进家门，领导在老太太的极度悲恸中完成了"亲切慰问"，随行记者抓拍到了具有震撼力的痛苦镜头。李为此发出疑问：在职业与道德面前，我们记者应当如何选择？该报副主编胡廷楣告诉这位新记者："你看到了那些为了完成任务而向一个88岁高龄的老人残酷地'挖新闻'的场面。你表达了你的困惑。那正是你心中的良知还没有泯灭，请你保护这样的感觉，那是一个真正好记者的必需。"这种场面的照片被发表出来，也会有一种很好的理由：揭露恐怖分子的残忍。但是，记者为拍摄这样的照片而暴露的另一种精神上的残忍就可以原谅吗？

从摄影者的角度来看，令人眼爽的"精彩"瞬间可以给人一丝身处事外的快意，令人怜悯的情景可以传达悲惨的信息，都具有新闻价值，可以被媒体利用来提高发行量或收视率。可这样一味追求新闻价值，是对无辜受害者的冷漠无情。一旦这成为记者的习惯性思维，便没有了对人的价值的尊重和对人的痛苦悲伤的怜悯之心。最近几年，我国一些传媒对所报道的有关人的生命、人的尊严的事实表现出漠然和冷血的事例越来越多，例如把民工跳楼事件称为"跳楼秀"、2003年从非人性角度报道人乳宴、2004年从非人性角度报道胎盘宴，2004年电视台报道俄罗斯别斯兰事件的同时，进行死了多少人的"有奖竞猜"等，都引起了学界的关注。而这种"冷血"的心态与现在记者"守株待兔"抓拍过路人摔跤的思维其实是一致的。

从另一个角度看，这类照片还涉及当事人的隐私权。在巴卡菲尔德溺水事件中，约翰·哈特拍摄的照片记录了新闻事实，但在无意中侵犯了死者家属的隐私权。那个大些的男孩因为弟弟死去而悲伤得歇斯底里的情景，被毫无同情心地展示在读者面前，而读者是无权在一个家庭受到精神创伤的事件中出现的。一位报纸的编辑评论说："事情的发生他们无法控制。在他们生活最糟糕的时刻，罗曼罗（死去男孩的哥哥）被暴露于整个社会。"同样，厦门的那位市民，摔倒就已经够不幸了，摔到地上的狼狈相在媒体上广为传播后，还要成为被嘲笑和怜悯的对象，真不知他心中作何感想？

五 "记者救人"是否属于"制造新闻"？

针对曹爱文救人一事，网友"废话一筐"写了一篇长达 8000 字的博文《冷评"记者救人"事件兼谈道德》①。在这篇文章中，作者认为，道德可以分为三种形式的道德，即公德、私德和职业道德。公德就是希望全社会都遵守、也有能力遵守的那部分行为准则。比如，主动捡起路上的香蕉皮之类的行为。但是公德无法用太高的道德标准来要求，无限制地拔高社会公德水准则可能使公德流于形式，或者成为伪道德。舍己救人毫无疑问是一种令人景仰的美德，但是要求人人都做到舍己救人，显然强人所难。私德，就是自己的行为准则，它取决于个人价值观。自己坚守的道德标准，可能比其他人坚守的道德标准高，也可能比社会提倡的公德高。这只是自己愿赌服输的结果，而不

---

① 参见 http://www.doc88.com/p-582676687812.html。

必有特别的道德优越感。你不能怨别人的私德水准低和要求别人的道德水准应该同自己一样高。如果其他人没有违背人类基本价值观，没有违背这个社会的公德就没有什么好谴责的。基于这样的区分，作者认为，记者救人不属于社会公德问题，而属于私德问题。

但记者救人行为所表现出的职业道德却值得怀疑。记者，作为社会的第三只眼，必须真实客观地记录社会现象，这是记者这个行业的职业道德要求。但在新闻生产实践中，媒体有时候要"制造新闻"。记者的介入，改变了事件的进程，记者用自己的行动加工了这个新闻，这不管他是有意还是无意，是善意或者是恶意。事实上，他们改变了事件的进程，这违背了新闻记者要真实客观记录的要求，也就是说记者在采写新闻时应该超然物外。

媒体为什么要制造新闻？这显然是因为媒体之间的竞争和记者之间的竞争。报纸需要提升发行量来获取广告收入，记者需要多的独家新闻来提升自己的地位。这就是制造新闻可能产生的利益驱动机制。因此，记者不能介入新闻事件中就成了媒体行业的行为准则了，也就是所谓的职业道德。

因此，在这样的伦理困境中，较为理性的结论是：如果记者坚守职业道德就不该救人，如果记者坚持自己的私德就该救人。不过，在后一种情况下，记者所在的媒体就不能报道这个新闻了。

有学者认为，在中国有的是道德伦常，缺的是职业伦理。我们面临的现实是，古代社会道德伦理管理模式已经坍塌，现代社会运行机制尚未完全建立。在当下，前现代问题与后现代问题可能并存，比如真相和事实还没有充分呈现的情况下就探讨真相之上的新闻伦理问题，比如整体尚未职业化的记者可能同时存在个别过度职业化的问题。事实上，没有人能够在道德伦理与专业主义之间轻易作出取舍，这也是这个问题长期以来争论不休的原因。但这其实是一个后现代的问题。在当今中国讨论此事过于奢侈。在事实仍然匮乏的前提下,这并不是主要问题。因此,舆论应该给予新闻专业主义更多的宽容,也应对新闻人在职业追求和社会伦理之间的选择多一分宽容和理解。①

---

① 《面对落水者:摄影师该救人还是该拍照》,参见 http://news.163.com/special/00012Q9L/sheying20100804.html。

典型案例及延伸阅读汇总

第一章 《宪法》规范

【延伸阅读】 我国现行《宪法》对传媒活动的根本规定

【延伸阅读】 我国现行《宪法》对传媒活动的直接规范

【典型案例1】 张某某宣扬恐怖主义、极端主义案

【典型案例2】 邱少华诉孙杰、加多宝（中国）饮料有限公司一般人格权纠纷案

【延伸阅读】 暗访鼻祖：伊丽莎白·科克伦

【典型案例3】 "海市蜃楼旅馆"系列报道

【典型案例4】 《南方周末》富士康卧底调查

【延伸阅读】 刘志毅：潜入富士康的"死文艺青年"

【典型案例5】 暗访海底捞：老鼠爬进食品柜 火锅漏勺掏下水道

【典型案例6】 "茶水发炎"事件梅开二度

【典型案例7】 "全景门"事件

【延伸阅读】 记者暗访揭发官员：正义之举还是"钓鱼执法"

第二章 媒介审判

【典型案例1】 一波三折的刘涌案

【典型案例2】 掀起2009年舆论风潮的邓玉娇案

【典型案例3】 首次被称为"报纸审判"的谢帕德案

【典型案例4】 引发洛杉矶大骚乱的罗德尼·金案

【延伸阅读】 "女张二江"一案媒体一审败诉警示：贪官也有话语权，媒体应避免符号化歪曲

第三章 传媒侵权及其抗辩

【典型案例1】 我国首例新闻诽谤案：杜融告《民主与法制》杂志社、沈涯夫、牟春霖名誉侵权案

【典型案例2】 网络名人秦火火案开审　系打击网络谣言第一典型案例

【典型案例3】 章子怡诉外媒诽谤案获全胜　被诉媒体发道歉声明

【典型案例4】 陈秀琴诉魏锡林、《今晚报》侵害已故女儿名誉权案

【典型案例5】 范冰冰与毕成功、贵州易赛德文化传媒有限公司侵犯名誉权纠纷案——"影射"者的责任：从信息接受者的视角判断

【典型案例6】 李谷一诉南阳《声屏周报》社、汤生午报道文章侵犯名誉权纠纷案

【典型案例7】 三株帝国的没落

【典型案例8】 蔡继明与百度公司侵害名誉、肖像权、姓名权、隐私权纠纷案

第四章 传媒与人格权

【典型案例1】 葛长生诉洪振快名誉权、荣誉权纠纷案

【典型案例2】 朋友圈"吐槽"引发名誉权之争

【典型案例3】 范志毅状告媒体侵犯名誉权　新闻媒介首次胜诉

【典型案例4】 1997年文坛第一大事

【典型案例5】　《四川经济日报》侵害成都恩威集团公司名誉权案

【延伸阅读】　欧洲被遗忘权第一案

【典型案例6】　年轻妈妈给孩子喂奶被拍特写　摄像师侵权

【典型案例7】　"人肉搜索第一案"

【典型案例8】　《鲁迅像传》引发肖像权之争

第五章　广告信息基本规范

【典型案例1】　三大运营商"流量不限量"虚假广告

【典型案例2】　"经常用脑，多喝六个核桃"是否构成虚假宣传？

【典型案例3】　"王老吉"与"加多宝"的广告语纠纷案

【典型案例4】　"国家品牌"作为广告用语违法

【典型案例5】　"上品饮茶，极品饮花"是否属于虚假宣传？

【典型案例6】　"我们恨化学"广告语问题

【典型案例7】　"王老吉"与"加多宝"的虚假宣传纠纷案

【典型案例8】　山东菏泽万达广场商业管理有限公司发布房地产广告案

第六章　特殊商品和服务广告规范

【典型案例1】　"朴要子参鹿扶正片"药品广告

【典型案例2】　某妇产医院有限公司的违法医疗服务广告

【典型案例3】　山西广播电视台发布违法广告

【典型案例4】　猴姑饼干广告中称"养胃"，是否构成虚假宣传？

【典型案例5】　陕西某葡萄酒销售有限公司诉西安市工商行政管理局莲湖分局工商行政处罚一案

【典型案例6】　某置业有限公司发布违法房地产广告

【典型案例7】　某培训有限公司发布虚假教育培训广告案

【典型案例8】　媒体发布违法农作物种子广告

第八章　传媒职业道德失范：有偿新闻

【典型案例1】　2008年山西矿难封口费事件

【典型案例2】　天津侦破首例"网络水军"删帖案

【典型案例3】　专业财经媒体21世纪网新闻敲诈案

【典型案例4】　被指为"媒体寻租"的"陈永洲事件"

【典型案例5】　网络大V格祺伟敲诈勒索被判刑6年　受害单位曾自掏腰包消灾

【延伸阅读】　杨澜与胡舒立的对话

第九章　传媒职业道德失范：虚假新闻

【典型案例1】　"古董"级假新闻何以跨世纪还魂？

【典型案例2】　保研大学生破解彩票漏洞获刑

【典型案例3】　内蒙古女教师车祸瞬间推开2学生自己被撞身亡

【典型案例4】　《纽约时报》丑闻

【典型案例5】　央视获奖照片被指造假　获奖者承认确系合成

【典型案例6】　隐瞒苏联大饥荒的《纽约时报》记者

【典型案例7】　"IPO有偿沉默"

第十章　传媒道德困境与抉择

【典型案例1】　凯文·卡特的痛苦

【典型案例2】　印度记者拍摄少女遭性侵受质疑

【典型案例3】　"最美女记者"是否作秀？

【延伸阅读】　用影像记录灾难也是对生命的救赎

参考文献

［英］边沁：《道德与立法原理导论》，时殷弘译，商务印书馆 2000 年版。

［美］布鲁姆等：《社会学》，张杰等译，四川人民出版社 1991 年版。

陈力丹：《艰难的新闻自律——我国新闻职业规范的田野调查/深度访谈/理论分析》，人民日报出版社 2010 年版。

陈力丹等：《中国新闻职业规范蓝本》，人民日报出版社 2012 年版。

陈绚：《新闻传播伦理与法规教程》，中国人民大学出版社 2016 年版。

［美］道格拉斯·C.诺斯：《制度、制度变迁与经济绩效》，刘守英译，上海三联书店 1994 年版。

丁和根：《中国传媒制度绩效研究》，南方日报出版社 2007 年版。

［美］凡勃伦：《有闲阶级论》，蔡受百译，商务印书馆 1964 年版。

［美］菲利普·帕特森、李·威尔金斯：《媒介伦理学：问题与案例》，李青藜译，中国人民大学出版社 2006 年版。

［美］戈登·塔洛克：《寻租——对寻租活动的经济学分析》，李政军译，西南财经大学出版社 1999 年版。

龚群：《社会伦理十讲》，中国人民大学出版社 2008 年版。

郭镇之、展江主编：《守望社会——电视暗访的边界线》，中国广播电视出版社 2006 年版。

［英］哈耶克：《致命的自负——社会主义的谬误》，冯克利等译，中国社会科学出版社2000年版。

［英］哈耶克：《自由秩序原理》，邓正来译，上海三联书店1997年版。

［德］黑格尔：《逻辑学》，杨一之译，商务印书馆2001年版。

（清）焦循：《孟子正义》，岳麓书社1996年版。

［英］卡伦·桑德斯：《道德与新闻》，洪伟等译，复旦大学出版社2007年版。

［德］康德：《道德形而上学原理》，苗力田译，上海人民出版社1986年版。

［德］康德：《实践理性批判》，韩水法译，商务印书馆1999年版。

［德］柯武刚、史漫飞：《制度经济学：社会秩序与公共政策》，韩朝华译，商务印书馆2000年版。

［美］科斯等：《财产权利与制度变迁》，胡庄君等译，上海三联书店1994年版。

［美］克利福德·G.克里斯蒂安、马克·法克勒、金·B.鲁特佐尔等：《媒介公正：道德伦理问题真的不证自明吗?》，蔡文美译，华夏出版社2000年版。

雷跃捷：《新闻理论》，北京广播学院出版社1997年版。

李步云主编：《宪法比较研究》，法律出版社1998年版。

李良荣：《新闻学概论》，复旦大学出版社2004年版。

林达：《历史深处的忧虑：近距离看美国之一》，生活·读书·新知三联书店1997年版。

［美］罗恩·史密斯：《新闻道德评价》，李青藜译，新华出版社2001年版。

［美］罗尔斯：《正义论》，何怀宏等译，中国社会科学出版社1988年版。

骆汉城等：《CCTV 记者偷拍实录》，南方日报出版社 2000 年版。

［德］马克斯·韦伯：《经济与社会》，林荣远译，商务印书馆 1997 年版。

《马克思恩格斯选集》第一卷，人民出版社 1972 年版。

［法］玛格丽特·杜拉斯：《外面的世界》，袁筱一译，作家出版社 2007 年版。

孟威：《媒介伦理的道德依据》，经济管理出版社 2012 年版。

倪嵋：《中外广告法规与管理》，上海人民美术出版社 2016 年版。

潘祥辉：《中国媒介制度变迁的演化机制研究———一种历史制度主义的视角》，博士学位论文，浙江大学，2008 年。

钱穆：《论语新解》，生活·读书·新知三联书店 2002 年版。

宋小卫：《媒介消费的法律保障——兼论媒体对受众的底限责任》，中国广播电视出版社 2004 年版。

汪丁丁：《经济学思想史讲义》，上海人民出版社 2008 年版。

王海明：《伦理学原理》，北京大学出版社 2005 年版。

王军：《传媒法规与伦理》，中国传媒大学出版社 2010 年版。

（明）王阳明：《传习录》，中州古籍出版社 2008 年版。

魏永征：《西方传媒的法制、管理和自律》，中国人民大学出版社 2003 年版。

魏永征：《新闻传播法教程》，中国人民大学出版社 2006 年版。

吴敬琏主编：《比较》（第 12 期），中信出版社 2004 年版。

徐迅：《暗访与偷拍：记者就在你身边》，中国广播电视出版社 2003 年版。

许加彪：《法治与自律》，山东人民出版社 2005 年版。

［英］约翰·穆勒：《功利主义》，徐大建译，上海人民出版社 2005 年版。

展江、彭桂兵：《媒体道德与伦理案例教学》，中国传媒大学出版社 2014 年版。

张宸：《当代西方新闻报道规范——采编标准及案例精解》，复旦大学出版社 2008 年版。

（宋）张载：《张载集》，中华书局 1978 年版。

甄树青：《论表达自由》，社会科学文献出版社 2000 年版。

郑保卫：《新闻伦理学简明教程》，中国人民大学出版社 2001 年版。

郑杭生主编：《社会学概论新修》，中国人民大学出版社 2003 年版。

（宋）朱熹：《四书章句集注》，中华书局 1983 年版。

后　记

　　本书将要和读者见面了。能将自己多年来教学研究的成果公开出版，是一件值得高兴的事情，但却平添了几分忐忑不安。本书试图以新的框架和新的理念，构建传媒法规和职业道德的理论体系，这种主观愿望是否能够得到学界和读者的赞同？书中对典型案例的选择与评析是否准确到位？针对一些热点问题和前沿问题的观点是否全面中允？这些都是一个未知数。由于才疏学浅，功力不足，书中存在的问题肯定很多，诚恳盼望得到批评与指正。

　　本书的理论框架、知识体系以及观点和灵感，都来自此前思想和知识的启迪。本书在写作过程中参阅了大量中外著作、教材和实践案例，尽可能对引证文献一一列示，在此对文献作者、译者表示诚挚的谢意。没有前人的探索，这本书是不可能产生的。

　　感谢西北民族大学将本教材纳入学校规划教材。本书的顺利出版，得到了西北民族大学教务处段小强教授、新闻传播学院负责人朱杰教授的支持和帮助，在此特别感谢。

　　中国社会科学出版社编辑杨康女士对本书的编辑出版做了大量工作，对此表示感谢。

　　"莫道著述皆天成，生长全靠水和土。"在此，对所有关心、支持和帮助的领导、老师、朋友和亲人表示衷心的感谢！